UTB

UTB **2766**

Eine Arbeitsgemeinschaft der Verlage

Beltz Verlag Weinheim · Basel
Böhlau Verlag Köln · Weimar · Wien
Wilhelm Fink Verlag München
A. Francke Verlag Tübingen und Basel
Haupt Verlag Bern · Stuttgart · Wien
Lucius & Lucius Verlagsgesellschaft Stuttgart
Mohr Siebeck Tübingen
C. F. Müller Verlag Heidelberg
Ernst Reinhardt Verlag München und Basel
Ferdinand Schöningh Verlag Paderborn · München · Wien · Zürich
Eugen Ulmer Verlag Stuttgart
UVK Verlagsgesellschaft Konstanz
Vandenhoeck & Ruprecht Göttingen
vdf Hochschulverlag AG an der ETH Zürich
Verlag Barbara Budrich Opladen · Farmington Hills
Verlag Recht und Wirtschaft Frankfurt am Main
WUV Facultas Wien

Gert Hübner

Ältere deutsche Literatur

Eine Einführung

A. Francke Verlag Tübingen und Basel

Gert Hübner ist Hochschuldozent für Ältere deutsche Literatur an der Universität Leipzig.

Umschlagabbildung: Meister Konrad von Würzburg aus der Heidelberger Handschrift Codex Manesse (Cod. Pal. germ. 848), fol. 383r, Universitätsbibliothek Heidelberg

Bibliographische Information der Deutschen Bibliothek

Die Deutsche Bibliothek verzeichnet diese Publikation in der Deutschen Nationalbibliographie; detaillierte bibliographische Daten sind im Internet über <http://dnb.ddb.de> abrufbar.

Dischingerweg 5 · D-72070 Tübingen
ISBN 3-7720-8149-5

Gedruckt auf chlorfrei gebleichtem und säurefreiem Werkdruckpapier.

Internet: www.francke.de
E-Mail: info@francke.de

Einbandgestaltung: Atelier Reichert, Stuttgart
Satz: Martin Fischer, Tübingen
Druck und Bindung: Ebner & Spiegel, Ulm
Printed in Germany

ISBN 3-8252-2766-9 (UTB-Bestellnummer)

Inhalt

Kapitel 1: Wozu ältere Literatur? 1

Kapitel 2: *Ältere* deutsche Literatur – der Zeitraum 13
1. Literatur, Sprache, Kultur 13
2. Literatur der älteren deutschen Sprachstufen 14
   a. Althochdeutsch und Altniederdeutsch 14
   b. Mittelhochdeutsch 16
   c. Mittelniederdeutsch und Frühneuhochdeutsch 17
3. Literatur des Mittelalters und der frühen Neuzeit 18
   a. Frühes Mittelalter 19
   b. Hohes Mittelalter 22
   c. Spätes Mittelalter und frühe Neuzeit 27
4. Epochenbegriffe 33

Kapitel 3: Ältere *deutsche* Literatur – die Ausbreitung der Schriftlichkeit 37
1. Was ist ›deutsche‹ Literatur? 37
2. Deutsche Schriftlichkeit 39
   a. Frühes Mittelalter 39
   b. Hohes Mittelalter 44
   c. Spätes Mittelalter und frühe Neuzeit 50
3. Lateinisch-deutsche Literaturbeziehungen 57
4. Romanisch-deutsche Literaturbeziehungen 62

Kapitel 4: Ältere deutsche *Literatur* – ›Literatur‹ und ›Dichtung‹ 70
1. Die Begriffe ›Literatur‹ und ›Dichtung‹ 70
2. Die Tradition des antiken lateinischen Dichtungsbegriffs 77
3. Die mündliche Tradition 86
4. Die Begriffe ›Autor‹ und ›Text‹ 93
5. Prosa und Roman 99

Kapitel 5: Was lesen? 103

Kapitel 6: Handschriften, Drucke, Editionen 129
1. Schriftliche Textüberlieferung 129
2. Handschriften 130
3. Buchdruck 143
4. Editionen 152

Kapitel 7: Verse und Strophen 162
1. Die Bedeutung der Verse 162
   a. Funktionen von Versen 162
   b. Was sind Verse und Strophen? 165
2. Versformen im frühen Mittelalter 166
   a. Stabreimvers 166
   b. Endreimvers 168
3. Vers- und Strophenformen im hohen Mittelalter 172
   a. Nibelungenvers und Nibelungenstrophe 172
   b. Höfischer Reimpaarvers 174
   c. Stollenstrophe (Kanzonenstrophe) 176
4. Vers- und Strophenformen in Spätmittelalter und früher Neuzeit 179
   a. ›Volksliedstrophen‹: Hildebrandstrophe, Vagantenstrophe 179
   b. Silbenzählende Verse 183

Kapitel 8: Textanalyse I – Elementare Bedeutungsbeziehungen 186
1. Was ist ›Bedeutung‹? 186
2. Textbeschreibung und historische Interpretation 188
3. Textbeschreibung: Bedeutungsbeziehungen 190
   a. Thematischer Aufbau 190
   b. Redesituation 191
   c. Bedeutungsbeziehungen zwischen Begriffen 192
4. Historische Interpretation 196
5. Rhetorische Strategie 204

Kapitel 9: Textanalyse II – Erzählungen 207
1. Was sind Erzählungen? 207
2. ›Geschichte‹ und ›erzählerische Vermittlung‹ 209
3. Die Geschichte – Textbeschreibung 214

4. Die Geschichte – Aspekte der historischen Interpretation 220
5. Aspekte der erzählerischen Vermittlung 226

Kapitel 10: Diskurs und Diskursanalyse 232
1. Was ist ein Diskurs? 233
2. Historische Diskursanalyse 237
3. Diskurs, ›schöne Literatur‹, Dichtung 239
4. ›Geschlechtsverkehr‹ in Diskursen des 12. und 13. Jahrhunderts 241
   a. Theologischer und kirchenrechtlicher Diskurs 241
   b. Medizinischer Diskurs 246
   c. Höfischer Diskurs 250
   d. Gewohnheitsrechtlicher Diskurs 256
5. Diskursgeschichte und ›Sexualität im 12. und 13. Jahrhundert‹ 258

Kapitel 11: Kulturelle Praktiken und Praxisanalyse 260
1. Kulturbegriff und kulturwissenschaftliche Fragestellungen 261
2. Kulturelle Praktiken 265
3. Fastnachtskultur und Fastnachtspiel im 15. und 16. Jahrhundert 269
4. Fastnachtspiel und rituelle Praktik 275

Kapitel 12: Informationsmöglichkeiten und Literaturhinweise 282
1. Für die Studienpraxis 282
2. Information im Internet 283
3. Sprachgeschichte, Wörterbücher und Grammatiken . . . 284
4. Einführungen in die ältere deutsche Literaturwissenschaft 286
5. Literaturgeschichten 286
6. Autoren- und Werklexika 288
7. Sach- und Personenlexika 289
8. Begriffsgeschichtliche Lexika 290
9. Literatur zu den einzelnen Kapiteln 292

Bildnachweis 303
Register 304

Wozu ältere Literatur?

Kapitel 1

Der Himmel

Der Himmel liegt seit heute Nacht
in einem Ellenbogen
darein hatt' ich gesmôgen
das kin und ein mîn wange
viel lange Zeit.

Der Himmel ist einsachtzig groß
und hat die blauen Augen
zum Frühstück aufgeschlagen
all so ist auch sein Magen
von dieser Welt.

(Ulla Hahn: Herz über Kopf. Gedichte. Stuttgart 1981, S. 12.)

Die böse Antwort auf die Frage ›Wozu ältere Literatur?‹ lautet: Zur intellektuellen Selbstbefriedigung. Welchen Gewinn bringt einem beispielsweise die Erkenntnis, dass Ulla Hahn in diesem Liebesgedicht ein paar Brocken aus einem Lied Walthers von der Vogelweide zitiert, außer der Lust an der Überlegenheit der eigenen Bildung? »Ach – Sie wussten nicht, dass das Mittelhochdeutsch ist und aus dem bekanntesten Text des bekanntesten deutschen Dichters des Mittelalters stammt?« »Ach was«, könnten Sie darauf erwidern, »ich weiß, dass Frau Dr. Hahn in Germanistik promoviert hat – Literatur für Literaturwissenschaftler.«

Meine Antwort auf die Frage ›Wozu ältere Literatur?‹ setzt ein wenig hinterlistig bei der Unterstellung an, dass Sie ein Interesse an zeitgenössischer Literatur haben. Auf dieser Basis will ich versuchen zu erklären, aus welchen Gründen Sie Ihr Interesse auf ältere Literatur ausdehnen könnten.

Beginnen wir also zunächst damit, dass wir uns auf das Bedeutungsspiel in Ulla Hahns Gedicht einlassen. So ein Text bietet seinen Rezipienten ja gewissermaßen Bedeutungen an. Allerdings müssen die Rezipienten in jedem Fall über Wissen verfügen, um das Angebot aufgreifen und das Spiel mitspielen zu können. Das fängt mit dem sprachlichen Wissen an; man muss die Bedeutungen der Wörter, die Satzkonstruktionen und die Zusammenhänge zwischen den Sätzen verstehen können. Und da lässt uns Frau Hahn schon stolpern, weil sie teilweise mittelhochdeutsch redet.

Was nützt uns das Wissen, dass sie Formulierungen aus einem berühmten Lied Walthers von der Vogelweide zitiert? In Walthers Text (er ist auf S. 157 vollständig abgedruckt) erzählt einer, wie er einmal allein auf einem Stein saß, ein Bein über das andere geschlagen, den Ellenbogen aufs Knie gestützt und das Kinn in die Hand geschmiegt:

> Ich saz ûf eime steine
> und dahte bein mit beine.
> dar ûf sazte ich den ellenbogen,
> ich hete in mîne hant gesmogen
> mîn kinne und ein mîn wange.

In Ulla Hahns Reim »viel lange« auf »wange« klingt Walther noch nach, weil sein Text mit *dô dâht ich mir vil ange* (›da dachte ich sehr eingehend darüber nach‹) fortfährt. *Vil lange* hätte man auf Mittelhochdeutsch für ›sehr lange‹ gesagt. Der Gegenstand des Nachdenkens ist bei Walther dann, dass die drei wichtigsten Lebensziele – Besitz, gesellschaftliches Ansehen und die göttliche Gnade, die zur ewigen Glückseligkeit führt – nur schwer miteinander zu vereinbaren sind. Wir müssen ein wenig enttäuscht sein und den Verdacht bestärkt sehen, dass das nicht viel mit Ulla Hahns Thema zu tun hat und das Zitat bloß Bildungsgetue ist.

Oder sind es vielleicht gerade die Unterschiede zu Walther, die dem Zitat in Ulla Hahns Bedeutungsaufbau einen Sinn geben? Einmal ist einer allein und hat Kinn und Wange in die eigene Hand geschmiegt, die auf den eigenen Ellenbogen gestützt ist. In dieser Körperhaltung klagt er darüber, wie schwer es ist, die wichtigsten Lebensziele zu erreichen. Unter ihnen kommt die Liebe nicht vor, aber in Gestalt der göttlichen Gnade die ewige Glückseligkeit, die man im Himmel erreicht. Aha – der Himmel. Das andere Mal ist eine (oder einer, je nach Identifikationsvermögen) nicht allein und hat Kinn und Wange in einen anderen

Ellenbogen geschmiegt. Hier gibt es nichts zu klagen, weil dieser Ellenbogen als Zeichen für ein erotisches Objekt den Himmel als Zeichen für die Glückseligkeit bedeutet. Wer Walthers Text kennt, kann der Metapher ›der Himmel‹ eine Bedeutung ablesen, die auf dem Unterschied zwischen beiden Texten beruht: Ulla Hahn setzt die Liebe an die Stelle, an der bei Walther die Gnade Gottes als Weg zur Glückseligkeit steht.

Nun versteht man besser, weshalb manche Formulierungen des Gedichts witzig wirken. Wenn der Himmel, wie bei Walther, im Jenseits liegt, ist die Glückseligkeit eine ewige und bleibt sich deshalb immer gleich. Wenn sich der Himmel dagegen beim diesseitigen Geliebten finden lässt, ist die Glückseligkeit zwangsläufig endlich – und womöglich auch nicht mehr stets dieselbe. Der alte Bedeutungsumfang der himmlischen Ewigkeit ist uns aber immer noch nicht ganz fremd geworden; deshalb lächeln wir darüber, dass das früher einmal zeitlose Glück »seit heute Nacht« einen neuen Ort und einen neuen Anfang hat. Und wir verstehen, dass die Dauer des Glücks unter diesen Umständen bloß noch eine Angelegenheit des subjektiven Erlebens sein kann: Wenn der Himmel erst seit heute Nacht in jenem Ellenbogen liegt, kann die »viel lange Zeit« des Schmiegens nach dem objektiven Stundenmaß nicht sehr lange gedauert haben. Zu Walthers Zeit war die himmlische Glückseligkeit objektiv ewig; in der subjektiv empfundenen Dauer klingt das immer noch nach.

Und nun versteht man auch, weshalb das Gedicht, das die Verweltlichung der Vorstellung vom Glück anklingen lässt, zwangsläufig profan endet. Heutzutage muss auch der Himmel essen; freundlicherweise deutet Frau Dr. Hahn nur dezent an, dass er folglich auch verdauen wird. Die Satzeinleitung »all so« spielt in ihrer fremden Schreibweise noch einmal auf das Mittelhochdeutsche an: Der Vorläufer unseres Wortes ›also‹ war die Fügung *al so* (›genau so‹). Der Magen macht deutlich, wie sehr der in Rede stehende Himmel »von dieser Welt« ist, und damit sind wir wieder beim Unterschied zu Walthers Glückseligkeit, die nicht von dieser Welt war. So lässt das Ende des Gedichts verhältnismäßig offensichtlich werden, worum es geht.

Das Walther-Zitat signalisiert, dass wir seinen Text kennen müssen, um Ulla Hahn verstehen zu können. So weit, so gut; wir haben das Spiel mitgespielt und das Bedeutungsangebot des Gedichts dabei aufgegriffen, jedenfalls auf eine mögliche

Weise, und uns so einen Sinn zusammengereimt. Aber wozu das komplizierte Verfahren? Warum sagt Frau Hahn nicht einfach, dass die gelungene erotische Beziehung im Diesseits heute den Stellenwert hat, den früher die ewige Glückseligkeit im Jenseits hatte, dass das Glück dabei aber vergänglich und profan wurde? Welches Bedeutungsangebot spielt sie uns mit ihrer Verfahrensweise zu? Sie führt uns, leichthändig und ein wenig kokett, den Zusammenhang zwischen der Geschichtlichkeit der Literatur und ihrer Funktion vor, indem sie die Literaturgeschichte im Text aufscheinen lässt. Aus diesem Grund steht ihr Gedicht am Anfang dieses Buches.

Was wir erleben und was wir sprachlich zum Ausdruck bringen, signalisiert das Gedicht, ist von Bedeutungsmustern geprägt, die im Lauf der Geschichte entstanden sind. Wahrscheinlich werden in der Tat nur Germanisten einen gelungenen erotischen Kontakt in den Worten Walthers von der Vogelweide erleben und beschreiben – als Schmiegen von Kinn und Wange in einen Ellenbogen, der den Gedanken an den Begriff der Glückseligkeit herbeiruft. Aber auf irgendwelche Formulierungsmuster, irgendwelche Ausdrucksformen, irgendwelche Bedeutungskonstruktionen ist jedes Wahrnehmen und Fühlen, jedes Denken und Sprechen angewiesen, auch wenn wir es für intim, persönlich und individuell halten.

Indem wir etwas erleben und zum Ausdruck bringen, ordnen wir ihm Bedeutungen zu, die auf geschichtlich entstandenen Konventionen beruhen. Schon die Wörter und die Satzmuster, die wir benutzen, sortieren die Welt in einer bestimmten Art und Weise, die wir als Sprachbenutzer vorfinden. Metaphern wie ›der Himmel‹ für ›das Glück‹, signalisiert Ulla Hahn, bringen zum Ausdruck, wie wir die Welt erleben. Ihre Funktion, Modelle für das Welterleben und für das Reden über die Welt zu liefern, beruht auf den Bedeutungskonventionen, die in der Geschichte der Metapher entstanden sind: Der Geliebte kann den Himmel bedeuten, weil der Himmel einmal eine religiöse Bedeutung hatte. Indem wir einen Geliebten als Himmel erleben und bezeichnen, nehmen wir die alte Bedeutung auf, aber wir verändern sie zugleich: Denn der Himmel ist nun von dieser Welt, einsachtzig groß und morgens hungrig. Vielleicht wird dieses Gedicht in Ihr eigenes Bedeutungsuniversum eingehen und die Muster bereichern, nach denen Sie erotische Beziehungen erleben und zur Sprache bringen – beim nächsten Ellenbogenkontakt, oder wenn Sie am Frühstückstisch in blaue Augen schauen.

Genau das ist der Gedanke, den uns Ulla Hahn mit ihrem Verfahren zuspielt: Wenn sie mit ihren Texten unser Bedeutungsuniversum bereichert, beruht das immer schon auf Bedeutungskonstruktionen, mit denen frühere Texte ihr eigenes Bedeutungsuniversum bereicherten. Der Zusammenhang zwischen der Geschichtlichkeit der Literatur und ihrer Funktion besteht darin, dass jede Bedeutungskonstruktion ihre Geschichte mit sich trägt, das Fortbestehen von Altem und die Unterschiede zu ihm. Das gilt für jeden Text, aber dieser macht es zum Thema.

Ich knüpfe an diese Beobachtungen einige abstraktere Aussagen, die schrittweise eine Antwort auf die Frage ›Wozu ältere Literatur?‹ ansteuern.

Bedeutung

1. ›Bedeutungen‹ sind Formen oder Muster, in denen wir die Wirklichkeit erleben und zum Ausdruck bringen. Dabei hängen ›Erleben‹ und ›Ausdrücken‹ eng zusammen: Das ganze Wahrnehmungsmuster, das das Gedicht aufbaut, beruht auf den Ausdrucksformen, die es benutzt. Nur weil es die metaphorische Bedeutung von ›Himmel‹ samt ihrer Geschichte gibt, können wir das Glück als Himmel auffassen.

Bedeutungen und Lebenswelt

2. Unsere Lebenswelt ist eine Welt der Bedeutungen: Das, wovon das Gedicht handelt, erleben und besprechen wir, wie alles andere, immer in irgendwelchen Formen oder Mustern, das heißt als eine interpretierte Wirklichkeit. Die Bedeutungsmuster unserer Lebenswelt sind das Ergebnis von Geschichte.

Geschichte

3. ›Geschichte‹ hat zwei Aspekte: Zum einen die Traditionen, in denen wir stehen, einschließlich der Änderungen, die wir an ihnen vornehmen; zum anderen unser Wissen um die Traditionen und ihren Wandel. Unabhängig davon, ob wir es wissen oder nicht, ist unsere Lebenswelt das Ergebnis von Geschichte. So greift jeder Text Bedeutungsmuster auf, die eine lange Geschichte haben, auch wenn wir es nicht wissen. Das Besondere an Ulla Hahns Gedicht besteht darin, dass es beide Aspekte ins Spiel bringt: Das Zitat eines Textes aus der Vergangenheit steht nicht nur für die Traditionen selbst, sondern auch für das Wissen um sie. Ebenso stehen die Unterschiede zwischen der Bedeutungskonstruktion des modernen und des zitierten Textes für den Wandel und das Wissen um ihn.

Geschichtswissen

4. Weshalb wollen wir wissen, dass und in welcher Weise unsere Lebenswelt das Ergebnis von Geschichte ist? Geschichtliches Wissen dient zwei Erkenntniszielen: Es soll zeigen, wie die Gegenwart aus der Vergangenheit geworden ist; und es soll zeigen, was in der Vergangenheit anders war. Das erste Ziel verfolgen wir, um zu verstehen, wieso heute alles so ist, wie es ist; das zweite Ziel verfolgen wir um der Einsicht willen, dass nicht immer alles so war, wie es heute ist, und dass deshalb nicht zwangsläufig alles so sein muss, wie es heute ist. Diese beiden Erkenntnisziele bringt man gern mit den Begriffen ›Kontinuität‹ (›Fortdauer‹) und ›Alterität‹ (›Andersheit‹) in Verbindung: Wenn wir uns unter dem Aspekt der Kontinuität für Geschichte interessieren, interessiert sie uns als Vorgeschichte der Gegenwart. Unter dem Aspekt der Alterität interessiert uns das Verlorengegangene, das uns mehr oder weniger fremd ist. Geschichte ist dann eine Übung im Umgang mit Ungewohntem. Beide Erkenntnisziele dienen nicht der intellektuellen Selbstbefriedigung: Wir erwarten uns davon ein überlegteres Verhältnis zu unserer eigenen Gegenwart, das vor allem darin besteht, sie für weniger selbstverständlich zu halten.

Kontinuität

Alterität

Kultur und Kulturgeschichte

5. Die Bedeutungsmuster unserer Lebenswelt, die das Ergebnis von Geschichte sind, und die Lebenspraktiken, in denen diese Bedeutungsmuster hervorgebracht, überliefert, benutzt und verändert werden, nennen wir, wenn wir sie in ihrer Gesamtheit bezeichnen wollen, ›Kultur‹. Wenn wir uns mit der Geschichte von Bedeutungmustern und ihrer praktischen Verwendung beschäftigen, beschäftigen wir uns mit der Geschichte der Kultur.

Literatur

6. Literatur versorgt uns mit Bedeutungsmustern: Sie ist eines unserer kulturellen Mittel (eines unter anderen), die Welt wahrnehmbar, begreifbar, bewertbar und ausdrückbar zu machen. Alle Bedeutungskonstruktionen, die sie uns zur Verfügung stellt, haben ihre Geschichte, ebenso wie die Verfahrensweisen, mit denen Bedeutung aufgebaut wird. Die Vorstellungen von der Liebe oder von der Glückseligkeit waren nicht immer dieselben, doch sie kommen irgendwo her. Ebenso verhält es sich mit den Verfahrensweisen des Bedeutungsaufbaus: Auch die Art, wie Texte mit früheren Texten umgehen, hat sich im Lauf der Zeit gewandelt; Metaphern haben nicht immer auf dieselbe Weise funktioniert; Erzählverfahren haben sich verändert.

7. Literaturgeschichte verfolgt dieselben Erkenntnisziele wie jede Art von Geschichte: Sie soll uns mit geschichtlichem Wissen über Traditionen und ihre Veränderungen, über Kontinuitäten und Alteritäten ausstatten, damit wir ein überlegteres Verhältnis zu unserer Gegenwart einnehmen können.

Literaturgeschichte

8. Insofern es dabei um Bedeutungsmuster und die Praktiken ihrer Verwendung geht, ist die Literaturgeschichte ein Teil der Kulturgeschichte. Zur Geschichte der Vorstellungen vom Glück oder von der Liebe beispielsweise haben Dichter Beiträge geleistet, aber auch Philosophen, Theologen, Maler, Bildhauer und wer nicht noch alles. Wenn man Kontinuitäten und Alteritäten historischer Bedeutungsordnungen beschreiben will, kann man sich nicht allein mit den Produkten der Dichter beschäftigen. Das kulturelle Bedeutungsuniversum reicht in die Werke der Dichter hinein, aber es erstreckt sich viel weiter.

Literaturgeschichte und Kulturgeschichte

Ebenso sind die Verfahrensweisen des Bedeutungsaufbaus kulturgeschichtliche Angelegenheiten. Metaphern kommen nicht nur in der Dichtung vor, sondern in nahezu jeder Art von Text; auf Erzählverfahren trifft man auch in der Alltagskommunikation oder in der Geschichtsschreibung. Allerdings sind Literaturwissenschaftler in besonderem Maß für die Verfahrensweisen des Bedeutungsaufbaus und ihre Geschichte zuständig.

Ebenso ist die Frage, was Literatur eigentlich ›ist‹, eine kulturgeschichtliche Angelegenheit. Unseren modernen Begriff von ›Literatur‹ gab es nicht zu allen Zeiten, und auch unter ›Dichtung‹ hat man nicht immer dasselbe verstanden.

9. Die Antwort auf die Frage ›Wozu ältere Literatur?‹ könnte also folgendermaßen lauten: Mit älterer Literatur beschäftigt man sich, weil die Literatur unserer eigenen Zeit das Ergebnis von Geschichte ist und weil man hofft, das Gegenwärtige umso besser verstehen und beurteilen zu können, je mehr man von dieser Geschichte weiß. Dazu gehört das Wissen um Kontinuitäten genauso wie das Wissen um Alteritäten. Dieses Wissen bezieht sich zum einen auf die Literatur selbst, andererseits auf die Literatur als Teil der Kultur. Man kann beides nicht voneinander trennen, sondern nur den Interessenschwerpunkt mehr auf den einen oder mehr auf den anderen Aspekt legen.

Wozu ältere Literatur?

Eher auf die Literatur selbst zielen, jedenfalls dem ersten Anschein nach, Fragen wie die folgenden: Woran liegt es, dass man in der älteren Zeit häufig auf Verse stößt, und wie ist es

Literaturgeschichtliches Interesse

gekommen, dass das heute nicht mehr so ist? Woran liegt es, dass Figuren in alten Erzählungen einen typenhaften Eindruck machen und sich im Verlauf der Handlung kaum verändern, und weshalb hat sich das gewandelt? Aber selbst solche Fragen lassen sich nur in einem kulturgeschichtlichen Rahmen beantworten: Die Häufigkeit des Verses hängt vom jeweiligen Dichtungsbegriff ab, und der ist eine Angelegenheit der jeweiligen kulturellen Vorstellungen. Die Individualität von Figuren und ihre Entwicklungsfähigkeit im Lauf der Erzählung hängt vom jeweiligen Begriff vom Menschen und damit ebenfalls von den jeweiligen kulturellen Vorstellungen ab.

Kulturgeschichtliches Interesse

Eher auf kulturgeschichtliche Zusammenhänge zielt beispielsweise die Frage, die das Gedicht von Ulla Hahn aufwirft: Wie kommt es, dass bei Walther von der Vogelweide Besitz, gesellschaftliches Ansehen und Gottes Gnade als wichtigste Lebensziele gelten, während bei Ulla Hahn das Glück in einer gelungenen erotischen Beziehung liegt? Zur Beantwortung dieser Frage müsste man die jeweiligen kulturellen Bedeutungsordnungen beschreiben, die in die beiden Texte hineinreichen. Solange man diese zur Texterklärung heranzieht, richtet man sein Interesse aber trotzdem in erster Linie auf die Literatur. Die Fragerichtung lässt sich allerdings umdrehen: Man kann den Text Walthers von der Vogelweide zusammen mit anderen Texten auch als Quelle heranziehen, um die historischen Bedeutungsordnungen auf dem Feld der Glücksvorstellungen zu erforschen. Dann benutzt man die Literatur eher als Mittel, um zu Erkenntnissen zu gelangen, die über sie hinausreichen. In diesem Buch wird die Literatur selbst der eigentliche Gegenstand des Interesses bleiben.

Mit älterer Literatur beschäftigt man sich also einerseits, um etwas über die geschichtlichen Traditionen zu erfahren, in denen die Literatur unserer Gegenwart als Bestandteil unserer gegenwärtigen Kultur steht. Andererseits beschäftigt man sich mit älterer Literatur, um etwas darüber zu erfahren, wie sich ältere Literatur in ihrem jeweiligen kulturellen Umfeld von den Verhältnissen unterscheidet, die heute herrschen.

Geschichtsbilder

In der konkreten Praxis zielt die Beschäftigung mit älterer Literatur, wie jede Art von historischer Wissenschaft, gewöhnlich darauf, falsche oder zu einfache Geschichtsbilder zu korrigieren. Bei meiner Interpretation des Gedichts von Ulla Hahn habe ich mich beispielsweise auf ein weit verbreitetes Geschichtsbild eingelassen, nämlich dass die Werteordnung ›im Mittelalter‹ auf die ewige Glückseligkeit im Jenseits ausgerichtet war, während sie bei uns auf das diesseitige Glück ausgerichtet ist. Zur Aufgabe der Literaturgeschichte gehört in diesem Fall der Hinweis darauf, dass zu Walthers von der Vogelweide Zeit, also zu Beginn des 13. Jahrhunderts, schon die Metaphorik auftaucht, die Ulla Hahn benutzt. Bei Walther selbst kommt der Himmel in einem Liebeslied, im Zusammenhang mit der erotischen Beziehung, in der verweltlichten Bedeutung vor: *Ir houbet ist sô wunnenrîch / alse ez mîn himel welle sîn* – ihr Gesicht ist so beglückend schön, gerade wie wenn es mein Himmel sein wollte. Wir beschäftigen uns mit älterer Literatur, wie mit allen Phänomenen früherer Zeiten, also nicht zuletzt zum Zweck der Klischeebeseitigung.

Epochengliederung: Neuere und ältere Literatur

Wenn ich bisher von ›älterer Literatur‹ gesprochen habe, bezog sich das einerseits auf das Beispiel Walther von der Vogelweide, andererseits auf alles, was nicht Literatur unserer eigenen Zeit ist. In der Tat hätte ich meine Überlegungen genauso gut an ein Gedicht knüpfen können, das Heine, Goethe, Lessing oder Gryphius zitiert, denn im Verhältnis zu unserer Zeit ist das alles ›ältere Literatur‹. Freilich sind wir es gewohnt, die deutsche Literaturgeschichte in eine ›neuere‹ und eine ›ältere‹ aufzuteilen, wobei die ältere bis zum 15. oder 16. Jahrhundert reicht und die neuere mit dem 16. oder 17. Jahrhundert anfängt.

Neuzeit und Mittelalter

Diese Unterscheidung ist ihrerseits ein Ergebnis unserer Kulturgeschichte und ihrer Bedeutungsordnungen. Sie beruht auf der Einteilung der Zeit in verschiedene Epochen, durch die wir den Zeiträumen Bedeutungen zuweisen. Eine dieser bedeutungsvollen Zeiteinteilungen ist die Unterscheidung zwischen Mittelalter und Neuzeit, die sich nach einer längeren Entwicklung im 18. Jahrhundert verfestigt hat. Die Vorstellungen, die man im 18. Jahrhundert, der Zeit der Aufklärung, mit dem Begriff ›Mittelalter‹ verband, sind zwar oft und zu Recht als äußerst zweifelhaft kritisiert worden, aber sie beeinflussen unser Geschichtsbild bis heute erheblich. Das merkt man zum Beispiel, wenn jemand sagt, bestimmte Verhältnisse seien ›wie im Mittelalter‹, und damit zum Ausdruck bringt, dass die Verhältnisse unakzeptabel sind. Das beruht auf dem Mittelalterbild der Aufklärung, wonach im Mittelalter alles anders und schlecht war.

Dabei wird, modern gesprochen, die Alterität des Mittelalters betont; allerdings wird die Andersartigkeit dabei auch negativ bewertet, so dass es überflüssig erscheint, sich mit ihr auseinander zu setzen. Den Aufklärern kam es darauf an, einen großen Kontinuitätsbruch zwischen Mittelalter und Neuzeit zu behaupten. So konnten sie ihre eigene Erneuerungskraft betonen und brauchten sich selbst nur in die Traditionen von Renaissance-Humanisten und Reformatoren zu stellen. Dem aufklärerischen Geschichtsbild nach endete das ›finstere Mittelalter‹, als die Humanisten der Renaissance-Zeit im 15. und 16. Jahrhundert die römische und griechische Antike zum kulturellen Vorbild erhoben und die Reformatoren im 16. Jahrhundert die (angebliche) kulturelle Hegemonie der katholischen Kirche beendeten.

Frühe Neuzeit und späteres Mittelalter

Gegenüber dieser Konstruktion gab es seit dem 19. Jahrhundert schwere Einwände. Sie führten unter anderem dazu, dass in jüngerer Zeit der Begriff der ›frühen Neuzeit‹ immer wichtiger wurde. Damit ist die Vorstellung einer langen Übergangsphase verbunden, in der ›mittelalterliche‹ Kontinuitäten auf allen kulturellen Feldern fortbestanden. Zugleich gewannen einige geschichtliche Neuerungen, die ihre Anfänge im 15. und 16. Jahrhundert haben, langsam an Wirkungsmacht, bis sie im 18. Jahrhundert die kulturelle Lebenswelt tiefgreifend und breitenwirksam veränderten. Gemeint sind damit vor allem die modernen Naturwissenschaften und ihre technischen Konsequenzen, die kapitalistische Wirtschaftsweise, der moderne Staat mit seinen Verwaltungsinstitutionen, der Buchdruck sowie die zunehmende Verweltlichung der Gesellschaft.

Ebenso wie viele Kontinuitäten über die Jahrzehnte um 1500 (und damit über das ›Ende des Mittelalters‹) hinausreichen, haben etliche ›neuzeitliche‹ Neuerungen eine mittelalterliche Vorgeschichte. So setzen die Entwicklungen zum modernen Staat, zur Trennung zwischen Religion und Wissenschaft und zu den Voraussetzungen für die kapitalistische Wirtschaft bereits im 12. und 13. Jahrhundert ein und nehmen im Verlauf des späteren Mittelalters an Wichtigkeit zu. Die alte Vorstellung, dass sich Mittelalter und Neuzeit fast schon wie zwei unterschiedliche Kulturen gegenüber stehen, erscheint deshalb als fragwürdig. Heute sieht man eher ein vielfältiges Geflecht von langfristigen Kontinuitäten und Veränderungen als einen klaren Bruch.

Ältere Literatur als Literatur der älteren Sprachstufen

In der deutschen Literaturgeschichte hat man sich immer schon schwer damit getan, einen tiefen Einschnitt im 15. und 16. Jahrhundert zu entdecken. Die bequeme Vorstellung, dass es auf der einen Seite ›die‹ mittelalterliche und auf der anderen ›die‹ neuzeitliche Literatur gibt, griff deshalb nie besonders gut. Dass innerhalb der deutschen Literaturwissenschaft trotzdem eine ältere und eine neuere Abteilung entstanden, hängt eher mit den praktischen Sprachkompetenzen zusammen, die für die Beschäftigung mit ›älterer‹ deutscher Literatur nötig sind. Deshalb bestimmen vor allem die historischen Sprachstufen, was ›ältere‹ Literatur ist – nämlich Literatur, die auf Althochdeutsch, Mittelhochdeutsch, Frühneuhochdeutsch oder in den jeweiligen niederdeutschen Entsprechungen verfasst ist.

Die Neuere deutsche Literaturwissenschaft greift wegen der historischen Zusammenhänge manchmal ins 16. Jahrhundert zurück, mit dem die Ältere deutsche Literaturwissenschaft zumeist aufhört; gewöhnlich fängt sie aber mit dem 17. Jahrhundert an, weil sich in dessen erster Hälfte das Neuhochdeutsche herausbildete. Die Unterteilung hat jedoch nur pragmatische Gründe, denn auch die Dichter des 17. Jahrhunderts haben nicht einfach mit allem neu angefangen – ganz im Gegenteil. Es gibt auch auf dem Gebiet der Literaturgeschichte ein vielfältiges Geflecht von langfristigen Kontinuitäten und Veränderungen.

Aufbau des Buchs

Es geht in diesem Buch also um die ältere deutsche Literatur vom 8. bis zum 16. Jahrhundert. Die Kapitel 2 bis 7 vermitteln historische Bedingungen älterer Literatur: Kapitel 2 liefert einen Überblick über die kultur- und literarhistorischen Grundkoordinaten des Zeitraums. Kapitel 3 verfolgt die Ausbreitung deutschsprachiger Schrifttexte und informiert über die Bedeutung, die lateinische und romanische Texte für die Entwicklung hatten. Kapitel 4 behandelt die Vorstellungen, die an den Begriffen ›Literatur‹ und ›Dichtung‹ hängen, und die Konsequenzen, die diese Vorstellungen und ihr Wandel für die Texte hatten. Kapitel 5 stellt eine Reihe von Texten vor, die aus verschiedenen Gründen besonders große literaturgeschichtliche Bedeutung haben und deshalb vorrangiges Interesse verdienen. In Kapitel 6 geht es um die Überlieferungsbedingungen der älteren deutschen Literatur, das heißt darum, wie die Texte auf uns gekommen sind und welche Erkenntnismöglichkeiten die Textüberlieferung eröffnet.

Kapitel 7 skizziert die wichtigsten Stationen der Geschichte des Verses, weil ›Dichtung‹ in der älteren Zeit vor allem als Rede in Versen galt.

Die Kapitel 8 bis 11 behandeln grundsätzliche Aspekte des Bedeutungsaufbaus in Texten: Kapitel 8 führt anhand eines Beispiels – der von Ulla Hahn zitierten Strophe Walthers von der Vogelweide – in die Beschreibung elementarer Bedeutungsbeziehungen als Grundlage der Textanalyse ein. Kapitel 9 setzt die Einführung in die Textanalyse fort, konzentriert sich jedoch anhand eines anderen Beispiels – Konrads von Würzburg Versroman ›Engelhard‹ – auf die Konstruktion von Erzählungen. Kapitel 10 beschäftigt sich mit Ordnungen des Wissens (Diskursen), die über einzelne Texte hinausreichen, aber den Bedeutungsaufbau in Texten beeinflussen; als Beispiel dient die Thematisierung des Geschlechtsverkehrs im ›Engelhard‹. In Kapitel 11 geht es – am Beispiel eines Fastnachtspiels – um den Zusammenhang zwischen kulturellen Praktiken und dem Bedeutungsaufbau in Texten. Kapitel 12 stellt eine kleine Auswahl einführender und weiterführender wissenschaftlicher Literatur sowie wichtige Nachschlagewerke zusammen.

Ältere deutsche Literatur – der Zeitraum

Kapitel 2

Literatur, Sprache, Kultur

1.

Dieses Kapitel und die beiden folgenden behandeln die Frage nach den Gegenständen der älteren deutschen Literaturwissenschaft: Was ist mit ›älter‹, was mit ›deutsch‹ und was mit ›Literatur‹ gemeint? Am Anfang steht ein Überblick über sprachgeschichtliche und kulturgeschichtliche Bedingungen der deutschen Literatur in der ›älteren‹ Zeit.

In Vorlesungen und Seminaren zur älteren deutschen Literatur geht es zumeist um deutschsprachige Texte, die in handschriftlicher oder gedruckter Form aus der Zeit vom 8. bis zum 16. Jahrhundert erhalten geblieben sind. Die Verhältnisse sind allerdings komplizierter, als der erste Blick verrät. Recht häufig wird man nämlich mit weiteren Texten konfrontiert, die in einem engen Zusammenhang mit den deutschsprachigen stehen: Mit Texten aus derselben Zeit, die auf Latein oder in verschiedenen romanischen Sprachen abgefasst sind, ebenso wie mit erheblich älteren Texten, vor allem biblischen und solchen aus der römischen Antike.

Das liegt daran, dass der Gegenstand Literatur sowohl eine sprachliche als auch eine kulturelle Angelegenheit ist. Einerseits wird jeder Text in einer bestimmten Sprache zu einer bestimmten Zeit produziert (formuliert, vorgetragen, aufgeschrieben, gedruckt) und rezipiert (gehört, gelesen, abgeschrieben). Weil jeder Text eine Sprache hat, ohne deren Kenntnis er nicht zu verstehen ist, sind Literaturwissenschaften nach Sprachen eingeteilt. Gegenstand der älteren deutschen Literaturwissenschaft sind in diesem Sinn Texte der älteren deutschen Sprachstufen vor dem Neuhochdeutschen.

Andererseits steht jeder Text in geschichtlichen Zusammenhängen, die oft weit vor seine Entstehungszeit zurückreichen und die nicht an die Sprache gebunden sind, in denen er verfasst ist. In diesem Sinn sind die europäischen Kulturtraditionen, zu denen die Texte der älteren deutschen Sprachstufen gehören, Gegenstand der älteren deutschen Literaturwissenschaft. Diese beiden Aspekte, den sprachlichen und den kulturellen, verfolgt der Überblick über den Zeitraum der älteren deutschen Literatur.

2. | Literatur der älteren deutschen Sprachstufen

Sprachgeschichtliche Epochengliederung

Die sprachgeschichtliche Epochengliederung erfasst unseren Zeitraum in drei großen Abteilungen: Erstens die althochdeutsche und altniederdeutsche Literatur (um 750 bis um 1050), zweitens die mittelhochdeutsche Literatur (um 1050 bis um 1350), drittens die frühneuhochdeutsche Literatur (um 1350 bis um 1650) und die mittelniederdeutsche Literatur, die im 13. Jahrhundert etwas später einsetzt als die mittelhochdeutsche und im 16. Jahrhundert durch die frühneuhochdeutsche verdrängt wird.

a. | Althochdeutsch und Altniederdeutsch

Schriftlichkeit

Aus der zweiten Hälfte des 8. Jahrhunderts, der Zeit Karls des Großen, stammen die ältesten deutschen Schrifttexte. Vorher wurde Deutsch nicht geschrieben, sondern ausschließlich gesprochen. Da gesprochene Texte nicht erhalten bleiben, wenn es keine elektronischen Aufzeichnungstechniken gibt, werden sowohl die deutsche Sprachgeschichte als auch die deutsche Literaturgeschichte erst mit dem Einsetzen der Schriftlichkeit greifbar. Außer in Gestalt von ganzen Texten ist das älteste Deutsch auch in Form von Glossen überliefert. Dabei handelt es sich um einzelne Wörter und Satzteile, die in lateinischen Handschriften als Verständnis- und Lernhilfen eingetragen sind.

Althochdeutsch

›Althochdeutsch‹ meint keine Hochsprache in unserem modernen Sinn. Eine solche Sprache, die jenseits der Dialekte im gesamten deutschen Sprachraum weitgehend einheitlichen Regeln folgt, hat sich erst in der neuhochdeutschen Zeit seit dem 17. Jahrhundert entwickelt. ›Althochdeutsch‹ ist lediglich eine nachträgliche Sammelbezeichnung für die Volkssprachen der Franken, Thüringer, Alemannen und Bayern.

Althochdeutsch (Alemannisch): Vaterunser aus einer Handschrift des Klosters St. Gallen, 8. Jh. (Frühe deutsche und lateinische Literatur in Deutschland 800–1150. Hg. v. Walter Haug u. Benedikt Konrad Vollmann. Frankfurt a.M. 1991, S. 24):

> *Fater unseer, thu pist in himile, uuihi namun dinan, qhueme rihhi din. uuerde uuillo din, so in himile sosa in erdu. prooth unseer emezzihic kip uns hiutu, oblaz uns sculdi unseero, so uuir oblazem uns sculdikem, enti ni unsih firleiti in khorunka, uzzer losi unsih fona ubile.*

emmezihic (unser Wort ›emsig‹) bedeutet ›fortwährend‹; das Substantiv *khorunka* für ›Versuchung‹ kommt vom Verb *koron*, das ›versuchen‹ im Sinn von ›auf die Probe stellen‹ bedeutet.

Altniederdeutsch

Die althochdeutschen Sprachen hatten Gemeinsamkeiten, die sie vom Altniederdeutschen der Sachsen (deshalb auch ›Altsächsisch‹) im Norden unterschieden. Während Niederdeutsch (›Plattdeutsch‹) heute fast ausschließlich als gesprochene Sprache existiert, entstand im 8. und 9. Jahrhundert außer der althochdeutschen auch eine altniederdeutsche Schriftliteratur.

Germanische und romanische Sprachen

Die Sprecher der althochdeutschen Sprachen lebten in der Zeit der ersten deutschen Glossen und Schrifttexte in einem Vielvölkerreich, über das das fränkische Königshaus der Karolinger herrschte. Die Sachsen wurden dem Karolingerreich zu dieser Zeit gerade gewaltsam einverleibt. Im Westen und im Süden herrschten die Karolinger über Völker, die romanische Sprachen benutzten. Von ihnen unterschieden sich Althochdeutsch und Altniederdeutsch gemeinsam als germanische Volkssprachen.

Latein

Die gängige Schriftsprache war im gesamten Karolingerreich das Lateinische, das die Gelehrten zur Verständigung untereinander gebrauchten. In der lateinischen Gelehrtensprache wurde der Unterschied zwischen den germanischen und den romanischen Volkssprachen mit den Begriffen *lingua theodisca* und *lingua romana* erfasst. Dem lateinischen Adjektiv *theodiscus* entspricht im Althochdeutschen *diutisk,* auf das unser neuhochdeutsches Wort ›deutsch‹ zurückgeht; *diutisk* gehört zum althochdeutschen Substantiv *diot* für ›Volk, Leute‹. Während das Frankenreich Karls des Großen ein romanisch-germanisches Vielvölkerreich war, entwickelte sich nach dem Tod seines Sohns Ludwigs des Frommen (840) seit der zweiten Hälfte des 9. Jahrhunderts ein weitgehend *diutisk*-sprachiger, ostfränkischer Herrschaftsverband.

Deutsch

Die althochdeutsche und die altniederdeutsche Literaturproduktion enden recht abrupt um 900. Aus den anschließenden 150 Jahren sind zwar Glossen überliefert, aber kaum noch althochdeutsche Texte. Eine wichtige Ausnahme davon ist der St. Galler Mönch Notker (genannt ›der Deutsche‹), der um die Jahrtausendwende umfangreiche Übersetzungen aus dem Lateinischen anfertigte. Um 1050 setzt eine neue, nun mittelhochdeutsche Schriftliteratur ein, deren Produzenten von ihren althochdeutschen Vorgängern fast nichts mehr wussten. Zwischen der alt- und der mittelhochdeutschen Literatur gibt es deshalb nahezu keine geschichtliche Kontinuität, ebenso wenig zwischen der alt- und der mittelniederdeutschen.

b. | Mittelhochdeutsch

Mittelhochdeutsch

›Mittelhochdeutsch‹ ist ebenfalls nur eine Sammelbezeichnung für die süd- und mitteldeutschen Dialekte im Unterschied zum nördlichen Mittelniederdeutsch. Während wir mit ›Dialekt‹ heute vor allem Mündlichkeit verbinden, ist das Alemannische, Ostfränkische, Bairische, West- und Ostmitteldeutsche der mittelhochdeutschen Zeit zwischen 1050 und 1350 ausschließlich in Gestalt von geschriebener Sprache, das heißt als Schreibdialekt überliefert.

Mittelhochdeutsche Dichtersprache

Eine einheitliche Sprache für den gesamten hochdeutschen, geschweige denn für den gesamten deutschen Sprachraum – einschließlich des niederdeutschen – gab es weiterhin nicht. Die Autoren der höfischen Dichtung (wie des Minnesangs und der Artusromane) allerdings hatten im 12. und 13. Jahrhundert ein Interesse daran, dass ihre Texte an möglichst vielen Adelshöfen verstanden wurden. Sie benutzten deshalb eine Sprache, die einen Ausgleich zwischen den mittelhochdeutschen Dialekten anstrebte und Dialektmerkmale sowohl in der Lautgestalt wie im Wortschatz möglichst vermied.

Mittelhochdeutsch (mittelhochdeutsche Dichtersprache): Vaterunser in Versen des Dichters Reinmar von Zweter, 13. Jh. (Die Gedichte Reinmars von Zweter. Hg. v. Gustav Roethe. Leipzig 1887, S. 417):

Got vater unser, dâ dû bist
in dem himelrîche, gewaltic alles des dir ist.
geheiligt sô werde dîn nam. zuo müeze uns komen daz rîche dîn.
Dîn wille werde dem gelîch
hie ûf der erde als in den himeln, des gewer unsich.
nû gip uns unser tegelich brôt, unt swes wir dar nâch dürftic sîn.
Vergip uns allen sament unser schulde,
als dû wilt, daz wir durch dîne hulde
vergeben, der wir ie genamen
deheinen schaden, swie grôz er sî.
vor sünden kor sô mache uns vri
unt lœse uns ouch von allem übele. Amen.

gewaltic alles des dir ist: alles steht in deiner Macht; *des gewer unsich*: das gewähre uns; *swes wir dar nâch dürftic sîn*: was wir außerdem brauchen; *sament*: zusammen; *als du wilt...*: so wie du willst, dass wir um deiner Gnade willen denen vergeben, durch die wir Schaden erlitten haben, wie groß er auch sei; *kor*: Versuchung.

Diese Ausgleichssprache, die vermutlich nur die Dichter verwendeten, ist heute als ›klassisches‹ Mittelhochdeutsch Gegenstand des germanistischen Unterrichts. Sie ging im 14. Jahrhundert wieder verloren.

Mittelniederdeutsch und Frühneuhochdeutsch

| C.

Mittelniederdeutsch

Auch an den Adelshöfen im niederdeutschen Sprachraum wurde für poetische Texte im 12. und 13. Jahrhundert zumeist die mittelhochdeutsche Dichtersprache benutzt. Zum ersten Mal wurde das Niederdeutsche in dieser Zeit, begrenzt noch auf einen eingeschränkten Gebrauchszusammenhang, auf seinem eigenen Sprachgebiet vom Hochdeutschen überlagert. Da die Dichtung fast völlig an die Adelshöfe gebunden war, gibt es nicht viele mittelniederdeutsche poetische Texte, aber allerhand Sachliteratur vom 13. bis zum 16. Jahrhundert – also eher parallel zur Zeit des Frühneuhochdeutschen als zu der des Mittelhochdeutschen. Danach wurde das Niederdeutsche auf allen Gebieten der Schriftlichkeit vom Frühneuhochdeutschen verdrängt, so dass es seinen Status als Schriftsprache verlor.

Frühneuhochdeutsch

Im Süden setzten sich im Lauf des 14. Jahrhunderts diejenigen Lautveränderungen durch, die das Mittelhochdeutsche vom Neuhochdeutschen unterscheiden. Erst im 17. Jahrhundert erlangte jedoch die Standardsprache im ganzen deutschen Sprachraum Geltung, die wir ›Neuhochdeutsch‹ nennen. In der Zeit dazwischen gab es eine große Vielfalt von Schreibdialekten, die man mit dem Begriff ›Frühneuhochdeutsch‹ zusammenfasst. Ein Gegenstück zur mittelhochdeutschen Dichtersprache existierte in der frühneuhochdeutschen Zeit nicht. Unter den regionalen Schreibsprachen erreichten jedoch zwei eine besondere Bedeutung: Das ›gemeine (das heißt ›allgemeine‹) Deutsch‹, das die kaiserliche Kanzlei für den Schriftverkehr verwendete, wurde vor allem im süddeutschen Sprachraum viel benutzt; im mitteldeutschen Raum spielte die Sprache der kurfürstlich sächsischen Kanzlei eine Vorbildrolle. Vor allem an der sächsischen Kanzleisprache, daneben aber auch am Gemeinen Deutsch orientierte sich Martin Luther bei seiner Bibelübersetzung (1522–1534). Wegen ihrer Verbreitung gewann die Lutherbibel erheblichen Einfluss auf die Entwicklung des Neuhochdeutschen.

Gemeines Deutsch

Kursächsische Kanzleisprache

Frühneuhochdeutsch (Lutherdeutsch): Vaterunser (Matthäus 6, 9–13) in der Bibelübersetzung Martin Luthers nach dem Druck von 1545 (Das Neue Testament in der deutschen Übersetzung von Martin Luther. Hg. v. Hans-Gert Roloff. 2 Bde. Stuttgart 1989, Bd. 1, S. 24f.):

VNser Vater in dem Himel. Dein Name werde geheiliget. Dein Reich kome. Dein Wille geschehe / auff Erden / wie im Himel. Vnser teglich Brot gib vns heute. Vnd vergib vns vnsere Schulde / wie wir vnsern Schüldigern vergeben. Vnd füre vns nicht in Versuchung. Sondern erlöse vns von dem vbel. Denn dein ist das Reich / vnd die Krafft / vnd die Herrligkeit in Ewigkeit Amen.

3. | Literatur des Mittelalters und der frühen Neuzeit

Sowohl für die Geschichte der Sprache als auch für die der Literatur ist es von großer Bedeutung, wer Texte herstellt, an wen diese Texte gerichtet sind und welchem Zweck sie dienen. Im engen Zusammenhang damit stehen die kulturellen – die wirtschaftlichen, gesellschaftlichen und bildungsgeschichtlichen – Bedingungen der Literatur.

Frühes Mittelalter

a.

Wirtschaft

In der Karolingerzeit, in der die schriftliche Überlieferung deutscher Texte einsetzt, bestand der deutsche Sprachraum aus kleinen Siedlungsinseln inmitten unzugänglicher Urwälder und Sumpflandschaften. Die Menschen lebten vorzugsweise entlang der Flusstäler und betrieben Landwirtschaft. Von einer arbeitsteiligen Gesellschaft mit unterschiedlichen Berufen kann kaum die Rede sein: Was man zum Leben benötigte, stellte man weitgehend selbst her. Handel gab es, gemessen an unseren Gewohnheiten, nur in geringem Ausmaß.

Gesellschaft

Die sozialen Beziehungen zwischen den Menschen waren vor allem durch Verwandtschaft, Grundherrschaft und Vasallität geregelt. Der Familienverband war zugleich eine Wirtschaftsgemeinschaft und, wegen der patriarchalen Rechte des Hausherrn, eine Herrschaftsordnung.

Familie

Grundherrschaft

Denselben Doppelcharakter hatte die Grundherrschaft. Das bewirtschaftete Land gehörte wenigen Adeligen. Aufgrund ihrer Geburtsrechte und ihres Familienbesitzes, die ihnen eine militärische Ausrüstung ermöglichten, stellten sie eine Kriegerkaste dar. Die weitaus meisten Menschen besaßen nicht nur kein Land, sondern waren selbst Eigentum. Als Leibeigene gehörten sie zum Grundbesitz eines adeligen Herrn, dessen Land sie gegen Abgaben bestellten und der über sie herrschte.

Vasallität und Lehen

Vasallität regelte, zusammen mit Ehe und Verwandtschaft, die Beziehungen der adeligen Grundherren untereinander. Sie beruhte auf der persönlichen Schwurverbindung, die den mächtigeren ›Herrn‹ zu Schutzleistungen, den ›Mann‹ (oder Vasallen) zu Beistandsleistungen verpflichtete. Von der Karolingerzeit bis ins hohe Mittelalter setzte sich immer mehr die Gewohnheit durch, das Vasallitätsverhältnis mit der Verleihung von Grundbesitz (›Lehen‹) zu verbinden, so dass lehensrechtliche Beziehungen zur Grundlage des adeligen Herrschaftsverbandes wurden.

Auf der Basis persönlicher Verwandtschafts- und Vasallitätsbeziehungen fand in der Karolingerzeit ›Politik‹ statt. Nichts von dem, was wir mit institutioneller Staatlichkeit verbinden, existierte: Keine Ministerialbürokratie, keine Finanzverwaltung, keine Polizei, kein Amtsgericht, kein öffentliches Schulwesen. Herrschaft wurde nicht von Institutionen, sondern von Personen ausgeübt und setzte Reichtum und die Fähigkeit zur gewaltsamen

Durchsetzung der eigenen Interessen voraus. Auch der König war in diese Ordnung eingebunden: Seine Macht gründete auf seinem Landbesitz und auf seinem Status als Herr von Vasallen.

Kirche

Eigenschaften einer Institution hatte in der Karolingerzeit am ehesten die Kirche. Mit unseren modernen Amtskirchen hat sie freilich wenig gemeinsam. Unter der karolingischen Kirche muss man sich in erster Linie Benediktinerklöster und Domstifte (Bischofssitze mit einem Bischof und in klosterähnlicher Gemeinschaft lebenden Domherren) vorstellen. Klöster und Bischofskirchen waren Grundherren; Landbesitz und Leibeigene sicherten ihre wirtschaftliche Basis.

Äbte und Mönche, Bischöfe und Domherren waren in aller Regel Adelige, die von ihren Familien gewöhnlich schon als Kinder für die kirchliche Lebensform bestimmt wurden. Alle Kirchen waren über königliche oder adelige Besitz- und Herrschaftsrechte in den adeligen Personenverband eingebunden; sie gehörten entweder dem König oder einem Adeligen. Bischöfe und Äbte übten ihrerseits selbst weltliche Herrschaft aus. Eine päpstlich-römische Hierarchie, der sie hätten unterstehen können, gab es noch nicht.

Kleriker und Laien

Lesen und Schreiben lernte in der Karolingerzeit nur, wer für die kirchliche Lebensform bestimmt war – die Kleriker. Nicht-Kleriker – von den Leibeigenen bis zum König – hießen ›Laien‹ und waren der Schrift unkundig. Weil die Kirchensprache Latein war, lernten die Kleriker nicht Deutsch, sondern Latein lesen und schreiben. Die Orte dieses Unterrichts waren die Klosterschulen, die Träger der lateinischen Schriftkultur des frühen Mittelalters.

Klosterkultur und religiöse Literatur

Alle erhaltenen althochdeutschen und altniederdeutschen Texte wurden in karolingischen Klöstern aufgeschrieben, und bis auf wenige Einzelfälle wurden sie auch von Mönchen verfasst. Zum Teil dienten sie dem Lateinunterricht in der Klosterschule, indem sie durch vorlagennahe Übersetzung das Verständnis lateinischer Texte erleichterten – beispielsweise der benediktinischen Ordensregel. Zum Teil stellten sie die für Seelsorge und Mission wichtigsten Texte, wie das Vaterunser oder das Glaubensbekenntnis, in der Volkssprache zur Verfügung. Zum Teil dienten sie dazu, die in den Evangelien erzählte Geschichte auf Deutsch zu vermitteln; dies konnte sich an weniger lateingeübte Kleriker oder an adelige Laien richten.

Ein Beispiel für den dritten Typus ist das ›Evangelienbuch‹, das der Mönch Otfrid im Kloster Weißenburg (heute Elsass) im 9. Jahrhundert verfasste. Es dokumentiert die adeligen Denkweisen auch der Kleriker des frühen Mittelalters. Wenn Otfrid die Lebensgeschichte Jesu erzählt, überträgt er sie nicht nur in seine Muttersprache, sondern auch in eine frühmittelalterliche Adelswelt. Bei der Verkündigungsszene (nach Lukas 1,26) beispielsweise trifft der Engel nicht auf die Frau eines jüdischen Zimmermanns, sondern auf die zukünftige Königinmutter in ihrer Pfalz (Otfrid von Weißenburg: Evangelienbuch. Auswahl. Althochdeutsch / Neuhochdeutsch. Hg., übersetzt u. kommentiert v. Gisela Vollmann-Profe. Stuttgart 1987, S. 56):

Tho quam boto fona gote, engil ir himile,
braht er therera worolti diuri arunti.
Floug er sunnun pad, sterrono straza,
wega wolkono zi theru itis frono;
Zi ediles frouun, selbun sancta Mariun,
thie fordoron bi barne warun chuninga alle.
Giang er in thia palinza, fand sia drurenta,
mit salteru in henti, then sang si unz in enti;
Wahero duacho werk wirkento
diurero garno, thaz deda siu io gerno.
Tho sprach er erlicho ubar al, so man zi frowun scal,
so boto scal io guater, zi druhtines muater [...].

Da kam ein Bote von Gott, ein Engel aus dem Himmel; er brachte der Welt kostbare Botschaft. Er flog den Sonnenpfad, die Sternenstraße, den Wolkenweg zu der Gottesfrau, zu der adeligen Herrin, der heiligen Maria. Ihre Vorfahren, Kind für Kind, waren alle Könige. Er ging in die Pfalz, fand sie traurig, mit dem Psalter in Händen, den sang sie bis zum Ende. Feine Tuche wirkte sie aus kostbarem Garn, das tat sie stets eifrig. Da sprach er höchst ehrerbietig, wie man es einer Herrin schuldig ist, wie es ein guter Bote schuldig ist, zur Mutter des Herrn [...].

Druhtin ist das Wort für den Herrscher; die Jünger bezeichnet Otfrid später mit dem Wort für Vasallen und Krieger als *thegana*. Die Mutter des größten aller Könige ist (anders als in der Bibel) Nachkomme einer lückenlosen Reihe königlicher Ahnen. Der Engel verhält sich ihr gegenüber, wie es sich für einen karolingischen Königsboten gehört.

Otfried kann sein Evangelienbuch sowohl für die adeligen Mönche seines Klosters als auch für adelige Laien gedichtet haben. In jedem Fall handelte es sich um ein Publikum, das weder willens noch in der Lage war, sich Jesus von Nazareth als jüdischen Zimmermannssohn und Wanderprediger vorzustellen. Seine Erhebung zum frühmittelalterlichen König ist freilich kein didaktischer Kniff des Autors. Ein historisches Bewusstsein grundsätzlicher Unterschiede zwischen der eigenen Gegenwart und anderen Zeiten gab es in Mittelalter und früher Neuzeit nur vereinzelt und

ansatzweise. Gewöhnlich trifft man auf die Überzeugung, dass die Verhältnisse immer schon so ähnlich waren wie in der jeweiligen Gegenwart.

Die althochdeutsche und altniederdeutsche Literatur besteht wegen ihrer kulturellen Bedingungen, von wenigen Ausnahmen abgesehen, aus religiösen Texten, die mehr oder weniger eng von lateinischen Vorbildtexten abhängig sind. Dass es diese volkssprachlichen Texte überhaupt gibt, ist eine Folge königlicher Reformbestrebungen: Karl der Große und seine Nachfolger versuchten recht zielstrebig, das Bildungsniveau der Klöster anzuheben und die elementare Seelsorge zu verbessern. Beiden Zwecken dienten die Rückgriffe auf die Volkssprache: Zum einen, um denjenigen, die Latein lernen mussten, Hilfe in der Muttersprache zu leisten; zum andern, um in der Volkssprache die wichtigsten Glaubenswahrheiten zugänglich zu machen. Dass die deutsche Schriftlichkeit zu Beginn des 10. Jahrhunderts wieder aufhörte, liegt am Untergang der Karolinger, der das Ende ihres Bildungsprogramms bedeutete.

b. | Hohes Mittelalter

Die mittelhochdeutschen Schrifttexte, die seit der zweiten Hälfte des 11. Jahrhunderts entstanden, waren zunächst ebenfalls ausschließlich Klerikerprodukte religiösen Inhalts. Die neue volkssprachliche Schriftlichkeit hing jedoch nicht mehr am Herrschaftsprogramm eines Königshauses, sondern erhielt schnell eine weniger enge gesellschaftliche Grundlage. Die historische Kontinuität, die nach 1050 begründet wurde, riss deshalb auch nicht mehr ab, sondern reicht bis heute. Die wichtigste Entwicklung der hochmittelalterlichen Literaturgeschichte besteht darin, dass die adeligen Laien im 12. Jahrhundert zunehmenden Einfluss auf die Textproduktion gewannen und für eine Dichtung mit weltlichem Inhalt sorgten.

Aufbruch des 12. Jahrhunderts

Der literarische Neubeginn steht in einem kulturgeschichtlichen Zusammenhang, den man als den ›Aufbruch des 12. Jahrhunderts‹ bezeichnet. Dieser Aufbruch hatte eine Anlaufzeit schon im späteren 11. Jahrhundert und erreichte im 12. eine enorme Dynamik, die erst im späteren 13. nachließ; um 1350 fand er sein Ende. Er hat die europäische Welt grundlegend verändert. Nicht zufällig umfasst er ziemlich genau die Epoche der mittelhochdeutschen Literatur.

Wirtschaft

Das ökonomische Fundament der Entwicklung war ein erhebliches Bevölkerungswachstum, das mit Fortschritten in der landwirtschaftlichen Technik einherging und zur Ausweitung der Siedlungsfläche führte. Durch die Rodung der Urwälder und die Trockenlegung der Sümpfe entstand die Kulturlandschaft, die unsere ländlichen Regionen bis heute prägt.

Städte

Die Gesellschaft wurde zunehmend arbeitsteilig. Handwerker und Kaufleute siedelten sich zunächst an Bischofssitzen an, die oft in den Überresten alter Römerstädte lagen. Die Ansätze zu einer neuen Stadtkultur setzten sich in einer breiten Welle von Stadtneugründungen fort. Auch wenn die meisten Städte klein blieben und viele ihrer Bewohner weiterhin Landwirtschaft trieben: In den Städten wurde Markt für den lokalen und regionalen Handel gehalten, Handwerker produzierten und verkauften ihre Waren, Fernhändler ließen sich nieder. Langsam kam die Geldwirtschaft auf und löste den Naturalientausch ab.

Adelige Hofkultur und höfische Literatur

Bei den adeligen Grundherren konzentrierten sich Besitz- und Herrschaftsrechte immer mehr in der Hand weniger Familien. Herrschaft bezog sich in wachsendem Maß nicht mehr allein auf einen Personenverband, sondern auf ein Territorium. Das Lehensrecht wurde nicht abgeschafft, aber einige Lehensherren entwickelten sich in einem langen und komplizierten Prozess, der bis ins Spätmittelalter reicht, zu Landesherren. Die Konzentration von Reichtum und Macht ermöglichte dem Hochadel einen neuen, repräsentativen Lebensstil. Man legte Burgen an; es entstand eine Hofgesellschaft, die ihren Reichtum und ihren Machtanspruch durch Waffen und Rüstung, Kleidung, Essen und Trinken, zeremonielle Umgangsformen und prachtvolle Feste zur Schau stellte. Dieser höfische Adel trug die neue, höfische Literatur, die in erster Linie sein Selbstbewusstsein, seine Wertorientierungen, seine Welt- und Lebenshaltung zum Ausdruck brachte – allem voran im Minnesang und im höfischem Roman.

Kernbegriff dieser Lebenshaltung ist die *vröude*, die eine weltzugewandte, auf kultivierte Weise genussfreudige, auch der Sexualität zugeneigte, gesellige Hochstimmung meint. Gottfried von Straßburg beschreibt zu Beginn des 13. Jahrhunderts im Tristanroman das Hoffest König Markes mit einer Sprachkunst, die ebenso viel Genuss bereiten soll wie ein höfisches Fest selbst (Gottfried von Straßburg: Tristan. Mittelhochdeutsch / Neuhochdeutsch. Hg., übersetzt u. kommentiert v. Rüdiger Krohn. 3 Bde. Stuttgart [7]1996, Bd. 1, S. 44–46, V. 587–626)

Dâ hæte diu geselleschaft
vrô unde sêre vröudehaft
gehütet ûf daz grüene gras,
alse iegelîches wille was.
dâ nâch alse iegelîches ger
ze vröuden stuont, dâ nâch lag er:
die rîchen lâgen rîche,
die höfschen hovelîche;
dise lâgen under sîden dâ,
jene under bluomen anderswâ;
diu linde was genuoger dach;
genuoge man gehütet sach
mit loupgrüenen esten.
von gesinde noch von gesten
wart geherberget nie
sô wunneclîchen also hie.
ouch vant man dâ rât über rât,
als man ze hôhgezîten hât,
an spîse und edeler wæte,
des iegelîcher hæte
ze wunsche sich gewarnet dar.
dar zuo sô nam ir Marke war
sô grôze und alsô rîche,
daz si alle rîlîche
lebeten unde wâren vrô.
sus huob diu hôhgezît sich dô.
und swes der gerne sehende man
ze sehene guoten muot gewan,
daz lie diu state dâ wol geschehen;
man sach dâ, swaz man wolte sehen.
dise vuoren sehen vrouwen,
jene ander tanzen schouwen;
dise sâhen bûhurdieren,
jene ander justieren.
swâ zuo den man sîn wille truoc,
des alles vand er dâ genuoc,
wan alle, die dâ wâren
von vröudebæren jâren,
die vlizzen sich inwiderstrît
ze vröuden an der hôhgezît.

Da hatte die Gesellschaft, froh und voller Freude, Hütten im grünen Gras aufgeschlagen, ein jeder, wo er wollte. Danach lagerte jeder so, wie ihm der Sinn nach Freude stand: Die Reichen lagerten reich, die Höfischen höfisch. Die einen lagerten unter Seide, die andern anderswo unter Blumen. Die Linde war vielen ein Dach, viele sah man in Hütten aus laubgrünen Ästen. Weder Hofangehörige noch Gäste waren jemals so prachtvoll untergebracht gewesen wie hier. Auch gab es da Fülle über Fülle, wie es sich bei Festen gehört, an Speisen und vornehmen Gewändern, womit sich jeder wunschgemäß versehen hatte. Zudem sorgte Marke für sie, so großartig und prächtig, dass sie alle in Reichtum lebten und fröhlich waren. So begann das Fest. Und was ein schaulustiger Mann anzuschauen Lust bekam, das erlaubte die Gelegenheit. Man sah dort, was man sehen wollte. Die einen gingen adelige Damen anschauen, die andern dem Tanz zusehen; die einen schauten beim Turnier zu, die andern beim Lanzenkampf. Was immer ein Mann auch wollte, das fand er dort in Fülle, denn alle, die in einem frohen Lebensalter dort waren, strebten auf dem Fest um die Wette nach Freude.

Kirche

Die Kirche unternahm seit der zweiten Hälfte des 11. Jahrhunderts Anstalten, größere Unabhängigkeit von den adeligen Herrschaftsverbänden zu gewinnen, ohne ihre eigenen Herrschaftsansprüche aufzugeben. Eine Reformbewegung strebte mit Erfolg den Aufbau einer hierarchischen Organisation mit dem Papst an der Spitze an, um den Einfluss der weltlichen Mächte zurückzudrängen. Deren Widerstand führte zum Konflikt, der im ›Investiturstreit‹ anlässlich der Frage eskalierte, ob der König oder der Papst die Bischöfe einsetzen darf.

Es waren diese kirchlichen Freiheitsbestrebungen, die in Europa die Entwicklung zu einer Trennung von Weltlichem und Geistlichem einleiteten. Wenn auch die Verweltlichung der Gesellschaft ein langer Prozess war, der erst im 18. Jahrhundert Breitenwirkung entfaltete – angestoßen wurde er im hohen Mittelalter, und schon einige Intellektuelle des 13. und 14. Jahrhunderts vertraten recht säkularisierte Ansichten.

Bildung und Wissenschaft

Gleichwohl blieb die Kirche im 12. und 13. Jahrhundert Trägerin von Bildung und Wissenschaft, die Bildungssprache folglich Latein. Vor allem in bischöflichen Domschulen beschäftigte man sich in zunehmendem Maß mit römischer Dichtung, neben der spätantiken christlichen nun auch mit der ›klassischen‹ heidnischen – Vergil und Ovid vor allem. Hier lernte man im Grammatik- und Rhetorikunterricht, selbst lateinische Prosa- und Verstexte zu verfassen. Viele höfische Dichter verfügten über eine solche Ausbildung und benutzten die poetisch-rhetorischen Techniken, die sie im Lateinunterricht erworben hatten, für ihre deutschen Texte. Die höfische Dichtung ist ohne die klerikale Tradition der Schulen deshalb genauso wenig denkbar wie ohne die neue adelige Laienkultur.

Scholastik

Die hoch- und spätmittelalterlichen Wissenschaften bezeichnet man zusammenfassend als ›Scholastik‹ (von lateinisch *scola* für ›Schule‹). Die Studien nahmen nach einer langen Zeit, in der man sich eher auf die Bearbeitung des aus der römischen Spätantike Erhaltenen konzentriert hatte, einen enormen Aufschwung. Durch die Kreuzzüge gegen die arabischen Herrscher in Spanien und Palästina kamen die Europäer mit einer entschieden höher entwickelten arabischen Kultur in Berührung. Der Islam hatte Wissensbestände vor allem der griechischen Antike bewahrt und fortentwickelt, die nicht ins westliche Mittelalter gelangt waren. Manche arabische Gelehrte schätzten Beobachtung und Vernunft als Erkenntnisinstrumente in einem dem Westen unbekannten Ausmaß. Medizin, Astronomie, Mathematik, Logik, allem voran die Philosophie des Aristoteles – das waren die Gebiete, auf denen die europäischen Gelehrten griechisch-arabische Wissenschaft übernahmen. Als Kaderschmieden dienten die ersten Universitäten: In Paris und Oxford versuchte man, mit Hilfe der aristotelischen Philosophie zu einer rationalen Begründung des christlichen Glaubens zu kommen; in Salerno studierte man Medizin, in Bologna römisches Recht und Kirchenrecht.

Laienfrömmigkeit und religiöse Literatur

Eine äußerst nachhaltige Erscheinung, die im Aufbruch des 12. Jahrhunderts ihren Anfang nahm, ist die Laienfrömmigkeit. Sie trug erheblich zur Ablösung der frühmittelalterlichen Religiosität bei, die einen für unsere Begriffe durchaus fremdartigen Charakter hatte: Eine klar definierte Priesterkaste war dafür zuständig, stellvertretend für alle das Heil zu erwirken. Zu diesem Zweck musste ein richtender und strafender Gott, den man sich als obersten Gefolgsherrn vorstellte, durch rituelle Sakralhandlungen, Gebets- und Bußleistungen versöhnt werden. Der Anteil der Laien an dieser Heilssicherung war gering. Wenn sie über Reichtum verfügten, hatten sie damit Auskommen und Leistungen der Priesterkaste zu ermöglichen. Sonst verlangte die frühmittelalterliche Kirche von den Laien nicht viel: Taufe, Wortlaut von Vaterunser und Glaubensbekenntnis, jährliche Beichte mit Abendmahl. Eine genauere Vorstellung von den Glaubensinhalten mussten Laien nicht haben, solange Religiosität vor allem in Ritualhandlungen von Klerikern bestand.

Seit dem 12. Jahrhundert entwickelten sich dagegen jene Formen eines verinnerlichten, die Gefühle ansprechenden und mit religiösen Wissensinhalten gefüllten Glaubens, die bis heute die christliche Religiosität bestimmen. Zwar gab es weiterhin kein Seelenheil ohne priesterliche Vermittlung, aber Laienbewegungen brachten immer weiter um sich greifende Bedürfnisse nach religiöser Belehrung, religiöser Erfahrung und religiöser Lebensweise zum Ausdruck. Vor allem in den Städten breiteten sich religiöse Bruderschaften und Frauengemeinschaften aus, so dass es zu einer engen Verbindung zwischen Laienfrömmigkeit und entstehender Stadtkultur kam. Die Kirche hatte zunächst Schwierigkeiten, die Entwicklung unter Kontrolle zu halten, kanalisierte sie aber vom 13. Jahrhundert an durch die neuen ›Bettelorden‹ (deren wirtschaftliche Existenz nicht mehr durch Grundbesitz abgesichert war). Franziskaner, Dominikaner, Augustinereremiten und Karmeliter gründeten ihre Konvente in den Städten und beschäftigten sich vornehmlich mit Predigt und Laienseelsorge.

Im Zusammenhang mit der Laienfrömmigkeit und den neuen Orden kam es seit dem 13. Jahrhundert zu einer breiten Produktion religiöser Texte auf Deutsch. Wie ein großer Strom wälzt sich diese Literatur durch das Spätmittelalter und mündet in die Reformation und die Gegenreformation. Auch diese literarische Tradition begann mit dem hochmittelalterlichen Aufschwung; anders als die höfische Dichtung wurde sie durch die Krisen des 14. Jahrhunderts aber eher gestärkt als beeinträchtigt.

Spätes Mittelalter und frühe Neuzeit | c.

Krise des 14. Jahrhunderts

In der Mitte des 14. Jahrhunderts schlug die seit längerem kriselnde Wirtschaftslage in ein Katastrophenszenario um, als die große Pest durch Europa zog. Die Bevölkerungszahl sank in kurzer Zeit rapide. Wer die zeitgenössische Beschreibung der Pest in Florenz am Beginn von Giovanni Boccaccios Novellensammlung ›Dekameron‹ liest, bekommt noch heute vor Augen geführt, wie die Erfahrungswirklichkeit der Menschen von Tod, Verarmung und vom Untergang jeder Ordnung erfüllt war. Die Zeit der Seuchen- und der Klimakatastrophen, der Missernten und des Hungers zog sich bis weit ins 15. Jahrhundert hinein, ehe es wieder zu einer Verbesserung der materiellen Lebensbedingungen kam.

Fürstenstaaten und Adelsliteratur

Die Landesherrschaft in den deutschen Territorien festigte sich im späteren Mittelalter durch den Aufbau einer institutionellen Verwaltungstätigkeit. An den Fürstenhöfen entstanden behördenähnliche Strukturen und ein Beamtenapparat, die die persönliche Herrschaft durch institutionelle Staatlichkeit ergänzten.

Die Fürstenhöfe blieben Orte der Literatur. Allerdings ging die Produktion höfischer Dichtung in der Krisenzeit des 14. Jahrhunderts erheblich zurück, die Romanproduktion kam ganz zum Erliegen. Ältere Texte aber wurden nach wie vor abgeschrieben. An den Höfen gab es weiterhin ein kultiviertes und gebildetes Publikum, aus dem auch die Textproduzenten kamen: In der fürstlichen Regierung und Diplomatie arbeiteten Adelige, die sich in den Hofdienst begeben hatten, und in wachsendem Maß studierte Juristen aus dem Stadtbürgertum. Unter den literarischen Interessen, die die Höfe vom 15. bis ins 16. Jahrhundert pflegten, fallen die rückwärts gewandten auf: In erster Linie schätzte man die epischen Stoffe der hochmittelalterlichen Dichtung; alte Texte wurden weiter überliefert wie auch neu bearbeitet.

Stadtkultur und städtische Literatur

Nach den Krisenjahrzehnten wurden das 15. und das 16. Jahrhundert zu einer wirtschaftlichen und kulturellen Blütezeit der Städte. Besonders die größeren süddeutschen Reichsstädte – Nürnberg, Augsburg, Basel, Straßburg – spielen in der Literaturgeschichte dieser Zeit eine herausragende Rolle. Wenn die höchst vielfältige städtische Literatur ein auffälliges Charakteristikum hat, so ist es ihre Konzentration auf das Thema ›Ordnung‹. Das hat seinen Grund: Nirgendwo sonst gab es so viel Ordnung wie in der Stadt. Harte Sanktionen sorgten für die Einhaltung einer Unzahl von Hygiene-, Kleider-, Markt-, Hochzeits- und allen nur erdenklichen anderen Vorschriften.

Abb. 1 | Nürnberg-Holzschnitt aus der ›Schedelschen Weltchronik‹, Nürnberg 1493.

Mit der detaillierten Regelung des Zusammenlebens begegneten die Stadträte nicht zuletzt den erheblichen sozialen Unterschieden auf engem Raum. In den großen Städten lebten die wenigen reichen Grundbesitzer und Kaufleute wie Adelige, in Einzelfällen fürstengleich; als Patrizierfamilien pflegten sie ein ausgeprägtes Standesbewusstsein. Am Stadtregiment beteiligt war außer ihnen, je nach Stadt in unterschiedlichem Ausmaß, die größere Gruppe der Handwerker und Händler. Zusammen mit einem Bestand an Akademikern – Juristen, Theologen, Ärzten – waren Patrizier und Handwerker diejenigen städtischen Gruppen, die Zugang zur Schulbildung und damit zur Schriftkultur hatten. Die übergroße Mehrzahl der Stadtbewohner lebte ohne Bürgerrecht in Verhältnissen, die vom bescheidenen Auskommen der Knechte, Mägde und Tagelöhner bis zur extremen Armut der Bettler reichten.

›*Ein lobspruch der statt Nürnberg*‹, 1530 von Hans Sachs gedichtet, zeigt das Verhältnis des Stadtbürgers zu seinem Gemeinwesen – »*meynem vatterland*«, wie es am Ende heißt. Nach einer Beschreibung von Bausubstanz und Stadtanlage wendet sich das Gedicht den Bewohnern zu. Stadtbürgerlicher Kaufmanns- und Handwerkerstolz, Kulturbewusstsein – auch die Künste werden erwähnt, besonders das Musizieren – und Lob der städtischen Ordnung gehen Hand in Hand (Hans Sachs: *Ein lobspruch der statt Nürnberg*. In: Hans Sachs. Hg. v. Adelbert von Keller und Edmund Goetze. Bd. 4. Tübingen 1870, S. 189–199, V. 161–238):

[...] *Inn der stat umb und umb*
Des volckes ist on zal und sumb,
Ein embsig volck, reich und sehr mechtig,
Gescheyd, geschicket und fürtrechtig.
Ein grosser thayl treybt kauffmanns-handel,
In alle landt hat es sein wandel
Mit specerey und aller wahr.
Alda ist jarmarckt uber jar
Von aller war, wes man begert.
Der maist thail sich mit hand-werck nert,
Allerley handwerck ungenandt,
Was ye erfunden menschen-hand.
[...] *Auch seind da gar sinreich werckleut*
mit trucken, malen und bild-hawen,
Mit schmeltzen, giessen, zimmern, pawen,
Der-gleich man find in keynen reichen,
Die ihrer arbeyt thun geleichen,
Als da manch köstlich werck anzeyget.
Wer dann zu künsten ist geneyget,
Der find alda den rechten keren;
Und wellicher kurtzweyl will leren,
Fechten, singen und saytenspil,
Die find er künstlich und subtil.
[...] *Ir gsetz und reformation*
Ist fürgeschrieben yedermon.
Darinn ist angezeiget wol,
Was man thun oder lassen sol;
Und wer sich darinn ubergafft,
Der wirt nach gstalt der sach gestrafft.
Auch ist verordnet ein gericht,
Daran nyemand unrecht geschicht,
Der-gleich ein malefitzen-recht,
Geleich dem herren wie dem knecht.
Also ein ersam weyser rat
Selbs ein fleissig auff-sehen hat
Auff seine burger aller stend
Mit ordenlichem regiment,
Guter statut und policey,
Gütig on alle tyranney.
[...] *Also ein rat und die gemein*
Einhellig und einmütig sein
Und halten da ein ander schutz,
Darauß erwechst gemeiner nutz.
Aus dem so hat die stat bestand. [...]

Überall in der Stadt gibt es unzählige Menschen, fleißige Leute, reich und sehr mächtig, klug, geschickt und vorausblickend. Viele treiben als Kaufleute Handel in alle Länder mit Gewürzen und allen möglichen Waren. Jahrmarkt wird dort gehalten mit jeder Ware, die man haben will. Die meisten Leute leben vom Handwerk, ungezählte

Arten von Handwerk, was des Menschen Hand jemals erfunden hat. [...] Es gibt sehr kunstfertige Handwerker wie Drucker, Maler, Bildhauer, Metallgießer, Zimmerer, Bauleute, wie man sie nirgendwo sonst findet, die so gut sind wie ihre Arbeit, was so manches kunstvolle Werk beweist. Wer die Künste schätzt, findet dort ihren wahren Kern, und wem der Sinn nach Vergnügungen wie Fechten, Singen und Musizieren steht, der findet sie auf kunstvollem und gelehrtem Niveau. [...] Gesetz und Stadtrecht ist jedermann vorgeschrieben. Darin wird aufgezeigt, was man tun oder lassen soll, und wer es übertritt, wird je nach Sachlage bestraft. Auch ist ein Gericht eingesetzt, vor dem niemandem Unrecht widerfährt, ebenso ein Strafrecht, das für den Herrn und den Knecht gleichermaßen gilt. Auf diese Weise übt ein ehrbarer, weiser Stadtrat unablässig die Aufsicht über seine Bürger aller Stände aus, mit ordnungsgemäßer Herrschaft, guten Gesetzen und Verordnungen, gütig und ohne jede Willkürherrschaft. Wenn der Rat und die Kommune auf diese Weise einig und einmütig sind und zueinander stehen, erwächst daraus der Gemeinnutz. Der gewährleistet das Fortbestehen der Stadt. [...]

Darauf folgt noch ein Lob der vier wichtigsten städtischen Leitnormen Weisheit, Gerechtigkeit, Ehrlichkeit und Wehrhaftigkeit. Aus Arbeit, Ordnung und Moral entsteht *gemeiner nutz*, das Gemeinwohl der Stadt, das ihre Existenz sichert. Das Wohl jedes Einzelnen ist von ihm gar nicht zu unterscheiden.

Kirche

Für die Kirche war das 14. Jahrhundert eine Krisenzeit, die auch im 15. nicht endete. Eine von vielen als reformbedürftig empfundene Institution und das nicht immer vorbildliche Verhalten ihrer Mitglieder erregten wachsenden Missmut. Dass beispielsweise Kleriker nicht vor weltliche Gerichte gestellt und keinen weltlichen Steuern unterworfen werden konnten, wurde in den Städten zu einem Dauerärgernis, weil die Angehörigen der Bettelorden dort einen erheblichen Anteil der Bevölkerung ausmachten. Freilich ging es bei der Kritik an der Kirche nicht nur um Politik. Da das Seelenheil allein durch die Vermittlung der Kleriker zu erhalten war, sorgten sich viele angesichts der institutionellen und moralischen Mängel um die zuverlässige Sicherung ihrer Glückseligkeit nach dem Tod.

Reformation

Zwei großen, langen Konzilien in Konstanz (1414–1418) und in Basel (1431–1449) gelang es nicht, den Reformstau in überzeugender Weise aufzulösen. In England und in Böhmen sorgten Protestbewegungen für Aufruhr. Unter den zahlreichen inhaltlichen und organisatorischen Reformvorschlägen fanden schließlich diejenigen besondere Beachtung, die der Wittenberger Theologieprofessor Martin Luther von 1517 an verbreitete. Freilich waren manche seiner Standpunkte so radikal, dass die römische Kirche sie zurückweisen musste, wollte sie nicht ihre gesamte innere Ordnung und ihre Stellung in der Welt aufgeben. Luther schloss daraufhin ein Bündnis mit der weltlichen Obrigkeit. Statt die alte Kirche zu reformieren, begann man mit dem Aufbau einer neuen.

Die Reformation hatte auch eine Reihe literaturgeschichtlicher Konsequenzen. Beispielsweise waren die von Klerikern gesungenen liturgischen Lieder der katholischen Messe lateinisch wie die ganze Messe. Weil nach Luthers Lehre nicht der Priester den Gottesdienst vollzieht, sondern die Gemeinde unter Anleitung des Pfarrers, fand der protestantische Gottesdienst bald auf Deutsch statt. Für die Einbeziehung der Gemeinde schien Luther der gemeinsame Gesang die beste Form. So fing er an, Kirchenlieder zu produzieren, und begründete damit eine mächtige Tradition. Bis weit ins 20. Jahrhundert hinein hatte jedes lutherische Schulkind (darunter auch so mancher spätere Dichter) einen Grundbestand an Kirchenliedern auswendig zu lernen, die den ganzen weiteren Lebensweg begleiteten. Keine andere Gattung der deutschen Lyrikgeschichte entfaltete jemals eine auch nur annähernd vergleichbare Wirkung mit Texten, die über Jahrhunderte unverändert im Gebrauch blieben.

Wissenschaft

Weniger spektakulär als die Reformation, aber langfristig mit erheblichen Folgen für die Lebenswirklichkeit, entwickelte sich vom 14. Jahrhundert an die zunehmende Ablösung der Wissenschaft von der Kirche. Bis zum 13. Jahrhundert waren die Gelehrten dem Stand nach Kleriker, der Ausbildung nach zumeist Theologen, seltener Juristen oder Mediziner gewesen. Wenn sich die Verhältnisse bis zum 16. Jahrhundert immer mehr zugunsten von Laien verschoben, die vorzugsweise Jura oder Medizin studiert hatten, so steht dahinter zum einen der Bedarf der fürstlichen Verwaltungsstaaten und der Stadtgemeinden an Juristen und Ärzten, zum andern das neue Bildungsprogramm des Humanismus.

Humanismus

Der Humanismus entstand im 14. Jahrhundert in Italien, wo die Stadtrepubliken in den Schriften des römischen Republikaners Cicero aus dem 1. Jahrhundert v. Chr. die Rechtfertigung ihrer Ordnung fanden. Das Interesse erweiterte sich schnell auf die gesamte ›klassische‹ römische Antike, die man von einem patriotischen Standpunkt aus als Blütezeit Italiens wahrnahm.

Die Rückbesinnung darauf sollte ein neues glanzvolles Zeitalter herbeiführen, eine ›Wiedergeburt‹ (Renaissance) der Antike.

Deshalb stand das Studium der klassischen lateinischen Sprache und Literatur, in geringerem Maß auch der griechischen, im Zentrum des humanistischen Bildungsprogramms. Man verstand es als ein *studium humanitatis*: ein Studium des Menschlichen als Methode sprachlicher und moralischer Bildung, als Training im richtigen Reden, Denken und Handeln, orientiert an den antiken Vorbildern. Damit war keine Abwendung von der christlichen Religion verbunden; die meisten Humanisten wollten sie ganz im Gegenteil stärken. Aber ihr Bildungsprogramm gründete nicht mehr vorrangig auf christlichen Schriften. An den Universitäten fand es in Gestalt von Lehrstühlen für Rhetorik und Poetik eine eigenständige Institutionalisierung.

Nach Deutschland kam der Humanismus im 15. Jahrhundert, einerseits durch italienische Gelehrte, andererseits durch Deutsche, die zum Jura- oder Medizinstudium nach Italien gingen und dort auch Vorlesungen von Humanisten besuchten. Der Typus des humanistisch gebildeten Juristen oder Arztes im fürstlichen oder städtischen Beamtendienst blieb noch weit über das 16. Jahrhundert hinaus von großer kulturgeschichtlicher Bedeutung. Ein zweiter Typus des Humanisten war auch in Deutschland der Universitätslehrer für lateinische, in geringerem Maß dazu für griechische Sprache und Literatur.

Neulateinische Literatur

Die deutschen Humanisten brachten im 16. Jahrhundert eine breite und anspruchsvolle Literatur hervor. Sie blieben dabei jedoch ihren programmatischen Prinzipien treu und bedienten sich der lateinischen Sprache. Der Einfluss des Humanismus auf die deutschsprachige Literatur fiel zunächst gering aus und setzte sich erst im 17. Jahrhundert, in der Barockdichtung, auf breiter Front durch.

Buchdruck

Alle genannten gesellschaftlichen und kulturellen Entwicklungen im 15. und 16. Jahrhundert – der Aufbau des fürstlichen Verwaltungsstaats, die Stadtkultur, die Reformation, der Humanismus – profitierten in erheblichem Ausmaß von der bedeutendsten technischen Innovation der Zeit: Um 1450 erfand Johannes Gutenberg den Buchdruck, mit dem das Zeitalter der handschriftlichen Textverbreitung zu Ende ging und der im Verlauf der folgenden Jahrhunderte tiefgreifende kulturgeschichtliche Veränderungen nach sich zog.

Epochenbegriffe | 4.

Im Jahr 1493, kurz vor dem Ende des Mittelalters, erschien in Nürnberg eines der aufwändigsten Buchprojekte der Zeit, die ›Schedelsche Weltchronik‹. Sie war das Gemeinschaftsunternehmen eines Nürnberger Humanistenkreises, zu dem auch der Stadtarzt Hartmann Schedel gehörte. Schedel hatte unter anderem in Italien studiert und war ein hochgebildeter Mann auf der intellektuellen Höhe seiner Zeit.

6 Weltalter

Weltchroniken sind ein Texttyp mit einer langen mittelalterlichen Tradition auf Latein wie auf Deutsch. Sie benutzen stets dasselbe Epochenschema für die Weltgeschichte, das auf den Kirchenvater Augustinus (354–430) zurückgeht. In Analogie zu den sechs Schöpfungstagen gibt es sechs Weltalter nach dem Gang der biblischen Geschichte: 1. Von Adam bis zur Sintflut die Frühgeschichte der Menschheit; 2. von Noah bis Abraham die Vorgeschichte Israels; 3. von Abraham bis König David und 4. von David bis zur babylonischen Gefangenschaft die Geschichte des Bundes zwischen Gott und Israel; 5. von der babylonischen Gefangenschaft bis Christus die Zeit der Propheten als Vorgeschichte des Bundes Gottes mit der Christenheit; 6. von Christus bis zur jeweiligen Gegenwart und darüber hinaus bis zum Ende der Welt, das die Offenbarung des Johannes beschreibt, die Geschichte der Christenheit.

Der Gang der Dinge ist nach diesem Schema zur Zukunft hin nicht offen. Wer es im Kopf hatte, lebte der eigenen Vorstellung nach im letzten Zeitalter der Welt. Wie lange es noch dauern würde, wusste man nicht, wohl aber, was danach kommen und dass es bis dahin keine prinzipiellen Veränderungen mehr geben würde.

4 Weltreiche

Dieses Modell der sechs Weltalter benutzte auch Schedel für seine Weltchronik. Von einer ›Antike‹ oder einem ›Mittelalter‹ wusste er ebenso wenig wie die Verfasser älterer Weltchroniken. Ein Begriff war ihm das römische Reich, denn darin lebte er gemäß der herrschenden Überzeugung: Es war nie untergegangen, sondern von Karl dem Großen und den auf ihn folgenden Kaisern – römischen, nicht fränkischen oder deutschen Kaisern – übernommen worden. Es galt Schedel nach alter Tradition als das letzte einer Reihe von vier Weltreichen – babylonisches, persisches, griechisches, römisches – und würde Bestand haben bis zum Weltende.

Antike – Mittelalter – Neuzeit

In Italien entstanden unterdessen die Ansätze für ein anderes Geschichtsbild. Francesco Petrarca (1304–1374), der als Begründer des Humanismus gilt, wandte sich als erster von der Idee des ungebrochenen Fortbestands des römischen Reichs ab. In den antiken Ruinen in Rom sah er vielmehr die Zeichen einer untergegangenen Herrlichkeit Italiens, die es wieder herzustellen galt. Zwischen der antiken Glanzzeit und seiner eigenen Gegenwart lag seiner Ansicht nach eine dunkle Ära, eine mittlere Zeit, in der die Völker des Nordens die Glorie der italienischen Kultur zerstört hatten. Mit der Rückbesinnung auf das römische Altertum sollte das Elend ein Ende finden.

Das Mittelalter ist eine Erfindung der italienischen Humanisten. Es war ursprünglich nicht so sehr als europäische Epoche gedacht, sondern hatte eher die Funktion eines kulturpolitischen Kampfbegriffs: Italien sollte tausend Jahre germanischer Barbarei hinter sich lassen. Erst im späten 17. Jahrhundert machte der deutsche Gelehrte Christoph Cellerarius das Schema zu einem universalgeschichtlichen. Seitdem glauben wir daran, wie Schedel an die sechs Weltalter glaubte: Zwischen dem Untergang des römischen Reichs in den Wirren der Völkerwanderung und der ›Renaissance‹ der Antike liegt das *medium aevum*, das mittlere Zeitalter. Nach und nach sicherte man die obere Grenze breiter ab. Neben Renaissance und Humanismus dienen die Erfindung des Buchdrucks, die geographischen Entdeckungen (Amerika 1492), die Reformation und die Entwicklung der modernen Naturwissenschaften seit Kopernikus und Galilei als Epochenschwellen der Neuzeit.

Epochenbegriffe

Epochen ›gibt‹ es natürlich nicht. Epochenbegriffe haben aber einen Erkenntniswert, wenn sie Veränderungen identifizieren und dadurch grundsätzliche Unterschiede zwischen Zeiträumen erfassen. Das schließt freilich die Notwendigkeit ein, den Zeitraum, den man von einem anderen unterscheidet, zugleich als eine innere Einheit begreifen zu können.

In dieser Hinsicht haben die Epochenbegriffe ›Mittelalter‹ und ›Neuzeit‹ erhebliche Schwächen, denn sie umfassen viel zu große Zeiträume. Während die ›großen‹ Epochenbegriffe einen zweifelhaften Erkenntniswert besitzen, lassen sich mit ›kleineren‹ geschichtliche Zusammenhänge und Unterschiede besser erfassen. Es gibt kaum etwas, von dem man behaupten könnte, es sei für das ganze Mittelalter typisch, nicht dagegen für die Antike und die Neuzeit. Wohl aber kann man allerhand anführen, was für das frühe Mittelalter im Unterschied zur Spätantike und zum hohen Mittelalter charakteristisch ist – und so weiter.

Wenn man die ›großen‹ Epochenschwellen dort ansetzen will, wo es zu umfassenden Veränderungen der Lebensbedingungen kam, ist der Aufbruch im 12. Jahrhundert wahrscheinlich ein besserer Kandidat als die Zeit von Renaissance, Humanismus und Reformation. Auch Kopernikus und Galilei brachten mit ihrer Widerlegung der Theorie, dass sich die Sonne um die Erde dreht, für die Lebensverhältnisse der Europäer zunächst keine einschneidenden Konsequenzen. Erst mit der industriellen Revolution seit dem späten 18. Jahrhundert begannen die Naturwissenschaften, die Welt in einem bis dahin unbekannten Tempo und Ausmaß zu verändern. Deshalb gibt es gute Gründe für die Einschätzung, dass die Umbrüche im 12. und im 18. Jahrhundert schwerer wiegen als die Veränderungen um 1500.

Epochengrenzen der älteren deutschen Literatur

Was die deutsche Literaturgeschichte angeht, so stellt die althochdeutsche und altniederdeutsche Zeit eine eigene Epoche dar, weil es kaum Kontinuitäten zur hochmittelalterlichen Literatur gibt. Das 12. Jahrhundert brachte auch in literaturgeschichtlicher Hinsicht einen grundlegend neuen Aufbruch mit vielen Innovationen. Im 14. und im 16. Jahrhundert gibt es kleinere Epochenschwellen: Einige literarische Traditionen liefen aus, andere setzten neu ein, etliche wurden fortgeführt. Das Bild eines großen literaturgeschichtlichen Umbruchs, wie man ihn zuvor im 12. Jahrhundert beobachten kann, stellt sich aber erst im 18. wieder ein. Nicht zuletzt hielten sich einige prinzipielle Vorstellungen über die Gestalt und die Funktion von Dichtung recht kontinuierlich vom 12. bis zum 18. Jahrhundert, als mit einem neuen Kunstbegriff auch ein anderer Dichtungsbegriff aufkam (mehr dazu in Kapitel 4).

Ich benutze im Weiteren die weniger großräumigen Epochenbegriffe: frühmittelalterliche (althochdeutsche und altniederdeutsche), hochmittelalterliche (mittelhochdeutsche), spätmittelalterlich-frühneuzeitliche (frühneuhochdeutsche und mittelniederdeutsche) Literatur. Die Bezeichnung ›spätmittelalterlich-frühneuzeitlich‹ verweist in ihrer Zusammensetzung einerseits auf die literaturgeschichtlichen Kontinuitäten, die von der Mitte des 14. Jahrhunderts noch über das Ende des 16. Jahrhunderts hinausreichen, also die Grenze zwischen Spätmittelalter und früher Neuzeit überspannen, andererseits auf die Innovationen in den Jahrzehnten um 1500, die mit Buchdruck, Humanismus und Reformation zusammenhängen. Die Grenze zur neueren Literatur wird sprachgeschichtlich anhand des Übergangs vom Frühneuhochdeutschen zum Neuhochdeutschen gezogen. Kulturgeschichtlich gehört die Literatur des 17. Jahrhunderts indes eigentlich noch zur älteren Epoche.

Ältere *deutsche* Literatur – die Ausbreitung der Schriftlichkeit

| Kapitel 3

Was ist ›deutsche‹ Literatur?

| 1.

Wer Texte als sprachliche Phänomene versteht, wird mit ›deutscher Literatur‹ nichts weiter meinen als ›Literatur auf Deutsch‹. Als zu Beginn des 19. Jahrhunderts eine Wissenschaft von der Geschichte der deutschen Sprache und Literatur entstand, beruhte das jedoch nicht auf der pragmatischen Überlegung, dass jedes Textverstehen Sprachkenntnis voraussetzt. Vielmehr galten Sprache und Literatur als Ausdruck nationaler Eigenschaften, und die Beschäftigung mit ihrer Geschichte sollte das Nationalbewusstsein der Deutschen fördern. So war es das Verständnis von Texten als Phänomenen einer nationalen Kultur, das der Germanistik ins Dasein verhalf.

Nationalliteratur

Die Idee der ›Nationalliteratur‹ stammt aus dem 18. Jahrhundert. In der Zeit der Aufklärung wurde sie als ein kulturpolitisches Konzept von Autoren entwickelt, die eine nationale literarische Öffentlichkeit schaffen wollten. Solange es eine Vielzahl deutscher Staaten gab, sollte sich die zeitgenössische Literatur über territoriale Zersplitterung, konfessionelle Gegensätze und Standesunterschiede hinweg an die Gesamtheit eines nationalen Publikums wenden.

Gegen Ende des 18. Jahrhunderts wurde die Vorstellung von der Existenz einer Nationalliteratur auf die Vergangenheit ausgedehnt. Die entstehende Germanistik knüpfte hier an und verstand die Literaturgeschichte als einen Beitrag zur Entwicklung der Nation. Die Vorstellung, dass es immer schon eine Nationalliteratur im Sinn des 18. Jahrhunderts gab, erwies sich freilich als falsch. In der Zeit vom 8. bis zum 16. Jahrhundert gab es Geistliche und ihre Klerikerliteratur, Adelshöfe und ihre Hofliteratur, Stadtbürger und ihre Stadtliteratur, Humanisten und ihre Gelehrtenliteratur. Sie existierten zwar nicht verbindungslos nebeneinander, aber ein nationales Literaturpublikum entstand erst seit dem 18. Jahrhundert. Ältere Literatur hatte engere Grenzen: Sie war oft an die unterschiedlichen Lebensbereiche der geburtsständischen Gesellschaftsordnung gebunden. Sie war häufig begrenzter in ihrer geographischen Reichweite, denn sie konnte vor dem Buchdruck nur durch mündlichen Vortrag oder durch handschriftliche Aufzeichnung verbreitet werden. Auch gedruckte Bücher wurden, von wenigen Ausnahmen abgesehen, erst seit dem 18. Jahrhundert massenhaft aufgelegt.

Weil die ältere deutsche Literatur nicht im Sinn einer nationalen Literatur ›deutsch‹ war, ist das kulturelle Bestimmungskriterium der frühen Germanistik unangemessen. Ebenso wenig taugt jedoch das Sprachkriterium dazu festzulegen, was zur älteren deutschen Literatur gehört. Es schließt nämlich die zahlreichen lateinischen Texte ›deutscher‹ Verfasser aus, von den karolingischen Mönchen bis zu den Humanisten. Auch das Ausmaß, in dem ältere deutsche Texte nicht nur von lateinischen, sondern zudem von romanischen Vorbildtexten abhängig sein können, macht es schwierig, den Gegenstandsbereich mit dem Sprachkriterium abzugrenzen. Vielleicht wäre es deshalb angemessener, für das Mittelalter und die frühe Neuzeit überhaupt nur von einer europäischen Literatur zu sprechen und von vornherein die Zusammenhänge zwischen den lateinischen und den volkssprachlichen Texten in den Vordergrund zu stellen. Diese Idee liegt dem 1948 erschienenen Buch ›Europäische Literatur und lateinisches Mittelalter‹ des Romanisten Ernst Robert Curtius zugrunde. Die Idee ist erneut eine kulturgeschichtliche: Das ›lateinische‹ Mittelalter, das bei Curtius übrigens erst im 18. Jahrhundert endet, war eine kulturelle Einheit, an der alle Texte in den verschiedenen Sprachen Anteil haben.

Europäische Literatur im lateinischen Mittelalter

Das Konzept der ›europäischen Literatur im lateinischen Mittelalter‹ trifft die historischen Verhältnisse jedoch nur teilweise. Denn obwohl die lateinisch-volkssprachlichen Literaturbeziehungen stets großes Gewicht hatten, gab es immer auch Eigenständigkeiten volkssprachlicher Traditionen gegenüber der lateinischen Literatur. Und obwohl die Beziehungen zwischen Texten in verschiedenen Volkssprachen eine enorme Rolle spielten, gab es spätestens seit dem 13. Jahrhundert erhebliche Unterschiede zwischen den volkssprachlichen Literaturen.

Es verhält sich also kompliziert mit dem ›Deutschen‹ in der älteren deutschen Literatur. Das Nationale ist als Kriterium unbrauchbar; auf das Sprachliche kann man sich nicht beschränken. Die historischen Eigenheiten der verschiedenen Literaturen lassen sich aber auch nicht auf eine abendländische Einheitskultur zurückführen. Es braucht einen anderen Aspekt, unter dem das ›Deutsche‹ in der älteren Literatur behandelt werden kann und der es erlaubt, Einzelphänomene in einen übergreifenden Zusammenhang zu bringen. Denn die Modelle der Nationalliteratur und der europäischen Literatur im lateinischen Mittelalter lieferten vor allem Möglichkeiten, Zusammenhänge herzustellen. Der gegenwärtig aussichtsreichste Kandidat für ihre Nachfolge heißt ›Verschriftlichung von Sprache und Kultur‹. Denn da ältere deutsche Literatur dort greifbar wird, wo Schrifttexte auf Deutsch entstanden und erhalten blieben, ist die Frage nach den Umständen der Entstehung deutscher Schriftlichkeit von zentraler Bedeutung. Dieser Zugriff macht es möglich, vom Interesse für deutschsprachige Texte auszugehen, zugleich aber ihre vielfältigen kulturellen Verflechtungen mit lateinischen und romanischen Texttraditionen in den Blick zu nehmen.

Verschriftlichung von Sprache und Kultur

Deutsche Schriftlichkeit | 2.

Frühes Mittelalter | a.

Otfrid von Weißenburg: ›Evangelienbuch‹

Die ausführlichste überlieferte Reflexion über althochdeutsche Schriftlichkeit stammt von Otfrid von Weißenburg. Otfrid stellte seinem ›Evangelienbuch‹ mehrere Widmungsbriefe voran, darunter einen lateinischen an Erzbischof Liutbert von Mainz, dem er erklärt, warum er das ›Evangelienbuch‹ verfasste.

Die Anregung hätten einige Mönche und eine adelige Dame gegeben, als man sich einmal durch den »anstößigen Gesang der Laien« (*cantus obscenus laicorum*) gestört fühlte. Man habe ihn, Otfrid, gebeten, die Evangelien in der Volkssprache *(theodisce)* aufzuschreiben, damit ihr Gesangsvortrag (*cantus*) das Vergnügen an den weltlichen Liedern und ihrem nutzlosen Inhalt zurückdränge.

Die Klage ist kein Einzelfall: Aus dem frühen und hohen Mittelalter sind manche Beschwerden darüber erhalten, dass selbst

Kleriker größere Freude an weltlichen als an geistlichen Texten hätten. Anstößig und nutzlos waren weltliche Lieder vom geistlichen Standpunkt aus, weil sie ihres Inhalts wegen nichts zum Seelenheil beitragen konnten. Um welche Art von Texten es sich genau handelt, sagt Otfrid nicht. Jedenfalls soll seine eigene Erzählung vom Leben Jesu anstelle der weltlichen Lieder ebenfalls gesungen vorgetragen werden.

Otfrid bringt nun außer den anstößigen Liedern der Laien noch zwei weitere Arten von Dichtung ins Spiel, nämlich die der heidnischen und der christlichen römischen Dichter. Damit greift er als Kleriker auf seine lateinische Bildungstradition zurück. Die Werke der heidnischen römischen Dichter sind als kunstvolle Schriftdichtung wegen ihrer Form vorbildlich, aber wegen des unchristlichen Inhalts problematisch. Die spätantike christliche Schriftdichtung ist sowohl technisch als auch inhaltlich vorbildlich, weil sie das Leben und die Lehre Jesu in kunstvoller Form verarbeitet. Eben dies will Otfrid jetzt auf Deutsch machen.

Den ›anstößigen Gesängen der Laien‹, heißt das, fehlt außer dem akzeptablen Inhalt wegen ihrer volkssprachlichen Mündlichkeit auch eine ordentliche Form, wie Otfrid sie aus der lateinischen Schriftdichtung kannte. Diesen Aspekt rückt er in den Vordergrund, wenn er sich den Schwierigkeiten seiner Arbeit zuwendet und über die ungepflegte und ungeregelte Volkssprache (*lingua inculta et indisciplinabilis*) klagt. Die Franken würden sich größte Mühe mit einem fehlerfreien Latein geben, aber ihre eigene Sprache nicht durch Schriftlichkeit und grammatisch-rhetorische Regelung kultivieren. Otfrid ging es bei seinem Projekt einerseits um diese Kultivierung der Volkssprache, andererseits um die Verdrängung heilshinderlicher Texte durch heilsförderliche. Es war der lateinkundige Kleriker, der die volkssprachliche Schriftlichkeit wollte.

Was bedeutet in diesem Fall ›Verschriftlichung‹? Die Volkssprache wird auf einem Gebiet benutzt, für das zuvor das Lateinische zuständig war: Deutsche Schrifttexte übernehmen den Inhalt lateinischer Schrifttexte. Dieser Typus von Verschriftlichung wurde von den Zeitgenossen selbst reflektiert, und heute können wir ihn wegen der greifbaren lateinischen Vorbilder gut beschreiben.

Deutsche Schrifttexte und Mündlichkeit

Ihm steht als zweiter Typus ein Verschriftlichungsvorgang innerhalb der Volkssprache gegenüber, nämlich die Aufzeichnung von Texten, die es zuvor nur in mündlicher Gestalt gab. Dieser

Fall ist wesentlich seltener; er ist prinzipiell schlecht beschreibbar, weil die mündliche Tradition vor der schriftlichen Aufzeichnung unzugänglich ist; und er wurde von den Zeitgenossen selbst nicht reflektiert.

›Hildebrandslied‹

Das herausragende althochdeutsche Beispiel ist das ›Hildebrandslied‹, das im 9. Jahrhundert im Kloster Fulda auf das erste und letzte Blatt einer Handschrift mit lateinischen Texten eingetragen wurde. Das ›Hildebrandslied‹ gehört zur Gattung der Heldenlieder, die auch in anderen germanischen Regionen wie Skandinavien und England verbreitet war. Die Fuldaer Handschrift ist die einzige erhaltene frühmittelalterliche deutsche Heldenlied-Verschriftlichung.

Heldenlieder

Heldenlieder haben Stoffe mit einem historischen Kern, und zwar zumeist aus der Völkerwanderungszeit. Was sie erzählen, hat aber nur entfernte Ähnlichkeit mit den uns bekannten historischen Vorgängen. Die Hildebrand-Geschichte beispielsweise gehört zum Stoffkreis um Dietrich. Diese Figur geht auf den historischen Ostgotenkönig Theoderich zurück, der 493 als Eroberer eine Königsherrschaft in Italien begründete. In der Heldenliedtradition ist Dietrich jedoch der rechtmäßige Herrscher über Italien und wird von einem Usurpator vertrieben; er flieht ins Exil zum Hunnenkönig Etzel, um nach vielen Jahren mit seinen Gefolgsleuten zurückzukehren. Hildebrand ist einer dieser treuen Männer Dietrichs. Hinter Etzel steht der historische Hunnenherrscher Attila, der 453 starb; der historische Theoderich konnte ihn deshalb kaum treffen.

Heldenlieder gehören ursprünglich in eine schriftlose Kultur. Sie dienen der gemeinschaftlichen Erinnerung an große Männer und Ereignisse der Vergangenheit. Diese Erinnerung gewinnt ihre kulturelle Bedeutung weniger durch die Einmaligkeit des historischen Vorgangs, sondern eher durch ein modellhaftes Handlungsmuster, das dauerhaft gültige Einsichten ermöglicht. Bei der Dietrich-Geschichte beispielsweise geht es um das Handlungsmuster von Flucht, Exil und Heimkehr des rechtmäßigen Herrschers. In der mündlichen Kultur sind Heldenlieder weder ›Geschichte‹ noch ›Dichtung‹ in unserem Sinn, sondern kollektives Gedenken in feierlicher Form: Was sie erzählen, gilt als wahr, weil sie mit dem Geschehen aus der Vorzeit das dauerhaft Gültige darstellen.

Wo Heldenlieder und Schriftlichkeit zusammentreffen, prallen zwei Kulturen aufeinander. In mündlichen Kulturen gibt es keine alten Dokumente, anhand derer sich die historische Richtigkeit der Erinnerung überprüfen ließe; das Erinnerte verändert sich mit seiner mündlichen Überlieferung und bleibt dabei stets wahr. Schriftkulturen bewahren dagegen alte Texte, die es ermöglichen, Geschichtsschreibung zu betreiben. Die Schriftkultur, die von der römischen Antike an die lateinische Kirche vererbt worden war, verfügte anstelle der mündlich weitergegebenen Erinnerung über Textarchive in Gestalt von Bibliotheken: Die Kleriker des frühen Mittelalters konnten wissen, dass Theoderich nicht bei Attila war; sie konnten Heldenlieder deshalb für nutzlosen Unsinn halten, auch wenn manche von ihnen offenbar denselben Gefallen daran fanden wie die Laien. Die Vermutung, dass Otfrid mit dem ›anstößigen Gesang der Laien‹ Heldenlieder meinte, ist nicht von der Hand zu weisen.

Mündlichkeit und Schriftlichkeit

Aus den beiden Fallbeispielen lassen sich einige Unterscheidungen ableiten, die im Zusammenhang mit Mündlichkeit und Schriftlichkeit Beachtung verdienen:

Verschriftlichungstypen

Erstens sollte man unterscheiden zwischen demjenigen Typus von Verschriftlichung, bei dem das Deutsche anstelle lateinischer Schriftlichkeit sowie nach dem Vorbild lateinischer Schriftlichkeit benutzt wird, und demjenigen Typus von Verschriftlichung, bei dem volkssprachliche Mündlichkeit in volkssprachliche Schriftlichkeit überführt wird. Der erste Typus ist im Frühmittelalter wie auch danach der bei weitem häufigere.

Produktion und Rezeption

Zweitens sollte man zwischen Produktion und Rezeption unterscheiden. Otfrids ›Evangelienbuch‹ ist produktionsseitig schriftlich, aber rezeptionsseitig ist es für das Anhören eines gesungenen Vortrags gedacht. Das schließt nicht aus, dass es auch Leser fand, aber in erster Linie stellt sich Otfrid seine Rezipienten als Zuhörer vor. Dies äußert sich auch in seinem ausdrücklichen Bemühen um einen guten Klang, und es spielt für die Textform eine Rolle in Gestalt des Verses. Solange rezeptionsseitige Mündlichkeit herrscht, herrscht der Vers, denn Verse sind zum Hören da.

Heldenlieder waren dagegen produktions- wie rezeptionsseitig mündlich. Sie sind uns nur in Gestalt von Verschriftlichungen zugänglich, deren Verhältnis zur mündlichen Tradition man prinzipiell nicht genau kontrollieren kann.

Medial und konzeptionell

Drittens sollte man zwischen medialer und konzeptioneller Mündlichkeit oder Schriftlichkeit unterscheiden. ›Medial‹ bezieht sich darauf, dass ein Text im konkreten Kommunikationsfall tatsächlich gesprochen und gehört oder geschrieben und gelesen wird. ›Konzeptionell‹ bezieht sich darauf, dass er typische Merkmale mündlicher oder schriftlicher Sprache zeigt.

Konzeptionelle Schriftlichkeit bedeutet beispielsweise ein hohes Maß an durchdachter Geregeltheit auf allen Ebenen der Textproduktion. Die Schrift ermöglicht weiträumige Planung, damit eine hohe Komplexität vom Satzbau bis zum Handlungsaufbau von Erzählungen. Wer schreibt, rechnet außerdem nicht damit, Informationen auch durch nichtsprachliche Mittel wie Gestik oder Mimik weitergeben zu können; deshalb wird alles, was mitgeteilt werden soll, mit sprachlichen Mitteln ausgedrückt.

Merkmale konzeptioneller Mündlichkeit können auch bei medialer Schriftlichkeit, etwa in verschriftlichten Heldenliedern, anzutreffen sein. Mündliche Kommunikation setzt gewöhnlich das Wissen um die Situation, in der sie stattfindet, voraus. Nur ein Teil der Information wird versprachlicht, weil noch andere Mittel wie Mimik oder Gestik zur Verfügung stehen. Bei einer Verschriftlichung können deshalb Informationslücken und Verständnisschwierigkeiten entstehen. Mündlicher Sprachgebrauch neigt, von der lexikalisch-syntaktischen Ebene bis zum Handlungsaufbau von Erzählungen, eher zu Reihenbildung als zu Komplexität sowie zur Verwendung von formelhaften Mustern, die bekannt sind und deshalb die Textproduktion und -rezeption erleichtern.

Zu den Möglichkeiten der Schriftlichkeit gehört es allerdings auch, die Merkmale konzeptioneller Mündlichkeit zu simulieren: Man kann so schreiben, dass es nach Gesprochenem klingt. Dieses Phänomen heißt ›fingierte Mündlichkeit‹; es ist nicht leicht von den Merkmalen ›echter‹ konzeptioneller Mündlichkeit in Schrifttexten zu unterscheiden.

Text und Kultur

Viertens sollte man von der Mündlichkeit oder Schriftlichkeit einzelner Texte die kulturellen Voraussetzungen und Konsequenzen von Mündlichkeit und Schriftlichkeit unterscheiden. Auf der kulturellen Ebene geht es beispielsweise um folgende Fragen: Wer setzte wann auf welchen Gebieten und zu welchen Zwecken lateinische und volkssprachliche Schriftlichkeit ein? In welchem Ausmaß und auf welche Weise war volkssprachliche

Schriftlichkeit von Mündlichkeit beeinflusst? Welche Eigenheiten haben mündliche und schriftliche Kulturen, etwa beim Umgang mit der Vergangenheit?

Unter den geschichtlichen Bedingungen, unter denen das Deutsche im 8. und 9. Jahrhundert mit vorübergehendem Erfolg und dann noch einmal seit dem 11. Jahrhundert mit dauerhaftem Erfolg als Schriftsprache antrat, ergab sich ein komplexes Verhältnis sowohl zur lateinischen Schriftlichkeit, die die Kleriker von der römischen Antike geerbt hatten, als auch zur Mündlichkeit, die die meisten Bereiche der gesellschaftlichen Kommunikation beherrschte. Im frühen Mittelalter war auch die lateinische Schriftlichkeit eine auf klerikale Heilssicherung und königliche Herrschaftsausübung begrenzte Erscheinung, die volkssprachliche war eine Erscheinung am Rand der lateinischen Schriftlichkeitsinseln. Die ältere deutsche Literaturgeschichte unter dem Aspekt der Entstehung und Ausbreitung volkssprachlicher Schriftlichkeit zu betrachten, bedeutet zugleich, die zunehmende Verschriftlichung einer anfangs noch weitgehend mündlichen Kultur zu verfolgen. Zum einen erscheint die lateinische Schriftlichkeit dabei über Jahrhunderte als Grundlage, am Ende als Opfer der Entwicklung. Zum anderen muss man stets damit rechnen, dass sich die Traditionen der Mündlichkeit in der volkssprachlichen Schriftlichkeit bemerkbar machen.

b. | Hohes Mittelalter

Auch der zweite Anlauf zu einer volkssprachlichen Schriftlichkeit im 11. Jahrhundert wurde von Klerikern angestoßen, um den weniger Lateinkundigen heilsförderliche Texte nahe zu bringen. Inhalt und Gebrauchsfunktion blieben deshalb zunächst erneut auf ein enges Feld begrenzt. Die Produktionsorte volkssprachlicher Texte waren dieselben wie die lateinischer, nämlich Klöster und Domschulen.

Schriftlichkeit am Hof

Vom 12. Jahrhundert an drang die Schriftlichkeit mit der Einrichtung von Hofkanzleien dann jedoch in die weltlichen Fürstenhöfe ein. Der Grund dafür ist die zunehmende Verschriftlichung der Herrschaftsausübung mittels Urkunden, wie es seit längerem an der päpstlichen Kurie und am Kaiserhof üblich war. Für den Urkundenverkehr benutzten die deutschen Fürstenhöfe zunächst das Lateinische; vom späten 13. Jahrhundert an wurde nach und nach auf Deutsch umgestellt. Weil Textarten wie Urkunden praktische Zwecke verfolgen, fasst man sie unter den Begriff der ›pragmatischen Schriftlichkeit‹ und unterscheidet davon die ›literarische Schriftlichkeit‹, zu der längere wissensvermittelnde Sachtexte und Dichtung gehören.

Pragmatische und literarische Schriftlichkeit

In den Hofkanzleien arbeiteten Kleriker, die die übliche Ausbildung an einer Kloster- oder Domschule absolviert hatten, aber zur Hofgesellschaft gehörten. Daneben gab es in Gestalt der Ministerialen, die im Fürstendienst Militär- und Verwaltungsaufgaben ausübten, nun auch schriftkundige Laien, die eine Kloster- oder Domschule besucht hatten, ohne in den Stand der Kleriker eingetreten zu sein. Hofkleriker und Ministeriale spielten eine wichtige Rolle für die neue literarische Schriftlichkeit in der Volkssprache. Ihre Kompetenz ermöglichte die Produktion höfischer Literatur, deren Publikum die Hofgesellschaft insgesamt war und die von den Fürsten als Mäzenen gefördert wurde.

Hofkleriker und Ministeriale

Die mittelhochdeutsche höfische Literatur ist zum größten Teil Versdichtung. An anderen Arten volkssprachlicher Schrifttexte, insbesondere an solchen, die wir heute als Sachliteratur klassifizieren, herrschte geringerer Bedarf. So hielt das neue laienadelige Literaturinteresse die volkssprachliche Schriftlichkeit zunächst, von einzelnen Ausnahmen abgesehen, wieder in einem engen Rahmen. Das begründet ein ähnlich klares Profil wie bei den frühmittelalterlichen Texten: Dort die religiöse Klosterliteratur, hier die zwar umfangreichere, aber immer noch leicht überschaubare laikale Hofdichtung. Das klare Profil ist nun aber ein deutlich anderes, nämlich ein recht weltliches: Liebe und Kampf waren die Themen, die die Höfe von ihren Dichtern vorzugsweise behandelt haben wollten.

Höfische Dichtung

Ein Ministerialer war beispielsweise Hartmann von Aue, der sich im Prolog seines zu Beginn des 13. Jahrhunderts entstandenen Artusromans ›Iwein‹ folgendermaßen vorstellt:

Höfischer Roman

Hartmann von Aue: Iwein. Text der siebenten Ausgabe v. G.F. Benecke u.a. Übersetzung u. Nachwort v. Thomas Cramer. Berlin, New York [4]2001, V. 21–30:

Ein rîter, der gelêret was
unde ez an den buochen las,

swenner sîne stunde
niht baz bewenden kunde,
daz er ouch tihtennes pflac
– daz man gerne hœren mac,
dâ kêrt er sînen vlîz an;
er was genannt Hartmann
und was ein Ouwære –,
der tihte diz mære.

Ein Ritter, der gebildet war und diese Geschichte in den Büchern las, wenn er mit seiner Zeit nichts Besseres anzufangen wusste, so dass er sich dem Dichten widmete – was man gern hört, darauf verwandte er seine Mühe, er hieß Hartmann und war aus Aue –, der dichtete diese Geschichte.

Artusromane gehören zum Typus des höfischen Romans, der neben dem Minnesang wichtigsten Gattung der höfischen Dichtung im 12. und 13. Jahrhundert. Hartmanns Formulierungen zeigen, wie es um die Schriftlichkeit des höfischen Romans steht: Der Produzent ist ein Ritter, das heißt ein Laie, der aber *gelêret* ist; zu Hartmanns Zeit kann sich das nur auf eine lateinische Schulbildung beziehen. In einem anderen Werk, dem ›Armen Heinrich‹, bezeichnet Hartmann sich mit dem deutschen Wort für Ministerialer als *dienestman*. Der gelehrte und damit schriftkundige Laie, der als Ritter zur höfischen Welt gehört, verfasst schriftlich (*tihten* bedeutet wie die lateinische Entsprechung *dictare* ›schriftlich verfassen‹) eine Geschichte (*mære*), für die er eine schriftliche Vorlage hat (*buoch*). Hartmanns Vorlage war, wie beim höfischen Roman zu dieser Zeit üblich, ein altfranzösischer Text. Dessen Bearbeitung unternimmt Hartmann nicht als Berufsdichter, sondern als Ritter dann, wenn er nichts Besseres zu tun hat.

Das Ergebnis seiner auf Lesen und Schreiben gegründeten Bemühungen ist jedoch zum Hören gedacht: Sein Publikum stellt sich Hartmann hier ausdrücklich und auch sonst vornehmlich nicht als Leser, sondern als Zuhörer vor. Höfische Romane wurden vorgelesen. Schon im 13. Jahrhundert gibt es jedoch Hinweise darauf, dass neben dem Vortrag auch die Privatlektüre eine Möglichkeit der Rezeption war. Unter den Adeligen am Hof konnten eher die Frauen lesen als die Männer, die alles Schriftliche von ihren Klerikern und Ministerialen erledigen ließen. Diese freilich gehörten als lesekundige Männer ebenso zur Hofgesellschaft.

Minnesang

Während die höfischen Romane ihre produktionsseitige Schriftlichkeit ziemlich offen zeigen, sind die Verhältnisse beim Minnesang schwerer zu beurteilen. Die deutschen Minnesänger, die zugleich Dichter und Komponisten ihrer Lieder waren, bearbeiteten nur selten spezifische Texte ihrer romanischen Kollegen. Sie orientierten sich formal und inhaltlich in einer generellen Weise aber durchaus an deren Vorbild. Dazu mussten sie romani-

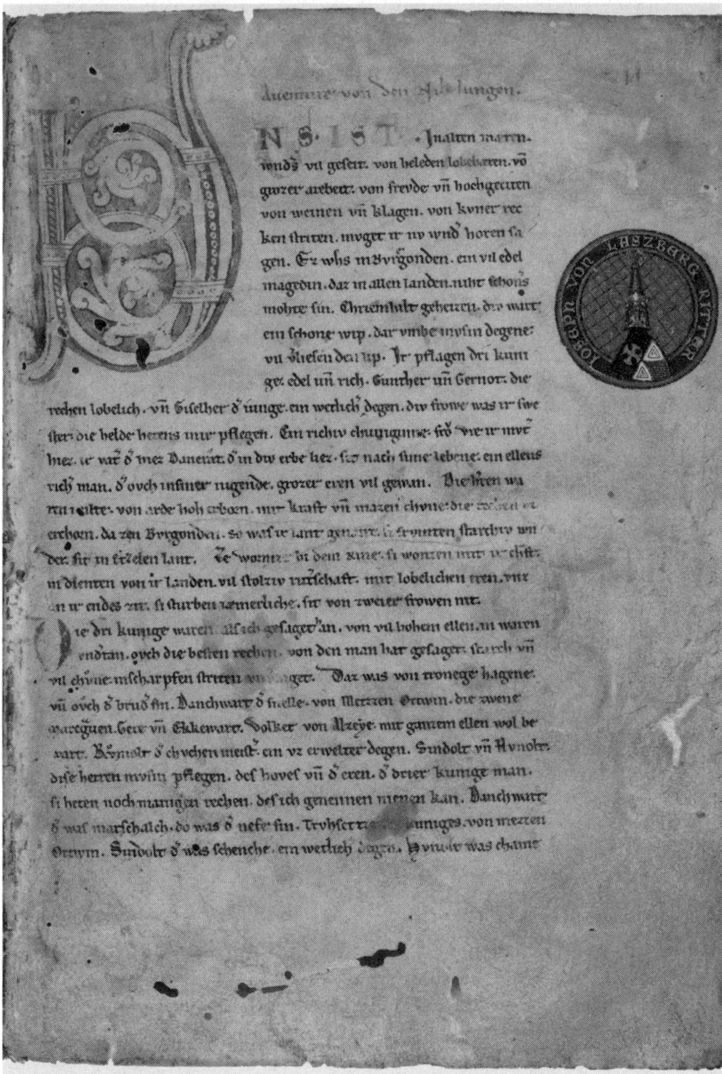

Abb. 2

Textbeginn in der ›Nibelungenlied‹-Handschrift C (geschrieben im 2. Viertel des 13. Jahrhunderts).

sche Liedtexte freilich nicht schriftlich vor sich haben; womöglich kannten sie sie eher aus mündlicher Vermittlung.

Unter denjenigen Minnesängern, deren sozialer Status historisch belegt ist, gab es neben Ministerialen, die schriftgelehrt waren, auch Adelige, bei denen das nicht sicher ist. Vor allem aber haben die Minnesänger im Gegensatz zu den Romandichtern in ihren Texten nichts über ihre Produktionsgewohnheiten verlauten lassen. Oft sind Syntax, thematischer Aufbau sowie Vers- und Strophenformen jedoch so kompliziert, dass eine Produktion ohne die Hilfe der Schrift nur schwer vorstellbar ist. Freilich müssen die Verhältnisse nicht einheitlich gewesen sein.

Rezeptionsseitig ist die Lage dagegen klarer: Minnelieder waren zum Vorsingen und Anhören gedacht. Es gibt einige Belege dafür, dass man Liedtexte auch lesen konnte, aber das war eine sekundäre Angelegenheit.

Heldenepik

Zu einer erneuten Verschriftlichung mündlicher Heldenliedtraditionen kam es, bereits unter dem Einfluss der neuen Schriftdichtung des höfischen Romans, um 1200 in Gestalt des ›Nibelungenlieds‹. Dabei sind mündlich überlieferte Geschichten zusammengefügt, die ursprünglich voneinander unabhängig waren. Die Verbindung unterschiedlicher Stoffe zu einem langen Epos ist so komplex, dass sie wohl auf schriftlich gestützter Textkomposition beruhen dürfte. Auch sonst spricht manches dafür, dass das ›Nibelungenlied‹ nicht einfach nur mündliche Erzähltraditionen in Schriftlichkeit überführt. Als Buchepos greift es mit den Mitteln der Schriftlichkeit mündliche Erzähltraditionen nicht nur auf, sondern simuliert sie zugleich. Zu den Symptomen gehört die Prologstrophe:

Das Nibelungenlied. Mittelhochdeutsch / Neuhochdeutsch. Nach dem Text von Karl Bartsch und Helmut de Boor ins Neuhochdeutsche übersetzt und kommentiert von Siegried Grosse. Stuttgart 1997, Str. 1:

Uns ist in alten mæren   wunders vil geseit
von helden lobebæren,   von grozer arebeit,
von fröuden, hôchgezîten,   von weinen und von klagen,
von küener recken strîten   muget ir nu wunder hœren sagen.

Uns ist in alten Geschichten viel Außerordentliches erzählt von ruhmvollen Helden, von großer Mühsal, von Freuden und Festen, von Weinen und Klagen, vom Kampf mutiger Krieger könnt ihr nun Außerordentliches erzählen hören.

Während sich Hartmann im ›Iwein‹-Prolog als gelehrter Ritter präsentiert, der eine Geschichte in einem Buch liest und schriftlich bearbeitet, erhebt sich hier eine anonyme Stimme aus dem Kollektiv, dem in alten Geschichten Außerordentliches ›gesagt‹ ist. Kein Autor, keine Schriftquelle: Was es zu hören gibt, ist ›uns‹ mündlich überliefert. Kein dichterisches Bemühen, keine Erzählaktion eines Einzelnen, sondern ein Zustandspassiv: Was es zu erzählen gibt, ›ist‹ uns gesagt. Nur indem ein ›ihr‹ am Ende die Zuhörer aus dem anfänglichen ›uns‹ ausgliedert, kommt unausdrücklich ein Sprecher ins Spiel: die Stimme des kollektiven Gedächtnisses. So war das Heldenlied.

Bemerkenswert ist die Existenz dieser Prologstrophe, die allerdings nicht in allen Handschriften überliefert ist. Sie macht den Vollzug der kollektiven Erinnerung nämlich eigens zum Thema und stilisiert die anschließende Erzählung damit ausdrücklich zu einer Heldenlied-Erzählung. Hier herrscht nicht mehr einfach konzeptionelle Mündlichkeit; hier wird konzeptionelle Mündlichkeit in einem produktionsseitig schriftgestützten Text konstruiert.

Das Nibelungenlied ist der komplizierteste Verschriftlichungsfall des hohen Mittelalters: Einerseits nutzt es die Möglichkeiten schriftlicher Textproduktion, andererseits greift es auf mündliche Erzähltraditionen zurück. Deshalb lässt sich im Einzelnen schwer entscheiden, wo sich seine sprachliche Gestalt Merkmalen dieser Erzähltraditionen verdankt und wo es sich um gezielte Kunstgriffe handelt, die Mündlichkeit fingieren und einen altertümlichen Charakter simulieren sollen. Dies betrifft die verschiedensten Aspekte wie die Erzählverfahren, die Figurenkonstruktionen, die Formelhaftigkeit der Sprache, die Vers- und Strophenform. Selbst die Anonymität des Dichters gehört möglicherweise zu den Stilisierungen: Obwohl ein komplexes Schriftepos einen Bearbeiter oder eine Bearbeitergruppe voraussetzt, nennt sich im Gegensatz zum höfischen Roman kein Dichter; vielmehr ertönt die Stimme des anonymen Heldenlied-Sängers.

Während die produktionsseitige Schriftlichkeit des ›Nibelungenlieds‹ einen ganz anderen Charakter hat als die des höfischen Romans, teilt es die rezeptionsseitige Mündlichkeit mit ihm. Allerdings wurde es nicht vorgelesen, sondern vorgesungen. Dies zeigt, obwohl keine Melodie überliefert ist, die Strophenform, denn Strophen sind zum Singen da.

c. | Spätes Mittelalter und frühe Neuzeit

Ausbreitung der Schriftlichkeit

Vom späteren 13. Jahrhundert an dehnte sich die volkssprachliche Schriftlichkeit über die Dichtung hinaus stetig auf neue und größere Gebrauchsfelder aus. Indem die Volkssprache immer weiter vordrang, nahm die Menge und die Vielfalt der Texte erheblich zu.

Latein und Deutsch

Dennoch blieb es im Spätmittelalter und in der frühen Neuzeit bei einer prinzipiellen Zweisprachigkeit der Schriftkultur. ›Höhere‹ Bildung und Wissenschaft fand weiterhin auf Latein statt, ob in der älteren Art der klerikalen Schulen und der Universitäten oder in der jüngeren der humanistischen Studien. Jeder, der die Schulen durchlief, erwarb eine aktive Lateinkompetenz; alle Gelehrten waren zweisprachig. Gerade die Humanisten gaben dem Latein im 15. und 16. Jahrhundert noch einmal neuen Auftrieb, weil sie es als Träger einer an der römischen Antike orientierten Bildung und als Instrument einer effizienten Kommunikation über die Volkssprache stellten. Da Latein als Fachsprache aller Wissenschaften diente, waren seine Ausdrucksmöglichkeiten größer als die des Deutschen; da es stärker normiert war, war es ein zuverlässigeres Kommunikationsmittel; und da es von allen europäischen Gelehrten beherrscht wurde, war seine Reichweite größer.

Stadtschulen

Für die Ausbreitung der volkssprachlichen Schriftlichkeit spielten die Städte eine wichtige Rolle. Hier entstanden auch erstmals Schulen mit deutschem Lese- und Schreibunterricht.

In den Städten gab es einerseits ›Lateinschulen‹, die das Unterrichtsprogramm der Kloster- und Domschulen und damit die lateinische Bildungstradition übernahmen. Sie standen, wie die alten Klerikerschulen und die Universitäten, nur Jungen offen und waren die Bildungsinstitution der reicheren Bürger, vor allem der Patrizier. Im 16. Jahrhundert führten die Lateinschulen vieler Städte das neue humanistische Bildungsprogramm ein und wurden dadurch zu Brutstätten des Humanismus.

Andererseits gab es in den Städten vom 14. Jahrhundert an ›deutsche Schulen‹. Sie wurden zur Bildungsinstitution der wohlhabenderen städtischen Gruppen unterhalb des Patriziats, der Handwerker und Händler. Hier konnten Jungen und Mädchen rechnen sowie deutsch lesen und schreiben lernen. Wie die Lateinschulen wurden die deutschen Schulen nicht öffentlich finanziert; die Eltern mussten für den Unterricht bezahlen, und es gab auch keine Schulpflicht.

Anders als die Lateinschulen verfolgten die deutschen Schulen kein inhaltliches ›Bildungsprogramm‹. Sie zielten auf die Vermittlung praktischer Lese- und Schreibfertigkeit und sollten die zukünftigen Stadtbürger in die Lage versetzen, mit Verträgen, Schuldverschreibungen und Handelsbüchern umzugehen sowie die Verordnungen zu lesen, die der Stadtrat erließ. Sie waren als Institution auf den Umgang mit Gebrauchstexten ausgerichtet, die in den Städten eine immer größere Rolle spielten. Für die zunehmende Alphabetisierung der Stadtbürger war die wachsende Bedeutung der pragmatischen Schriftlichkeit der wichtigste Grund.

Pragmatische Schriftlichkeit

Neben die pragmatische Schriftlichkeit trat in den Städten wie auch an den Adelshöfen ein Interesse an wissensvermittelnder Literatur auf Deutsch, dem sich eine Vielzahl von Sachtexten aus den unterschiedlichsten Fachgebieten verdankt. Selbst bei der Dichtung kann man in Spätmittelalter und früher Neuzeit das herrschende Interesse an Sachinformation und Nützlichkeit beobachten. Auch von ihr erwarteten viele Rezipienten mit großer Selbstverständlichkeit die Vermittlung religiösen wie weltlichen Sachwissens und die Bekräftigung moralischer Normen. Die verbreitete Vorliebe für Lehrhaftigkeit ermöglichte es den Dichtern allerdings auch, mit der Nützlichkeitserwartung ihres Publikums spielerisch umzugehen und sie gelegentlich nur scheinbar zu erfüllen.

Literarische Schriftlichkeit: Sachliteratur und Dichtung

Zusammen mit der Zunahme der pragmatischen Schriftlichkeit und der wissensvermittelnden Literatur spielt als dritte Entwicklung die Ausbreitung der Prosa eine wichtige Rolle. Volkssprachliche Schriftprosa gab es auch im frühen und im hohen Mittelalter, aber in erheblich geringerem Ausmaß als verschriftete Verssprache. Die lange Zeit anhaltende Dominanz der Verssprache in der älteren Literatur beruht zum einen auf der Vorherrschaft poetischer Texte, denn ›Dichtung‹ bedeutete in der älteren Zeit zunächst ›Verstext‹, und zum anderen darauf, dass Dichtung bis zum 13. Jahrhundert gewöhnlich vorgetragen wurde: Verse sind ein akustisches Gestaltungsmittel.

Prosa

Dass sich seit dem späteren Mittelalter die Prosa ausbreitet, liegt einerseits an der Zunahme der Sachliteratur, andererseits an der Ausbreitung der Privatlektüre als Rezeptionsweise. In ihrem Gefolge konnte die Prosa auch auf das Gebiet der poetischen Texte vordringen. Allerdings sind dafür nicht allein neue Rezeptionsgewohnheiten verantwortlich: Prosa assoziierte man mit Sachinformation und Nützlichkeit, weil sie die Sprachform der Sach- und Gebrauchstexte war. Sie konnte deshalb auch dazu dienen, den Informationswert poetischer Texte anzuzeigen.

Eike von Repgow: ›Sachsenspiegel‹

Ein besonders eindrucksvolles Beispiel für den Erfolg wissensvermittelnder deutscher Prosaliteratur ist der ›Sachsenspiegel‹, der allerdings noch aus der ersten Hälfte des 13. Jahrhunderts stammt und deshalb eigentlich zu alt ist, um im Spätmittelalter einsortiert zu werden. Seine einmalige Wirkungsgeschichte erstreckt sich jedoch über das Spätmittelalter bis in die Neuzeit. Der ›Sachsenspiegel‹, in mittelniederdeutscher Prosa verfasst, ist eines der ältesten deutschsprachigen Rechtsbücher und das bedeutendste des Mittelalters.

Auch die Rechtsgeschichte ist von der Spannung zwischen volkssprachlicher mündlicher Kultur und lateinischer Schriftkultur geprägt. Deutsches Recht war bis zum 13. Jahrhundert mündliches Recht, das von Generation zu Generation weitergegeben wurde. Seine Existenzformen waren die kollektive Erinnerung und die praktische Anwendung. Als Gewohnheitsrecht gehörte es zum Gemeinschaftswissen aller; es war kein Expertenwissen von Fachjuristen.

Daneben gab es schriftliche Aufzeichnungen des römischen Rechts, die im Mittelalter erhalten geblieben waren und aus dem auch das Kirchenrecht hervorgegangen war. Römisches Recht war schriftliches Recht, natürlich in lateinischer Sprache; und es war gelehrtes Recht, das Juristen als Experten benötigte. In einem langwierigen historischen Prozess hat sich das schriftlich-gelehrte Rechtssystem römischer Herkunft, das wir heute haben, schließlich gegen das mündliche Gewohnheitsrecht durchgesetzt.

Um 1230 schrieb ein sächsischer Adeliger namens Eike von Repgow das sächsische Land- und Lehnsrecht (modern gesagt: das Zivil-, Straf- und Verfassungsrecht) auf. Neben der mündlichen Überlieferung verarbeitete Eike zahlreiche schriftliche lateinische Quellen. Seine Bildung zeigt sich auch in seiner Behauptung, den ›Sachsenspiegel‹ zunächst auf Latein verfasst zu haben. ›Spiegel‹ entspricht dem damals gebräuchlichen lateinischen Buchtitel *speculum*, der den Anspruch signalisiert, dass das behandelte

Abb. 3

Vorrede des ›Sachsenspiegels‹ in der Handschrift W (geschrieben im 3. Viertel des 14. Jahrhunderts).

Wissensgebiet umfassend und als Teil der göttlichen Weltordnung dargestellt ist: Das Buch soll ein wahrheitsgetreuer Spiegel eines Teils der Schöpfung sein. Eike selbst hat die Bedeutung des Rechts als Inbegriff der göttlichen Ordnung in einer berühmten Formulierung zum Ausdruck gebracht: *God is selve recht, dar umme is em recht lef* – Gott selbst ist Recht, darum liebt er das Recht.

Die kulturgeschichtliche Bedeutung von Rechtssprache und Rechtsschriftlichkeit, die man ohnehin nicht hoch genug einschätzen kann, wird an der Überlieferung des ›Sachsenspiegels‹

ablesbar. Über 400 Handschriften und Handschriftenfragmente sind erhalten, dazu zahlreiche Drucke. Der ›Sachsenspiegel‹ wurde zur Grundlage der im späteren 13. Jahrhundert entstandenen süddeutschen Land- und Lehnsrechte; er wurde in zahlreichen spätmittelalterlichen und frühneuzeitlichen Landes- und Stadtrechten verarbeitet; er wurde ins Lateinische, Niederländische, Polnische übersetzt. Kein anderer deutscher Text aus dem 13. Jahrhundert hat eine solche Wirkungsgeschichte aufzuweisen.

Luthers Bibelübersetzung

Überhaupt hat die ältere deutsche Literatur nur einen Text zu bieten, der den ›Sachsenspiegel‹ an Wirkungsmacht übertrifft: Martin Luthers Bibelübersetzung aus dem 16. Jahrhundert. Hier handelt es sich noch einmal um jenen Typus von Verschriftlichung, bei dem das Deutsche ein Gebiet besetzt, für das zuvor das Lateinische zuständig war.

Die Bibel der katholischen Kirche war seit der römischen Spätantike lateinisch. Sie beruhte auf der Übersetzung der hebräischen und griechischen Schriften des Alten und Neuen Testaments, die der Kirchenvater Hieronymus im 4. Jahrhundert angefertigt hatte – der ›Vulgata‹. Nach der unter mittelalterlichen Klerikern verbreiteten Überzeugung brauchten die Laien die Bibel nicht im Wortlaut zu kennen, weil zu dessen richtigem Verständnis Wissensbestände nötig waren, die nur Kleriker erlernten. Als Grundlage der theologischen Wissenschaft kam ohnehin nur die Vulgata in Frage.

Bibelvermittlung in der Volkssprache bedurfte einer laiengerechten Aufbereitung der Heiligen Schrift. Eine bevorzugte Form dafür war Bibeldichtung: Einzelne biblische Bücher oder Geschichten sowie Zusammenfassungen der biblischen Ereignisgeschichte wurden in volkssprachliche Verse gebracht. Im späteren Mittelalter gab es dann auch vermehrt Prosanacherzählungen der biblischen Geschichten.

Einen Sonderfall volkssprachlicher Bibelbearbeitung stellen allerdings die Psalmen dar, die seit dem Frühmittelalter oft übersetzt und nachgedichtet wurden. Das hat einerseits bildungsgeschichtliche Ursachen innerhalb der Klerikerkultur: Anhand der Psalmen lernte man in den Schulen Latein; deshalb bestand ein Anlass, Übersetzungen als Hilfsmittel anzufertigen. Andererseits galten die Psalmen als Erbauungs- und Gebetstexte auch als laientauglich; deshalb wurden sie in die Volkssprache übertragen. Auch die Evangelien und das alttestamentarische Hohelied wurden schon seit der althochdeutschen Zeit verschiedentlich auf Deutsch bearbeitet.

Erst seit dem 14. Jahrhundert kam es jedoch zu verstärkten Bemühungen, größere Teile der lateinischen Bibel nicht in Gestalt

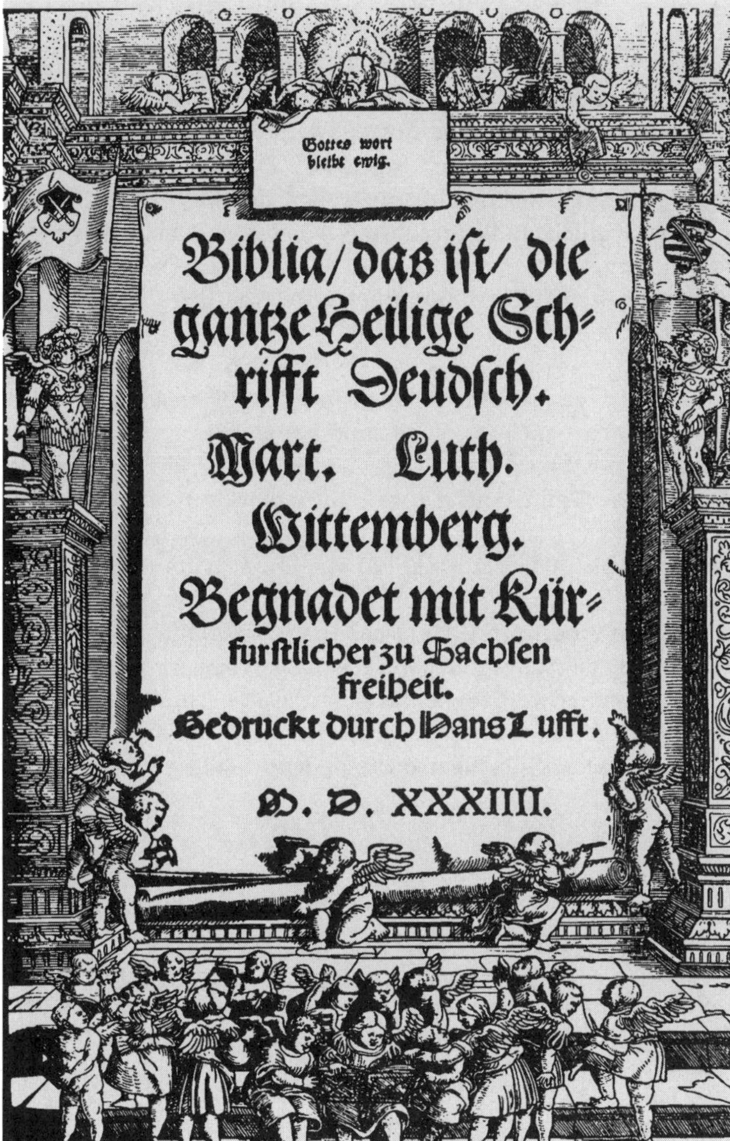

Abb. 4

Titelblatt der Lutherbibel, Wittenberg 1534.

von freien Nachdichtungen oder Nacherzählungen, sondern in Gestalt systematischer Übersetzungen ins Deutsche zu bringen. Auf einer Übersetzung aus dieser Zeit beruht auch die erste gedruckte deutschsprachige Bibel, die 1466 bei Johann Mentelin in Straßburg herauskam. Der Mentelin-Bibel folgten noch 21 weitere deutsche Bibeldrucke, bevor im September 1522 Martin Luthers Übersetzung des Neuen Testaments erschien (das ›Septembertestament‹).

Luthers Übersetzung beruht auf dem griechischen Text, den der Humanist Erasmus von Rotterdam kurz zuvor neu herausgegeben hatte. Gleichwohl spielte der lateinische Vulgata-Text eine beträchtliche Rolle für Luthers Arbeit. Das gilt ebenso für das Alte Testament, das Luther von 1522 an mit seinen Mitarbeitern nach dem hebräischen Text übersetzte. Die erste Ausgabe der ganzen Lutherbibel mit Altem und Neuem Testament wurde 1534 gedruckt.

Luthers deutsche Bibel entfaltete nicht nur in religionsgeschichtlicher, sondern auch in sprach- und literaturgeschichtlicher Hinsicht enorme Wirkungen. Unter anderem nahm Luthers Prosastil erheblichen Einfluss auf die weitere Entwicklung der deutschen Schriftsprache. Der Erfolg gründet nicht zuletzt darauf, dass Luther um eine Ausdrucksweise bemüht war, die sich am Gebrauch der Umgangssprache und ihrer vertrauten Redewendungen orientierte. Im ›Sendbrief vom Dolmetschen‹ aus dem Jahr 1530, in dem er seine Übersetzungsprinzipien gegen den Vorwurf ungerechtfertigter Freiheiten verteidigte, fasste er das in berühmt gewordene Sätze. Sie zeigen, dass auch für Luther das Lateinische als Ausgangssprache der Bibelübersetzung noch wichtig war:

Martin Luther: Sendbrief vom Dolmetschen und Summarien über die Psalmen und Ursachen des Dolmetschens. Hg. u. eingeleitet v. Erwin Arndt. Halle a.d.S. 1968, S. 31 u. 33.

[...] man mus nicht die buchstaben jnn der Lateinischen sprachen fragen / wie man sol Deudsch reden / wie diese Esel [seine katholischen Kritiker] *thun / Sondern / man mus die mutter jhm hause / die kinder auff der gassen / den gemeinen man auff dem marckt drumb fragen / vnd den selbigen auff das maul sehen / wie sie reden / vnd darnach dolmetschen / so verstehen sie es denn / vnd mercken / das man Deudsch mit jhn redet. Als wenn Christus spricht / Ex abundantia cordis os loquitur. Wenn ich den Eseln sol folgen / die werden mir die buchstaben furlegen / vnd also dolmetschen / Aus*

dem vberflus des hertzen redet der mund. Sage mir / Jst das deudsch gered? Welcher deudscher verstehet solchs? Was ist vberflus des hertzen fur ein ding? Das kan kein Deudscher sagen / Er wolt denn sagen / es sey das einer allzu ein gros hertz habe / oder zu viel hertzens habe / wiewol das auch noch nicht recht ist / Denn vberflus des hertzen ist kein deudsch / so wenig / als das deudsch ist / Vberflus des hauses / vberflus des kacheloffens / vberflus der banck / Sondern also redet die mutter jm hause vnd der gemein man / Wes das hertz vol ist / des gehet der mund vber/ das heist gut deudsch gered / des ich mich gevlissen / vnd leider nicht allwege erreicht noch getroffen habe / Denn die Lateinischen buchstaben hindern aus der massen seer / gut deudsch zu reden.

Die Ansicht, dass das Latein als Schriftsprache ein außerordentlich großes Hindernis für gutes Deutsch ist, war zu Luthers Zeit – und durch die Jahrhunderte zurück bis zu Otfrid von Weißenburg – nicht die übliche Einstellung der Gelehrten. Die Geregeltheit der lateinischen Schriftsprache hatte den meisten vielmehr als Vorbild für den Weg zu einer deutschen gegolten.

Luthers Bibeldeutsch ist freilich keineswegs die Sprache der Mütter, Kinder und Markthändler. Es ist eine überlegt gestaltete, mit dem Mitteln der Rhetorik außerordentlich wirkungsvoll durchgeformte Kunstsprache religiöser Feierlichkeit, die der ›Heiligen Schrift‹ gerecht werden soll und in die umgangssprachliche Wendungen nach Möglichkeit eingebaut sind. Luthers sprachliche Leistung besteht in der Kombination aus ›dem Volk aufs Maul schauen‹ und kunstvoller Stilisierung: in der Entwicklung einer Schriftprosa, die kein mündliches Deutsch war, aber nach vertrautem Sprachgebrauch klang; die kein übersetztes Latein war, aber an Konstruktionsgenauigkeit dem Schriftlatein gleichkam.

Lateinisch-deutsche Literaturbeziehungen | 3.

Für die Entstehung deutscher Schriftliteratur waren neben mündlichen Traditionen viele lateinische und romanische Vorbilder von Bedeutung. Dabei spielten im frühen Mittelalter und im 11. Jahrhundert allein lateinisch-deutsche Literaturbeziehungen eine Rolle; vom 12. Jahrhundert an kamen die romanisch-deutschen dazu. Weil Latein in Mittelalter und früher Neuzeit die Sprache der Wissenschaften war – der Theologie ebenso wie aller anderen –, beruhen vor allem die deutschen Sachtexte auf der lateinischen Literatur. Lateinische Traditionen machen sich jedoch auch in der Dichtung immer wieder bemerkbar, für die indes vor allem im Hochmittelalter die romanischen Vorbilder von größerer Bedeutung waren.

Frühmittelalter

Die meisten althochdeutschen und altsächsischen Texte stehen in einem unmittelbaren Zusammenhang mit den karolingischen Reformen des späteren 8. und des 9. Jahrhunderts, die unter anderem auf einen geregelten lateinischen Schulbetrieb in den Klöstern zielten. Aufgabe der Schulen sollte es ein, die Führungsgruppen des fränkischen Reichs auszubilden und die christliche Lehre auf eine sichere Grundlage zu stellen. Die Volkssprache kam dabei ins Spiel, wo es um Hilfestellungen für den lateinischen Unterricht der Schulen und um die religiöse Unterweisung der Laien durch Kleriker ging.

Notker der Deutsche

Artes liberales

Ein außergewöhnliches Gewicht als Wissenschaftssprache gewann das Althochdeutsche zu Beginn des 11. Jahrhunderts im Unterricht des St. Galler Klosterschullehrers Notker, der deshalb den Beinamen ›Teutonicus‹ (der Deutsche) erhielt. Notker setzte die Volkssprache in den ›sieben freien Künsten‹ (*septem artes liberales*) ein, den Wissenschaften, die die Klosterschulen aus der römischen Spätantike übernommen hatten. Die Artes bestanden aus der Dreiergruppe (›Trivium‹) der sprachlichen Fächer Grammatik (lateinischer Sprachunterricht), Rhetorik (lateinischer Aufsatzunterricht) und Dialektik (Logik und Argumentationslehre) sowie aus der Vierergruppe (›Quadrivium‹) der Sachfächer Arithmetik, Geometrie, Musik (Musiktheorie) und Astronomie (Erd- und Himmelskunde einschließlich Kalenderberechnung).

In den frühmittelalterlichen Schulen sollten die Artes dem besseren Verständnis der Weltordnung dienen, die Gott den Menschen in der Bibel und in der Schöpfung offenbart hat. In diesem Sinn dienten sie der Theologie. Zu einigen der lateinischen ›Klassiker‹ der wissenschaftlichen Literatur, die im Artes-Unterricht benutzt wurden, fertigte Notker althochdeutsche Übersetzungen an, um seinen Schülern das Verständnis zu erleichtern. Dazu gehören der beliebteste ›Durchzieher‹ durch alle sieben Artes, der Traktat ›Von der Hochzeit der Philologie mit Merkur‹ (›De nuptiis Philologiae et Mercurii‹) von Martianus Capella (4. oder 5. Jahrhundert), und die jahrhundertelang einflussreichste Wissenschaftslehre ›Vom Trost der Philosophie‹ (›De consolatione philosophiae‹) von Boethius (gestorben 524).

›Waltharius‹

Selten, aber doch hin und wieder gibt es in der Geschichte der lateinisch-deutschen Literaturbeziehungen auch den Schritt von der deutschen in die lateinische Sprache. Im frühen Mittelalter beispielsweise bearbeitete ein Kleriker, wahrscheinlich ein St. Galler Mönch des 10. Jahrhunderts, einen Heldenliedstoff aus der mündlichen Tradition in lateinischen Versen, deren Ausdrucksweise ganz dem Vorbild der lateinischen Schriftepik verpflichtet ist. Die Geschichte handelt von einem Helden namens Walther und gehört zum Stoffkreis um Etzel und Dietrich. Der anonyme Dichter des lateinischen ›Waltharius‹-Epos kannte sich bestens in den Erzählkonventionen des Heldenlieds aus, behandelte sie aber auch mit überlegener Ironie: Am Ende verstümmeln die Helden einander im Kampf, versöhnen sich dann jedoch ganz unvermittelt und verspotten sich gegenseitig beim Wein wegen ihrer Behinderungen.

Hoch- und Spätmittelalter

Der Aufbruch des 12. Jahrhunderts brachte nicht allein die neue höfische Adelsdichtung hervor, für deren Import in den deutschen Sprachraum die romanisch-deutschen Literaturbeziehungen sorgten. Im Zusammenhang mit der sich ausbreitenden Laienfrömmigkeit entstand auch eine vielfältige geistliche Literatur in der Volkssprache, die vom 12. Jahrhundert an durch das ganze spätere Mittelalter hindurch auf dem Fundament der lateinischen Literatur heranwuchs. Drei Texttypen sind in diesem Zusammenhang von besonderer Bedeutung: Heiligenlegende, Predigt und Sachbuch.

Geistliche Literatur

Heiligenlegende

Die lateinischen Legenden – Erzählungen von Leben, Tod und Wundern der Heiligen – waren ursprünglich Klosterliteratur: Sie wurden bei der Messe und während der Mahlzeiten der Mönche vorgelesen. Daher kommt der Name *legenda*: ›das zu Lesende‹. Lateinische Legendensammlungen, die es schon im frühen Mittelalter gab, dienten auch als Nachschlagewerke, in denen Prediger und Seelsorger beispielhafte Geschichten finden konnten. Die im späteren Mittelalter einflussreichste lateinische Legendensammlung war die ›Legenda aurea‹ (›Goldene Legende‹) des italienischen Dominikaners Jacobus de Voragine aus dem 13. Jahrhundert.

›Legenda aurea‹

›Der Heiligen Leben‹

Die ersten deutschen Heiligenlegenden stammen aus dem 12. Jahrhundert. Bis zum Ende des 13. Jahrhunderts hielt sich der Vers als bevorzugte Form, dann ging die Legendenproduktion ziemlich rasch zur Prosa über. Den in Handschriften- wie Buchdruckzeit größten Erfolg erzielte die um 1400 entstandene Prosalegenden-Sammlung ›Der Heiligen Leben‹, die auf der vorangehenden deutschen Verslegenden-Literatur und auf verschiedenen lateinischen Quellen wie der ›Legenda aurea‹ beruht. Als Berichte vom vorbildlichen christlichen Leben, von Festigkeit und Zuversicht im Glauben und als Versicherung der Zuverlässigkeit der Heiligen als Nothelfer waren Legenden die verbreitetste Spielart christlicher Erbauungsliteratur. Im späten Mittelalter erreichten sie ein großes Publikum aus Klerikern wie Laien, Adeligen wie Städtern, Männern wie Frauen.

Predigt

Lateinische Predigtsammlungen, die teilweise auf die spätantike Kirchenväterzeit zurückgehen, dienten in erster Linie dazu, Mustertexte für das Predigen zur Verfügung zu stellen. Einzelne deutschsprachige Predigten sind schon aus dem früheren Mittelalter überliefert, aber erst von der zweiten Hälfte des 12. Jahrhunderts an entstand eine ausgedehnte deutsche Predigtliteratur. Sie zeigt zum einen das neue, weit verbreitete Interesse an religiöser Unterweisung in der Volkssprache; zum andern hat sie die Entwicklung der deutschen Schriftprosa erheblich beeinflusst. Denn in der Regel handelt es sich bei den überlieferten Texten nicht um Mit- oder Nachschriften auf der Kanzel gehaltener Predigten, sondern um literarische Produkte – sei es als Muster für die tatsächliche Predigttätigkeit, sei es für verschiedene Anlässe privater oder gemeinsamer Lektüre.

Sachbuch

›Lucidarius‹

Die Geschichte des Sachbuchs in deutscher Sprache beginnt mit dem ›Lucidarius‹ (›Erleuchter‹), den ein anonymer Autor gegen Ende des 12. Jahrhunderts in Prosa verfasste. Den Titel hat das Werk von seiner wichtigsten lateinischen Vorlage, dem zu Beginn des 12. Jahrhunderts entstandenen ›Elucidarium‹ des unter anderem in Regensburg wirkenden Benediktiners Honorius Augustodunensis. Das ›Elucidarium‹ ist eine systematische Darstellung der christlichen Glaubenslehre in Form eines Dialogs zwischen Lehrer und Schüler. Der ›Lucidarius‹-Verfasser behielt diese Form bei, griff jedoch auf weitere lateinische Fachtraktate zurück, um das Wissen seiner Zeit mit dem Anspruch auf enzyklopädische Vollständigkeit wiederzugeben. Er präsentiert, was es über Gott, Himmel, Hölle, Welt und Mensch auf der Basis theologischer, astronomischer, geographischer und medizinischer Erkenntnis zu lehren gab. An die siebzig Handschriften und 82 immer wieder modernisierte Druckauflagen – von 1479 bis 1806! – bezeugen die enorme Wirkung dieser ersten deutschen Zusammenstellung von allem, was man wissen musste.

Vom 14. Jahrhundert an wurden zahlreiche deutschsprachige Sachbücher auf verschiedenen Fachgebieten produziert. Den größten Anteil stellten freilich lange Zeit die Theologie und die Medizin. Die gesamte Sachliteratur stand weiterhin auf dem Fundament der lateinischen Wissenschaftstradition.

Tierfabel

Auf dem Feld der Dichtung ist die Tierfabel ein besonders markantes Beispiel lateinisch-deutscher Literaturbeziehungen vom Hochmittelalter bis zur frühen Neuzeit. Als Begründer der Gattung galt in der Antike der sagenhafte griechische Sklave Äsop. Die lateinische Fabelliteratur des Mittelalters beruht in erster Linie auf zwei Textsammlungen der römischen Spätantike, den Versfabeln Avians (4. Jahrhundert) und den Prosa-Fabeln der Romulus-Sammlung (5. Jahrhundert). Als fester Bestandteil des lateinischen Schulunterrichts waren Fabeln weit verbreitet und gerade unter den Gelehrten gut bekannt. Sie erfüllten die Funktion, die viele der Dichtung generell zuschrieben, in vorbildlicher Weise: Indem sie Tiere als Träger menschlicher Eigenschaften und Verhaltensmuster auftreten ließen, leisteten sie moralische Belehrung auf vergnügliche und anschauliche Art.

Ulrich Boner: ›Der Edelstein‹

Heinrich Steinhöwel: ›Esopus‹

Die Fabelproduktion in deutscher Sprache steht fast ganz auf dem Boden der lateinischen Tradition. Einzeltexte sind seit dem späten 12. Jahrhundert erhalten; vom 14. Jahrhundert an entstanden Sammlungen. Einflussreich wurde Ulrich Boners gegen 1350 vollendete Fabelsammlung mit dem Titel ›Der Edelstein‹, die 1461 unter den ersten gedruckten deutschen Texten war. Auch bei Humanisten und Reformatoren war die Fabel wegen ihrer lateinischen Tradition und ihrer moralischen Nützlichkeit beliebt. Der Ulmer Stadtarzt Heinrich Steinhöwel, einer der produktivsten Autoren des deutschen Frühhumanismus, ließ 1476/77 einen zweisprachigen ›Esopus‹ drucken (Fabelsammlungen heißen mit dem Namen des sagenhaften Gattungsbegründers oft ›Äsop‹) und zeigte damit seine Doppelqualifikation als humanistischer Herausgeber lateinischer Texte und als Prosa-Übersetzer. Zusammen mit den getrennten lateinischen und deutschen Ausgaben, die bald darauf erschienen, wurde dieses Buch zu einem der größten Erfolge der frühen Druckzeit und zur wichtigsten Quelle für die deutsche Fabelliteratur des 16. Jahrhunderts.

4. | Romanisch-deutsche Literaturbeziehungen

Höfische Dichtung

Seit der zweiten Hälfte des 12. Jahrhunderts orientierten sich die deutschen Adeligen an der Hofkultur, die in verschiedenen Regionen des heutigen Frankreich und in England schon in der ersten Jahrhunderthälfte entstand. (Seit der normannischen Eroberung von 1066 waren der Königshof und die Adeligen in England französischsprachig.) Literatur in der Volkssprache war ein wichtiger Teil dieser Hofkultur: Dichtung gehörte einerseits zum Repräsentationsprogramm der Höfe und diente andererseits dazu, die höfischen Lebenswerte und Verhaltensideale zu erörtern. An der Vermittlung der höfischen Kultur in den deutschsprachigen Raum hatte deshalb der Literaturtransfer einen großen Anteil. Der Einfluss romanischer Vorbilder auf die deutsche Dichtung sollte für Jahrhunderte eine erstrangige Rolle spielen. Im 12. Jahrhundert wurden zunächst der Minnesang und die höfische Epik mit ihren verschiedenen Stoffbereichen importiert.

Minnesang

Der Minnesang entstand um 1100 im Süden des heutigen Frankreich, der zu dieser Zeit jedoch nicht zum französischen Königreich gehörte, sondern aus selbstständigen Herrschaften bestand. Man sprach dort auch nicht Französisch, sondern Okzitanisch, eine Sprache, die eher dem heutigen Katalanisch ähnelt. Die Liebeslieder der altokzitanischen Minnesänger, der Trobadors, sind die ersten bekannten volkssprachlichen der abendländischen Geschichte. So neu, wie sie selbst als Kunstform waren, war auch die Idee der Liebe, von der sie handeln. Die Trobadors nannten sie die *fin' amors* – die ›feine‹, nämlich vornehme und wahre Liebe: Der Mann unterwirft sich dem Willen einer Dame, die ihm aus freien Stücken ihre Zuwendung gewähren soll. Er ›dient‹ ihr, indem er treu und dauerhaft allein um sie wirbt und indem er als Minnesänger ihre Qualitäten rühmt. Die Liebe bedeutet ihm alles im Leben, und ohne die Liebe bedeutet ihm alles nichts; ihre Erfüllung wäre das größte Glück. Doch er will etwas Unerlaubtes von der Dame, denn er ist nicht mit ihr verheiratet, und die adelige Gesellschaft erlaubt den Frauen Geschlechtsverkehr nur innerhalb der Ehe.

Dieses Liebesmodell war ein durchschlagender Erfolg in der adeligen Welt. Es verbreitete sich im ganzen okzitanischen Sprachraum bis nach Nordspanien und Norditalien. Um 1150 wanderte es nach Norden in den französischen Sprachraum. Seit etwa 1170 begannen deutsche Minnesänger, sich am Vorbild ihrer okzitanischen und französischen Kollegen zu orientieren, und von da an wurde über 150 Jahre lang an deutschen Höfen von der vornehmen und wahren Liebe des Frauendienstes gesungen.

Höfische Epik

Die höfische Epik, die die deutschen Dichter übernahmen, lässt sich nach drei unterschiedlichen Stoffgebieten in Antikenroman, französische Heldenepik und bretonischen Roman ordnen.

Antikenroman

Der erste Typus, der verdeutscht wurde, war der Antikenroman. Die deutschen Dichter haben drei antike Stoffe aufgegriffen: Die Geschichte Alexanders des Großen; die Geschichte des Trojaners Aeneas – er flieht nach dem Untergang Trojas mit seinen Gefolgsleuten und begründet eine neue Herrschaft in Italien, aus der das römische Reich hervorgeht – und die Geschichte des Trojanischen Kriegs selbst. Die Tabelle stellt die ältesten Texte und ihre französischen Vorbilder zusammen:

Text	französischer Dichter	Entstehung	deutscher Dichter	Entstehung
Alexanderroman	Alberic von Bisinzo	um 1120	Lamprecht	um 1150
Eneasroman	anonym	um 1155	Heinrich von Veldeke	um 1170/90
Trojaroman	Benoît de Ste.-Maure	um 1160	Herbort von Fritzlar	um 1200

Die Antikenromane zeigen, dass romanische Vorbilder die Bedeutung der lateinischen Tradition nicht ausschließen: Alle französischen Texte haben ihrerseits lateinische Quellen, die gewöhnlich auch den deutschen Bearbeitern bekannt waren. So beruht beispielsweise der altfranzösische Eneasroman auf der ›Aeneis‹ des römischen Dichters Vergil (70–19 v. Chr.). Sowohl der Alexander- als auch der Trojastoff wurden im 13. Jahrhundert von weiteren Autoren mehrmals erneut in deutsche Verse gebracht.

Französische Heldenepik

Als zweiter Typus wurde die französische Heldenepik importiert. Während die Stoffe der deutschen Heldenepik – wie diejenigen um Dietrich – auf die Völkerwanderungszeit zurückgehen, stammen die Stoffe der französischen Heldenepik aus der Karolingerzeit. Auch sie hatten eine mündliche Erzähltradition hinter sich, als sie im 12. Jahrhundert auf Altfranzösisch verschriftlicht wurden. Auch sie berichten von großen Kampftaten großer Männer: Ihr Gegenstand sind die Kriege fränkischer Adeliger gegen die muslimischen Araber, die im 8. Jahrhundert Spanien erobert hatten.

Konrad: ›Rolandslied‹

Die berühmteste Geschichte der französischen Heldenepik, das ›Rolandslied‹, hatte bereits zu Beginn des 12. Jahrhunderts den Sprung in die altfranzösische Schriftlichkeit geschafft. Roland, sein Held, opfert sich als Vasall Karls des Großen mit seinem Heertrupp in den Pyrenäen heroisch im Kampf gegen die arabische Übermacht. Als das ›Rolandslied‹ um 1170 von einem Kleriker namens Konrad auf Deutsch bearbeitet wurde, erschien der Krieg zwischen Franken und Arabern unter dem Eindruck der zeitgenössischen Verhältnisse als Kreuzzug gegen heidnische Aggressoren.

Bretonischer Roman

Die größte literarische Entdeckung des 12. Jahrhunderts war der dritte Stoffbereich der höfischen Epik mit britisch-bretonischen Geschichten, die keltischen mündlichen Erzähltraditionen entstammen. Menschen mit keltischen Muttersprachen lebten im 12. Jahrhundert, als französischsprachige Dichter und ihr Publikum Interesse an ihren Erzählungen fanden, in der ›kleinen Bretagne‹ auf dem Festland (der heutigen Bretagne), in den südwestlichen Randgebieten (Cornwall, Wales) der ›großen Bretagne‹ (dem heutigen Großbritannien) und in Irland. England, wo die französischen Eroberer nach 1066 auch auf keltische Briten trafen, spielte für die Stoffvermittlung eine wichtige Rolle. Unter den Stoffen britisch-bretonischer Herkunft erlangten zwei besondere Bedeutung: Die Geschichte von Tristan und Isolde und die Geschichten von den Artusrittern.

Tristan und Isolde

Tristan und Isolde sind das berühmteste ehebrecherische Liebespaar der höfischen Dichtung. Die Geschichte signalisiert ihre keltische Herkunft in ihrer eigenen Geographie: Tristan stammt aus der Bretagne, Isolde aus Irland, der betrogene Ehemann Marke ist König von Cornwall. Wahrscheinlich um 1170 bearbeitete Eilhart von Oberg eine nicht erhaltene, schriftliche französische Romanvorlage. Eine Generation später, um 1210, nahm sich Gottfried von Straßburg den französischen Tristanroman des Thomas von England zum Vorbild. Gottfrieds ›Tristan‹ gilt heute, neben dem ›Parzival‹ Wolframs von Eschenbach, als die Gipfelleistung der gesamten älteren deutschen Epik. In Mittelalter und früher Neuzeit war freilich auch dem heute weit weniger berühmten

Eilhart von Oberg

Gottfried von Straßburg

Eilhart eine große Wirkung beschieden. Sein Versroman wurde im 13. Jahrhundert modernisiert und im 15. Jahrhundert in Prosa übertragen. In der anonymen Prosafassung ist Eilharts Version der Tristangeschichte dann auch in den Buchdruck gelangt: Bis zum Jahr 1664 sind fünfzehn Drucke belegt.

Artusroman

Artus tritt zuerst in der lateinischen Geschichtsschreibung britischer Gelehrter des frühen und hohen Mittelalters auf, die vermutlich unter dem Einfluss mündlicher Erzähltraditionen standen. Die Figur hat vielleicht einen historischen Kern in einem keltischen Heerführer, der im 6. Jahrhundert gegen die angelsächsischen Eroberer Britanniens kämpfte. Der Geschichtsschreiber Geoffrey von Monmouth beförderte ihn in seiner ›Historia regum Britanniae‹ (›Geschichte der Könige Britanniens‹) in den dreißiger Jahren des 12. Jahrhunderts zum großen König: Geoffrey erzählt ausführlich seine Lebensgeschichte und lässt ihn halb Europa erobern. Was Geoffrey mit dem Anspruch auf historische Wahrheit (dem freilich manche seiner Fachkollegen misstrauten) in lateinischer Prosa berichtete, brachte ein Kleriker namens Wace am englischen Königshof in den fünfziger Jahren des 12. Jahrhunderts in altfranzösische Verse. In seinem ›Roman de Brut‹ (›Roman‹ bedeutet hier ›Erzählung in der romanischen Volkssprache‹, ›Brut‹ ist der sagenhafte erste britische König Brutus) taucht zum ersten Mal die runde Tafel des Königs und seiner Ritter auf. Wace spielt auch auf mündliche Erzählungen im Zusammenhang mit Artus und seinen Rittern an: Während einer zwölfjährigen Friedenszeit zwischen den Kriegen sei der Hof des Königs zum Inbegriff adelig-ritterlicher Vorbildlichkeit geworden, und in dieser Zeit hätten sich die ritterlichen Begebenheiten zugetragen, von denen so viel erzählt würde, dass alles nur noch wie ein Märchen erscheine.

Chrétien de Troyes

Nicht der König selbst, sondern einer seiner Ritter dient jeweils als Hauptfigur der altfranzösischen Artusromane, die Chrétien de Troyes seit etwa 1170 verfasste. Während dem historischen Publikum die Geschichten von den antiken und den karolingischen Helden nicht in jeder Einzelheit, aber im Großen und Ganzen als historische Wahrheit galten, scheint es gegenüber diesen britisch-bretonischen Rittergeschichten den Verdacht gegeben zu haben, sie könnten erfunden sein.

Der Artusroman wurde zum perfekten Instrument, um die Ideale des höfischen Rittertums und der höfischen Liebe vorzuführen und zu problematisieren. Während Antikenroman und Heldenepik vor allem auf Kriege zwischen Herrschaftsverbänden und ihren Anführern konzentriert waren, konnte der Artusroman seine Hauptfigur stets im ritterlichen Einzelkampf und als Liebenden präsentieren. Nicht ein Interesse am einmaligen Individuum wird dabei greifbar, aber ein neues Interesse am Einzelnen, an den Grundsätzen seines Verhaltens und an seinem Welterleben. Es war der Modernitätsvorsprung gegenüber den ›historischen‹ Stoffen, der den Artusroman zur Paradegattung der höfischen Epik machte. Die Tabelle stellt die ältesten deutschen Texte und ihre französischen Vorbilder zusammen:

Hartmann von Aue
Wolfram von Eschenbach
Ulrich von Zatzikhoven

französischer Text	Entstehung	deutscher Text	Entstehung
Chrétien de Troyes: Erec et Enide	um 1170	Hartmann von Aue: Erec	um 1180
Chrétien de Troyes: Lancelot	um 1180	(nicht auf Deutsch bearbeitet)	
Chrétien de Troyes: Yvain	um 1180	Hartmann von Aue: Iwein	um 1200
(französische Quelle unbekannt)		Ulrich von Zatzikhoven: Lanzelet	um 1200
Chrétien de Troyes: Perceval	um 1180/90	Wolfram von Eschenbach: Parzival	um 1205

Keinen deutschen Bearbeiter fand Chrétiens ›Lancelot‹-Roman, der die Geschichte der ehebrecherischen Liebe zwischen dem Ritter Lancelot und Königin Ginover, Artus' Ehefrau, erzählt. Im deutschen ›Lanzelet‹-Roman, den Ulrich von Zatzikhoven wahrscheinlich um 1200 nach einer nicht erhaltenen französischen Vorlage dichtete, verläuft die Handlung anders als bei Chrétien; eine außereheliche Liebesbeziehung kommt gar nicht vor. Die späteren deutschen Artusromane, deren Reihe mit dem um 1220 entstandenen ›Wigalois‹ Wirnts von Grafenberg beginnt, haben keine französischen Vorlagen mehr – mit einer gleich noch zu erwähnenden Ausnahme.

Spätmittelalter und frühe Neuzeit

Wie im Hochmittelalter, so waren französische Textvorbilder in Spätmittelalter und früher Neuzeit vor allem für die Dichtung wichtig. Auch die folgenreichste Neuerung, der Übergang zur Prosa in der epischen Großform, beruht auf französischen Modellen.

Prosaroman

›Prosa-Lanzelot‹

In Frankreich waren schon seit dem Ende des 12. Jahrhunderts Prosaromane entstanden, unter denen dem ›Lancelot en prose‹ besondere Bedeutung zukommt. Er stellt den Versuch dar, eine Gesamtgeschichte der Artusritterschaft zu erzählen, die die unterschiedlichen Rittergeschichten in einen großen Zusammenhang integriert. Im Mittelpunkt steht Lanzelot mit seiner außerehelichen Liebesbeziehung zu Königin Ginover. Im 13. Jahrhundert übertrug ein unbekannter Bearbeiter Teile des ›Lancelot en prose‹ ins Deutsche; das Unternehmen wurde im 14. Jahrhundert um weitere Teile des französischen Texts vermehrt. Der ›Prosa-Lanzelot‹ ist unter den deutschen Artusromanen im 13. Jahrhundert der einzige, der kein Versroman ist, und zugleich der einzige nach Ulrich von Zatzikhoven, der auf einer französischen Vorlage beruht. Artusromane in Versen brachte man inzwischen auch allein zustande; die neue Form war wieder ein romanischer Import. Indes blieb er für lange Zeit der einzige deutsche Prosaroman.

Elisabeth von Nassau-Saarbrücken

Die nächsten deutschen Prosaromane nach französischen Vorlagen entstanden in den dreißiger Jahren des 15. Jahrhunderts am Hof der Gräfin Elisabeth von Nassau-Saarbrücken, die als lothringische Herzogstochter französischsprachig aufgewachsen war. Elisabeths eigener Anteil an der Textautorschaft ist nicht ganz klar. Die französischen Texte, die am Saarbrücker Hof ins Deutsche übertragen wurden, waren spätmittelalterliche Prosafassungen hochmittelalterlicher französischer Heldenepen. Die Bearbeitung hochmittelalterlicher Erzählungen, deren Handlungen im Frühmittelalter spielen, fügt sich zu den rückwärts gewandten literarischen Interessen, die in weiten Teilen der spätmittelalterlichen Adelsdichtung anzutreffen sind. In den alten Geschichten fand man offenbar die Grundsätze des eigenen aristokratischen Selbstverständnisses in besonders überzeugender Weise aufgehoben. Vom Jahr 1500 an, lange nach Elisabeths Tod, gelangten drei der Romane in überarbeiteten Fassungen in den Buchdruck und fanden von da an breitere Leserkreise. Den größten Erfolg erzielte der ›Huge Scheppel‹, der bis 1794 nachgedruckt wurde. Er erzählt die (erfundene, aber als wahr ausgegebene) Geschichte vom Sohn eines Ritters und einer Metzgerstochter, der dank seiner altadeligen Fähigkeiten und der finanziellen Hilfe seines Onkels zum französischen König wird – und zwar zum historischen König Hugo Capet (987–996), dem Begründer der kapetingischen Dynastie.

Thüring von Ringoltingen: ›Melusine‹

Dass Prosaromane nach französischen Vorbildern bald auch von Städtern produziert wurden, zeigt die Orientierung der Patrizier an der Hofkultur. Man übernahm Traditionen, deren Glanz den eigenen Führungsanspruch bekräftigen sollte. Der Berner Patrizier Thüring von Ringoltingen stellte 1456 einen der erfolgreichsten Prosaromane fertig, die bis ins 18. Jahrhundert nachgedruckte ›Melusine‹. Thüring übertrug einen um 1400 entstandenen französischen Versroman in deutsche Prosa, dessen Stoff schon im 12. Jahrhundert belegt ist und dem das alte Handlungsmuster der schwierigen Ehe zwischen Mensch und Fee zugrunde liegt. Die Hauptfigur, Graf Raimund von Poitiers, begründet mit der Meerfee Melusine, die jeden Samstag vom Nabel abwärts zur Schlange wird, ein Adelsgeschlecht, dessen Nachfahren immer noch leben – für Thüring ein Beleg der historischen Wahrheit seiner Geschichte, die auch die Prosa verbürgen soll.

Italienische Textvorbilder

Als weitere Neuerung in den romanisch-deutschen Literaturbeziehungen des 15. und 16. Jahrhunderts kam schließlich die Übertragung italienischer Textvorbilder auf. So wurde in den siebziger Jahren des 15. Jahrhunderts in Ulm eine deutsche Übersetzung von Giovanni Boccaccios ›Dekameron‹ gedruckt, der um 1350 entstandenen, bedeutendsten italienischen Novellensammlung. Der Übersetzer firmierte unter dem Pseudonym ›Arigo‹, einer italianisierten Form des Namens Heinrich. Wer sich dahinter verbirgt, ist unsicher. Arigos Übersetzung fand zunächst wenig Beachtung, doch ein überarbeiteter Neudruck, der 1535 in Straßburg erschien, entfaltete eine beträchtliche Wirkung in der deutschen Literatur des 16. Jahrhunderts. Der Nürnberger Dichter Hans Sachs beispielsweise bediente sich ausgiebig im deutschen Dekameron.

Arigo: ›Dekameron‹

So gaben die okzitanische, die französische und die italienische Dichtung der deutschen vom 12. bis zum 16. Jahrhundert – und noch darüber hinaus – immer wieder entscheidende Impulse. Dabei hatten die romanisch-deutschen Literaturbeziehungen über den gesamten Zeitraum stets nur eine Richtung: Die Deutschen nahmen Modelle aus den romanischen Kulturen auf, so dass die romanische Welt Jahrhunderte lang das große kulturelle Vorbild blieb. In den romanischen Ländern gab es dagegen kaum ein Interesse an deutschsprachiger Literatur. Den Deutschen aber öffnete der Blick nach dem Westen und dem Süden viele neue Horizonte. Während die lateinische Literatur insgesamt das wichtigste Fundament blieb, auf dem sich die deutschsprachige Schriftliteratur in ihren verschiedenen Textsorten entwickelte und ausbreitete, trieben die romanischen Literaturen die Entfaltung der deutschen Schriftdichtung entscheidend voran.

Kapitel 4 | Ältere deutsche *Literatur* – ›Literatur‹ und ›Dichtung‹

1. | Die Begriffe ›Literatur‹ und ›Dichtung‹

Dichtung, dichten, Dichter

Wer die Geschichte der älteren deutschen Literatur als Geschichte deutscher Schriftlichkeit versteht, hat einen ›weiten‹ Literaturbegriff: Literatur bezeichnet die Gesamtheit aller schriftlich überlieferten Texte. Dichtung ist dabei eine Textsorte neben anderen. Freilich nimmt sie im frühen und hohen Mittelalter einen auffälligen Rang ein, denn wer deutsche Schrifttexte produzierte, tat dies zumeist in Versen – und ›dichtete‹ damit nach der zeitgenössischen Einschätzung. Im späten Mittelalter und in der frühen Neuzeit beherrschen die nichtpoetischen Textsorten die Bühne dann immer mehr. Im Folgenden geht es um die Frage, was ›Dichtung‹ in der älteren Zeit bedeutete.

Das Abstraktum ›Dichtung‹ ist seit dem 15. Jahrhundert belegt, wurde aber erst seit dem späten 18. Jahrhundert geläufig. ›Dichtung‹ ist vom Verb ›dichten‹ abgeleitet, das es schon im Althochdeutschen (*dihton*) und Mittelhochdeutschen (*tihten*) gab. Möglicherweise wurde es nach dem Vorbild des lateinischen Verbs *dictare* (›schriftlich abfassen‹, ›zum Aufschreiben vorsagen‹) gebildet, jedenfalls in den älteren Sprachstufen im selben Sinn wie *dictare* verwendet. In dieser weiten Bedeutung bezieht es sich auf die Produktion schriftlicher, nicht auf diejenige poetischer Texte. Seit dem 12. Jahrhundert ist das mittelhochdeutsche Wort *tihtære* belegt, aus dem neuhochdeutsch ›Dichter‹ wurde. In der weiten Bedeutung war ein *tihtære*, wer Schrifttexte verfasste.

In einem engeren Sinn jedoch war ein *tihtære* ein Verfasser von Verstexten. In dieser Verwendungsweise entspricht die Bedeutung des Wortes derjenigen der lateinischen Bezeichnung *poeta*. Ein *poeta* ist, wer Verstexte macht; was seine Produkte von anderen Textsorten unterscheidet, ist die Versifizierung. So verhielt es sich in der römischen Antike und im lateinischen

Sprachgebrauch des Mittelalters und der frühen Neuzeit, der den antiken fortführte.

Dass Dichtung ist, was versifiziert ist, würden wir heute nicht mehr behaupten. Geschichtsschreibung in Versen beispielsweise würde uns nicht nur verwundern; wir würden sie auch nicht ohne weiteres für Dichtung halten. ›Literatur‹ im weiteren Sinn wäre sie gewiss, aber nicht ›schöne Literatur‹ im engeren Sinn. Wie ist es zum Unterschied zwischen dem ›weiten‹ und dem

Abb. 5

Dichter beim Dichten (Diktieren). Miniatur zu den Liedern Konrads von Würzburg in der Manessischen Liederhandschrift (geschrieben in der 1. Hälfte des 14. Jahrhunderts, vgl. Kapitel 6).

›engen‹ Literaturbegriff und zur Veränderung der Vorstellung von ›Dichtung‹ gekommen?

Literatur

Unser weiter Begriff von ›Literatur‹ hat seine Wurzeln im Sprachgebrauch der europäischen Humanisten des 15. und 16. Jahrhunderts. Sie verstanden unter *litterae* (der Plural zu *littera*, Buchstabe) jede Art von ›gelehrtem‹ Schrifttext, der aus einer *ars* (Fähigkeit) hervorging. Der humanistische Begriff von *ars* umfasste alles, was wir heute als Wissenschaften einerseits und Künste andererseits unterscheiden. *Litterae* waren deshalb die Produkte der Mathematik genauso wie die der Dichtung.

Schöne Literatur

Auf der Grundlage dieses weiten humanistischen Literaturbegriffs kam gegen Ende des 17. Jahrhunderts in Frankreich der engere Begriff der *belles lettres* auf, der ›schönen Literatur‹. Er bezeichnete die Produkte einer bestimmten Gruppe von ›Künsten‹, nämlich der mit Sprache befassten: Grammatik, Rhetorik und Poesie; dazu in der Regel auch die der Geschichtsschreibung.

Dieser Begriff der ›schönen Literatur‹ wurde im 18. Jahrhundert noch einmal auf poetische Texte verengt: ›Schöne Literatur‹ wurde nun zur Bezeichnung für das, was zuvor ›Poesie‹ oder ›Dichtung‹ geheißen hatte. Zusammen mit der Entstehung dieses ›engen‹ Literaturbegriffs kam es jedoch zu einer tiefgreifenden Veränderung dessen, was man unter ›schöner Literatur‹ im Sinn von ›Dichtung‹ verstand. Das zeigt sich unter anderem daran, dass die ›schöne Literatur‹ nun nicht mehr in eine Reihe mit anderen sprachlichen ›Künsten‹ (Grammatik, Rhetorik, Geschichtsschreibung) gestellt wurde, sondern in eine Reihe mit anderen ›schönen‹ Künsten wie Musik und Malerei. Die Veränderung des Dichtungsbegriffs ging mit einer Veränderung des Kunstbegriffs einher: ›Kunst‹ wurde im 18. Jahrhundert gegenüber ›Wissenschaft‹ abgegrenzt, auch gegenüber den mit Sprache befassten Wissenschaften.

Aspekte des modernen Dichtungsbegriffs

Man muss sich im Klaren über die Kernaspekte des modernen Begriffs von ›schöner Literatur‹ im Sinn von ›Dichtung‹ sein, wie er im 18. Jahrhundert aufkam und bis heute (wenn auch nicht unangefochten) fortwirkt, um verstehen zu können, was beim älteren Dichtungsbegriff anders war. Insbesondere vier Vorstellungen über Dichtung, die seit dem 18. Jahrhundert eine prominente Rolle spielen, begründen einen Abstand zur älteren Zeit:

Subjektivität

1. Poetische Texte gelten als Ausdruck von Subjektivität, individueller Wahrnehmung und emotionalem Erleben. Im Gegensatz

dazu herrschen in der Wissenschaft nicht-subjektive Beobachtung und nicht-subjektive Rationalität. Im engen Zusammenhang damit steht ein bestimmtes Konzept von poetischer Autorschaft, nämlich das des Dichtergenies, das in seinem Werk sein individuelles und subjektives Welterleben zum Ausdruck bringt. Das macht der Dichter wie der Maler oder der Musiker und anders als der Wissenschaftler.

Die Einschätzung, dass Dichtung der Ausdruck eines subjektiven und individuellen Weltverhältnisses ist und sich deshalb grundsätzlich von Wissenschaft unterscheidet, war vor dem 18. Jahrhundert nicht geläufig. Deshalb beurteilte man den Autor nicht in erster Linie als individuellen und genialen Schöpfer. Die ältere Zeit assoziierte ›Dichten‹ vor allem mit ›Können‹. Ein Dichter war, wer über technische Fähigkeiten verfügte, die man lehren und lernen konnte. Auch diejenigen, die die angeborene Begabung, die göttliche Inspiration oder die schöpferische Leistung des Dichters betonten, maßen dem Handwerklichen einen hohen Stellenwert zu.

Autonomie

2. Poetische Texte verfolgen keinen unmittelbaren praktischen Zweck. Dichtung ist schön, nicht nützlich; der poetische Text bezieht seinen Wert aus seiner eigenen Gestalt, nicht aus einer Funktion für etwas anderes. Dichtung ist ›autonom‹; das verbindet sie mit den anderen ›schönen‹ Künsten wie Malerei und Musik.

Die Idee der Autonomie hat nicht nur zu einer Trennung zwischen poetischen Texten und Gebrauchstexten geführt, sondern auch zu einer Trennung zwischen Kunst und Handwerk. Eine Uhr kann so ›kunstvoll‹ (im handwerklichen Sinn) gemacht sein, wie sie will; sie ist keine Kunst, weil sie eine Gebrauchsfunktion hat. Ein Bild oder eine Fotografie von der Uhr kann dagegen Kunst sein. Die Uhr selbst wird womöglich zur Kunst, wenn man sie in eine Vitrine im Museum legt, weil sie dann ihre Gebrauchsfunktion verliert. Genauso verhält es sich mit sprachlichen Texten: Zeitungsreportagen erfordern handwerkliches Können, sind aber keine Kunst. Wenn Zeitungsreportagen jedoch in einen Roman einmontiert werden, werden sie zum Teil des Kunstwerks.

Die Vorstellung, dass etwas schön *oder* nützlich, Kunst *oder* Handwerk sein könnte, war vor dem 18. Jahrhundert nicht verbreitet. In der älteren Zeit kommt ›Kunst‹ tatsächlich von ›können‹: Kunst ist alles, was aufgrund der dazu nötigen Fertigkeiten so gut gemacht ist, dass es seine Funktion optimal erfüllt. Das gilt auch für jede Art von Text. Dichtung kann deshalb nicht dasjenige sein, was sonst keinen Nutzen hat.

Weil man poetische Texte nicht als ›schöne‹ Texte von Gebrauchstexten unterschied, konnte man von der Dichtung mit aller Selbstverständlichkeit einen praktischen Nutzen erwarten. Dichtung konnte religiösen, politischen, moraldidaktischen und allen erdenklichen weiteren Zwecken dienen, ohne dass dabei eine Konkurrenz zwischen Schönheit und Nützlichkeit entstanden wäre. Niemand war der Auffassung, dass ein poetischer Text keine Absichten verfolgen dürfe, weil das seiner dichterischen Qualität schade; das dichterische Können bestand im Gegenteil darin, die Absicht mit dem entsprechend gestalteten Text möglichst gut zu erfüllen.

Sinnliche Erkenntnis

3. Poetische Texte benutzen eine besondere Darstellungsweise und erbringen deshalb eine eigenständige Erkenntnisleistung. Während die wissenschaftliche Darstellung auf begriffliche Abstraktion und auf Verallgemeinerung zielt, zielt die poetische auf Konkretheit und Anschaulichkeit. Wissenschaft wendet sich an die abstrahierende Vernunft; Dichtung wendet sich an die sinnliche Erkenntnis – an die Wahrnehmung und an die Phantasie.

Die Einschätzung, dass Dichtung konkrete Einzelfälle auf eine anschauliche Art darstellt, ist keine Neuerung des 18. Jahrhunderts. In der älteren Zeit wurde dies jedoch nicht als Gegensatz zu Abstraktion und Verallgemeinerung verstanden, sondern als Vorstufe oder als Vermittlungstechnik: Dichtung stellt das Allgemeingültige am konkreten Beispiel, das Abstrakte auf anschauliche Weise dar; sie dient damit der Erkenntnis des Abstrakten und Allgemeinen. Seit dem 18. Jahrhundert gibt es dagegen die Einschätzung, dass poetische Texte ihre besondere Qualität dort erreichen, wo das, was sie zum Ausdruck bringen, nicht in einer abstrakten, allgemeinen Redeweise gesagt werden könnte. Diese Idee war der älteren Zeit fremd.

Weil man von der Dichtung keine grundsätzlich andere Erkenntnisleistung erwartete als von der Wissenschaft, war man nicht der Auffassung, dass Dichtung sich von anderen Texten dadurch unterscheidet, dass sie vorzugsweise Wahrnehmungsfähigkeit und Phantasie anspricht. Dichtung hatte deshalb in der älteren Zeit eine selbstverständliche Nähe zu Wissen: Sie sollte Wissen vermitteln und sich auf anerkanntes Wissen beziehen.

Deshalb gab es beispielsweise Lehrdichtung, also systematische Wissensvermittlung in Versform.

Fiktionalität

4. Poetische Texte haben einen besonderen Wirklichkeitsbezug und erbringen deshalb eine eigenständige Erkenntnisleistung. Sie sind fiktional: Sie tun nur so, als ob sie behaupten würden, dass das, wovon sie sprechen, wirklich der Fall ist oder war. Als Rezipienten wissen wir das; wir wissen aber auch, dass wir uns auf dieses Spiel einlassen müssen und nicht mit dem Einwand ›Ist doch nicht wahr‹ zu kommen brauchen. Solange das Spiel gespielt wird, gelten die Spielregeln des ›als ob‹.

Die Idee vom besonderen Wirklichkeitsbezug der Dichtung stammt vom griechischen Philosophen Aristoteles (384–322 v. Chr.). Er antwortete damit auf den Standpunkt Platons, dass die Dichter lügen und dass die Dichtung deshalb eine überflüssige und schädliche Täuschung sei. Aristoteles behauptete dagegen, dass die Dichter im Unterschied zu den Geschichtsschreibern nicht vom Tatsächlichen erzählen, sondern vom Wahrscheinlichen. Der jeweilige Wirklichkeitsbezug begründet, Aristoteles zufolge, die Erkenntnisleistung: Die Geschichtsschreibung verhilft uns zur Erkenntnis des Tatsächlichen und Besonderen, die Dichtung zur Erkenntnis des Wahrscheinlichen und Allgemeingültigen. In diesem Sinn hat die Dichtung ihre eigene Wahrheit – nicht die des Faktischen, sondern die des Möglichen.

Der Traktat des Aristoteles über Dichtung, die ›Poetik‹, war lange verloren. Auch als sie im 13. Jahrhundert über arabische Vermittlung ins Abendland kam und ins Lateinische übersetzt wurde, kam sie nur wenigen unter die Augen und gewann keinen Einfluss auf den Dichtungsbegriff. Erst an der Wende zum 16. Jahrhundert setzte unter italienischen Humanisten eine breitere Wirkung ein. Was Aristoteles mit dem besonderen Wirklichkeitsbezug der Dichtung gemeint hatte, verstanden die europäischen Dichtungstheoretiker jedoch erst im 18. Jahrhundert in seiner ganzen Tragweite.

Auch in der antiken römischen Dichtungstheorie, die zur Grundlage der mittelalterlichen wurde, hatte seine Idee nur schwache Spuren hinterlassen. Immerhin lehrte eines der beliebtesten mittelalterlichen Schulbücher, Isidors von Sevilla (gestorben 636) ›Etymologien‹, eine Unterscheidung zwischen dem Falschen, das bloß unwahr ist, und dem Erfundenen (*fictum*), das dem Wahren ähnlich (*verisimilis*) und häufig der Gegenstand der

Dichtung ist. Damit war jedoch keine Wertschätzung des erfundenen Wahrscheinlichen als Instrument einer besonderen Erkenntnisleistung der Dichtung verbunden. Isidor lehrte vielmehr, dass die Dichtung dann den größten Wert hat, wenn sie die tatsächliche Wahrheit darstellt. Der lateinische Begriff für die Darstellung von Tatsachenwahrheit jeder Art lautete bei ihm, wie generell im Mittelalter und in der frühen Neuzeit, ›*historia*‹.

Obwohl die Idee vom erfundenen Wahrscheinlichen als Gegenstand der Dichtung nicht verloren gegangen war, knüpfte man den Wert der Dichtung nicht an einen besonderen Wirklichkeitsbezug. Im Gegenteil: Dichtung war als *historia* am besten. Dieser Ansicht entsprach die verbreitete Forderung, dass Dichtung faktisch wahr zu sein und tatsächliche Wirklichkeit darzustellen habe. Poetische Texte ihrerseits konnten problemlos für faktisch wahr gelten, wenn schon nicht in allen Einzelheiten, so doch im Großen und Ganzen. Deshalb gab es beispielsweise Geschichtsdichtung, also Geschichtsschreibung in Versform.

Der Standpunkt, dass erfundene Inhalte die Dichtung wertlos machen, regte freilich auch Bemühungen an, erfundene Inhalte zu verteidigen – etwa mit dem Argument, dass sie moralische Wahrheiten vermitteln könnten. Der Vorwurf der unwahrheitsbedingten Wertlosigkeit ließ sich auch einfach ignorieren oder mit der schlichten Behauptung unterlaufen, man behandle tatsächlich Geschehenes. Die Reaktionen darauf, dass es keine Vorstellung vom Wert der Fiktionalität gab, waren vielfältig, denn die Dichter beschäftigten sich trotzdem häufig mit Erfundenem. Man konnte aber nicht (wie wir) sagen, dass die Dichtung als solche eine besondere Art von Wirklichkeitsbezug hat, dass das ihr Charakteristikum ist und dass darauf ihre Leistungsfähigkeit beruht.

Alle vier Kernaspekte des im 18. Jahrhundert entstandenen Dichtungsbegriffs gehören nicht zu den vorher allgemein verbreiteten Ansichten über Dichtung. Das heißt nicht, dass die Frage überflüssig ist, ob sich nicht schon früher in der dichterischen Praxis und in vereinzelten theoretischen Überlegungen Tendenzen zu dichterischer Subjektivität, funktionaler Autonomie sowie eigenständiger Erkenntnisleistung auf der Grundlage der Darstellungsweise und des Wirklichkeitsbezugs abzeichnen. Denn vom Himmel gefallen ist das alles nicht mit einem Schlag. Jedoch bestimmten diese Kriterien nicht die Erwartungen an poetische Texte, und poetische Texte wurden nicht anhand dieser Kriterien von anderen Texten unterschieden. Man hatte eine andere Vorstellung von Dichtung; deshalb *ist* ältere Dichtung in mancher Hinsicht auch anders als neuere seit dem 18. Jahrhundert.

Es gab aber immer einen Begriff von Dichtung. Für ihn war zum einen wichtig, was man an Praxis und Theorie von der römischen Antike geerbt hatte, und zum anderen, was die mündliche Überlieferung zu bieten hatte.

Die Tradition des antiken lateinischen Dichtungsbegriffs | 2.

Gottfrieds von Straßburg Dichterverzeichnis

Zu Beginn des 13. Jahrhunderts baute der gelehrteste unter den deutschen höfischen Dichtern, Gottfried von Straßburg, das erste Dichterverzeichnis der deutschen Literaturgeschichte in seinen Tristanroman ein: Er nennt einige zeitgenössische Romanautoren und Minnesänger wegen ihrer Vorbildlichkeit und rühmt die Qualität ihrer Werke. Als Besten lobt er Hartmann von Aue, den Begründer des deutschen Artusromans (vgl. S. 45, 65), mit Begriffen aus der zeitgenössischen lateinischen Dichtungslehre:

Gottfried von Straßburg: Tristan. Mittelhochdeutsch / Neuhochdeutsch. Hg., übersetzt u. kommentiert v. Rüdiger Krohn. 3 Bde. Stuttgart [7]1996, Bd. 1, V. 4621–4630:

Hartmann der Ouwære,
âhî, wie der diu mære
beide ûzen unde innen
mit worten und mit sinnen
durchverwet und durchzieret!
wie er mit rede figieret
der âventiure meine!
wie lûter und wie reine
sîniu cristallînen wortellîn
beidiu sint und iemer müezen sîn!

Hartmann von Aue, hei, wie der die Erzählung außen ebenso wie innen mit Wörtern und Gedanken färbt und schmückt! Wie er mit der Rede den Sinn der Geschichte trifft! Wie lauter und rein seine kristallenen Worte sind und immer bleiben werden!

Angespielt wird auf das Verfahren der Textproduktion, das der lateinische Grammatik- und Rhetorikunterricht zu Gottfrieds Zeit lehrte. Der Dichter hat einen Stoff, den er in der Regel nicht erfindet, sondern aus dem Traditionsbestand aufnimmt und bearbeitet. Für diese Stoffbearbeitung braucht es in erster Linie stilistische Kompetenz; dafür war vorrangig die Figurenlehre der Rhetorik zuständig. Mit *verwen* und *zieren* knüpft Gottfried an die lateinischen Fachbegriffe *colorare* (färben) und *ornare* (schmücken) an, die die Verwendung rhetorischer Figuren bezeichneten. Da die zeitgenössische Stillehre Wort- und Sinnfiguren unterschied, liegt es nahe, den Ausdruck *mit worten und mit sinnen* entsprechend zu verstehen. Die kristallenen Worte schließlich stimmen mit dem Stilideal der *claritas* oder *perspicuitas* (Klarheit, Durchsichtigkeit) überein, das die zeitgenössischen lateinischen Dichtungslehren propagierten: Die stilistische Durchformung soll den Sinn des Stoffs klar herausarbeiten. Dass Gottfried den höfischen Roman ausschließlich als Stilkunst behandelt, ist eine Folge des lateinischen Unterrichts und seines Dichtungsbegriffs. Dessen Tradition und seine Bedeutung für die ältere deutsche Dichtung werden im Folgenden skizziert.

Horaz: ›Ars poetica‹

Das Grundbuch des Dichtungsunterrichts an den Schulen war zu Gottfrieds Zeit – und noch lange danach bis zu den Humanisten des 15. und 16. Jahrhunderts – die ›Ars poetica‹ (Dichtkunst) des Horaz (65–8 v. Chr.). Horaz zufolge beruht Dichtung einerseits auf Begabung (*ingenium*) und Inspiration. Das entspricht einer alten antiken Überzeugung, die auch in Mittelalter und früher Neuzeit verbreitet war: Zum Dichten braucht man natürliche Anlagen und die Inspiration der Musen oder des christlichen Gottes. Andererseits gründet Dichtung laut Horaz auf Wissen (*studium, eruditio*) und Können (*ars*). Das Können besteht in der Beherrschung der Versifizierung (also der Vers- und Strophenformen), der stilistischen Techniken und der spezifischen Regeln für die jeweilige Dichtungsgattung (wie Tragödie, Komödie, Epos). Das Wissen besteht in der inhaltlichen Beherrschung des Stoffs, den man entweder neu bearbeitet oder neu erfindet. In jedem Fall muss der Dichter gelehrt sein (*poeta eruditus, poeta doctus*).

Horaz schrieb der Dichtung auch Funktionen zu, die für den älteren Dichtungsbegriff bis zum 18. Jahrhundert grundlegend blieben: Dichtung soll erfreuen (*delectare*) oder nützen (*prodesse*), am besten beides zugleich. Mit *delectare* war ursprünglich nicht so sehr ›unterhalten‹ im Sinn von ›zerstreuen‹ oder ›ablenken‹ gemeint, sondern eher die Freude an der Kunstfertigkeit von Vers und Stil. Das Nützliche ist das mit dem Stoff vermittelte Wissen, das sachlicher ebenso wie moralischer Art sein kann.

Römischer Unterricht

Vom ersten Jahrhundert an war dieser Dichtungsbegriff fest im römischen Schulunterricht verankert. Man lernte das Dichten einerseits anhand der Lektüre und der Nachahmung (*imitatio*) von Autoren, die als vorbildlich galten; deshalb gab es einen entsprechenden Schulkanon. Andererseits wurde die Anwendung von Textproduktionsregeln eingeübt – Techniken für die Zusammenstellung und Gliederung eines Stoffs und für die sprachliche Ausarbeitung. Für diesen Bereich war die Rhetorik zuständig. Was die Rhetorik als allgemeine Textproduktionslehre zu bieten hatte, konnte man für Prosa- und für Verstexte gleichermaßen benutzen. Für Verstexte waren außerdem noch Metrik und Gattungslehre nötig.

Christentum

Die römische Unterrichtspraxis geriet zum ersten Mal in Gefahr, als sich in der Spätantike das Christentum durchsetzte. Die Christen lehnten die antike Dichtung zunächst ab, weil sie die heidnischen Inhalte für falsch und die kunstvollen Formen für überflüssig hielten. Ihnen kam es auf die Wahrheit an, die in den christlichen Schriften stand. Aus diesen wurde nach und nach der Kanon des Neuen Testaments – kein Schulkanon nachahmungswürdiger Werke, wie ihn die Heiden hatten, sondern ein Kanon göttlicher Offenbarungsschriften. Was man als Christ lesen sollte, stand in der Bibel; es brauchte weder Dichtung noch Dichtungsunterricht.

Augustinus: ›De doctrina christiana‹

Diese Einstellung änderte sich jedoch nach und nach. Entscheidende Bedeutung gewann dabei gegen Ende des 4. Jahrhunderts der Traktat ›De doctrina christiana‹ (›Von der christlichen Lehre‹) des Kirchenvaters Augustinus. Seiner Ansicht nach sollten sich die Christen die antike literarische Bildung zu Eigen machen, statt auf sie zu verzichten. Augustinus zufolge benötigte man sie zum einen für die christliche Lehre, etwa für die Interpretation der Bibel. Zum anderen glaubte er, dass es schädlich für die Christen wäre, wenn sie sich in eine kulturelle Unterlegenheit gegenüber den Heiden begäben. Lieber sollten sie die heidnische Kultur mit deren eigenen Waffen schlagen. Dies rechtfertigte die Produktion von Dichtung mit christlichen Inhalten mittels der althergebrachten Techniken. So machte man aus den Evangelien Versepen, die in Konkurrenz zur heidnischen Epik treten sollten. Außerdem entwickelte sich ein christlicher Unterricht nach altem Muster. Die kanonischen Autoren, deren Nachahmung zusammen mit dem Regelwissen die nötigen Fähigkeiten lehren sollten, waren zum einen die neuen christlichen Dichter, zum anderen wegen des technischen Vorbilds einige von den alten heidnischen, allen voran Vergil.

Mittelalterlicher Unterricht

Zum zweiten Mal geriet der – nun christlich gewendete – römische Unterricht in Gefahr, als im 6. und 7. Jahrhundert die Bildungsinstitutionen in den Völkerwanderungswirren weitgehend zusammenbrachen. Vom 8. Jahrhundert an jedoch wurde die Tradition in den frühmittelalterlichen Klosterschulen im Zug der karolingischen Bildungsreformen wieder aufgenommen. Ein typischer Reflex davon ist das schon erwähnte Widmungsschreiben Otfrids von Weißenburg an Erzbischof Liutbert (vgl. S. 39): Otfrid verweist auf die formale Qualität der heidnischen römischen Dichtung, äußert aber Vorbehalte gegen den Inhalt und macht die lateinische christliche Dichtung zum Vorbild für sein volkssprachliches Unternehmen. Wie die christlichen römischen Dichter die heidnischen besiegten, so will er mit seiner volkssprachlichen christlichen Dichtung den anstößigen Gesang der Laien verdrängen. Dazu musste die Volkssprache den Regeln unterworfen werden, die der lateinische Grammatik- und Rhetorikunterricht für die Produktion von Schriftdichtung zu bieten hatte. So hob der gelehrte Dichtungsbegriff des lateinischen Unterrichts die deutsche Schriftdichtung aus der Taufe.

Renaissance des 12. Jahrhunderts

Als Gottfried sein Dichterverzeichnis schrieb, hatte sich die kulturelle Situation erheblich verändert. Im 12. Jahrhundert entwickelten die Schulen, zunächst in Frankreich, ein neues Interesse an Dichtung, das sich von der Bindung an christliche Inhalte löste. Man fand zunehmend Gefallen an vorchristlichen römischen Autoren, in besonderem Maß an dem Liebesdichter Ovid (43 v. Chr. – 18 n. Chr.), dessen Werke eine enorme Wirkung entfalteten. Die neue Begeisterung für antike Dichtung nennt man heute die ›Renaissance (oder den Humanismus) des 12. Jahrhunderts‹.

Lateinische Poetiken

In den Jahrzehnten um 1200 führte sie auch zur Produktion neuer lateinischer Dichtungslehren. Die erfolgreichste unter ihnen war Galfrids von Vinsauf ›Poetria nova‹ (›Neue Poetik‹). Der Titel zeigt den Anspruch, die ›alte Poetik‹ des Horaz zu überbieten. Man wollte die antiken Vorbilder mit der eigenen Dichtung überflügeln – und zwar nicht mehr nur durch den wahren Inhalt, sondern auch durch die bessere Technik. Das ist das Neue gegenüber dem frühen Mittelalter: Dichtung gewinnt ihren Wert vor allem durch die kunstvolle Form. Damit ist nicht nur die Versifizierung gemeint, sondern ebenso die stilistische Ausarbeitung und die inhaltliche Ordnung – also die Strukturiertheit auf allen Ebenen des Textes. Die mittellateinischen Poetiken konzentrieren sich deshalb auf die Techniken der Stoffbearbeitung und auf die Stilkunst. Sie verfolgen energisch das Ziel, eine kunstvolle Sprachverwendung zu lehren; ihre Leitwörter sind Eleganz (*elegantia*) und Schönheit (*venustas*).

Höfischer Roman

In der volkssprachlichen Literatur sind die französischen und deutschen höfischen Romane des 12. und 13. Jahrhunderts am offensichtlichsten von den Dichtungstechniken geprägt, die der lateinische Unterricht und die Poetiken lehrten. Auf Schritt und Tritt begegnet man in ihren Werken den Bearbeitungs- und Formulierungsverfahren, die man in der Schule auf Latein lernte. Wenn die deutschen Autoren französische Texte nachdichteten, haben sie nach der zeitgenössischen Einschätzung nicht literarische Übersetzungen produziert, sondern einen schon bearbeiteten Stoff gemäß den Regeln der Dichtkunst neu bearbeitet.

Gottfried von Straßburg brachte diese Orientierung am gelehrten Dichtungsbegriff am deutlichsten von allen zum Ausdruck. Schon das Dichterverzeichnis als solches greift das Prinzip des Musterautoren-Kanons auf, und die Kunst des höfischen Romans behandelt Gottfried mit den Kategorien der lateinischen Dichtungslehre.

Chrétien de Troyes

Dass die Form den Wert der Dichtung bestimmt, spielt eine ebenso große Rolle bei Chrétien de Troyes, dem französischen Begründer des Artusromans (vgl. S. 65). In der Vorrede zum ›Erec‹ grenzt sich Chrétien von den mündlichen Geschichtenerzählern ab, die die Stoffe nicht richtig behandeln, weil sie den Zusammenhang der Geschichten zerreißen. Als gelehrter Schriftdichter erhebt Chrétien dagegen den Anspruch, aus den mündlich erzählten Geschichten durch seine schriftliche Bearbeitung einen ›schönen Zusammenhang‹ (eine *bele conjointure*) heraus zu holen. Offenbar soll das den schon bei Wace erwähnten Vorwurf entkräften, die mündlich überlieferten Rittergeschichten der Briten und Bretonen seien unwahr und deshalb wertlos (vgl. S. 65). Chrétien zufolge beruht der Erkenntniswert der Dichtung auf der wohlüberlegten Form, die der gelehrte Dichter dem Stoff gibt: Indem er alles in einen geordneten Zusammenhang bringt, arbeitet er zugleich den Sinn der Geschichte heraus. Die schöne Ordnung des Inhalts, die durch die kunstvolle sprachliche Bearbeitung hergestellt wird, trägt die Bedeutung des Textes.

Für die Rezipienten heißt das allerdings, dass sie den Sinn nur begreifen können, wenn sie die Struktur erkennen, die der Dichter dem Inhalt gegeben hat. Wer kunstvolle Dichtung dieser Art verstehen wollte, musste sich deshalb fast ebenso sehr anstrengen wie der Dichter selbst: Formbewusste Dichtung setzt Rezipienten voraus, die zur interpretativen Mitarbeit bereit sind.

In der Wertschätzung der Form bei Chrétien und Gottfried lässt sich deutlich die gelehrte Einstellung gegenüber der Dichtung in der ›Renaissance des 12. Jahrhunderts‹ erkennen. Bei Chrétien ging das so weit, dass die traditionellen Argumente für den Wert der Dichtung – faktische Wahrheit und moralische Nützlichkeit – in den Hintergrund traten. Auf eine derart anspruchsvolle Position ließen sich die meisten höfischen Dichter allerdings dann doch nicht ein. Der Hofkleriker Thomasin von Zerclaere beispielsweise rechtfertigte um 1215 in seinem ›Welschen Gast‹ (der mittelhochdeutsche Text ist ein ›italienischer Gast‹ bei den Deutschen, weil Thomasin Italiener war), einer Lehrdichtung über höfisches Verhalten, die Romane mit ihrem moralischen Wert. Wie eine Aufzählung beliebter Hauptfiguren zeigt, hatte er dabei nicht nur die bretonischen Geschichten im Sinn, sondern auch Antikenromane und französische Heldenepen. Thomasin hielt sie alle für historisch unzuverlässig, aber moralisch nützlich:

Thomasin von Zerclaere

Der Wälsche Gast des Thomasin von Zirclaria. Hg. v. Heinrich Rückert. Mit einer Einleitung u. einem Register von Friedrich Neumann. Berlin 1965, V. 1118–1134:

die âventiure sint gekleit
dicke mit lüge harte schône.
diu lüge ist ir gezierde krône.
ich schilt die âventiure niht,
swie uns ze liegen geschiht
von der âventiure rât,
wan si bezeichenunge hât
der zuht unde der wârheit:
daz wâr man mit lüge kleit.
[...]
sint die âventiur niht wâr,
si bezeichent doch vil gar
waz ein ieglîch man tuon sol,
der nâch vrümkeit wil leben wol.

Die Rittergeschichten sind oft sehr schön in Lügen gekleidet. Die Lüge ist ihre schmuckvolle Krone. Ich tadele die Rittergeschichten nicht – obwohl sie uns zum Lügen veranlassen –, weil sie gute Erziehung und (moralische) Wahrheit zum Inhalt haben: Diese Wahrheit kleidet man mit Lüge ein. [...] Wenn die Rittergeschichten auch nicht (historisch) wahr sind, so haben sie doch zum Inhalt, was ein jeder Mensch tun soll, der auf tadellose Weise leben will.

Das war eine unkompliziertere, intellektuell weniger anspruchsvolle und vor allem geläufigere Rechtfertigung ›unwahrer‹ Geschichten, wie die Dichter sie eben erzählten. Während Chrétien de Troyes den Dichter zum Sinnkonstrukteur machte und vom Rezipienten ein hohes Maß an Interpretationsarbeit verlangte, mutete Thomasin beiden nichts Kompliziertes zu: Der Dichter verpackt die Moral in die Erzählung, der Rezipient wickelt sie wieder aus der Verpackung aus. Besser noch wäre es allerdings, fand Thomasin, die moralische Lehre mit wahren Geschichten zu vermitteln. Was blieb, waren die alten Prinzipien des gelehrten Dichtungsbegriffs: *prodesse* und *delectare*, nützliche Inhalte in sprachlich kunstvoller und deshalb erfreulicher Form.

Sangspruchdichtung und Meistergesang

Besonders gut entspricht diesem Dichtungsbegriff die meisterliche Liedkunst, deren Tradition von der höfischen Sangspruchdichtung des 13. Jahrhunderts bis zum Meistergesang der städtischen Handwerker im 15. und 16. Jahrhundert reicht.

Die Sangspruchdichter waren fahrende Dichter-Komponisten, die von Hof zu Hof zogen und ihre Kunst gegen Lohn vortrugen. Ihre Liedtexte vermittelten Sachwissen über Gott und die Welt, von der Theologie bis zur Naturkunde, und moralisches Wissen, von der Erläuterung ethischer Begriffe bis zu Ratschlägen für die Lebensführung. Sie nahmen aber nicht nur in Anspruch, Wissen zu vermitteln, sondern zugleich, dies in kunstvoller Form zu tun. Sich selbst bezeichneten sie als *meister* in einem doppelten Sinn: Sie wollten als Lehrer gelten (das deutsche Wort *meister* ist vom lateinische Wort *magister* für ›Lehrer‹ abgeleitet), und sie wollten *meister* in der handwerklichen Beherrschung der Dichtungstechniken sein. Metaphorisch stellten sie sich gern als Sprachhandwerker dar: Sie sind die Baumeister der Texte, sie schmieden Verse, sie weben und schneidern sprachliche Gewänder für ihre wahren und nützlichen Inhalte. Es war die Rhetorik, die ihnen die Techniken dieses Handwerks lieferte.

Die städtischen Meistersinger stellten sich im 15. und 16. Jahrhundert ausdrücklich in die Tradition der höfischen Sangspruchdichter. Sie waren keine fahrenden Berufsdichter, die von der Kunst leben mussten, sondern ortsansässige Handwerksmeister mit Zugang zur Schulbildung. Sie behandelten wie die Sangspruchdichter vor allem religiöse und ethische Themen, daneben auch naturkundliche und historische. Ein strenges System inhaltlicher und formaler Vorschriften bestimmte die Produktion und die Aufführung der Lieder: Die Meister trugen sie nach einem genauen Reglement in der ›Singschule‹, der Zusammenkunft der städtischen Meistersinger-Gesellschaft vor, wo ihre Übereinstimmung mit den Regeln nach einem festen Verfahren beurteilt wurde.

Der Meistergesang ist ein extremer, deshalb auch konsequenter Ausdruck des älteren Dichtungsbegriffs. Offen gelehrt und lehrhaft, streng auf Regelhaftigkeit angelegt, gewollt traditionalistisch und unoriginell, erkennbar künstlich in der metrischen und stilistischen Durchformung – mit diesen Eigenschaften sind Meisterlieder das genaue Gegenteil von nahezu allem, was man seit dem späten 18. Jahrhundert von Lyrik erwartete. Für die Meistersinger selbst waren sie jedoch der Inbegriff der Kunst. Die Gesellschaften bestanden an vielen Orten bis zum 18. Jahrhundert; etwa 16.000 Meisterlieder sind überliefert, weit über 4000 allein vom produktivsten aller Meistersinger, dem Nürnberger Schuhmacher und Dichter Hans Sachs.

Humanistische Dichtungslehre

Zur selben Zeit, als die Meistersinger mit ihren Liedern dem alten Prinzip folgten, nützliche Inhalte auf kunstvolle Weise zu gestalten, integrierten die Humanisten (vgl. S. 31) die traditionelle Vorstellung von Dichtung in ihr neues Bildungsprogramm.

Auch für den humanistischen Dichtungsbegriff blieb Horaz die wichtigste Autorität. Die Auseinandersetzung mit der aristotelischen ›Poetik‹ in Italien führte nicht zu einer Umwälzung der Vorstellungen, die die Gelehrten von der Dichtung hatten. Immerhin spielte nun der schöpferische Charakter der Dichtung langsam eine größere Rolle. So lehrte die europaweit bedeutendste humanistische Dichtungstheorie, die 1571 gedruckten ›Poetices libri septem‹ (›Sieben Bücher über die Dichtkunst‹) des Italieners Julius Caesar Scaliger: »Von dem nämlich, was der Erschaffer aller Dinge hervorgebracht hat, sind die anderen Wissenschaften sozusagen Darsteller; die Dichtkunst dagegen – da sie das, was ist, ansehnlicher vorführt und den Schein dessen, was nicht ist, hervorruft – scheint nicht, wie die anderen Künste, einem Schauspieler vergleichbar, die Dinge einfach wiederzugeben, sondern sie wie ein zweiter Gott zu erschaffen.«

Julius Caesar Scaliger

Doch wie allen Humanisten galt die Dichtung Scaliger weiterhin als Können, das Begabung und Wissen voraussetzt. Man lernt das Dichten, indem man sich Regeln aneignet und in der Nachahmung von Vorbildern übt. Für die Vermittlung der Regeln ist die Rhetorik als allgemeine Textproduktionslehre zuständig.

Dazu kommt die Metrik, denn auch für die Humanisten bedeutete Dichtung vor allem Versrede im Unterschied zur Prosa. Die Vorbilder – in erster Linie die klassischen römischen Dichter, in zweiter Linie die zeitgenössischen neulateinischen – werden im Unterricht als Musterautoren behandelt.

Rhetorik als Bildungsprogramm

Eine Neuerung war freilich der Bildungswert, den die Humanisten der Dichtung im Rahmen der *studia humanitatis* zuwiesen. Schon von der eigentlichen Leitdisziplin der humanistischen Bildung, der Rhetorik, erwarteten sie viel mehr als die mittelalterlichen Gelehrten. War die Rhetorik zuvor bloß eine Textproduktionslehre gewesen, sollte sie nun durch die Schulung im richtigen Schreiben und Reden zu richtigem Denken und Handeln anleiten. Die Ausbildung zum guten Redner als Ausbildung zum guten Menschen war ein Programm, das die Humanisten aus antiken Rhetoriktraktaten bezogen.

Dichtung als Bildungsmethode

Die Dichtung gewann einen hohen Stellenwert in diesem Programm, weil man sie als angewandte Rhetorik verstand. Der Dichtungsunterricht gehörte deshalb zum Training im richtigen Denken und Handeln; er diente der intellektuellen und moralischen Bildung. Das Studium der klassischen römischen Sprache und Literatur galt den Humanisten nicht nur als eine Methode zum Erwerb sprachlichen und literarischen Wissens, sondern als Weg zu jeder Art von Erkenntnis – einschließlich der der Natur – und als Anleitung zum ethisch richtigen Leben.

Viele Humanisten hielten die Dichtung für das ideale Instrument, um die Inhalte ihres Bildungsprogramms zu vermitteln. Wenn die *studia humanitatis* insgesamt ein Studium des Menschlichen sind, dann ist die Dichtung der lehrreichste Gegenstand. Durch sie lernt man alle Aspekte des Menschlichen kennen; mit ihr bildet man sich selbst zum Menschen. Allerdings geht das aus humanistischer Sicht eben am besten anhand der klassischen antiken Dichtung oder anhand der neulateinischen Humanistendichtung, die sich an ihrem Vorbild orientiert.

Programmentwürfe deutscher Humanisten

Auch einige deutsche Humanisten arbeiteten dieses Konzept in dichtungstheoretischen Traktaten und in bildungspolitischen Programmreden aus. Zwei richtungsweisende Texte stammen von Konrad Celtis, einem der wichtigsten Autoren des deutschen Humanismus: die 1486 gedruckte, als Unterrichtsbuch gedachte Poetik ›Ars versificandi et carminum‹ (›Dichtkunst‹) sowie die öffentliche Antrittsvorlesung, die Celtis als Professor für Rhetorik

Konrad Celtis

und Poetik 1492 an der Universität Ingolstadt hielt und im selben Jahr drucken ließ (›Oratio in gymnasio in Ingolstadio publice recitata‹). Großes Gewicht kommt der Antrittsvorlesung ›De corrigendis adolescentiae studiis‹ (›Über die Verbesserung der Bildung der Jugend‹) zu, die Philipp Melanchthon 1518 an der Universität Wittenberg hielt. Melanchthon gehörte als wichtigster Mitarbeiter Luthers zum intellektuellen und organisatorischen Führungszirkel der Reformation; durch ihn gewann das humanistische Bildungsprogramm entscheidenden Einfluss auf den protestantischen Schul- und Universitätsunterricht.

Philipp Melanchthon

Überhaupt hinterließ die humanistische Idee von der Dichtung als einem Training im Wahren und Guten vor allem im höheren Schulunterricht tiefe und dauerhafte Spuren. Die Bildungsreformen des 16. Jahrhunderts verankerten die *studia humanitatis* fest an Lateinschulen und Universitäten. Nachdem die Idee im 18. Jahrhundert neu belebt worden war, griff sie mit den Schulreformen und der Einrichtung des humanistischen Gymnasiums als höherer Regelschule im 19. Jahrhundert vom altsprachlichen auf den muttersprachlichen Literaturunterricht über. So prägte der Gedanke, dass ›schöne‹ Literatur junge Leute mit den Erscheinungsformen des Menschlichen vertraut machen und dabei ihre Persönlichkeit bilden soll, schließlich auch den Deutschunterricht.

Fortwirken der humanistischen Dichtungslehre

3. | Die mündliche Tradition

Schriftdichtung und Mündlichkeit

Zum gelehrten Dichtungsbegriff gehörte die Unterscheidung zwischen poetischen und anderen Arten von Texten. Die gängige Abgrenzung der Dichtung durch den Vers war allerdings keine ›bloß formale‹ Angelegenheit. Sie beruhte auf der Einschätzung, dass man sich bei poetischen Texten für die sprachliche Gestalt selbst interessiert. Dieses besondere Interesse wird durch die Versifizierung angezeigt, reicht aber über sie hinaus und erfasst die Textgestaltung insgesamt. Deshalb begriffen die römischen ebenso wie die mittelalterlichen und frühneuzeitlichen Theoretiker Dichter in erster Linie als Sprachkünstler.

Dabei verstand sich für Horaz und seine Nachfolger von selbst, dass sich die poetischen Techniken vom Stoff unterscheiden lassen, auf den sie angewandt werden. Für den gelehrten Dichtungsbegriff ist der Inhalt von den formalen Gestaltungsmethoden ablösbar. Erst auf dieser Grundlage konnte man beispielsweise die Regel aufstellen, dass bestimmte Formen (etwa ein ›hoher‹ Stil) bei bestimmten Inhalten (etwa adeliges Personal in Tragödie und Epos) eingesetzt werden *sollen*.

Beide Selbstverständlichkeiten des gelehrten Dichtungsbegriffs, die Unterscheidung zwischen poetischen und nichtpoetischen Texten ebenso wie die Unterscheidung zwischen Form und Inhalt, setzen Schriftlichkeit voraus. In der mündlichen Kultur, die jenseits der Klöster und Bischofssitze die Welt des frühen Mittelalters bestimmte und die des hohen Mittelalters noch stark prägte, herrschten andere Verhältnisse. Sie beeinflussten die Entwicklung der volkssprachlichen Schriftlichkeit, insbesondere der Dichtung, entscheidend. Denn die Volkssprache kam aus der Mündlichkeit, und ihre Verwendung als Schriftsprache bedeutete für lange Zeit, dass ein durch die Mündlichkeit geformtes Instrument benutzt wurde. Allerdings lassen sich Spuren der mündlichen Kultur immer nur in erhalten gebliebenen schriftlichen Aufzeichnungen erkennen.

Lied

In der mündlichen Kultur gab es Phänomene, die eine gewisse Ähnlichkeit mit poetischen Texten im Sinn des antiken Dichtungsbegriffs hatten und von den Klerikern deshalb mit ›Dichtung‹ identifiziert wurden. Diese Phänomene heißen in den volkssprachlichen Quellen gewöhnlich ›Lied‹; die lateinische Entsprechung lautet *carmen*. Einhart, der Biograph Karls des Großen, berichtet beispielsweise im 9. Jahrhundert, Karl habe »die volkssprachlichen und uralten Lieder (*barbara et antiquissima carmina*), in denen die Taten und die Kriege der alten Könige besungen wurden, aufschreiben und dem Gedenken der Nachwelt übergeben« lassen. Leider blieb von diesem Unternehmen nichts erhalten, aber angesichts der Themenangabe muss es sich um die Aufzeichnung von Heldenliedern gehandelt haben. Ebenso wenige Spuren gibt es von den *winileod* (von *wini*, Geliebter, und *leod*, Lieder), mit denen sich Nonnen laut einer Verordnung Karls aus dem Jahr 789 nicht abgeben sollten.

Die Bezeichnung ›Lied‹ bezog sich – anders als es unserem modernen Gebrauch entspricht – auch auf Erzählungen von erinnerungswürdigen Geschehnissen der Vergangenheit. Weil solche Erzählungen aus dem Gedächtnis vorgesungen wurden, waren sie versifiziert. Das Heldenlied der mündlichen Überlieferung benutzte den Vers aus anderen Gründen als die Schriftkultur: Er diente der Memorierbarkeit und dem Vortrag des Erzählten; zugleich brachte er die Erinnerungs- und Vortragswürdigkeit des Erzählten zum Ausdruck. In der mündlichen Kultur ist der Vers weder ein Unterscheidungssignal für ›Dichtung‹ als sprachliche Kunst noch ein vom Inhalt ablösbares Kunstmittel, sondern an den Vortrag des Erinnerten gebunden: Weil das Erinnerte vorgetragen wird, wird es in Versen vorgetragen, und weil es in Versen vorgetragen wird, ist es überlieferungswürdige Wahrheit.

Auch die weiteren Gestaltungsmittel des mündlichen Heldenlieds waren an die Überlieferung der spezifischen Inhalte gekoppelt. In der mündlichen Tradition wurden formelhafte Ausdrucksweisen nicht aus freier Entscheidung eingesetzt; sie waren die unverzichtbaren Bausteine des Textes. Es gab keine Wahl zwischen einem ›hohen‹ und einem ›niederen‹ Stil; das Lied hatte seine herausgehobene und ehrwürdige sprachliche Gestalt, die sich von der Alltagssprache zweifellos erheblich unterschied. Nur in der Schriftlichkeit gibt es als Grundlage den Stoff, den der ›Dichter‹ dann mittels Verfahrensweisen bearbeitet. Dadurch wird er zum ›Autor‹. In der Mündlichkeit gibt es keinen Stoffbearbeiter, sondern einen Sänger, der das Lied erinnert und vorträgt.

Lied und Schriftdichtung

Das mündliche Lied ist deshalb nicht einfach dasselbe wie Schriftdichtung. Es hat aber auch allerhand Ähnlichkeiten mit ihr: Es ist versifiziert, benutzt eine stilisierte Sprache und hat Gattungsmerkmale. Damit erfüllen Heldenlieder, dem Anschein nach, die wichtigsten Kriterien des gelehrten Dichtungsbegriffs. Die Kleriker des frühen Mittelalters hielten sie aus diesem Grund für nichts anderes als Dichtung.

Umgekehrt präsentierten die Kleriker den schriftunkundigen Laien die volkssprachliche Schriftdichtung, die sie ihnen vorsetzten, gewöhnlich mit aller Selbstverständlichkeit als Lied. Das Prestige des Liedes in der mündlichen Kultur muss ein wichtiger Grund dafür gewesen sein, dass die volkssprachliche Schriftlichkeit im frühen und hohen Mittelalter zumeist die Form von Dichtung hatte: Indem die Kleriker schriftliche Verstexte in der Volkssprache verfassten, die zum Vortrag vor einem schriftunkundigen Zielpublikum bestimmt waren, knüpften sie an die Wertschätzung an, die dieses Publikum seinen mündlichen Liedern entgegen brachte.

Was jedoch den Inhalt der Heldenlieder anbelangt, so mussten die Kleriker sich deren Anspruch stellen, Wahrheit zu überliefern.

Weil das Heldenlied die kollektive Erinnerung der mündlichen Kultur war, konnte es in den Augen der Kleriker nur Geschichtsdichtung sein – *historia* in Versen. Die Kleriker sahen im Heldenlied nicht die Eigenarten der mündlichen Überlieferung (vgl. S. 41); sie konfrontierten die mündlich überlieferten Geschichten vielmehr mit dem historischen Wissen ihrer eigenen Schriftkultur und beurteilten sie als unwahr, wenn sie diesem Wissen widersprachen.

So bedienten manche der gelehrten Verfasser volkssprachlicher Schrifttexte im frühen Mittelalter und ebenso beim Neubeginn seit dem 11. Jahrhundert ihr Publikum mit Versen, um durch die Dichtung ›wahren‹ Inhalts die mündlichen Lieder zweifelhaften Inhalts zu verdrängen. Noch deutlicher als bei Otfrid von Weißenburg (vgl. S. 39) wird das in der Vorrede der ersten deutschsprachigen Weltchronik, der um die Mitte des 12. Jahrhunderts von einem oder mehreren Klerikern in Regensburg gedichteten ›Kaiserchronik‹:

Kaiserchronik

Die Kaiserchronik eines Regensburger Geistlichen. Hg. v. Edward Schröder. Hannover 1892, V. 1–42:

In des almähtigen gotes minnen
sô wil ich des liedes beginnen.
daz scult ir gezogenlîche vernemen.
jâ mac iuh vil wole gezemen
ze hôren älliu frumichait.
die tumben dunchet iz arebait,
sculn si iemer iht gelernen
od ir wîstuom gemêren.
die sint unnuzze
unt phlegent niht guoter wizze,
daz si ungerne hôrent sagen
dannen si mahten haben
wîstuom unt êre,
unt wære iedoch frum der sêle.
Ein buoch ist ze diute getihtet,
daz uns Rômisces rîches wol berihtet.
gehaizzen ist iz crônicâ.
iz chundet uns dâ
von den bâbesen unt von den chunigen,
baidiu guoten unt ubelen,
die vor uns wâren
unt Romisces rîches phlâgen
unze an disen hiutegen tac.
sô ich aller beste mac
sô wil ich iz iu vor zellen.
iz verneme swer der welle.
Nu ist leider in disen zîten
ein gewoneheit wîten:
manege erdenchent in lugene
unt vuogent si zesamene
mit scophelîchen worten.
nû vurht ich vil harte
daz diu sêle dar umbe brinne.
iz ist ân gotes minne.
sô lêret man die luge diu chint;
die nâch uns chunftich sint,
die wellent si alsô behaben
unt wellent si iemer fur wâr sagen.
lugene unde ubermuot
ist niemen guot.
die wîsen hôrent ungerne der von sagen.
nû grîfe wir daz guote liet an.

In der Liebe des allmächtigen Gottes will ich dieses Lied beginnen. Ihr sollt es mit Anstand anhören. Es kann euch sehr viel nützen, von allen Vortrefflichkeiten zu hören. Den Törichten erscheint es als Mühsal, wenn sie etwas lernen oder ihr Wissen vermehren sollen. Sie taugen nichts und sind unvernünftig, wenn sie nicht gern erzählen hören, was ihnen Wissen und Ansehen bringen könnte und außerdem gut für das Seelenheil wäre. Ein Buch ist zum Zweck der Belehrung verfasst, das uns genau über das römische Reich unterrichtet. Man nennt es Chronik. Es erzählt uns von den Päpsten und den Königen, den guten ebenso wie den schlechten, die vor uns lebten und über das römische Reich herrschten, bis zum heutigen Tag. So gut ich kann, will ich es Euch vortragen. Wer will, der höre es an. Leider ist in diesen Zeiten aber eine Gewohnheit verbreitet: Viele denken sich Lügen aus und fügen sie zusammen in den Worten der Sänger. Ich aber fürchte sehr, dass die Seele dafür in der Hölle brennen wird. Es ist ohne die Liebe Gottes. Damit bringt man den Kindern Lügen bei; die nach uns kommen, werden sie behalten und als Wahrheit immer weiter erzählen. Lügen und Hochmut sind für niemanden gut. Die Klugen hören sie nicht gern. Jetzt wollen wir aber das gute Lied in Angriff nehmen.

In den Begriffen der volkssprachlichen mündlichen Tradition wird das Werk anfangs als ›Lied‹ vorgestellt, das das Publikum anhören soll. Wenig später ist dann in den Begriffen der lateinischen Gelehrtenkultur von einer schriftlich verfassten Buch-Chronik die Rede. Offenbar wird das ›Buch‹ im Vortrag zum ›Lied‹; aber dabei wird es natürlich nicht zu einem Produkt der Mündlichkeit, sondern bleibt vorgetragene Schrift. Beim Wahrheitsanspruch wird die Trennlinie zwischen Schriftkultur und mündlicher Überlieferung dann ganz scharf gezogen:

Der Angriff auf die ›verbreitete Gewohnheit‹ beschwört das Bild einer mündlichen Kultur herauf, in der die Älteren den Jüngeren erzählen, was diese als Wahrheit wiederum der nächsten Generation weitergeben. Doch für den gelehrten Dichter ist es eine Lüge in *scophelîchen* Worten, was da erzählt wird. Das Wort *skop* oder *skoph* ist bis zum 12. Jahrhundert belegt; es bezeichnete den für Heldenlieder zuständigen Sänger. An die Stelle der mündlichen Erzählkultur setzt die ›Kaiserchronik‹ sich selbst als ein im Sinn der christlichen Wahrheit ›gutes‹ Lied, das die Lügenkette durchbricht und damit dem Seelenheil der Zuhörer dient. Auf diese Weise ahmt die volkssprachliche Schriftdichtung gewissermaßen nach, was das Lied in der mündlichen Kultur war: Kollektive Erinnerung in Verssprache. Doch die Schriftdichtung ersetzt dabei die in ihrem Sinn ›unwahren‹ Inhalte durch die wahrheitsgemäßen: die Geschichte der römischen Päpste und Kaiser bis zur Gegenwart.

Einen ähnlichen Vorgang dokumentiert bereits eine der großen deutschsprachigen Evangeliendichtungen des frühen Mittelalters: Der ›Heliand‹ (neuhochdeutsch ›Heiland‹ als Bezeichnung für Jesus Christus) aus dem 9. Jahrhundert, der bedeutendste Text der altniederdeutschen Literatur, ist eine Versbearbeitung des Evangelienstoffs wie Otfrids von Weißenburg ›Evangelienbuch‹. Einer lateinischen Prosa-Vorrede zufolge, die allerdings nicht zusammen mit dem Text selbst überliefert ist, war der anonym gebliebene Verfasser ein sächsischer *vates* (›Dichter‹), den der Karolinger Ludwig (wahrscheinlich Ludwig der Deutsche) mit der Produktion des Textes beauftragte.

›Heliand‹

Der ›Heliand‹-Dichter, der ein Heldenlied-Sänger und zugleich biblisch beschlagen gewesen sein muss, benutzte den traditionellen Stabreimvers des Heldenlieds, der sich beispielsweise auch im ›Hildebrandslied‹ (vgl. S. 41) findet. Er beruht nicht auf dem Gleichklang des Endreims, sondern auf dem Gleichklang von Silbenanlauten, den ›Stäben‹. Zusammen mit dem Stabreimvers griff der ›Heliand‹-Dichter auf die formelhafte Heldenlied-Sprache zurück, so dass sein Text den Zimmermannssohn aus Nazareth und seine Jünger nicht nur als frühmittelalterlichen Kriegerkönig mit seinen Gefolgsleuten darstellt, sondern diesen Heldenlied-Inhalt auch in den Ausdrucksformen des Heldenlieds erzählt. Zu Beginn beruft sich der Erzähler zwar auf die schriftliche Autorität der vier Evangelisten als Quelle, doch selbst sie werden unmerklich zu Sängern großer Taten des großen Helden:

Heliand und Genesis. Hg. v. Otto Behagel. 10. Aufl. v. Burkhard Taeger. Tübingen 1996, V. 32–36:

That scoldun sea fiori thuo   fingron scrîban,
settian endi singan   endi seggean forð,
that sea fan Cristes   crafte them mikilon
gisâhun endi gehôrdun,   thes hie selbo gisprac,
giuuîsda endi giuuarahta,   uundarlîcas filo.

Das sollten sie vier da mit Fingern schreiben, setzen und singen und weitersagen, was sie von des Christus Gewalt, des Großen, gesehen und gehört hatten, was er selbst gesprochen, gewiesen und gewirkt hatte, viel Erstaunliches.

Aber das Heldenlied von Christus ist eben doch eine Konstruktion: Der Stoff stammt aus einer schriftlichen Quelle und ist in Ausdrucksformen der mündlichen Tradition gefasst. Die Übertragung auf den biblischen Stoff macht diese Ausdrucksformen zu Kunstmitteln, mit denen ein Heldenlied nachgeahmt wird. An keiner Stelle wird der Unterschied zwischen mündlicher Tradition und Schriftdichtung so deutlich wie bei diesem Text, in dem das Archaische bereits Technik ist.

Otfrid von Weißenburg

Otfrid von Weißenburg entschied sich dagegen für einen anderen Weg. Er entwickelte für sein ›Evangelienbuch‹ eine neue Versform, die sich an der frühmittelalterlichen lateinischen Dichtung mit dem Endreim als wichtigstem Gestaltungsprinzip orientierte. Otfrids poetische Verfahrensweisen sollen nicht ein mündliches Heldenlied christlichen Inhalts simulieren, sondern Schriftepik auf Deutsch nach dem Vorbild der lateinischen Dichtung gestalten.

Mündlichkeit und Vers

Die mündliche Tradition hatte entscheidenden Einfluss darauf, dass die deutsche Schriftliteratur anfangs vor allem in Gestalt von Versdichtung produziert wurde: Weil das Lied in der mündlichen Kultur hohe Wertschätzung genoss, und weil auch die volkssprachliche Schriftdichtung in der Regel vorgetragen wurde, verfassten die gelehrten Kleriker für ihr schriftunkundiges Publikum nicht Prosa-, sondern Verstexte. Für lange Zeit blieb der vorgetragene Vers die wichtigste Folge der Mündlichkeit, die in der produktionsseitig schriftlichen Dichtung weiter fortwirkte.

Vokalität

Solange Verstexte gesungen oder rezitierend vorgetragen wurden, spielte die Mündlichkeit nicht zuletzt dergestalt eine wichtige Rolle, dass die Stimme des Vortragenden den Rezipienten den Text vermittelte. Die Vortragsstimme machte nicht nur die Lautgestalt des Textes wahrnehmbar, sondern nahm auch Einfluss auf sein Sinnpotential: Sie nuancierte und vereindeutigte, hob das eine nachdrücklich hervor und betonte etwas anderes weniger stark. Der französische Literaturwissenschaftler Paul Zumthor hat das die ›Vokalität‹ (Stimmlichkeit) der älteren Dichtung genannt: Erst im Vortrag gewann der Text seine tatsächliche Gestalt. Im Anschluss an Zumthor ist der Begriff ›Vokalität‹ mittlerweile zur Bezeichnung für die komplexe Beziehung zwischen Mündlichkeit und Schriftlichkeit vor allem in der früh- und hochmittelalterlichen Kultur geworden.

Die Begriffe ›Autor‹ und ›Text‹ | 4.

Sowohl die Auswirkungen der gelehrten Textproduktionstheorie auf die volkssprachliche Schriftlichkeit als auch das Fortwirken der mündlichen Tradition haben Konsequenzen für die Bedeutung der Begriffe ›Autor‹ und ›Text‹.

Autorschaft

Damit das Phänomen der Autorschaft überhaupt in Erscheinung treten kann, muss ein Text als Produkt eines Verfassers gelten, und der Verfassername muss mit dem Text verbunden sein. Beides verhielt sich in der mündlichen Kultur anders. Der Heldenlied-Sänger trug nicht Selbstverfasstes vor, sondern gemeinschaftliche Erinnerung. Solange der Sänger die Stimme der Gemeinschaft war, bestand kein Anlass, seinen Namen mit dem mündlichen Lied zu verbinden. Heldenlieder waren nicht ›anonym‹ in dem Sinn, dass man ihren Verfasser aufgrund bestimmter Umstände nicht kannte; sie galten gar nicht als Produkt eines Autors. Erst wo die mündliche Tradition in die produktionsseitige Schriftlichkeit überging, setzte sich die fehlende Autorschaft in der Anonymität fort, die der Bearbeiter wahrte. Auf diese Weise schlüpften beispielsweise der ›Heliand‹-Dichter und der Dichter des ›Nibelungenlieds‹ in die alte Rolle des Sängers. Beide waren als Textverfasser Autoren, verbanden ihren Namen aber nicht mit ihrem Produkt.

Bearbeitung von Vorlagen

In den gelehrten Vorstellungen von schriftlicher Textproduktion hatte der Autor dagegen einen festen Platz. Was man unter Autorschaft verstand, fällt allerdings nicht mit unseren modernen Einschätzungen zusammen: Textproduktion galt eher als ein Bearbeiten von bereits Vorhandenem; deshalb wurde die Eigenleistung des Autors anders beurteilt. Gleichwohl gab es eine Idee vom ›Eigenen‹, das den Autor vom bloßen Schreiber unterschied.

Der Universitätsprofessor Bonaventura etwa differenzierte im 13. Jahrhundert zwischen dem Schreiber (*scriptor*), der ein fremdes Produkt abschreibt; dem Kompilator, der verschiedene fremde Produkte zusammenfügt; dem Kommentator, der ein fremdes Produkt mit eigenen Ausführungen versieht; und dem Autor (*auctor*), der fremde Produkte in eine eigene Grundlage einarbeitet.

Thomasin von Zerclaere

Diese begrifflichen Unterscheidungen waren freilich nicht allgemein verbreitet. Worauf es jenseits der Terminologie Bonaventuras ankommt, ist die ihr zugrunde liegende Vorstellung des Aufnehmens und Einbauens von Fremdem in das eigene Produkt. Sie gehörte zum Kern des älteren Begriffs von Autorschaft. Auf

Deutsch brachte der schon erwähnte Thomasin von Zerclaere im ›Welschen Gast‹ diese Idee anschaulich zum Ausdruck:

Der Wälsche Gast des Thomasin von Zirclaria. Hg. v. Heinrich Rückert. Mit einer Einleitung u. einem Register von Friedrich Neumann. Berlin 1965, V. 105–122:

doch ist der ein guot zimberman,
der in sînem werke kan
stein und holz legen wol,
dâ erz von rehte legen sol.
daz ist untugende niht,
ob ouch mir lîhte geschiht,
daz ich in mîns getihtes want
ein holz, daz ein ander hant
gemeistert habe, lege mit list,
daz ez gelîch den andern ist.
dâ von sprach ein wîse man:
swer gevuoclîchen kan
setzen in sîme getiht
ein rede, die er machet niht,
der hât alsô vil getân,
dâ zwîfelt nihtes niht an,
als der, derz vor im êrste vant.
der vunt ist worden sîn zehant.
ez ist in mînem willen wol,
daz man sîn rede stætigen sol
mit ander vrumer liute lêre.
niemen versmæhen, daz ist êre.

Doch derjenige ist ein guter Zimmermann, der in seinem Bauwerk Steine und Holzstücke dort anzubringen weiß, wo sie hingehören. Es ist kein Makel, wenn auch ich es so halte, dass ich in die Wand meines Textes ein Holzstück, das eine andere Hand meisterlich hergestellt hat, so kunstfertig einbaue, dass es sich von den anderen nicht unterscheidet. Ein weiser Mensch sagte darüber: Wer in seinen Text ein Textstück, das er nicht selbst gemacht hat, kunstfertig einfügen kann, der hat genauso viel geleistet – daran zweifelt nicht – wie der, der das Textstück vor ihm als erster produziert hat. Das Produkt ist sogleich sein eigenes geworden. Meiner Überzeugung nach soll man seine eigene Rede mit dem bekräftigen, was andere tüchtige Leute gelehrt haben. Niemanden zu übergehen, das ist lobenswert.

Der gekonnte Einbau in das eigene Produkt macht das Übernommene zum Eigentum des Autors. Er muss weder seine Quelle angeben noch sich der Übernahme schämen. Der Respekt vor der fremden Leistung äußert sich in der Übernahme selbst, nicht – wie wir es gewohnt sind – im Nachweis fremden ›geistigen Eigentums‹. Die Wertschätzung des Rückgriffs auf Fremdes konnte im Extremfall dazu führen, dass das Eigene lieber einer fingierten Quelle zugeschrieben statt als Eigenes ausgewiesen wurde. Thomasin lässt allerdings auch anklingen, dass man die Leistung des ursprünglichen Produzenten doch für größer halten konnte als die des Bearbeiters. Als dessen Eigenleistung soll deshalb zumindest die kunstfertige Einfügung des Fremden gelten.

Höfischer Roman

In der volkssprachlichen Dichtung ist es wiederum der höfische Roman, der die gelehrte Vorstellung von Autorschaft am deutlichsten spiegelt. Die Verbindung zwischen sich und dem Text stellt der Verfasser gewöhnlich dadurch her, dass er seinen Namen im Text nennt. Seine Eigenleistung als Bearbeiter von Vorlagen erscheint gern unter dem Etikett ›erneuern‹ (*niuwen*). An der dichterischen Praxis und gelegentlich an der ausdrücklichen Reflexion kann man erkennen, dass die Romanautoren damit auch den Anspruch verbanden, mittels der Bearbeitungstechnik den Sinn der erzählten Geschichte zu deuten.

Pflege des eigenen Werks

Verhältnismäßig spät und zunächst nur in Gestalt von Einzelfällen wird ein Aspekt von Autorschaft greifbar, der für unseren modernen Begriff eine wichtige Rolle spielt: die Pflege des eigenen Werks. Früh- und hochmittelalterliche Texte sind zumeist in einer Gestalt überliefert, die die Verfasser nicht kontrollierten; andere haben sie später auf- und abgeschrieben. Auch dass Autoren sich selbst um die Zusammenstellung ihrer Texte bemüht hätten, ist nur selten zu beobachten. Ein früher Fall ist der Minnesänger Ulrich von Liechtenstein, der 1275 starb. Er war ein Ministerialer, der in der Steiermark hohe politische Ämter inne hatte und deshalb auch urkundlich gut belegt ist.

Ulrich von Liechtenstein

Ulrich hat seine Minnelieder selbst in einer Sammlung mit einem einmaligen Charakter vereinigt. Im Rückblick auf 33 Jahre Ritterleben – so der Text selbst – dichtete er nämlich eine Erzählung, die die Geschichte seines eigenen Lebens als Minnesänger zum Inhalt hat. In diese Geschichte fügte er die Texte seiner 58 Minnelieder ein: Ulrich erzählt, wie er die Lieder als Werbung um zwei Damen sowie für sein adeliges Publikum gesungen hat und zitiert die Texte im jeweiligen Handlungszusammenhang. Dem Buch, das dabei herausgekommen ist, gab er den Namen ›Frauendienst‹. Dies ist die einzige vom Autor selbst angelegte Werksammlung eines deutschen Minnesängers aus dem 12. und 13. Jahrhundert, von der wir sichere Kenntnis haben. Die eigenwillige Form deutet an, wie außergewöhnlich ein solches Projekt war.

Oswald von Wolkenstein

Über 150 Jahre nach Ulrich von Liechtenstein ließ der bedeutendste deutsche Liedlyriker des Spätmittelalters, der Südtiroler Oswald von Wolkenstein (gestorben 1445), eine Sammlung seiner Werke anlegen, ohne sie noch in einen Erzählrahmen einbetten zu müssen. Auch Oswald war kein Berufsdichter, sondern führte ein Leben als Landadeliger, Diplomat und Politiker. Die Texte und Melodien seiner insgesamt 130 Lieder ließ er in zwei Prachthandschriften zusammenstellen, die jeweils mit einem Porträtbild eröffnet werden. Mit diesen Handschriften sicherte ein Autor sein eigenes Gesamtwerk in einer aufwändigen und repräsentativen Gestalt. Auf die Verbreitung des Werks allerdings zielten die beiden Handschriften nicht; sie waren offenbar für das engere familiäre Umfeld bestimmt.

Verbreitung des eigenen Werks

Der Autor, der sich aktiv um die schriftliche Verbreitung der eigenen Werke kümmert, wird erst im Gefolge des Buchdrucks greifbar. Der Pionier in der deutschen Literaturgeschichte, der allerdings als früher Einzelfall gelten muss, war der Nürnberger Wundarzt und Dichter Hans Folz (gestorben 1513). Er betrieb in den siebziger und achtziger Jahren des 15. Jahrhunderts eine eigene Druckwerkstatt, mit der er seine Dichtungen in einfacher und deshalb preiswerter Form auf den Buchmarkt brachte.

Hans Folz

Humanistische Autorschaft

Sebastian Brant

Während es sich bei dieser Personalunion von Autor und Drucker um einen Fall geschickter Vermarktung handelte, erreichte mit Sebastian Brant (1457–1521) das Bündnis zwischen humanistischer Autorschaft und Buchdruck die Volkssprache. Als Autoren strebten die Humanisten auf der Grundlage ihrer Bildung nach Ruhm für sich und ihre Werke. Der Buchdruck bot ihnen die Möglichkeit der zuverlässigen Vervielfältigung und Verbreitung; er diente deshalb als Instrument ihrer Ambitionen.

Sebastian Brant, Sohn eines Straßburger Gastwirts, studierte an der Universität Basel die alten Sprachen und die Rechte; danach lehrte er dort Poesie und Jura. Nebenher beriet er die Basler Verleger bei ihren humanistischen Projekten. Er ließ eigene juristische Werke drucken und gab ältere heraus; er veröffentlichte eigene lateinische Gedichte sowie Übersetzungen älterer religiöser und moraldidaktischer lateinischer Texte. Nachdem er 1501 nach Straßburg zurückgekehrt und als Stadtschreiber Leiter der Stadtkanzlei geworden war, wandte er sich der volkssprachlichen Chronistik zu. Diese vielfältige und rege Publikationstätigkeit entspricht der üblichen Praxis eines humanistischen Autors. Sieht man von der selbstverständlichen Dominanz des Lateinischen als Sprache der *litterae* ab, sind die Humanisten nicht nur die Begründer unseres Begriffs von ›Literatur‹, sondern auch unserer Vorstellung vom ›Autor‹, der seine Werke für die Verbreitung im Druck produziert und deshalb für ihre Veröffentlichung sorgt.

Den vordantz hat man mir gelan
Dañ jch on nutz vil bůcher han
Die jch nit lyß / vnd nyt verstan

Von vnnutzē buchern
Das jch sytz vornan jn dem schyff
Das hat worlich eyn sundren gryff
On vrsach ist das nit gethan
Vff myn libry ich mych verlan

Abb. 6

Anfang des 1. Kapitels (Büchernarr) von Sebastian Brants ›Narrenschiff‹, Basel 1494.

›Narrenschiff‹

Sebastian Brant war der erste deutsche Dichter, der zugleich als ›moderner‹ Autor in diesem Sinn gelten darf. Denn sein 1494 veröffentlichtes ›Narrenschiff‹ war der erste deutschsprachige poetische Text, der von vornherein für den Druck produziert wurde. (Hans Folz hat seine Texte vielleicht erst nachträglich gedruckt.) Das Buch stellt in 112 Kapiteln moralische und intellektuelle

Fehler dar, die jeweils auf die Figur eines Narren konzentriert sind; den Anfang macht der Büchernarr. Die Einzelkapitel werden durch die Schiffsmetapher zusammengehalten: Alle Narren sitzen im selben Boot. Mit dem Blick auf die geplante Drucklegung konnte Brant auch die zeitgenössischen Möglichkeiten der Bildreproduktion gezielt nutzen: Jedes ›Narrenschiff‹-Kapitel ist mit einem Holzschnitt versehen, wobei Text und Bild jeweils genau aufeinander abgestimmt sind. Brants Pioniertat wurde sofort zum Bestseller. Einen Begriff vom geistigen Eigentum bürgerte jedoch auch die humanistische Vorstellung von Autorschaft nicht ein: Brant ärgerte sich zwar über unautorisierte Nachdrucke des ›Narrenschiffs‹, doch blieben seine Versuche, sie zu verhindern, erfolglos.

Unfeste Texte

Vor der Erfindung des Buchdrucks hatten der Vortrag als gängige Methode der Textvermittlung, die Vorstellung vom Produzenten als Bearbeiter und die handschriftliche Überlieferung auch Konsequenzen für das Phänomen ›Text‹. Ältere Texte hatten – in unterschiedlichem Ausmaß und aus verschiedenen Gründen – eine weniger streng festgelegte und leichter veränderbare Gestalt in Wortlaut und Umfang, als wir es aufgrund der heutigen Verhältnisse produktions- wie rezeptionsseitiger Schriftlichkeit und drucktechnischer Vervielfältigung gewohnt sind. Sie waren jedoch nicht einfach generell ›unfest‹ und frei veränderbar; die Verhältnisse schwanken je nach Texttyp.

Minnesang

Minnelieder, die in mehreren Handschriften stehen, sind beispielsweise nicht selten in verschiedenen Fassungen überliefert: Die Anzahl der Strophen und ihre Reihenfolge sind nicht gleich, auch beim Wortlaut gibt es Varianten. Diese Unterschiede lassen sich auf zweierlei Art erklären: Sie können entweder während der mündlichen und handschriftlichen Überlieferung entstanden sein oder auf Vortragsfassungen beruhen, für die die Autoren selbst verantwortlich sind. Beides weist darauf hin, dass Minneliedtexte eine gewisse Beweglichkeit haben konnten.

Heldenepik

In der Heldenepik sind in etlichen Fällen unterschiedliche Fassungen überliefert, die auf die Textproduktion und auf die Vortragspraxis zurückgehen müssen. Das Paradebeispiel dafür ist das ›Nibelungenlied‹. Offenbar bewahrten Heldenepen auch nach dem Übergang in die Schriftlichkeit noch einen Teil der Unfestigkeit, die in der mündlichen Tradition geherrscht hatte.

Höfischer Roman

Beim höfischen Roman gibt es Fälle, in denen die erhaltenen Handschriften gekürzte Fassungen oder auch die Veränderung einzelner Handlungszüge dokumentieren. Insgesamt herrscht hier aber eine deutlich größere Festigkeit des Textes als in der Heldenepik. Allem Anschein nach begrenzten das hohe Ausmaß an dichtungstechnischer Durchformung, die Verbindung des Texts mit einem Autornamen und das Vorlesen als Vortragstyp die Veränderbarkeit der Textgestalt.

Weltchroniken

Ein besonders hoher Grad an ›Unfestigkeit‹ zeichnet dagegen die deutschen Weltchroniken aus. Anders als bei der Heldenepik handelt es sich jedoch um eine Folge der schriftlichen Bearbeitungstechnik. Selbst Bonaventura hätte sich hier wohl schwer getan, in jedem Fall zwischen ›Kompilator‹ und ›Autor‹ zu unterscheiden. Auch heute ist es nicht einfach, Grenzen zwischen verschiedenen Texten und Textredaktionen zu ziehen. Die Produzenten von Weltchroniken übernahmen altes Textmaterial und erweiterten es durch neues sowie, vor allem, durch weiteres altes Textmaterial. Weltchroniken entstanden so auf der Grundlage älterer Weltchroniken nicht zuletzt durch den Einbau anderer Texte, die nach der zeitgenössischen Einschätzung historische Wahrheit erzählten, wie etwa Antikenromane, Heldenepen aus der Karolingerzeit oder Heiligenlegenden. Indem jede neue Bearbeitung offen war für neue Einverleibungen, wurde die Texttradition immer weiter fortgeschrieben und der Umfang des Textkonglomerats immer weiter vergrößert. Einige Redaktionen der mit dem Namen ›Heinrich von München‹ – ein nicht identifizierbarer Autor-Kompilator – verbundenen Weltchronik brachten es im 14. Jahrhundert auf über 100.000 Verse.

Prosa und Roman | 5.

Während poetische Texte in Prosa seit dem 18. Jahrhundert mit dem Begriff der ›schönen Literatur‹ problemlos zu vereinbaren sind, war die Abkehr vom Vers für das ältere Verständnis von Dichtung alles andere als selbstverständlich. Die Ausbreitung der Prosa in der Dichtung verdankt sich in erster Linie dem Erfolg des Prosaromans, der mit seinem Verzicht auf den Vers von den Traditionen volkssprachlicher Mündlichkeit nicht weniger weit entfernt ist als vom gelehrten Dichtungskonzept.

›Roman‹

Den Gattungsbegriff ›Roman‹ für längere Erzählungen in Prosa gibt es erst seit dem 17. Jahrhundert. Als Bezeichnung zunächst für Texte, dann spezifischer für Erzählungen in der romanischen Volkssprache diente das altfranzösische Wort *romanz* (von lateinisch *romanice*, ›romanisch‹ im Unterschied zu Latein) jedoch schon seit dem 12. Jahrhundert. Wenn wir heute vom ›höfischen Roman‹ sprechen und damit längere Verserzählungen mit antiken und britisch-bretonischen Stoffen meinen, ist das freilich eine moderne Klassifikation, zu der es im hohen Mittelalter weder in Frankreich noch in Deutschland ein Gegenstück gab.

Erste Prosaromane

Vom Ende des 12. Jahrhunderts an bearbeitete man in Frankreich auffälligerweise zunächst gerade diejenigen höfischen Romanstoffe in Prosa, deren historische Wahrheit am ehesten in Zweifel stand – die britisch-bretonischen um Artus (im ›Lancelot en prose‹, vgl. S. 67) und Tristan. Die Wahl der Prosa diente dazu, den Text als *historia*, als Darstellung von Tatsachenwahrheit, auszugeben. Das stellt eine Reaktion auf den alten, gelehrten Vorbehalt gegenüber dem Wahrheitsgehalt der Dichtung dar: Poetische Texte sollten faktisch wahre Stoffe behandeln, taten dies jedoch nicht immer. Weil es eine enge Verbindung zwischen Dichtung und Vers gab, konnte der Gebrauch der Prosa anstelle des lügenverdächtigen Verses gerade bei zweifelhaften Stoffen als Wahrheitsbehauptung verstanden werden.

Historia

Prosaroman des 15. und 16. Jahrhunderts

Den Textbegriff *historia* – in der Bedeutung ›Tatsachenbericht und Wirklichkeitsbeschreibung‹ – benutzte man dann auch zur Bezeichnung der deutschen Prosaromane, die seit dem 15. Jahrhundert für die Fürstenhöfe, den Landadel und die städtischen Führungsgruppen produziert wurden. Ihre Verfasser bearbeiteten zunächst Stoffe der französischen Heldenepik und des höfischen Romans, die in der Adelswelt spielten (vgl. S. 63). Vom 16. Jahrhundert an entstanden Prosaromane ohne ältere Vorlagen, die mit Kaufleuten und Gelehrten nun auch stadtbürgerliche Figuren haben konnten.

Sachliche und moralische Wahrheit

Was als *historia* daherkam und in Prosa verfasst war, beanspruchte Wahrheit. ›Wahr‹ wollten die Historien sowohl in sachlicher als auch in moralischer Hinsicht sein. In typischer Weise bringen das etwa das Titelblatt und der Schluss der 1588 erstmals gedruckten ›Historia von D. Johann Fausten‹ (D. für Doktor) zum Ausdruck. Der anonyme Autor kündigt eine *Historia* vom weit bekannten Zauberer und Teufelsbündner Faust an, die *Mehrer-*

›Historia von D. Johann Fausten‹

theils auß seinen eygenen hinderlassenen Schrifften / allen hochtragenden [ehrgeizigen] */ fürwitzigen* [neugierigen] *vnd Gottlosen Menschen zum schrecklichen Beyspiel / abschewlichen Exempel / vnd trewhertziger Warnung zusammen gezogen / vnd in den Druck verfertiget* sei. Zum Schluss wird nochmals die moralische Wahrheit festgehalten, die auf der sachlichen Wahrheit der Geschichte gründet:

Historia von D. Johann Fausten. Hg. v. Stephan Füssel u. Hans Joachim Kreutzer. Stuttgart 1999, S. 123:

Also endet sich die gantze warhafftige Historia vnd Zäuberey Doctor Fausti / darauß jeder Christ zu lernen / sonderlich aber die eines hoffertigen [hochmütigen] */ stolzen / fürwitzigen vnd trotzigen Sinnes vnnd Kopffs sind / GOtt zu förchten / Zauberey / Beschwerung* [Teufelsbeschwörungen] *vnnd andere Teuffelswerks zu fliehen / so Gott ernstlich verbotten hat / vnd den Teuffel nit zu Gast zu laden / noch jm raum zu geben / wie Faustus gethan hat. Dann* [Zu dem Zweck] *vns hie ein erschrecklich Exempel* [Beispiel] *seiner Verschreibung vnnd Ends fürgebildet ist / desselben müssig zu gehen / vnnd Gott allein zu lieben / vnnd für Augen zu haben / alleine anzubeten / zu dienen vnd zu lieben / von gantzem Hertzen vnd gantzer Seelen / vnd von allen Kräfften / vnd dagegen dem Teuffel vnnd allem seinem Anhang abzusagen / vnd mit Christo endtlich ewig selig zu werden.*

Einen Gelehrten namens Faustus gab es in der ersten Hälfte des 16. Jahrhunderts wirklich. Er hatte schon zu Lebzeiten einen zweifelhaften Ruf und galt nach seinem Tod als Zauberer und Teufelsdiener. Um den Wahrheitsanspruch zu bekräftigen, beruft sich der Verfasser der ›Historia‹ freilich nicht nur auf umlaufendes Wissen und Augenzeugenberichte, sondern darüber hinaus auf Dokumente, die er im Nachlass seiner Hauptfigur gefunden haben will – darunter eine Kopie des Vertrags mit dem Teufel und einen Bericht von der Höllenfahrt. Dem Wahrheitsanspruch dient außerdem der Rückgriff auf Sachliteratur über Teufel, Dämonen und Zauberei. Und da der Teufelsbund Faust zu einem Erforscher der Welt und des Kosmos macht, sind zahlreiche Informationen aus naturkundlichen, geographischen und kosmographischen Werken in die Erzählung eingefügt. Die moralische Wahrheit betont der Autor vom Anfang bis zum Ende unermüdlich: Man soll es nicht wie Faust machen, der sein Seelenheil der Sucht nach Erkenntnis jenseits der in der Bibel geoffenbarten Wahrheit opferte.

›Fortunatus‹

Anders als uns braucht die Faust-Handlung zeitgenössischen Rezipienten nicht unwahrscheinlich erschienen zu sein. Aber auch offenkundig märchenhafte Geschichten erhoben den Wahrheitsanspruch der *historia*. Der prominenteste Fall ist der 1509 erstmals gedruckte, anonyme ›Fortunatus‹, der erste deutsche Prosaroman ohne Vorlage. Er erzählt vom Aufstieg und Niedergang einer Kaufmannsfamilie: Die Hauptfigur Fortunatus (›der Beglückte‹) trifft auf die Jungfrau des Glücks. Er darf zwischen Weisheit, Reichtum und einer Reihe weiterer Glücksgüter wählen, entscheidet sich für den Reichtum und erhält einen Geldbeutel, der nie leer wird.

Um die ausgedehnten Reisen seiner Figuren glaubhaft zu gestalten, benutzte der Verfasser zeitgenössische Reiseberichte – ein Inbegriff der *historia* im Sinn von Tatsachen- und Wirklichkeitsbeschreibung. In der Vorrede und am Ende wird aus der Geschichte eine moralische Wahrheit abgeleitet, nämlich dass Weisheit dem Reichtum vorzuziehen sei. Dass die Handlung selbst jedoch ganz unglaubwürdig bleibt, räumt der Verfasser mit dem letzten Satz augenzwinkernd ein: Er hege doch den Verdacht, dass die Jungfrau des Glücks, die Fortunatus den Geldbeutel gegeben habe, *auß unseren landen verjaget / und in dieser welt nit mer tzu finden* sei.

Fiktionalität

So wird der Wahrheitsanspruch, den die Prosa-Historie nahe legt, mit dem angedeuteten Eingeständnis konfrontiert, dass die Geschichte erfunden ist. Es ist die Unwahrscheinlichkeit, die die Fiktion erkennbar macht. Das stellt einen deutlichen Unterschied zur ›realistischen‹ Fiktion des modernen Romans dar, aber in der Spannung zwischen Wahrheitsanspruch und zugegebener Erfindung kann man dennoch einen Keim des modernen Fiktionalitätsbewusstseins sehen. Im 16. Jahrhundert selbst begründete freilich nicht dieser zukunftsweisende Aspekt, sondern der Rückgriff auf die bewährten horazischen Kategorien den Wert der Prosaromane: ›Lustiges‹ und ›Kurzweiliges‹ sowie ›nützlich zu Lesendes‹ preisen die Drucke immer wieder aufs Neue an. *Delectare* und *prodesse*, das passte eben auch für Prosa-Dichtung.

Was lesen?

| Kapitel 5

Lektüreliste und Kanon

Dieses Kapitel enthält eine Liste mit Lektürevorschlägen zur älteren deutschen Literatur. Eine solche Liste bringt, ob man es will oder nicht, die Idee eines Kanons ›wichtiger‹ Texte ins Spiel. Ein Kanon hat seine nützliche Seite, insofern er eine Orientierungshilfe anbietet: Er schlägt vor, was man lesen soll. Er hat aber auch eine problematische Seite, insofern er das auf jeden Fall Lesenswerte vom weniger Lesenswerten unterscheidet. Um Lektürelisten nicht blind zu vertrauen, sollte man wissen, welche Arten von Kanonbildungen in unserer Kulturgeschichte eine Rolle spielten und welchen Zwecken sie dienten.

Religiöser Kanon

Als Bezeichnung für eine Gruppe von Texten diente das Wort ›Kanon‹ (griechisch für ›Regel, Maßstab‹) ursprünglich in der religiösen Sprache: ›Den‹ Kanon ergeben seit der christlichen Spätantike diejenigen Texte, die gemäß kirchlicher Anerkennung als ›Heilige Schrift‹ des Alten und Neuen Testaments unmittelbar von Gott inspiriert sind und eine verbindliche Offenbarung der Wahrheit darstellen. Den biblischen Kanon gibt es, weil eine Institution (die Kirche) festlegt, was als Maßstab der Wahrheit gilt.

Literarischer Kanon von der Antike bis zur frühen Neuzeit

Die Rede von einem literarischen Kanon kam erst im 18. Jahrhundert auf. Unabhängig von der Bezeichnung, die aus der religiösen Sprache übernommen ist, gab es das Phänomen aber schon seit der griechischen Antike. Aus dem 1. Jahrhundert vor Christus stammen die ersten Listen mit nachahmenswerten Musterautoren – Dichter, Geschichtsschreiber, Redner –, die im Unterricht als Vorbilder für die Textproduktion dienten. Die Römer griffen dieses Prinzip auf, und über den christlichen Unterricht der römischen Spätantike gelangte es in den Grammatik- und damit in den Dichtungsunterricht der mittelalterlichen und frühneuzeitlichen Schulen.

Auch die Existenz des literarischen Kanons verdankt sich einer Institution – dem Schulunterricht. Das Auswahlkriterium war allerdings ursprünglich nicht Wahrheit, sondern Vorbildlichkeit, und die Festlegung der Textgruppe fiel weniger streng aus: Der literarische Kanon war immer für Veränderungen offen. Auch die Auswahlprinzipien wandelten sich mit der Durchsetzung des christlichen Wahrheitsanspruchs in der Spätantike, mit dem sprachlichen Schönheitsideal des 12. Jahrhunderts, mit der humanistischen Orientierung am klassischen Latein (vgl. S. 84). Vor allem aber konnte der literarische Kanon, im Gegensatz zum biblischen, durch Neues bereichert werden. Gleichwohl hatte er natürlich unweigerlich einen traditionsstiftenden Effekt: Was zum Vorbild erklärt war, übte Einfluss aus. Die unüberschaubare Wirkung von Autoren wie Vergil oder Ovid auf die europäische Literaturgeschichte hat hier ihre Grundlage.

Literarischer Kanon im 19. Jahrhundert

Das praktische Ziel des Musterautoren-Kanons, die Fähigkeit zur Textproduktion zu schulen, wurde zusammen mit dem alten Dichtungsunterricht im 18. Jahrhundert aufgegeben. Was vom 19. Jahrhundert an als ›bildungsbürgerlicher‹ Literaturkanon entstand, war aber weiterhin von der Institution des Unterrichts an Schule und Universität abhängig. Der Literaturkanon brachte nun vor allem einen Bildungsanspruch zum Ausdruck: Er legte fest, welches literarische Wissen vom Einzelnen auf einem bestimmten Bildungsniveau erwartet wurde, und er sorgte dafür, dass jede Generation dieses literarische Wissen erwarb.

Literaturgeschichten

Die Auswahlkriterien waren jetzt allerdings andere. Sie lassen sich besonders gut dort beobachten, wo der bildungsbürgerliche Kanon selbst Textgestalt annahm: in Literaturgeschichten aus dem 19. Jahrhundert. Großen Einfluss gewannen vor allem die ›Geschichte der poetischen National-Litteratur der Deutschen‹ von Georg Gottfried Gervinus und die ›Geschichte der deutschen Litteratur‹ von Wilhelm Scherer. Was dort behandelt wurde, *war* der Kanon – das literarische Wissen, das die Gesellschaft von den Gebildeten erwartete. Das bedeutete nicht, dass man die in den Literaturgeschichten erwähnten Texte alle gelesen haben musste; man sollte aber um ihre Existenz und ihren Rang wissen.

Auswahlkriterien für den Kanon: nationaler und ästhetischer Wert

Das erste Auswahlkriterium war das nationale: Der Kanon sortierte deutschsprachige Texte vom Mittelalter bis zur jeweiligen Gegenwart aus und begründete ihre Bedeutung in erster Linie mit ihrem Beitrag zur deutschen Geschichte. Dieser ›nationale‹ Kanon wurde in der Schule und an der Universität freilich durch die in anderen Fächern behandelten Literaturen ergänzt, so dass im bürgerlichen Bildungsbewusstsein auch ein Kanon der (im Wesentlichen auf Europa beschränkten) ›Weltliteratur‹ seit der griechischen und römischen Antike verankert war.

Das zweite Auswahlkriterium war das ästhetische: Der Kanon bestand, von wenigen Ausnahmen abgesehen, aus poetischen Texten. Hätte man einen weiten Literaturbegriff benutzt und beispielsweise das Kriterium der historischen Wirkung an die erste Stelle gesetzt, hätte der Kanon zumindest für Spätmittelalter und frühe Neuzeit anders aussehen müssen. Indes gehörten nichtpoetische Texte mit einer besonders herausragenden Wirkungsgeschichte – wie etwa der ›Sachsenspiegel‹ oder verschiedene Werke Luthers – trotzdem mit einiger Selbstverständlichkeit zum literaturgeschichtlichen Kanon. Innerhalb der poetischen Texte hob das ästhetische Kriterium noch einmal die ›großen Werke‹ heraus, die man als dichterische Spitzenleistungen beurteilte.

Auflösung des literarischen Kanons

Der bildungsbürgerliche Literaturkanon löste sich seit den sechziger Jahren des 20. Jahrhunderts auf. Der aktuelle Anlass dafür war, dass viele ihn sowohl wegen seiner bloßen Existenz als auch wegen seiner Zusammensetzung für reaktionär hielten. Die tiefere Ursache liegt eher darin, dass sich die gesellschaftliche Funktion der Literatur und des literarischen Bildungswissens dramatisch verändert haben. Vom 18. Jahrhundert bis in die Zeit nach dem Zweiten Weltkrieg erwartete das Bildungsbürgertum von der Dichtung Höchstleistungen für die Entwicklung des Einzelnen ebenso wie für die der Gesellschaft – in sich verändernden, aber gleichbleibend anspruchsvollen Varianten. Das begründete die Selbstverständlichkeit, mit der literarisches Wissen als Bildungsgut eingefordert wurde. Dass die Verhältnisse heute nicht mehr so sind, ist kaum zu übersehen. Auch vor dem 18. Jahrhundert waren sie nicht so.

Auswahlkriterien für die Lektüreliste

Die folgende Lektüreliste ist trotzdem ein bescheidener Rest des bildungsbürgerlichen Literaturkanons. Es gibt nämlich keinen anderen, weil es keine allgemein akzeptierten Auswahlkriterien mehr gibt. Die Liste beruht deshalb auf den alten Prinzipien: Sie enthält literaturgeschichtlich besonders ›wichtige‹ deutschsprachige poetische Texte. Was dabei mit ›wichtig‹ gemeint ist, ändert sich von Fall zu Fall und wird in den kurzen Erläuterungen jeweils angedeutet. Selbstverständlich sind große Mengen nichtpoetischer Texte aus der älteren deutschen Literatur eine Lektüre wert; selbstverständlich könnten viele andere poetische Texte auf der Liste stehen. Sie soll niemanden davon abhalten, mehr oder Anderes zu lesen.

Die Titel der Liste ergeben einen chronologischen Durchgang durch die ältere deutsche Dichtung vom 8. bis zum 16. Jahrhundert. Weil keines der angeführten Werke heute noch ohne Hilfestellungen zu verstehen ist, sind stets zweisprachige Ausgaben mit Erläuterungen sowie nach Möglichkeit einführende Monographien angegeben. Wer diese Hilfen in Anspruch nimmt, wird erheblich mehr Gewinn aus der Textlektüre ziehen.

1. | ›Hildebrandslied‹

Althochdeutsche poetische Texte. Althochdeutsch / Neuhochdeutsch. Ausgewählt, übers. u. kommentiert v. Karl A. Wipf. Stuttgart (Reclam) 1992.
Frühe deutsche Literatur und lateinische Literatur in Deutschland 800–1150. Hg. v. Walter Haug u. Benedikt Konrad Vollmann. Frankfurt a.M. (Deutscher Klassiker Verlag) 1991.

Die älteste deutsche Heldenlied-Verschriftlichung (vgl. S. 41) entstand wahrscheinlich in der 2. Hälfte des 8. Jahrhunderts und ist als einzige aus dem frühen Mittelalter das wichtigste Zeugnis der mündlichen Heldenliedtradition. Erhalten ist sie in einer um 830/40 geschriebenen Handschrift, die bereits eine schriftliche Vorlage hatte. Erzählt wird die weit verbreitete Handlungskonstellation des Kampfs zwischen Vater und Sohn. Hildebrand (der Vater) und Hadubrand (der Sohn) treffen ›zwischen zwei Heeren‹ als Feinde aufeinander. Der Vater, Gefolgsmann Dietrichs, kehrt nach 30 Jahren Exil heim und erkennt im Gegner den Sohn, den er einst zurückließ. Der Sohn hält den Vater aufgrund falscher Überlieferung für tot und lässt sich deshalb nicht von der Identität des Gegners überzeugen. Das Gespräch, mit dem der Vater die Konfrontation zunächst zu verhindern sucht, gerät zur Provokation und führt zum Zweikampf. Vor dessen Ausgang bricht die Handschrift ab, doch rechtfertigen andere Stoffzeugen die Annahme, dass der Vater den Sohn getötet hätte.

Otfrid von Weißenburg: ›Evangelienbuch‹ | 2.

Otfrid von Weißenburg: Evangelienbuch. Auswahl. Althochdeutsch / Neuhochdeutsch. Hg., übers. u. kommentiert v. Gisela Vollmann-Profe. Stuttgart (Reclam) 1987.

Das um 870 fertig gestellte Werk des Weißenburger Mönchs ist der anspruchsvollste Versuch, althochdeutsche Schriftdichtung nach dem Vorbild der lateinischen Bibeldichtung zu schaffen (vgl. S. 39). Von besonderer Bedeutung sind die Überlegungen zur volkssprachlichen Dichtung im lateinischen Widmungsbrief an Erzbischof Liutbert von Mainz und im althochdeutschen Prolog. Otfrid erzählt das Leben Jesu nach den vier Evangelien. In den Handlungsbericht, der das Geschehen in einer frühmittelalterlichen Adelswelt spielen lässt, sind verschiedenartige Textpartien eingefügt, die über die Evangelien hinausgehen und dem Werk den Charakter eines umfassenden religiösen Kompendiums verleihen: Gebete, hymnisches Gotteslob und theologische Auslegungen. In seiner Verbindung von ›wahrem‹ christlichen Inhalt, deutender Erklärung des geistlichen Sinns und kunstvollem sprachlichen Ausdruck ist das ›Evangelienbuch‹ der Inbegriff der frühmittelalterlichen gelehrten Vorstellung von Dichtung.

›König Rother‹ | 3.

König Rother. Mittelhochdeutscher Text u. neuhochdeutsche Übersetzung v. Peter K. Stein. Hg. v. Ingrid Bennewitz. Stuttgart (Reclam) 2000.

Bevor im letzten Drittel des 12. Jahrhunderts mit der höfischen Kultur Erzählstoffe nach französischen Textvorbildern importiert wurden, entstanden einige Schriftepen, die mündliche deutsche Stofftraditionen aufgreifen. Zu ihnen gehört der vermutlich um 1160/70 von einem unbekannten Dichter verfasste ›König Rother‹. Die Erzählung gibt Rother, der in Süditalien residiert, als Großvater Karls des Großen aus. Im Mittelpunkt der Handlung steht seine Werbung um die Tochter König Konstantins von Konstantinopel, der jeden potentiellen Schwiegersohn umbringen lässt. Ehe Rother am Ende in einer Schlacht gegen einen heidnischen

Konkurrenten siegt, kommt es zu mehreren Reisen nach Konstantinopel, zu einer Entführung und einer Rückentführung der Braut. Wichtig ist der ›Rother‹, weil er den hochmittelalterlichen Anlauf zu einer deutschen Schriftepik weltlichen Inhalts *vor* dem französischen Einfluss bezeugt. Die thematische Konzentration auf Rother und Konstantin als Modellfälle des guten und des schlechten Herrschers zeigen dabei das literarische Interesse des adeligen Publikums. Zudem folgt die Gestaltung der Werbungsgeschichte einem der wichtigsten Handlungsmuster in der Epik des 12. und 13. Jahrhunderts, dem Brautwerbungsschema, das sich später beispielsweise auch im ›Nibelungenlied‹ und in den Tristanromanen findet.

4. | Pfaffe Konrad: ›Rolandslied‹

Das Rolandslied des Pfaffen Konrad. Mittelhochdeutsch / Neuhochdeutsch. Hg., übers. u. kommentiert v. Dieter Kartschoke. Stuttgart (Reclam) 1993.

Um 1170 bearbeitete ein Kleriker (mittelhochdeutsch *pfaffe*) namens Konrad den berühmtesten Stoff der altfranzösischen Heldenepik (vgl. S. 63). Dessen historischer Kern ist die Niederlage, die die Nachhut des Frankenheers Karls des Großen im Jahr 778 in den Pyrenäen bei der Rückkehr von einem Kriegszug gegen die Araber in Spanien erlitt. Um 1100 wurde die mündliche Erzähltradition in Frankreich in Gestalt des altfranzösischen ›Rolandslieds‹ verschriftlicht. Roland und sein Kampfgefährte Olivier werden mit ihrer Truppe vom Heidenkönig Marsilie niedergemetzelt, weil Rolands Schwiegervater Ganelon die Christen an die Heiden verraten hat und weil Roland sich weigert, Karl und das Heer mit seinem Horn zu Hilfe zu rufen. Karl nimmt in einer großen Schlacht Rache, Ganelon wird zum Tod verurteilt. Die Bedeutung von Konrads Bearbeitung beruht sowohl auf der Sinnkonstruktion als auch auf den Entstehungsumständen: Konrad stellt den Krieg zwischen Christen und Arabern als Kreuzzug dar und greift dabei ausgiebig auf die Kreuzzugsidee seiner Zeit zurück. Als Auftraggeber für die Bearbeitung der französischen Buch-Quelle nennt er einen Herzog Heinrich; gemeint ist damit wahrscheinlich Heinrich der Löwe, einer der mächtigsten Fürsten der Zeit. Zum ersten Mal lässt sich eine für die höfische Epik typische Konstellation greifen: ein schriftkundiger Dichter, ein weltlicher Fürstenhof als Auftraggeber, eine französische Textvorlage.

Heinrich von Veldeke: ›Eneasroman‹ | 5.

Heinrich von Veldeke: Eneasroman. Mittelhochdeutsch / Neuhochdeutsch. Nach dem Text von Ludwig Ettmüller ins Nhd. übers., mit einem Stellenkommentar u. einem Nachwort v. Dieter Kartschoke. Stuttgart (Reclam) ^{2}1997.
Heinrich von Veldeke: Eneasroman. Die Berliner Bilderhandschrift mit Übersetzung u. Kommentar. Hg. v. Hans Fromm. Frankfurt a.M. (Deutscher Klassiker-Verlag) 1992.
Einführung: Elisabeth Lienert: Deutsche Antikenromane des Mittelalters. Berlin 2001.

Heinrich von Veldeke, ein gelehrter Dichter aus der Gegend von Maastricht, verfasste um 1170/80 den zweiten deutschen Antikenroman nach französischem Vorbild (vgl. S. 63). Veldekes Vorlage, der um 1155 entstandene altfranzösische ›Roman d'Eneas‹, ist seinerseits eine Bearbeitung der ›Aeneis‹ des römischen Dichters Vergil (70–19 v. Chr.). Vergils ›Aeneis‹ war im lateinischen Unterricht, zumal in der Renaissance des 12. Jahrhunderts, als größtes Vorbild epischer Dichtung ein außerordentlich prominenter Text. Der Stoff war sowohl für Kleriker als auch für adelige Laien interessant: Aeneas flieht nach dem Untergang Trojas aus der brennenden Stadt und begründet nach längeren Irrfahrten und schweren Kämpfen eine neue Herrschaft in Italien. Aus ihr geht das römische Reich hervor, in dem man im 12. Jahrhundert, der eigenen Einschätzung nach, immer noch lebte. Die literaturgeschichtliche Bedeutung Veldekes beruht darauf, dass er im Gefolge seiner französischen Vorlage aus Vergils Epos eine Geschichte von höfischer Ritterschaft und Liebe gemacht hat; dies ist die für den höfischen Roman charakteristische Themenkoppelung. Als Vorbild für die Liebesdarstellung, deren sprachliche Ausdrucksformen die höfischen Dichter nicht von Vergil, sondern von Ovid bezogen, übte der ›Eneasroman‹ einen beträchtlichen Einfluss auf die nachfolgende Dichtergeneration aus.

Abb. 7

Eneas und Dido in der 1419 geschriebenen Handschrift h des ›Eneasromans‹ Heinrichs von Veldeke.

6. Früher und klassischer Minnesang

Minnesang. Mittelhochdeutsche Texte mit Übertragungen und Anmerkungen. Hg., übers. u. mit einem Anhang versehen v. Helmut Brackert. Frankurt a.M. (Fischer TB) [7]1999.

Deutsche Lyrik des frühen und hohen Mittelalters. Edition der Texte u. Kommentare v. Ingrid Kasten. Übersetzungen v. Margherita Kuhn. Frankfurt a.M. (Deutscher Klassiker Verlag TB) 2005.

Einführungen: Günther Schweikle: Minnesang. Stuttgart, Weimar [2]1995; L. Peter Johnson: Die höfische Literatur der Blütezeit (Geschichte der deutschen Literatur von den Anfängen bis zum Beginn der Neuzeit, Bd. II, Teil 1). Tübingen 1999, S. 45–188.

Bevor die deutschen Minnesänger sich an romanischen Vorbildern orientierten (vgl. S. 62), gab es seit der Mitte des 12. Jahrhunderts bereits höfische Liebeslieder: den donauländischen Minnesang, von dem jedoch nur wenig erhalten ist. Die wichtigsten Vermittler des romanischen Modells waren seit den 70er Jahren Heinrich von Veldeke am Niederrhein, Friedrich von Hausen am mittleren Rhein und Rudolf von Fenis am Oberrhein in der heutigen Schweiz. Die nächste Generation ist bereits die des ›klassischen‹ Minnesangs; dessen bedeutendste Vertreter vor Walther von der Vogelweide waren Hartmann von Aue, Heinrich von Morungen und Reinmar der Alte. Minnesang ist eine streng geregelte Kunst. Der Dichter, der zugleich die Liedmelodie komponiert, behandelt in bestimmten Liedtypen eine im Wesentlichen feststehende Konstellation: Ein Mann wirbt um eine adelige Dame, die ihn nicht erhören darf. In der *Minnekanzone* begründet der Mann seine Forderung nach Erhörung, gewöhnlich in Verbindung mit der Klage über seinen Misserfolg. Das Minnelied selbst gehört dabei zum Dienst, mit dem er als Minnesänger den Lohn der Dame zu erreichen sucht. Im *Frauenlied* reflektiert die umworbene Dame über ihr Dilemma zwischen Liebe und gesellschaftlicher Norm, um sich für oder gegen die Liebe zu entscheiden. Im *Wechsel* reden der Mann und die entweder liebeswillige oder liebesunwillige Dame abwechselnd übereinander. Im *Tagelied* wird erzählt, wie sich Mann und Dame nach einer heimlichen Liebesnacht am Morgen trennen müssen, um nicht entdeckt zu werden. Alle Liedtypen thematisieren dieselben ethischen und emotionalen Qualitäten der höfischen Liebe: Wenn sie aufrichtig und beständig ist, stellt sie trotz ihrer Normwidrigkeit einen hohen Wert dar und bietet das größte Glück auf Erden. Die Kunst des Dichters besteht darin, das Problem der vornehmen, aber unerlaubten Liebe auf eine immer wieder neu variierte Weise zu entfalten.

7. | Hartmann von Aue: ›Erec‹ und ›Iwein‹

Hartmann von Aue: Erec. Mittelhochdeutscher Text und Übertragung von Thomas Cramer. Frankfurt a.M. (Fischer TB) [22]1999.
Hartmann von Aue: Erec. Hg. v. Manfred Günter Scholz. Übers. v. Susanne Held. Frankfurt a.M. (Deutscher Klassiker Verlag) 2004.
Hartmann von Aue: Iwein. Text der siebenten Ausgabe v. G. F. Benecke u.a. Übersetzung u. Nachwort v. Thomas Cramer. Berlin, New York (de Gruyter) [4]2001.
Hartmann von Aue: Gregorius. Der arme Heinrich. Iwein. Hg. u. übers. v. Volker Mertens. Frankfurt a.M. (Deutscher Klassiker Verlag) 2004.
Einführung: Volker Mertens: Der deutsche Artusroman. Stuttgart 1998.

Mit der Bearbeitung zweier Artusromane Chrétiens de Troyes (vgl. S. 65) importierte Hartmann von Aue den prominentesten Typus des höfischen Romans in den deutschen Sprachraum. Sein ›Erec‹ dürfte um 1180, der ›Iwein‹ um 1200 entstanden sein. Beide Geschichten handeln davon, wie ein junger Adeliger durch einen ritterlichen Kampf und durch Liebe zu Herrschaft und Ehe kommt. Sowohl Erec als auch Iwein verhalten sich dann jedoch in ihrer neuen gesellschaftlichen Rolle nicht richtig. Sie verlieren den erreichten Status wieder und müssen ihn durch eine längere Reihe ritterlicher Kämpfe zurückgewinnen. Die Abfolge der Episoden ist in beiden Romanen so geordnet, dass ritterliche Leistung und Erfolg, Fehlverhalten und Katastrophe, schließlich erneuter Erfolg durch verbesserte ritterliche Leistung zueinander in Beziehung gesetzt werden. Auf diese Weise entsteht eine sinntragende Form: Die auf den ersten Blick bunte Reihe ritterlicher Kämpfe in einer märchenhaften Welt, die mit jeder Herausforderung auch schon den Schlüssel zur Bewährung liefert, wirft die Frage nach dem Verhältnis zwischen den wichtigsten höfischen Lebenswerten auf. Chrétien de Troyes ist der Erfinder dieser bedeutungsvollen Handlungsstruktur, die wegen der beiden Bewährungswege der Hauptfigur ›Doppelwegmodell‹ genannt wird. Hartmann von Aue hat das Prinzip erkannt und gelegentlich noch etwas deutlicher herausgearbeitet. Die beiden Romane spielen das Thema mit verschiedenen Akzentuierungen durch. Dabei ist der ›Iwein‹ das komplexere, absichtsvoll brüchige und auch witzigere Werk, dessen Qualität aber nur in der Bezugnahme auf den ›Erec‹ erkennbar wird.

›Nibelungenlied‹

8.

Das Nibelungenlied. Mittelhochdeutsch / Neuhochdeutsch. Nach dem Text von Karl Bartsch u. Helmut de Boor ins Neuhochdeutsche übers. u. kommentiert v. Siegfried Grosse. Stuttgart (Reclam) 1997. Einführungen: Ursula Schulze: Das Nibelungenlied. Stuttgart 1997; Jan-Dirk Müller: Das Nibelungenlied. Berlin 2002; Joachim Heinzle: Die Nibelungen. Lied und Sage. Darmstadt 2005.

Die berühmteste Verschriftlichung von Heldenliedstoffen unternahm ein unbekannter Dichter um 1200 in Gestalt eines komplexen Buchepos (vgl. S. 48). Es beruht auf ursprünglich voneinander unabhängigen Erzähltraditionen um den Helden Siegfried einerseits, andererseits um den (historischen) Untergang des Heers der Burgunden in einer Schlacht gegen ein Heer aus Römern und Hunnen im 5. Jahrhundert, den die mündliche Erzähltradition an die Überlieferung um Dietrich und den Hunnenkönig Etzel angliederte. Die Verbindung zwischen den Handlungskernen kommt durch die Hauptfigur Kriemhild zustande: Siegfried von Xanten heiratet die Schwester der Burgundenkönige in Worms, fällt jedoch nach konfliktträchtigen Verwicklungen dem Mordkomplott Hagens, des wichtigsten Gefolgsmanns der Könige, zum Opfer. Eine zweite Ehe mit dem Hunnenkönig Etzel eröffnet Kriemhild die Möglichkeit, die burgundische Verwandtschaft samt Gefolge an den Hunnenhof einzuladen und dort als Rache für den Mord an Siegfried niedermetzeln zu lassen. Außer Etzel überleben nur Dietrich und Hildebrand, Exilanten am Hunnenhof, das Blutbad. Indem der Dichter des ›Nibelungenlieds‹ nicht die Rolle des gelehrten Bearbeiter-Autors, sondern die des Sängers kollektiver Erinnerung spielt, simuliert er die archaische Aura des Heldenlieds. Möglicherweise gehört es zu den Konsequenzen dieser Stilisierung, dass die Textgestalt des ›Nibelungenlieds‹ nie ganz fest wurde; schon die älteste Schicht der handschriftlichen Überlieferung bezeugt unterschiedliche Fassungen. Gleichwohl lässt sich die Strategie des Dichters erkennen, die alten Handlungsmuster und Personenbeziehungen der Heldenliedtradition auf die zu seiner Zeit modernen höfischen Vorstellungen von Mensch und Gesellschaft stoßen zu lassen. Aus diesem Zusammenprall entstehen die handlungstragenden Konflikte, die unaufhaltsam in die Katastrophe führen.

9. | Walther von der Vogelweide: Lieder

Walther von der Vogelweide: Werke. Gesamtausgabe. Mittelhochdeutsch / Neuhochdeutsch. Hg., übers. u. kommentiert v. Günther Schweikle. 2 Bde. Stuttgart (Reclam) 1994, 1998.
Einführungen: Horst Brunner u. a.: Walther von der Vogelweide. Epoche-Werk-Wirkung. München 1996; Thomas Bein: Walther von der Vogelweide. Stuttgart 1997; Manfred Günter Scholz: Walther von der Vogelweide. Stuttgart, Weimar 1999.

Die Schaffenszeit Walthers von der Vogelweide lag ungefähr zwischen 1190 und 1230. Seine Produktion umfasst Liebeslieder, Sangsprüche und religiöse Lieder. Mit dem Minnesang griff er eine bereits hoch entwickelte Kunst auf, deren Konventionen er zuverlässig beherrschte und eigenständig abzuändern wusste. Zu dieser Souveränität verhalf ihm nicht zuletzt die Kenntnis der zeitgenössischen lateinischen Liebeslyrik. In vielfältigerer Weise als die Lieder anderer Minnesänger behandeln diejenigen Walthers die unerlaubte, aber wertvolle Liebe – von der ernsten über die verhalten ironische bis zur spaßigen Art, von der Verzweiflung wegen des Misserfolgs über die wütende Reaktion bis zum Glück des Erfolgs, von der gekonnten Anwendung der Gattungsregeln über ihre Umgehung bis zu ihrer Reflexion und Diskussion. Die Sangspruchdichtung (vgl. S. 83) hat Walther zwar nicht erfunden, aber auf das Kunstniveau des Minnesangs gehoben und damit als anspruchsvollen Typus höfischer Liedlyrik erst etabliert. Wie seine Nachfolger behandelte er in seinen Strophen ein breites Themenspektrum; allein bei ihm aber nehmen die politischen Auseinandersetzungen der Zeit – die Konkurrenz zwischen Staufern und Welfen um die Königskrone und die päpstlichen Einflussnahmen – einen breiten Raum ein. Walther stellte seine Kunst in den Dienst verschiedener Parteien und erwies sich dabei als Propagandist ersten Ranges; seine rhetorischen Fähigkeiten verleihen gerade den ›politischen‹ Strophen eine besondere Qualität. Die religiösen Lieder greifen auf Themenbestände der lateinischen Literatur zurück: Marienlob, Kreuzzugsaufruf, Abkehr von der Welt und Hinwendung zu Gott im Alter. Nicht weniger als die Liebeslieder und die Sangspruchstrophen zeigen sie die Kunstfertigkeit des größten Könners unter den deutschen Lyrikern der älteren Zeit.

Gottfried von Straßburg: ›Tristan‹ | 10.

Gottfried von Straßburg: Tristan. Nach dem Text von Friedrich Ranke neu hg., ins Neuhochdeutsche übers., mit einem Stellenkommentar u. einem Nachwort von Rüdiger Krohn. 3 Bde. Stuttgart (Reclam) ^{7}1996.
Gottfried von Straßburg: Tristan. Bd. 1. Text. Hg. v. Karl Marold. Bd. 2. Übersetzung v. Peter Knecht. Mit einer Einführung v. Tomas Tomasek. Berlin, New York (de Gruyter) 2004.
Einführung: Christoph Huber: Gottfried von Straßburg: Tristan. Berlin 2000.

Gottfrieds Version des keltischen Tristan-Stoffs (vgl. S. 64) dürfte um 1210 entstanden sein. Von ihrer französischen Vorlage, dem Tristanroman des Thomas von England aus der zweiten Hälfte des 12. Jahrhunderts, sind nur wenige Teile erhalten geblieben. Darunter befindet sich zufälligerweise das gesamte letzte Drittel, das Gottfried nicht mehr bearbeitete: Sein Werk ist ein Fragment, aber eines von immerhin fast 20.000 Versen. Gottfrieds Tristan ist ein höfischer Goldjunge, dessen Lebensgeschichte unter katastrophalen Umständen beginnt, aber zunächst höchst erfolgreich verläuft – bis er aus Versehen einen Liebestrank mit Isolde trinkt, den diese eigentlich mit ihrem zukünftigen Ehemann Marke einnehmen sollte. Damit rückt die große, aber ehebrecherische Liebe mit ihren bedingungslosen Ansprüchen und ihrer gesellschaftlichen Unmöglichkeit in den Mittelpunkt des Geschehens, an der die beiden bei Thomas am Ende zugrunde gehen. Gottfried erzählt den Tristan-Stoff als eine Geschichte von der unerlaubten Liebe, die den höchsten Lebenswert und das größte Lebensglück einerseits, anhaltendes Leid und todbringende Katastrophe andererseits bedeutet. Und er erzählt als ein Dichter, der über eine außergewöhnlich große Bildung und über eine Sprachkunst verfügt, die selbst in der sprachkunstseligen Zeit um 1200 ihresgleichen sucht. So behandelt der ›Tristan‹ große Fragen auf eine äußerst komplexe Art in einer streckenweise betörenden Sprache. Dem optimistischen Weltbild des Artusromans, in dem ein jeder seines Glückes Schmied sein darf, tritt dabei ein ziemlich düsteres Bild von der Unausweichlichkeit des Leids im Menschenleben entgegen.

11. | Wolfram von Eschenbach: ›Parzival‹

Wolfram von Eschenbach: Parzival. Studienausgabe. Mittelhochdeutscher Text nach der sechsten Ausgabe von Karl Lachmann. Übersetzung von Peter Knecht. Einführung zum Text von Bernd Schirok. Berlin, New York (de Gruyter) 1998.
Wolfram von Eschenbach: Parzival. Nach der Ausgabe Karl Lachmanns revidiert u. kommentiert v. Eberhard Nellmann. Übertragen v. Dieter Kühn. 2 Bde. Frankfurt a.M. (Deutscher Klassiker Verlag) 1994.
Einführungen: Joachim Bumke: Wolfram von Eschenbach. Stuttgart, Weimar ^{8}2004; Volker Mertens: Der deutsche Artusroman. Stuttgart 1998; Volker Mertens: Der Gral. Mythos und Literatur. Stuttgart 2003.

Den ›Parzival‹-Roman verfasste Wolfram im ersten Jahrzehnt des 13. Jahrhunderts. Die französische Vorlage, den ›Perceval‹ Chrétiens de Troyes (vgl. S. 65), bearbeitete und erweiterte er dabei vergleichsweise frei. Auch Wolfram greift auf beträchtliche Bestände gelehrten Wissens zurück, stilisiert sich jedoch als ungelehrten, ritterlichen Laien und wendet sich damit gegen die Strategie, den Wert der volkssprachlichen Dichtung durch eine enge Orientierung am gelehrten Dichtungsbegriff zu begründen. Der ›Parzival‹ ist ein Artusroman und handelt als solcher von Ritterschaft und Liebe als Weg zu Herrschaft und Ehe, damit vom Weg eines jungen Adeligen zu seinem Platz im Leben. Parzivals Bestimmung führt indes weiter: Er wird nach allerhand Schwierigkeiten König einer Rittergemeinschaft, die ein Verbindungsglied zwischen Gott und Menschen, einen Stein namens ›Gral‹, hütet. Mit den Gralsrittern kommt eine religiöse Sicht auf Mensch und Welt ins Spiel, die Wolfram in ein spannungsvolles Verhältnis zur höfischen Perspektive des Artusromans bringt. Während der Artusritter Gawan als zweite Hauptfigur mit seinen auf eigene Leistung gegründeten Erfolgen den optimistischen höfischen Glauben an die Machbarkeit des Lebensglücks eher bestätigt, führt Parzivals Lebensweg die trotz aller Leistungsfähigkeit unvermeidliche Gnadenbedürftigkeit des Menschen vor Augen. Dabei bleibt das Verhältnis zwischen höfischem Lebensmodell und religiösem Menschenbild komplex und vielschichtig. Dass unterschiedliche Perspektiven nebeneinander gestellt werden können, ermöglicht nicht zuletzt eine Erzähltechnik, die auf überraschende Wendungen und Hakenschläge, auf Verunsicherungen und Brüche angelegt ist. Auch die Formulierungskunst, die auf Verständniserschwerung zielt, entspricht der inhaltlichen Konstruktion, die glatte Lösungen hintertreibt.

Wolfram von Eschenbach: ›Willehalm‹ | 12.

Wolfram von Eschenbach: Willehalm. Mittelhochdeutscher Text, Übersetzung, Kommentar. Hg. v. Joachim Heinzle. Frankfurt a.M. (Deutscher Klassiker Verlag) 1991.
Wolfram von Eschenbach: Willehalm. Text der Ausgabe v. Werner Schröder. Übersetzung, Vorwort u. Register v. Dieter Kartschoke. Berlin, New York (de Gruyter) 1989.
Einführungen: Joachim Bumke: Wolfram von Eschenbach. Stuttgart, Weimar [8]2004; John Greenfield u. Lydia Miklautsch: Der ›Willehalm‹ Wolframs von Eschenbach. Eine Einführung. Berlin, New York 1998.

Wolframs zweites großes Werk, der nach dem ›Parzival‹ verfasste und nicht vollendete ›Willehalm‹, beruht auf einem französischen Heldenepos, der ›Schlacht von Aliscans‹. Erzählt wird von einem liebesbedingten Krieg: Markgraf Willehalm von Orange in der Provence geriet während der Kämpfe zwischen den arabischen Eroberern Spaniens und den christlichen Franken zur Zeit Kaiser Ludwigs des Frommen in Gefangenschaft, verliebte sich in die Tochter des obersten Heidenherrschers, floh mit ihr, ließ sie auf den Namen Gyburc taufen und heiratete sie. Dies führt zu einem Großangriff der Heiden. In der ersten Schlacht wird Willehalm vernichtend geschlagen, die zweite neigt sich am Ende von Wolframs Fragment zu seinen Gunsten. Hinter der Hauptfigur, um die sich ein ganzer Zyklus von französischen Heldenepen rankt, steht der historische Graf Wilhelm von Toulouse, der in der Zeit Karls des Großen gegen die Araber kämpfte und später als Heiliger verehrt wurde. Wolfram erzählt demgemäß mit historischem Wahrheitsanspruch ein christliches Heldenepos von einem heiligen Ritter und bringt dabei auch Erzählmuster der Heiligenlegende ins Spiel. Mit dem Stoff aus der französischen Heldenepik knüpft der ›Willehalm‹ aber vor allem an das ›Rolandslied‹ an. Obwohl auch Wolfram den Krieg zwischen Christen und Heiden als Kreuzzug darstellt, der die gefallenen Christen in den Himmel und die gefallenen Heiden in die Hölle bringt, rechtfertigt er die Gewalt nicht mehr so einschränkungslos wie der Pfaffe Konrad.

Die Heiden erscheinen als ebenso vorbildliche höfische Ritter wie die Christen, und es wird der Standpunkt laut, dass sie wie die Christen Geschöpfe Gottes sind und nicht wie Vieh abgeschlachtet werden dürfen. Über die Figur Gyburcs erhält die Liebe, eher das Thema des höfischen Romans als der Heldenepik, einen zentralen Stellenwert in der Handlung: Sie beschwört mit dem Krieg eine Katastrophe von welthistorischem Ausmaß herauf; zugleich aber stellt sie als Ort von Glück und Frieden ein Gegenbild zum Krieg dar.

13. | Märendichtung

Novellistik des Mittelalters. Märendichtung. Hg., übers. u. kommentiert v. Klaus Grubmüller. Frankfurt a.M. (Deutscher Klassiker Verlag) 1996.

Mit ›Märe‹ oder ›Versnovelle‹ bezeichnet man einen Typus kürzerer Verserzählungen, der vom 13. bis zum 15. Jahrhundert belegt ist. Wie andere Spielarten der Kurzerzählung – beispielsweise die Tierfabel – folgen Mären dem Funktionsmodell des beispielhaften Erzählens: Sie veranschaulichen eine zu Beginn oder am Schluss ausdrücklich formulierte, allgemein gültige moralische Wahrheit an einem konkreten Vorgang. Mären zeichnen sich jedoch gewöhnlich dadurch aus, dass die Erzählung gegenüber der Moral, die aus ihr abgeleitet wird und deren Gültigkeit sie belegen soll, ein hohes Maß an Eigenständigkeit hat: Sie ist reichhaltiger ausgestattet, als es zur bloßen Illustration der Moral nötig wäre, und sie ist lang und komplex genug, um einen Bedeutungsüberschuss bieten zu können. Neben die lehrhafte Funktion tritt deshalb das Vergnügen am Erzählen und die Eigenständigkeit erzählerischer Sinnkonstruktion. Mären beziehen sich damit einerseits offen und direkt auf die traditionellen Dichtungsfunktionen *delectare* (verstanden als Vergnügen an der Erzählkunst) und *prodesse* (verstanden als Vermittlung moralischer Erkenntnis). Andererseits bringen sie sie in ein Spannungsverhältnis zueinander, weil die Funktion der Erzählung nicht in der anschaulichen Vermittlung der nützlichen Wahrheit aufgeht. Im Mittelpunkt der Handlungskonstruktionen steht in der Regel die Frage nach den Prinzipien richtigen und falschen Verhaltens vor dem Hintergrund der Welt-

und Gesellschaftsordnung, die auch als unheilbare Unordnung erscheinen kann. Mären gehörten zunächst zum Literaturbetrieb der Adelshöfe, waren später aber auch bei Stadtbürgern beliebt. Ihr Personal beziehen sie aus allen Ständen der Gesellschaft: Adelige, Kleriker, Stadtbürger, Bauern. Es gibt sie in ernsten und in schwankhaften Varianten. Besonders gern drehen sie sich um Sexualität und Ehebruch, weil sich die Brüchigkeit von Ordnungsvorstellungen in der Konfrontation mit dem sexuellen Begehren besonders gut darstellen ließ. Das Spektrum der Ausdrucksmöglichkeiten reicht dabei von der vornehmen Gefühlssprache der höfischen Liebe bis zur drastischen Obszönität.

Heinrich Wittenwiler: ›Der Ring‹ | 14.

Heinrich Wittenwiler: Der Ring. Frühneuhochdeutsch / Neuhochdeutsch. Nach dem Text v. Edmund Wießner ins Neuhochdeutsche übers. u. hg. v. Horst Brunner. Stuttgart (Reclam) 1999.

Beim Dichter Heinrich Wittenwiler handelt es sich wahrscheinlich um einen Konstanzer Juristen, der Ende des 14. Jahrhunderts urkundlich belegt ist. Seine Versdichtung ›Der Ring‹ heißt so, weil sie gleichsam über den ganzen Kreis des Weltlaufs und vor diesem Hintergrund über richtiges und falsches Verhalten unterrichten soll. Das eigenwillige Werk, das nur in einer Handschrift überliefert ist und keine erkennbare Wirkung entfaltete, gehört wegen seiner Absonderlichkeit zu den bedeutendsten deutschen Dichtungen des Spätmittelalters. Im Dorf Lappenhausen wirbt der junge Bauerndepp Bertschi Triefnas um den hässlichen Dorftrampel Mätzli Rüerenzumph. Das verwickelte Geschehen entpuppt sich als Parodie einer höfischen Liebeswerbung. In den Handlungsbericht sind lange lehrhafte Passagen eingefügt, die dem jungen Paar, damit zugleich den Rezipienten des Textes, Wissen über Gott und die Welt vermitteln – von theologischen Grundkenntnissen bis zur Hauswirtschaftslehre. Die Liebeswerbung führt schließlich in die Ehe, aber auf dem Hochzeitsfest kommt es zu einer Schlägerei, die sich zu einem apokalyptischen Krieg mit den Nachbardörfern auswächst. Wieder sind lange Lehrpassagen eingeschoben, nun über Diplomatie und Kriegführung. Bertschi überlebt als Einziger der Dorfbewohner und wird Einsiedler. Die wissensvermittelnden

Partien weisen Wittenwiler als gelehrten Autor aus, der auf große Bestände lateinischer Bildung zurückgreift und seinen Text damit zum enzyklopädischen Lehrgedicht stilisiert. Zugleich kannte er sich bestens in der Tradition der höfischen Liebesdichtung aus; die Bauernhandlung macht ebenso gekonnt wie brutal alle höfischen Idealisierungen lächerlich. Weder das den Figuren zur Verfügung gestellte Wissen noch das Bemühen um höfische Kultiviertheit verhindern indes den Untergang der Bauernwelt Lappenhausen, in den der Adel in Gestalt literarischer Figuren hineingezogen wird, die in den Krieg eingreifen. Ob man das als zynischen Abgesang auf den Wert klerikaler Gelehrtheit und adeliger Kultiviertheit oder als Satire auf die Unkultivierten und Ungelehrten zu verstehen hat, ist umstritten. Verschont bleiben vom Untergang der bäuerlich-adeligen Welt jedenfalls die Städte dank der Entscheidung, sich aus den Kämpfen herauszuhalten.

15. | Johannes von Tepl: ›Der Ackermann‹

Johannes von Tepl: Der Ackermann. Frühneuhochdeutsch / Neuhochdeutsch. Hg., übers. u. kommentiert v. Christian Kiening. Stuttgart (Reclam) 2000.

Der ›Ackermann‹ entstand wahrscheinlich im Jahr 1400 oder 1401. Der Jurist Johannes von Tepl war zu dieser Zeit Leiter der Lateinschule der böhmischen Stadt Saaz, wo er zuvor schon als Notar arbeitete. Gegenstand des Textes ist ein Streitgespräch im Rahmen einer Gerichtsverhandlung: Ein Mensch, dessen Ehefrau gestorben ist, klagt deswegen den Tod an; der Tod weist die Anklage zurück. Der Kläger stellt sich als Ackermann aus Böhmen vor, sein Pflug sei die Feder – der Beruf des Bauern erweist sich als Metapher für den Schreiber und Dichter. Im Lauf des Streits trägt der Ackermann seine emotionale Auflehnung gegen die erbarmungslose Grausamkeit des Tods vor. Der Tod dagegen erklärt seine unverzichtbare Funktion in der göttlichen Weltordnung. Der Ackermann wiederum führt die herausgehobene Stellung des Menschen in dieser Ordnung ins Feld. Es kommt zu einer scharfen Konfrontation zwischen der Vergänglichkeit des diesseitigen Lebens, dem traditionellen Argument für seine relative Wertlosigkeit, und dem vom Ackermann verteidigten Wert

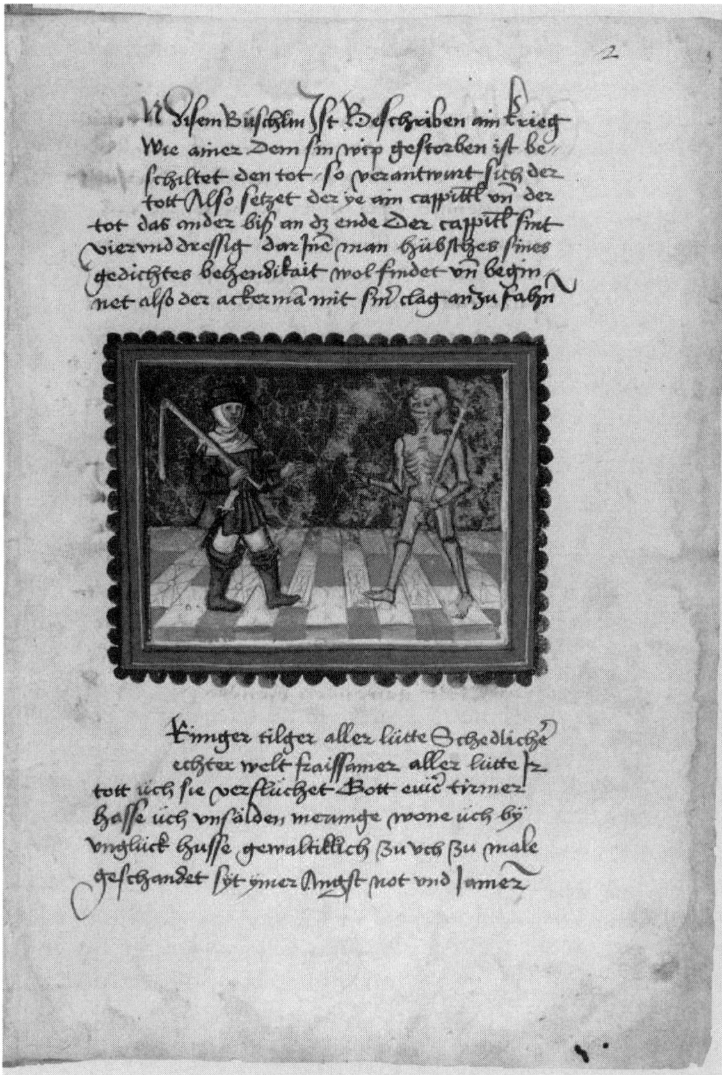

Abb. 8

›Der Ackermann‹ des Johannes von Tepl. Textbeginn in der um 1470 geschriebenen Handschrift B.

des irdischen Daseins. Am Ende spricht Gott als Richter das Urteil und relativiert beide Standpunkte: Der Mensch kann das Recht auf Leben nicht einklagen, weil das Leben eine göttliche Leihgabe ist; ebenso beruht die Herrschaft des Todes nicht auf eigenem Recht, sondern auf göttlicher Verleihung. Der Ackermann rühmt in einem abschließenden Gebet für das Seelenheil seiner Frau Gott als Ursprung und Ziel alles Seienden. Wenn dieser Schluss auch eine eher konventionelle Lösung anbietet, ist die Verteidigung des diesseitigen Werts des Menschenlebens doch derjenige inhaltliche Aspekt, der die Bedeutung des ›Ackermann‹ begründet. Ebenso wichtig sind die Formaspekte: Johannes von Tepl dichtete nicht in Versen, sondern benutzte eine nach lateinischem Vorbild mit höchster Sorgfalt stilisierte Kunstprosa. Auf ihr beruht die Eindringlichkeit der Streitreden ebenso wie auf der professionellen Argumentationskunst, mit der sie gestaltet sind. Sowohl die sprachliche als auch die argumentative Kompetenz verdanken sich der gelehrten Juristenausbildung.

16. | Oswald von Wolkenstein: Lieder

Oswald von Wolkenstein: Lieder. Mittelhochdeutsch und Neuhochdeutsch. Auswahl. Hg., übers. u. erläutert v. Burghart Wachinger. Stuttgart (Reclam) 1992.

Unter den deutschen Liederdichtern und -komponisten des Spätmittelalters sticht als Ausnahmeerscheinung der 1445 gestorbene Oswald von Wolkenstein hervor (vgl. S. 95). Große Teile der reichen Liedtextproduktion des 15. wie auch des 16. Jahrhunderts sind wegen des verbreiteten Desinteresses an der Textautorschaft anonym überliefert, so dass es nicht allzu viele Autorsammlungen gibt – und keine, die derjenigen Oswalds an Umfang, Vielfalt und Kunstanspruch gleichkäme. Oswald war mit den verschiedensten Traditionen der deutschen Lieddichtung vertraut, kannte romanische und lateinische Lieder und neigte darüber hinaus zu Neuerungen. Vor allem seine geistlichen Lieder zeigen die Bekanntschaft mit den Dichtungstechniken der meisterlichen Liedkunst in der Tradition der höfischen Sangspruchdichter (vgl. S. 83). Seine Liebeslieder knüpfen, gegen die verbreiteten Gewohnheiten, teilweise eng an verschiedene Liedtypen des hochmittelalterlichen Minnesangs und sein Liebeskonzept an; gelegentlich parodieren sie die alten Modelle auch. Daneben stehen Liebeslieder in der inhaltlich wie formulierungstechnisch einfacheren zeitgenössischen Art. Eine Neuerung stellen die Liebeslieder an die eigene Ehefrau dar, die mit dem Namen von Oswalds tatsächlicher Gemahlin, Gret, angesprochen wird. Einen ähnlichen, in der Ausdrücklichkeit alles andere als zeittypischen Rückgriff auf die eigene Lebenswirklichkeit konstruieren die Lieder mit Erzählungen über Reisen, die Oswald den urkundlichen Lebenszeugnissen zufolge tatsächlich unternommen hat, und über verschiedene weitere, urkundlich belegbare Ereignisse in seinem Leben. So stehen weit in die Liedkunst der Vergangenheit Zurückgreifendes, Zeittypisches und Innovatives nebeneinander, ebenso wie komplizierte Sprachartistik neben eingängiger Einfachkeit steht.

Thüring von Ringoltingen: ›Melusine‹ | 17.

Thüring von Ringoltingen: Melusine. In der Fassung des Buchs der Liebe (1587). Hg. v. Hans-Gert Roloff. Stuttgart (Reclam) 2000.
Romane des 15. und 16. Jahrhunderts. Nach den Erstdrucken mit sämtlichen Holzschnitten hg. v. Jan-Dirk Müller. Frankfurt a.M. (Deutscher Klassiker Verlag) 1990.

Der Berner Patrizier Thüring von Ringoltingen (vgl. S. 68) bearbeitete mit der 1456 fertig gestellten, 1474 erstmals und bis ins 18. Jahrhundert gedruckten ›Melusine‹ in Prosa einen französischen Versroman aus der Zeit um 1400, dessen Stoff auf einem alten Handlungsmuster beruht: der Liebe zwischen Fee und Mensch, die nur bestehen kann, solange der Mensch ein Gebot der Fee befolgt. Graf Reymund von Poitiers heiratet Melusine, ohne zu wissen, dass sie eine Meerfee ist. Sie verlangt von ihm, sie nie nach ihrer Herkunft zu fragen und samstags grundsätzlich zu meiden. In einer glücklichen Ehe zeugen die beiden zehn Söhne, ehe Reymund eines Samstags doch spioniert und entdeckt, dass sich seine Frau an diesem Tag immer vom Nabel abwärts in eine Schlange verwandelt. Die Verletzung des Tabus hat jedoch zunächst keine Folgen, weil Reymund seine Entdeckung in Absprache mit Melusine vor der Welt verheimlicht. Als er Melusine aber eines Tages wegen einer Untat des Sohnes Geffroy aus Mangel an Selbstbeherrschung öffentlich als Schlange beschimpft, muss sie ihn verlassen. Thüring gestaltete den alten Stoff in seinem Prosaroman ganz im Sinn des sachlichen und moralischen Wahrheitsanspruchs der *historia* (vgl. S. 100): Die Entkoppelung von Tabubruch und Trennung ermöglicht eine moralische Deutung des Handlungsschemas, denn den Verlust des Glücks verschuldet erst der unkontrollierte Wutausbruch. Melusines Existenz wird wahrscheinlich gemacht, indem sie als Ahnherrin historischer Adelsgeschlechter und als zwar wunderbares, aber eben doch Geschöpf Gottes erscheint. Der außerordentliche Fall der Feenliebe erhält den Charakter einer unglücklich verlaufenden Ehegeschichte, anhand derer sich zeitgenössische Welterfahrung und Normvorstellungen thematisieren lassen.

18. | ›Fortunatus‹

Fortunatus. Studienausgabe nach der Editio princeps von 1509. Hg. v. Hans-Gert Roloff. Stuttgart (Reclam) 1996.
Romane des 15. und 16. Jahrhunderts. Nach den Erstdrucken mit sämtlichen Holzschnitten hg. v. Jan-Dirk Müller. Frankfurt a.M. (Deutscher Klassiker Verlag) 1990.

Der anonyme, 1509 erstmals und bis ins 18. Jahrhundert gedruckte ›Fortunatus‹ (vgl. S. 101) ist der erste deutsche Prosaroman ohne direkte Textvorlage, der erste mit Bürgern als Hauptfiguren – und der erste Roman vom Aufstieg und Fall einer Kaufmannsfamilie. Fortunatus, Sohn eines Kaufmanns in Zypern, muss in die Welt ziehen, weil sein Vater den Besitz vergeudet hat. Nach etlichen schlechten Erfahrungen trifft er die Jungfrau des Glücks (die Glücksgöttin Fortuna) und darf unter den Glücksgütern Weisheit, Reichtum, Stärke, Gesundheit, Schönheit und langes Leben eines wählen. Fortunatus wählt, entgegen der traditionellen Wertehierarchie, statt der Weisheit den Reichtum und erhält einen stets vollen Geldbeutel. Später gelangt er durch Diebstahl noch zu einem Zauberhut, mit dessen Hilfe er sich an jeden beliebigen Ort wünschen kann. Fortunatus kommt weit herum in der Welt und nutzt den Reichtum mit Vorsicht und Klugheit zu seinem Vorteil. Seine Söhne dagegen, die den Geldbeutel und den Zauberhut erben, scheitern im Leben. Bei aller Märchenhaftigkeit, die der Epilog mit einer Bemerkung über die in der Welt nicht mehr anzutreffende Glücksgöttin einräumt, ist der ›Fortunatus‹ der modernste unter den Prosaromanen des 15. und 16. Jahrhunderts. Die Entscheidung für das Geld als höchsten Lebenswert, die Verfolgung eigener Interessen und das unbekümmerte Ausnutzen günstiger Gelegenheiten lohnen sich, wenn man das nötige Glück hat und sich klug verhält. Wenn man unvorsichtig ist und Pech hat, kann alles ebenso leicht schief gehen. Die ausdrückliche Moralisierung am Anfang und am Ende stellt die Weisheit über den Reichtum, aber der Lebensweg der Figuren veranschaulicht weniger die Gültigkeit traditioneller Moralvorstellungen und das Vertrauen in eine höhere Gerechtigkeit, sondern eher die Unvorhersehbarkeit und Zufälligkeit alles irdischen Geschehens. Unter diesen Umständen rückt das Vertrauen in die Förderlichkeit kluger Vorsicht in den Vordergrund.

›Ein kurtzweilig Lesen von Dil Ulenspiegel‹ | 19.

Ein kurtzweilig Lesen von Dil Ulenspiegel. Nach dem Druck von 1515 mit 87 Holzschnitten hg. v. Wolfgang Lindow. Stuttgart (Reclam) 1997.

Der erste bekannte, nur teilweise erhaltene Druck des ›Eulenspiegel‹ erschien, ohne Verfasserangabe, 1510 oder 1511 in Straßburg. Seine Sprache ist Frühneuhochdeutsch mit niederdeutschen Elementen; schon der Titel kombiniert hochdeutsches ›Eulenspiegel‹ und niederdeutsches ›Ulenspegel‹. An der Textproduktion war vielleicht der Braunschweiger Stadtschreiber Hermann Bote beteiligt, der von 1488 bis 1520 belegt ist. Das ›Eulenspiegel‹-Buch ist eine Sammlung von Schwankerzählungen in Prosa, die in lockerer Episodenfolge von der Geburt bis zum Tod derselben Hauptfigur handeln. Die Stoffe einzelner Schwänke haben lange literarische Traditionen. Viele der Geschichten sind gleichwohl recht offensichtlich nach einem einheitlichen Konstruktionsprinzip ausgewählt und gestaltet: Die ›normalen‹, in schwanküblicher Weise von intellektuellen und moralischen Schwächen geprägten Lebenswelten – wie Dorf, Stadt, Handwerk, Universität, Fürstenhof – werden mit einem Außenseiter konfrontiert. Eulenspiegel lebt außerhalb der ständischen Ordnung; er hat keinen Beruf und ist nirgends zu Hause. Er erscheint geradezu als personifizierte Leugnung jeder Ordnung; als der Einzelne, der nichts von dem ist, was die anderen jeweils sind und in dessen Gestalt die nackte Destruktion handelt. Weil er alle Regeln der zwischenmenschlichen Verständigung und des Zusammenlebens beherrscht, ohne von ihnen beherrscht zu werden, kann er alle, die die Mechanismen von Kommunikation und Interaktion befolgen, ebenso geschickt wie rücksichtslos auflaufen lassen. Schwer zu entscheiden ist die Frage, ob die Schwankerzählungen diese Art der anarchischen Ordnungsvernichtung feiern oder vor

Abb. 9 | Titelblatt des ›Ulenspiegel‹-Drucks, Straßburg 1515.

ihr warnen. Der ›Eulenspiegel‹ entfaltete jedenfalls schnell eine außerordentlich große Wirkung in Gestalt zahlreicher Übersetzungen – auch ins Lateinische – und Bearbeitungen.

›Historia von D. Johann Fausten‹ | 20.

Historia von D. Johann Fausten. Text des Druckes von 1587. Mit Zusatztexten der Wolfenbütteler Handschrift und der zeitgenössischen Drucke. Hg. v. Stephan Füssel u. Hans Joachim Kreutzer. Stuttgart (Reclam) 1999.
Romane des 15. und 16. Jahrhunderts. Nach den Erstdrucken mit sämtlichen Holzschnitten hg. v. Jan-Dirk Müller. Frankfurt a.M. (Deutscher Klassiker Verlag) 1990.

Der Verfasser des 1587 erstmals gedruckten Faust-Buchs hat sich nicht zu erkennen gegeben; die Vorrede verbirgt ihn hinter der Maske eines ›guten Freunds aus Speyer‹. Das historische Gewicht des Textes gründet vor allem auf dem Erfolg, der dem Stoff vom Wunsch nach grenzenloser Erkenntnis Jahrhunderte lang beschieden war. Die Deutung, die die ›Historia‹ (vgl. S. 100) der Geschichte abgewinnt, unterscheidet sich indes erheblich von späteren Sinnkonstruktionen. Faust, geachteter Doktor der Theologie, wendet sich der Magie zu und schließt einen Pakt mit dem Teufel. Von ihm erhofft er sich die Vermittlung von Wissen über Gott und die Welt, Himmel und Hölle. Ein Zaubermantel ermöglicht ihm Reisen durch Europa und Asien, seine Zauberkünste setzt er in einer Reihe von Schwankepisoden zur Täuschung seiner Umwelt ein. Am Ende steht, im Angesicht des Todes, die nackte Angst vor der unausweichlichen ewigen Verdammnis. Faust bezahlt den Teufelspakt mit seinem Seelenheil, ohne zur gewünschten Erkenntnis gelangt zu sein. Der Prosaroman gestaltet die Figur als abschreckendes Beispiel für die Todsünde der *curiositas* (auf Deutsch *fürwitz*): Diese besteht nicht im Streben nach Wissen als solchem, sondern in einer Erkenntnissuche, die die Grenzen der göttlichen Offenbarung nicht respektiert, in der Welt nicht die Schöpfungsordnung sieht und nicht auf die Sicherung des Seelenheils ausgerichtet ist. In der Gestaltung dieser an sich traditionellen Idee macht die ›Historia‹ zugleich das Prinzip der lutherischen Lehre deutlich, dass das Seelenheil auf dem Glauben an die Heilige Schrift und die göttliche Gnade beruht: Weil Faust sich von der biblischen Offenbarung als Grundlage aller Wahrheitssuche löst und das Vertrauen aufgibt, dass Gott der Erkenntnisfähigkeit des Menschen zu dessen eigenem Wohl Grenzen setzt, erscheint sein Ende als Folge der sündhaften Verzweiflung an der göttlichen Gnade.

21. | ›Das Lalebuch‹

Das Lalebuch. Nach dem Druck von 1597 mit den Abweichungen des Schiltbürgerbuchs von 1598 und zwölf Holzschnitten von 1680 hg. v. Stefan Ertz. Stuttgart (Reclam) 1998.

Auf seinem Titelblatt behauptet das ›Lalebuch‹, von einem Verfasser namens Aabcdefghiklmnopqrstuvwxyz zu stammen und im Jahr 1597 in Laleburg gedruckt zu sein. Tatsächlich erschien es in diesem Jahr in Straßburg. Den Namen hat es von seinen Hauptfiguren, den Lalen (von griechisch *lalein* für ›schwätzen‹) aus Laleburg, die in einer ansonsten wenig veränderten, 1598 in Frankfurt a.M. gedruckten Bearbeitung den Namen ›Schiltbürger‹ erhielten. Als solchen wurde den Lalen ein bis heute anhaltender literarischer Erfolg zuteil. Die Prosaerzählungen, aus denen das ›Lalebuch‹ besteht, stammen teilweise aus der älteren Schwankliteratur. Der unbekannte Autor hat sie so ausgewählt und ergänzt, dass sich zusammen mit einem eigens konstruierten Erzählrahmen eine durchgehende Sinnperspektive gibt. Die Lalen waren ursprünglich so weise, dass sie überall als Ratgeber dienten. Weil sie wegen der großen Nachfrage nie zu Hause waren, verkam ihr eigenes Gemeinwesen. So beschlossen sie eines Tages, ihre Weisheit zu verleugnen und sich wie Narren zu verhalten, um vor der Welt Ruhe zu haben. Doch die angenommene Narrheit wurde durch Gewöhnung zu ihrer wirklichen Natur, so dass sie ihr Gemeinwesen am Ende selbst zugrunde richteten. Die Lalen verstreuten sich in die ganze Welt und vererbten allen ihre Torheit. Der Erzählrahmen verortet Laleburg in Utopien, das gebildete zeitgenössische Leser aus dem 1516 erschienenen, lateinischen Traktat ›Utopia‹ des englischen Humanisten Thomas Morus (oder aus der deutschen Übersetzung von 1524) kannten. Utopia ist dort eine fiktive Insel, auf der eine ideale, von Morus freilich in ironisch gebrochener Weise darstellte Gesellschaftsordnung herrscht. Der Autor des ›Lalebuchs‹ stellt mit der Rahmenkonstruktion Beziehungen zwischen den nur scheinbar harmlosen Geschichten und im 16. Jahrhundert viel diskutierten Themen her. In einer Schwindel erregenden Erzählweise wirft er die Fragen nach dem Verhältnis zwischen Gemeinwohl und Eigennutz, nach der richtigen Vorstellung von Weisheit und nach dem Zusammenhang zwischen Weisheit und Glück auf.

Handschriften, Drucke, Editionen

| Kapitel 6

Schriftliche Textüberlieferung

| 1.

Das Thema dieses Kapitels sind die Überlieferungsbedingungen der älteren deutschen Literatur: Wie sind die Texte erhalten geblieben und welche Folgen ergeben sich aus den Umständen der Textüberlieferung?

Handschriften und Drucke

Schriftliche Texte wurden auf zweierlei Art festgehalten und verbreitet: als Handschrift oder, seit der Mitte des 15. Jahrhunderts, als Druck. Auf der Auswertung von Handschriften und Drucken beruht alles, was wir über ältere Literatur wissen.

Funktionen der Schrift

Für schriftliche Aufzeichnung und Verbreitung gibt es unterschiedliche Gründe. Die Schrift hat erstens eine kommunikative Funktion; sie ist eine von zwei Möglichkeiten (neben der Mündlichkeit), einen Text von einem Sender zu einem Empfänger zu bringen. Schrifttexte können freilich von mündlicher Textproduktion, mündlichem Vortrag oder mündlicher Textüberlieferung beeinflusst sein. Die Schrift dient zweitens der Vervielfältigung und Verbreitung von Texten – eine Funktion, die der Buchdruck erheblich besser erfüllt als die Handschrift. Drittens bietet die Schrift die Möglichkeit, den Inhalt und die spezifische Form von Texten zu speichern. Das geht handschriftlich genauso gut wie im Druck. Viertens schließlich kann die Schrift den Wert, der Texten zugemessen wird, zur Anschauung bringen: Sie kann eine symbolische Funktion erfüllen, beispielsweise indem sie einen Text in der Gestalt des kostbar ausgestatteten Buchs als Schatz ausweist. Das gibt es in religiösen Zusammenhängen, etwa wenn Mönche den heiligen Text der Bibel mit Goldbuchstaben auf purpurgefärbtes Pergament schreiben, ebenso wie in weltlichen, etwa wenn eine Prachthandschrift mit Minneliedern sichtbar macht, wie vornehm die höfische Kunst ist. Diese Funktion ist durch den Herstellungsaufwand und die Einmaligkeit von Handschriften möglicherweise besser zu erfüllen als durch den Druck.

Buch- und Mediengeschichte

Das heutige Interesse für Handschriften und Drucke beruht auf unterschiedlichen Motiven. Es kann zum einen buch- und mediengeschichtlich orientiert sein. Gegenstände sind dann die Aufzeichnungs- und Verbreitungstechniken selbst – die Geschichte der Schrift, des Schreibens, des Buchs, der Drucktechnik – und ihre kulturgeschichtlichen Leistungen. Zum anderen beschäftigt man sich mit Handschriften und Drucken wegen der Texte, die sie überliefern. Dieses Interesse gibt es in zwei Varianten, der überlieferungsgeschichtlichen und der editionsphilologischen.

Überlieferungsgeschichte

Die Überlieferungsgeschichte versucht, aus dem Informationswert von Handschriften und Drucken auf die historische Rezeption und Funktion von Texten zu schließen. Sie benutzt Handschriften und Drucke, um herauszufinden, welche Texte bei wem in welcher Zeit zu welchem Zweck in Gebrauch waren. Auf diese Weise lässt sich allerhand über Texte in Erfahrung bringen, was ihnen selbst nicht abzulesen ist.

Editionsphilologie

Die Editionsphilologie (Edition: Textausgabe; Philologie: Wissenschaft von Sprache und Literatur) interessiert sich für Handschriften und Drucke als Überlieferungsträger von Texten. Wer ältere Texte neu herausgeben und damit allgemein zugänglich machen will, muss wissen, wie und wo sie überliefert sind. Die Editionsphilologie geht indes auch die Leser an: Wer moderne Ausgaben benutzt, muss sich Klarheit darüber verschaffen können, in welcher Weise sie auf der handschriftlichen oder gedruckten Textüberlieferung beruhen.

2. | Handschriften

Papyrus
Pergament
Papier

Die Grundlagen für die mittelalterliche Schriftlichkeit und die Buchherstellung stammen aus der Spätantike. Im 4. Jahrhundert begann die Ablösung des zuvor gebräuchlichen Beschreibstoffs Papyrus (hergestellt aus der Papyruspflanze) durch das Pergament. Es wurde aus Kalbs-, Schaf- oder Ziegenhaut hergestellt und hatte den Vorteil besserer Strapazierbarkeit, jedoch den Nachteil einer aufwändigen Produktion und einer – angesichts der vorindustriellen landwirtschaftlichen Verhältnisse – begrenzten Verfügbarkeit. Bis es im späten Mittelalter durch das Papier ersetzt wurde, blieb es eine Mangelware, die Bücher zum teuren Luxusgegenstand machte.

Die Papierherstellung (aus Textilabfällen) übernahmen die Europäer im 13. Jahrhundert, zunächst im Mittelmeerraum, von den Arabern, bei denen sie vorher schon Papier eingekauft hatten. Nördlich der Alpen wurde Papier anfangs als Importware bekannt und setzte sich gegen Ende des 14. Jahrhunderts durch. Als Beschreibstoff war es erheblich billiger; die zur Herstellung nötigen Rohstoffe waren nahezu unbegrenzt verfügbar. Die erste deutsche Papiermühle nahm ihren Betrieb 1390 in Nürnberg auf.

Schriftrolle
Codex

Der Übergang vom Papyrus zum Pergament ging mit der – nicht gänzlichen – Verdrängung der Schriftrolle durch das gebundene Buch, den Codex, einher. Die spätantike Technik der Handschriftenherstellung hielt sich während der Völkerwanderungszeit in verschiedenen Regionen des ehemaligen römischen Reichs und gelangte schließlich ins Frankenreich. Die Produktion blieb schmal bis zu den karolingischen Bildungsreformen des späten 8. und des 9. Jahrhunderts (vgl. S. 58). Erst jetzt entstanden Bücher in größerer Zahl, und zwar ausschließlich in den Schreibstuben (Skriptorien) der Klöster und Domkirchen. Die Kleriker schrieben vor allem lateinische Literatur aus der christlichen Spätantike ab, daneben in geringerem Umfang auch aus der heidnischen Antike. Die Produktion neuer Texte hielt sich in vergleichsweise engen Grenzen. Volkssprachliche Handschriften (etwa von Otfrids ›Evangelienbuch‹) oder volkssprachliche Einträge in lateinischen Handschriften (etwa das ›Hildebrandslied‹) spielten eine Nebenrolle.

Karolingische Buchproduktion
Skriptorien
Textbestand

Textaufzeichnung

Im Anschluss an spätantike Vorbilder entwickelten die karolingischen Schreibstuben Prinzipien der Textaufzeichnung, deren Einfluss lange anhielt. Das Pergament wurde zunächst mit Schreiblinien versehen, der Seitenspiegel durch Begrenzungslinien festgelegt. Die Beschriftung erfolgte ein- oder mehrspaltig mit Tinte. Überschriften wurden farblich abgesetzt, zumeist in Rot; deshalb heißen sie ›Rubriken‹ (von *rubrica*, rote Farbe). Für die Abschnittsgliederung benutzte man mehr oder weniger prächtig verzierte Initialen. Der Textbeginn wurde im Frühmittelalter noch selten, seit dem Hochmittelalter häufiger mit einer Inzipit-Formel gekennzeichnet (von lateinisch *incipit*, hier beginnt...), das Textende mit einer Explizit-Formel (von lateinisch *explicit*, hier endet...) und eventuell noch mit einem Kolophon (Ort und Datum der

Rubrik
Initiale
Inzipit
Explizit
Kolophon

Fertigstellung, Namen von Schreibern und Auftraggebern). Seit dem 12. Jahrhundert setzte sich die vorher schon gelegentlich benutzte Blattzählung (Foliierung von lateinisch *folium*, Blatt) durch; die heute gebräuchliche Seitenzählung (Paginierung von lateinisch *pagina*, Seite) taucht in der Handschriftenzeit selten auf. Verweise auf Textseiten in Handschriften bedienen sich deshalb bis heute der Blattzählung: fol. XX^r (fol. für *folio*, r für *recto*, vorn) bedeutet ›auf Blatt 20 Vorderseite‹, fol. XX^v (v für *verso*, hinten) bedeutet ›auf Blatt 20 Rückseite‹.

Foliierung
Paginierung

Ein Codex konnte für einen einzelnen Text angelegt werden (Einzelhandschrift) oder für mehrere Texte (Sammelhandschrift). Von der geplanten Sammelhandschrift muss man nachträglich zusammengebundene, unabhängig voneinander entstandene Textaufzeichnungen unterscheiden (›Buchbindersynthesen‹). Sammelhandschriften geben oft ein Programm zu erkennen, das der Textzusammenstellung zugrunde liegt.

Einzelhandschrift
Sammelhandschrift

Ein Beispiel dafür ist eine der ältesten Sammlungen deutschsprachiger Texte, die im späteren 12. Jahrhundert im Augustinerstift Vorau in der Steiermark entstand. Die ›Vorauer Sammelhandschrift‹ enthält 21 frühmittelhochdeutsche Texte; damit ist sie der wichtigste Überlieferungsträger für die vorhöfische Klerikerdichtung, mit der im hohen Mittelalter der zweite Anlauf zur volkssprachlichen Schriftlichkeit begann (vgl. S. 22). Am Anfang der Handschrift steht die ›Kaiserchronik‹ (vgl. S. 89); auf sie folgt eine Gruppe von Bearbeitungen alttestamentarischer Texte. Die Mitte bildet Lamprechts ›Alexanderroman‹ (vgl. S. 63); danach kommt eine Gruppe von Bearbeitungen neutestamentarischer Texte. Am Ende steht ein lateinisches Geschichtswerk über das Leben Kaiser Friedrich Barbarossas, das aber wohl erst später dazugebunden wurde. Die ›Kaiserchronik‹, die von der Schöpfung bis zur Mitte des 12. Jahrhunderts reicht, dient als historischer Überblick am Beginn. Alexander der Große, der eine Schlüsselrolle in der Abfolge der vier Weltreiche (vgl. S. 33) hat, ist zeitlich zwischen den Ereignissen des Alten und des Neuen Testaments eingeordnet. Texte, die ursprünglich unabhängig voneinander entstanden und deshalb keinen einheitlichen Charakter haben, sind planmäßig zu einem weltgeschichtlichen Kompendium zusammengestellt.

›Vorauer Sammelhandschrift‹

Als die Vorauer Sammlung angelegt wurde, stand die Handschriftenproduktion im deutschsprachigen Raum zum zweiten

Hochmittelalterliche Buchproduktion

Mal in Blüte. Nach dem Ende der Karolinger war eine politische und ökonomische Krisenzeit angebrochen, in der die Anfertigung lateinischer Handschriften erheblich zurückging; diejenige volkssprachlicher kam ganz zum Erliegen. Erste Erholungsanzeichen sind in der zweiten Hälfte des 10. Jahrhunderts, der Zeit der ottonischen Kaiser, zu beobachten. Eine neue Phase kontinuierlich, wenn auch langsam anwachsender Handschriftenerzeugung setzte mit dem Beginn des 12. Jahrhunderts ein; sie reichte bis zur großen Pestepidemie von 1348 (vgl. S. 27).

Textbestand

Was den Textbestand der lateinischen Handschriftenproduktion anbelangt, so waren die deutschen Kleriker des 12. Jahrhunderts zunächst vor allem damit beschäftigt, nach den Krisenjahrhunderten das Niveau der späten Karolingerzeit zurückzugewinnen. Die große Erweiterung der Standardliteratur in allen Wissensgebieten, die in Frankreich mit der Scholastik (vgl. S. 25) schon im 12. Jahrhundert einsetzte, erreichte die Buchherstellung der deutschen Skriptorien erst im 13. Jahrhundert. Zu volkssprachlichen Umsetzungen des neuen Wissens kam es deshalb ebenfalls mit Verspätung.

Hofkanzleien

Ins 12. und 13. Jahrhundert fällt auch die Einrichtung von Hofkanzleien als neuen Orten des Schriftgebrauchs. Sie waren anfangs für pragmatische Schriftlichkeit zuständig (Urkunden, Besitz- und Rechtsverzeichnisse etc.) – zunächst lateinische, vom späteren 13. Jahrhundert an immer mehr volkssprachliche. Orte der Buchproduktion und damit der literarischen Schriftlichkeit (Sachliteratur und Dichtung) blieben die Kloster- und Domskriptorien. Volkssprachliche poetische und wissensvermittelnde Texte konnten vom 13. Jahrhundert an vermutlich aber auch in Hofkanzleien zum Buch werden.

Skriptorien

›Manessische Liederhandschrift‹

In den letzten Jahrzehnten vor der großen Pest entstand die wohl berühmteste mittelalterliche Handschrift deutscher Texte, die ›Große Heidelberger‹ oder ›Manessische Liederhandschrift‹, die heute in der Universitätsbibliothek Heidelberg aufbewahrt wird. Sie ist der wichtigste Überlieferungsträger für den Minnesang und die Sangspruchdichtung aus der Zeit vom späteren 12. bis zum früheren 14. Jahrhundert. Auf 426 großformatigen Blättern (35 mal 25 cm) enthält sie über 5200 Liedstrophen. Die Bezeichnung ›Manessische Liederhandschrift‹ beruht auf einem Lied des Züricher Minnesängers Johannes Hadlaub, das in ihr aufgezeichnet ist:

Johannes Hadlaub

Johannes Hadlaub: Lied Nr. 8, Str. 1–2. In: Die Schweizer Minnesänger. Nach der Ausgabe v. Karl Bartsch neu bearb. u. hg. v. Max Schiendorfer. Bd. 1: Texte. Tübingen 1990, S. 325 f.:

Wa vunde man sament so manig liet?
man vunde ir niet in dem künigrîche,
als in Zürich an buochen stât.
Des prüevet man dike da meister sang.
der Manesse rank dar nâch endelîche,
des er diu liederbuoch nu hât.
Gegen sim hove mechten nîgin die singaere,
sîn lob hie prüeven und andirswâ,
wan sang hât boun und würzen dâ.
und wisse er, wâ guot sang noch waere,
er wurbe vil endelîch darnâ.

Sin sun, der kuster, der treibz ouch dar,
des si gar vil edil sanges,
die herren guot, hânt zemne brâcht.
Ir êre prüevet man dabî.
wer wîste sî des anevanges?
der hât ir êren wol gidâcht.
Daz tet ir sin, der richtet sî nach êren;
daz ist ouch in erborn wol an.
sang, dâ man dien frowen wolgetân
wol mitte kan ir lob gemêren,
den wolten sî nit lan zergân.

Wo könnte man so viele Lieder an einem Ort finden? Man könnte nirgends im ganzen Königreich so viele finden, wie in Zürich in Büchern stehen. Deshalb beschäftigt man sich dort oft mit dem Gesang der Meister. Der Manesse bemühte sich zielstrebig darum, deshalb besitzt er nun die Liederbücher. Vor seinem Hof sollten sich die Sänger verneigen, seinen Ruhm hier und anderswo anerkennen, denn der Gesang hat hier Stamm und Wurzeln. Und wüsste er, wo es noch guten Gesang gibt, würde er sich zielstrebig darum bemühen. Sein Sohn, der Kustos, kümmerte sich auch darum, deshalb haben sie sehr viel edlen Gesang zusammengetragen, die vornehmen Herren. Ihr Ansehen erkennt man daran. Wer hat sie darauf gebracht, damit anzufangen? Der war sehr auf ihr Ansehen bedacht. Es war ihr Kunstverstand, der ließ sie nach Ansehen streben; sicher ist ihnen das angeboren. Gesang, mit dem man den Ruhm schöner Frauen vergrößern kann, den wollten sie nicht verloren gehen lassen.

Die Manesse waren eine Züricher Patrizierfamilie. Das hohe Amt des Kustos am Züricher Großmünster übte Johann Manesse aus (gestorben 1297), sein Vater war Rüdiger Manesse (gestorben 1304). Die Liederhandschrift selbst gibt sich als ein ›work in progress‹ zu erkennen; sie wurde um 1300 begonnen und bis in die Zeit um 1340 immer weiter ergänzt.

Johannes Hadlaub zufolge sammelten die Manesse Lieder, und zwar in Gestalt von Liederbüchern, bereits vorhandenen schriftlichen Aufzeichnungen also. Ob Vater und Sohn Manesse auch die Initiative für die Anfertigung der Handschrift gaben, die heute ihren Namen trägt, oder nur die Grundlagen dafür schufen, lässt sich nicht mehr klären. Jedenfalls muss das Projekt lange über ihren Tod hinaus fortgesetzt worden sein. Mit einiger Wahrscheinlichkeit ging die Handschrift jedoch aus den Liederbüchern hervor, die die Manesse zusammentrugen, von denen jedoch leider nichts erhalten blieb. Das Sammelunternehmen diente, wie Hadlaub sagt, dem Ansehen der Manesse. Die Stadtpatrizier nahmen die Tradition der höfischen Adelsdichtung auf, um den eigenen gesellschaftlichen Status zur Schau zu stellen.

Anlage der Handschrift und literarisches Interesse

Der repräsentative Anspruch der Manessischen Handschrift zeigt sich in ihrer Ausstattung und Anlage. Sie ist ein kostbares, mit großem Aufwand geschriebenes und reich bebildertes Buch. Die Lieder sind nach Autoren geordnet, und vor jeder Autorsammlung steht eine ganzseitige Miniatur (Buchillustration) mit einem – fiktiven – Dichterporträt wie dem auf der nächsten Seite abgebildeten Walthers von der Vogelweide. Die 140 Autorsammlungen sind nach der ständischen Hierarchie gereiht: Den Anfang machen die Fürsten (Kaiser, Könige, Herzöge, Grafen), dann geht es weiter über die einfachen Adeligen (mit dem Standestitel ›Herr‹) zu den nichtadeligen Sängern, unter denen einige mit dem Ehrentitel ›Meister‹ (vgl. S. 83) herausgehoben sind, und den Fahrenden am Ende. Wer die Manessische Handschrift aufschlug, sah als erstes Autorbild Kaiser Heinrich VI. auf dem Thron mit Krone, Zepter, Schwert und Reichswappen. So führte das kostbare Buch am Anfang den Geltungsanspruch der höfischen Lyrik als vornehme Adelskunst in aller Deutlichkeit vor Augen.

Die Ordnungsprinzipien nach Autor und Stand brachten allerdings Systemzwänge mit sich. Die Züricher Redakteure mussten jeden Autor ständisch klassifizieren, auch wenn sie vor allem im Fall älterer Dichter den Stand nicht genau kannten. Walther von der Vogelweide etwa sortierten sie vermutlich zu Unrecht unter den Adeligen ein.

Abb. 10 | Miniatur zu den Liedern Walthers von der Vogelweide in der Manessischen Liederhandschrift.

Ebenso mussten die Züricher Redakteure jedes Lied einem Autor zuweisen, denn eine Abteilung für anonyme Lieder sah ihr Ordnungskonzept nicht vor. Zweifel an der Verlässlichkeit ihrer Informationen entstehen, wenn ein Lied noch in einer weiteren Handschrift und dort unter dem Namen eines anderen Autors überliefert ist. Solche Fälle sind nicht die Regel, aber es gibt sie. Die Probleme, die uns die Züricher Redakteure hinterlassen haben, beruhen freilich nicht auf ihrem unzureichenden Interesse an der Autorschaft, sondern im Gegenteil darauf, dass sie aufgrund der Bewertung der höfischen Lyrik als exklusiver Adelskunst den Autor zum Ordnungsprinzip ihrer Handschrift machten. So liefert die Anlage der Handschrift Informationen über das zeitgenössische Interesse an den Texten.

Der Vergleich mit anderen Handschriften zeigt außerdem, dass die Züricher Redakteure ältere Texte aus der Frühzeit des Minnesangs gelegentlich ›verbesserten‹. Beispielsweise ersetzten sie unreine Reime, die in Liedern aus dem 12. Jahrhundert noch vorkamen, aber im 13. Jahrhundert nicht mehr akzeptabel waren, nach Möglichkeit durch reine Reime. Diese Veränderung älterer Texte nach den eigenen Ansprüchen verdankt sich ebenfalls dem literarischen Interesse, das hinter der Handschrift steht:

Hadlaub deutet auf der einen Seite an, dass man in Zürich die höfische Liedkunst nicht verloren gehen lassen wollte. Das Interesse an der Textsicherung erklärt zunächst, warum man möglichst viele und deshalb auch viele alte Liedtexte zusammentrug. Hadlaub begründet die Archivierung nicht nur mit dem Sozialprestige, das sich die Manesse von der Sammelaktion erhofften, sondern auch mit der Absicht, die Texte vor dem Vergessen zu bewahren. Dies erscheint aus heutiger Sicht als durchaus berechtigt, denn zumindest der Minnesang (nicht die Sangspruchdichtung) hatte zur Zeit des Züricher Projekts seine besten Tage in der Tat hinter sich. An den Adelshöfen geriet er langsam außer Mode; die Produktion versiegte nach und nach.

Auf der anderen Seite deutet Hadlaub aber an, dass in Zürich noch eine lebendige Minnesangkultur bestand. Das lässt sich nicht zuletzt durch die Existenz des Züricher Bürgers Johannes Hadlaub selbst absichern, der 1302 anlässlich eines Hauskaufs und 1340 als verstorben belegt ist. Seine 54 Minnelieder stellen eine der größten Autorsammlungen der Manessischen Handschrift dar. Man war in Zürich demnach nicht nur an der Archivierung, sondern auch an der aktiven Aneignung der höfischen Tradition interessiert.

Handschriftentexte als Rezeptionsdokumente

Die Manessische Handschrift ist deshalb ein Dokument der Text*rezeption*. Die Texte des 12. und 13. Jahrhunderts, die sie enthält, sind in der Gestalt aufgezeichnet, in der man sie in Zürich zwischen 1300 und 1340 rezipiert hat. Wie gut diese Gestalt mit derjenigen übereinstimmt, in der die Texte ursprünglich produziert wurden, lässt sich nicht mehr genau erkennen. Wo ein Text noch andernorts überliefert ist, kann man gelegentlich beobachten, dass es zu Veränderungen im Rezeptionsprozess kam.

Abstand zwischen Textproduktion und Textüberlieferung

Die Manessische Handschrift ist in dieser Hinsicht kein Sonderfall. Volkssprachliche Handschriften überliefern Texte oft nicht so, wie sie produziert wurden, sondern in einer später festgehaltenen und von Rezeption gekennzeichneten Form. In vielen Fällen ist es unmöglich, daraus die Produktionsgestalt eines Textes zurückzugewinnen. Beispielsweise kann niemand den Wortlaut der Texte genau kennen, die Walther von der Vogelweide um 1200 tatsächlich vorgetragen hat; wir kennen nur den der Texte, die später aufgeschrieben wurden. Auch kann niemand genau wissen, welche Texte Walther von der Vogelweide tatsächlich vorgetragen hat; wir wissen nur, welche Texte ihm später zugeschrieben wurden. In vielen Fällen versorgt uns die Überlieferung nicht mit Autortexten. Freilich sind die Umstände unterschiedlich, so dass man sich um jeden einzelnen Fall eigens bemühen muss.

Produktionsnahe Textüberlieferung

Gelegentlich sind nämlich durchaus produktionsnahe Texte überliefert. Das ›Evangelienbuch‹ Otfrids von Weißenburg etwa ist in drei Handschriften teilweise, in einer einzigen vollständig erhalten. An dieser vollständigen Handschrift, die heute in der Österreichischen Nationalbibliothek in Wien liegt, arbeiteten in einem Klosterskriptorium des 9. Jahrhunderts mehrere Schreiber. Einer von ihnen korrigierte die gesamte Handschrift am Ende sorgfältig. Es gibt Indizien dafür, dass das Otfrid selbst gewesen sein muss. Hier lässt sich ein wahrscheinlich vom Autor kontrollierter Text greifen. Autornahe Texte bieten ebenso die Handschriften, die Oswald von Wolkenstein von seinen Liedern anfertigen ließ (vgl. S. 95). Auch die Manessische Handschrift dürfte einige produktionsnahe Autorsammlungen enthalten, allen voran diejenige der Lieder Johannes Hadlaubs.

Literaturexplosion des späten 14. und 15. Jahrhunderts

Die große Pest von 1348 hatte auf die Handschriftenproduktion katastrophale, erstaunlicherweise jedoch nur kurzfristige Auswirkungen. Obwohl es zu einem durchschnittlichen Bevölkerungsrückgang um mindestens ein Drittel kam, obwohl in der Krisenzeit bis zur Mitte des 15. Jahrhunderts die Bevölkerungszahl weiter sank und erst in der Mitte des 16. Jahrhunderts der demographische Zustand von 1347 wieder erreicht war, setzte seit 1370 eine explosionsartige Vermehrung der Handschriftenherstellung ein. Sie gewann in der ersten Hälfte des 15. Jahrhunderts nochmals an Schub.

Buchnachfrage

Ursache für die – ohne den Wechsel zum Papier undenkbare – ›Literaturexplosion‹ war eine stetig ansteigende Nachfrage nach Büchern. Sie wurde in erster Linie von den Angehörigen der Bettelorden (vgl. S. 26), den Universitäten, den städtischen Bildungsträgern (Stadtschreibern, Notaren, gelehrten Räten, Schulmeistern) sowie von Frauenklöstern und anderen religiösen Frauengemeinschaften erzeugt.

Lesergruppen

Die Ausbreitung der Bettelorden vermehrte die Anzahl der Kleriker im späteren Mittelalter erheblich; und da alle Orden von ihren Angehörigen Bildung verlangten, vergrößerte sich die Menge der Buchleser. Ebenso trugen dazu die neuen Gruppen der Professoren und Studenten bei: Die erste deutsche Universität wurde 1347 in Prag gegründet; bis 1500 kamen dreizehn weitere dazu. Die städtischen Schriftexperten des 14. und 15. Jahrhunderts waren zwar von Amts wegen vor allem mit pragmatischer Schriftlichkeit beschäftigt, spielten nebenher jedoch als Autoren und Leser von Sachliteratur wie Dichtung – gerade auch volkssprachlicher – eine wichtige Rolle. Frauen in Klöstern und klosterähnlichen Lebensgemeinschaften bildeten ein Lesepublikum für deutschsprachige religiöse Literatur.

Textbestand

Die meisten Bücher waren weiterhin lateinisch. Noch in der Mitte des 15. Jahrhunderts betrug der Anteil deutschsprachiger Titel an der Produktion nur etwa 15 Prozent. Die Literaturexplosion ging jedoch mit einer Erweiterung nicht nur des lateinischen, sondern auch des deutschsprachigen Textbestands einher, die sich vor allem den Frömmigkeitsbewegungen und der scholastischen Wissenschaft verdankte. Immer noch wurden freilich ebenso Handschriften jener lateinischen Texte angefertigt, die schon seit der Karolingerzeit zum ›Lehrplan des Abendlands‹ gehörten. Angesichts der Trägergruppen der Buchnachfrage ist die beherrschende Stellung religiöser und wissensvermittelnder Literatur in dieser Zeit nicht verwunderlich.

Skriptorien
Schreibwerkstätten

Auch im Spätmittelalter wurden die Bücher zumeist in kirchlichen Schreibstuben hergestellt. Die gestiegene Buchnachfrage konnten die Skriptorien allein aber nicht mehr befriedigen. Die Literaturexplosion schuf Märkte für die gewerbsmäßige Buchproduktion. Dies stellt eine wichtige Neuerung dar, denn bis ins 13. Jahrhundert wurden lateinische wie volkssprachliche

Handschriften grundsätzlich, später immer noch in der Regel, nur als Einzelstücke nach einem entsprechenden Auftrag für einen bestimmten Benutzer oder Benutzerkreis hergestellt – ein Kloster, einen Fürstenhof, einen einzelnen Kleriker, Adeligen, Gelehrten. Das Interesse einzelner Benutzer bestimmte die Entstehung von Handschriften, damit die Archivierung und Verbreitung von Texten.

Schon im späteren 13. Jahrhundert wurden Handschriften gewerbsmäßig produziert, also nicht mehr als Einzelstücke auf einen Einzelauftrag hin, sondern reihenweise auf Vorrat für Frühformen eines entstehenden Buchmarkts. Das geschah zunächst im Umfeld des Universitätsbetriebs in Paris und Bologna, wo ein großer und leicht berechenbarer Bedarf an Schulbüchern herrschte. In deutschen Städten gab es wahrscheinlich seit dem späteren 14. Jahrhundert kommerzielle Handwerksbetriebe, die Handschriften anfertigten. Allerdings ist nur eine derartige Schreibwerkstatt gut belegt, diejenige von Diebold Lauber in Hagenau im Elsass, die um die Mitte des 15. Jahrhunderts in Betrieb war – also zu der Zeit, in der Gutenberg den Buchdruck erfand.

Diebold Lauber

Laubers Handschriftenangebot umfasste, wie ein erhaltener Geschäftsbrief zeigt, neben einigen lateinischen 46 deutsche Titel. Er verkaufte seine Produkte weit über das Elsass hinaus; seine Kundschaft waren vermögende Stadtbürger und Adelige. Unter den deutschen Texten überwiegt die religiöse Literatur, an zweiter Stelle folgt Sachliteratur aus anderen Wissensgebieten (Geschichtsschreibung, Recht, Naturkunde, Astronomie, Medizin). Drittens hatte Lauber höfische Epik wie den ›Parzival‹ Wolframs von Eschenbach und den ›Tristan‹ Gottfrieds von Straßburg im Programm, 250 Jahre alte Texte. Zeitgenössische Dichtung findet sich dagegen kaum. Das Angebot zeigt das literarische Interesse der städtischen Führungsgruppen und des Adels im 15. Jahrhundert: Religiöse Unterweisung, Wissensvermittlung und Adelsdichtung aus der alten höfischen Glanzzeit.

Handschriftenproduktion nach der Erfindung des Buchdrucks

Auf die gestiegene Nachfrage nach Büchern und die dadurch ausgelöste Literaturexplosion traf um 1450 die neue Technik des Buchdrucks. Bis etwa 1470 blieb die Handschriftenproduktion auf dem erreichten Stand, dann ging sie innerhalb weniger Jahre drastisch zurück. Zwar wurden weiterhin Handschriften angefertigt, jedoch nicht mehr zum Zweck der Textverbreitung, sondern um Texte aus einem persönlichen Interesse festzuhalten oder um

Abb. 11

Um 1445 geschriebene ›Parzival‹-Handschrift aus der Werkstatt von Diebold Lauber.

den ihnen zugewiesenen Wert durch eine exklusive Ausstattung anzuzeigen.

›Ambraser Heldenbuch‹

Ein Beispiel für das repräsentative Interesse, das in der Zeit des Buchdrucks die Produktion von Handschriften begründen konnte, ist das ›Ambraser Heldenbuch‹, eine der wichtigsten Textsammlungen älterer deutscher Literatur überhaupt. Der großformatige Codex (234 Blätter, 46 mal 36 cm) hat seinen Namen vom Schloss

Ambras bei Innsbruck, wo er im 19. Jahrhundert aufgefunden wurde.

Über die Entstehung des ›Ambraser Heldenbuchs‹ weiß man vergleichsweise gut Bescheid. Es wurde von 1504 bis 1515 von Hans Ried geschrieben, der bis 1508 Zöllner bei Bozen war und sich danach hauptberuflich dem Heldenbuch widmete. Der Auftraggeber war Kaiser Maximilian I., der von 1493 bis 1519 regierte.

Maximilian betrieb eine gezielte Kulturpolitik, die die Wissenschaften und Künste planmäßig zur Darstellung seiner Herrschaftskonzeption einsetzte. Die wichtigsten Humanisten – Maximilians Regierungszeit fällt mit der Blütezeit des deutschen Humanismus zusammen – standen in Verbindung mit seinem Hof und wurden von ihm gefördert. Die bedeutendsten zeitgenössischen Künstler – beispielsweise Albrecht Dürer – arbeiteten für ihn. Das literarische Programm des ›Ambraser Heldenbuchs‹ präsentiert Maximilians Herrschaftsverständnis anhand der glanzvollen Tradition der höfischen Adelsdichtung.

Die Handschrift enthält 25 Texte, die alle aus dem 12. und 13. Jahrhundert stammen – höfische Romane (darunter den ›Erec‹ und den ›Iwein‹ Hartmanns von Aue), Mären, Lehrdichtungen und Heldenepen (darunter das ›Nibelungenlied‹). Die Sammlung ist einerseits auf Ritterschaft und höfische Liebe, das heißt auf adelige Vorbildlichkeit und Exklusivität konzentriert, andererseits auf die großen Herrscherfiguren des höfischen Romans und der Heldenepik, Artus und Dietrich. Beides zeigt Maximilians Interesse: Die Sammlung verweist auf seinen eigenen Herrschaftsanspruch, indem sie eine vorbildliche Vergangenheit vor Augen führt, in deren Kontinuität die Gegenwart stehen soll. Das rückwärtsgewandte literarische Interesse der Ambraser Handschrift erweist sich dergestalt als durchaus gegenwartsbezogen.

Uns zeigt das ›Ambraser Heldenbuch‹ zugleich die lang anhaltende Überlieferung und Rezeption hochmittelalterlicher Dichtung. Sie verdankte sich weniger einem archivalischen oder gelehrt-historischen Interesse, sondern diente eher der Weitergabe alter Norm- und Wertvorstellungen, der Bestätigung adeliger Exklusivität und der Herrschaftsrepräsentation. Die Texte aus der höfischen Blütezeit fanden bis in die ersten Jahrzehnte des 16. Jahrhunderts Aufmerksamkeit, also bis in jene Zeit, in der Hans Ried das ›Heldenbuch‹ für Maximilian schrieb; danach gerieten die meisten von ihnen in Vergessenheit.

Die Bedeutung des ›Ambraser Heldenbuchs‹ als Überlieferungsträger beruht außerdem darauf, dass 15 seiner 25 hochmittelalterlichen Texte in keiner anderen Handschrift erhalten sind. Vom ›Erec‹ Hartmanns von Aue, dem ersten deutschen Artusroman, gäbe es beispielsweise nur noch ein paar kleine Fragmente, hätte Hans Ried nicht eine ältere, verlorene Quelle für das ›Heldenbuch‹ abgeschrieben. Deshalb kennen wir den größten Teil des ›Erec‹ allein in Gestalt einer Aufzeichnung, die über 300 Jahre nach der Textproduktion angefertigt wurde. Von etlichen anderen, in der älteren deutschen Literaturwissenschaft durchaus prominenten Texten wüssten wir gar nichts, wäre diese Handschrift nicht erhalten geblieben.

Buchdruck | 3.

Die Erfindung des Buchdrucks hat die europäische Welt nicht auf einen Schlag verwandelt. Längerfristig bewirkte er aber tiefgreifende kulturelle Veränderungen. Zu seinen Voraussetzungen gehört, neben dem billigen Papier anstelle des teuren Pergaments, der gesellschaftliche Bedarf an einer Methode der Textvervielfältigung, die der handschriftlichen an Leistungsfähigkeit überlegen war. Ein solcher Bedarf entstand mit der steigenden Nachfrage nach Büchern im 14. und 15. Jahrhundert. Die Literaturexplosion ging einher mit einer veränderten gesellschaftlichen Bedeutung des Wissens und seiner Verfügbarkeit.

Verfügbarkeit des Wissens

Der Zustand, den der Buchdruck im Lauf seiner Erfolgsgeschichte auflöste, war der der räumlich und gesellschaftlich stark eingeschränkten Verfügbarkeit des Wissens. Um es in der Zuspitzung zu verdeutlichen: Wo in der frühmittelalterlichen Manuskriptkultur die einzelne Handschrift steht, zu der nur die Mönche eines bestimmten Klosters Zugang haben, da steht in der Druckkultur (auf breiter Front allerdings erst seit dem 18. Jahrhundert) das massenhaft vervielfältigte Buch, zu dem alle Lesefähigen und der jeweiligen Sprache Kundigen Zugang haben, so weit das Vertriebssystem reicht. Zwischen den beiden Polen erstreckt sich der lange Prozess, der die Schriftlichkeit von den Klöstern auf die gesamte Kultur ausdehnte und ihre Beherrschung vom Expertenwissen weniger zur Grundkompetenz aller machte (dies allerdings erst seit dem 19. Jahrhundert). Die Erfindung des Buchdrucks war eine der wichtigsten Etappen auf diesem Weg.

Drucktechniken
Holzschnitt

Drucktechniken gab es schon vor Gutenberg, zunächst in Gestalt des Holzschnitts. Der Druck erfolgt dabei mit einem entsprechend zurechtgeschnitzten Holzblock. Das Verfahren wurde seit dem ersten Drittel des 15. Jahrhunderts für Einblattdrucke, das heißt Einzelblätter, benutzt. Später stellte man auch Bücher, die so genannten Blockbücher, auf diese Weise her. Für Illustrationen hielt sich der Holzschnittdruck noch lange, für Texte war er jedoch äußerst umständlich. Seit der Mitte des 15. Jahrhunderts gab es auch bereits den Kupferstich-Druck mit entsprechend bearbeiteten Kupferplatten.

Einblattdruck
Blockbuch
Kupferstich

Gutenberg
Bewegliche Lettern

Die um 1450 vollzogene Innovation Johannes Gutenbergs war eine Kombination verschiedener Techniken. Im Mittelpunkt stehen dabei Bleiguss und Satz ›beweglicher Lettern‹: Mit dem Handgießinstrument aus Blei gegossene Buchstabentypen werden auf einer Druckplatte angeordnet (›gesetzt‹), von der sich mittels Druckerschwärze (aus Leinöl und Ruß) auf der Druckpresse Abzüge anfertigen lassen. Texte sind auf diese Weise wesentlich schneller zu vervielfältigen als mit dem Holz- oder Kupferdruck, die Typen können in großen Mengen auf Vorrat erzeugt und mehrmals benutzt werden. Das früheste datierbare Buch, das Gutenberg 1454 in seiner Mainzer Werkstatt mit beweglichen Lettern produzierte, war eine lateinische Bibel, deren Seitenspiegel 42 Zeilen hat und die deshalb heute › 42zeilige Bibel‹ heißt. Wahrscheinlich wurden davon etwa 180 Exemplare gedruckt.

42zeilige Bibel

Wiegendrucke

Die Frühzeit der Druckgeschichte bis 1500, in der der Buchdruck sozusagen noch in der Kinderwiege lag, nennt man die Zeit der Wiegendrucke (oder Inkunabeln, nach dem lateinischen Wort für Wiege). Die Zeitgenossen erkannten die Leistungen der neuen Technik früh und lobten die schnelle und genaue Textreproduktion, die im Vergleich zur Handschriftenherstellung geringeren Kosten, die leichtere Lesbarkeit, die bessere Zugänglichkeit des Wissens und die Vorteile für die Kommunikation. Die Druckwerkstätten verbreiteten sich über ganz Europa. Die Drucker waren in der Frühzeit meistens zugleich Verleger und Buchhändler, viele von ihnen hatten studiert und waren humanistisch interessiert.

Leistungen der Drucktechnik
Drucker

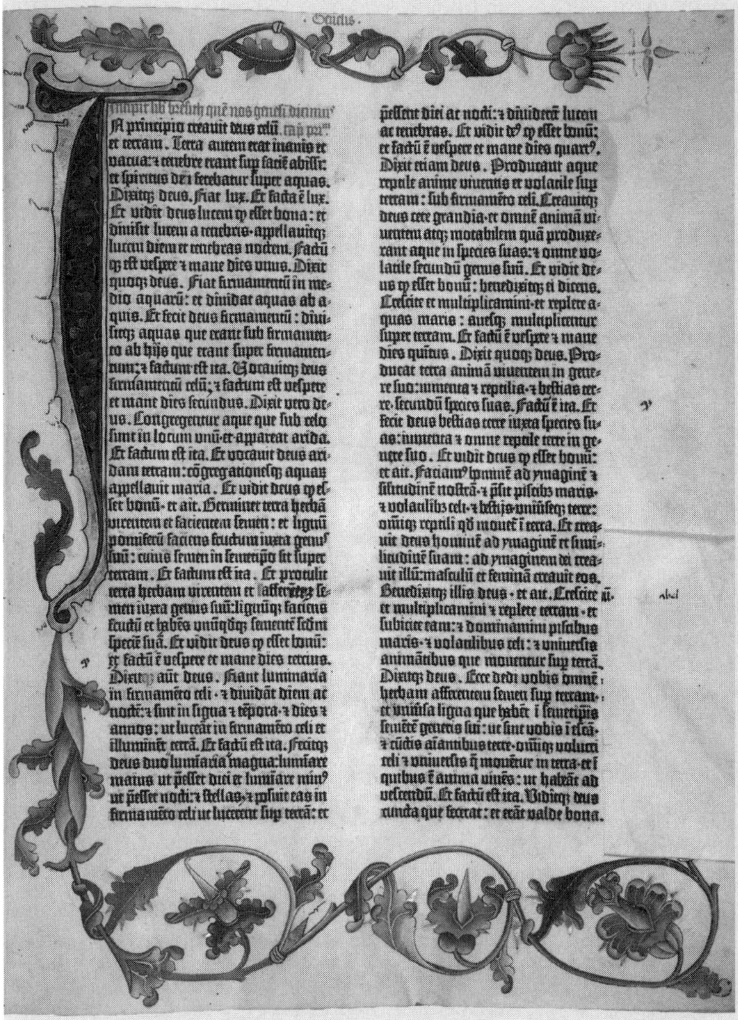

Abb. 12

Anfang des 1. Buchs Mose in der Gutenberg-Bibel, Mainz 1454.

Textbestand

Gedruckt wurden zunächst vor allem absatzsichere Standardwerke, das heißt hoch geschätzte und in der Welt der Kleriker, städtischen Schriftexperten und humanistischen Gelehrten verbreitete lateinische Texte: die Bibel, liturgische Bücher, Legendensammlungen, Fachliteratur aus Theologie, Recht und Medizin, geläufige Unterrichtswerke wie lateinische Grammatiken und Fabelsammlungen, dazu römische Klassiker wie Cicero und Vergil.

Auflagenhöhe

Die Auflagenzahlen blieben bis um 1470 mit üblicherweise 200 bis 300 Exemplaren niedrig, stiegen danach jedoch kontinuierlich an. Um 1500 stellte eine Auflage von 1000 Exemplaren bereits den unteren Standard dar, weil erst jenseits davon mit Gewinn zu rechnen war. Luthers Septembertestament (vgl. S. 56) wurde 1522 in Wittenberg mit einer Startauflage von 3000 Exemplaren gedruckt. Von Einzelfällen wie der Lutherbibel abgesehen, änderten sich die Verhältnisse bis zum 18. Jahrhundert dann nicht mehr dramatisch; noch im 17. Jahrhundert hatten Bücher eine Durchschnittsauflage von 2000 Exemplaren. Auch wenn man die gängige Praxis wiederholter Nachauflagen berücksichtigt, war der Buchdruck anfangs kein Instrument der massenhaften Herstellung und Verbreitung von Büchern. Dafür war die Anzahl der Lesefähigen noch viel zu gering. Die Käufergruppen unterschieden sich zunächst nicht von denjenigen der Handschriftenproduktion im 15. Jahrhundert.

Buchpreise

Bis um 1470 waren gedruckte Bücher zudem nicht wesentlich billiger als Handschriften. Dann fielen die Preise jedoch relativ schnell um durchschnittlich etwa zwei Drittel, bei Büchern mit höheren Auflagen wie der Bibel auch weiter, um danach lange Zeit relativ konstant zu bleiben; bis um 1600 gingen sie nur noch leicht zurück. Die lateinische Bibel, die 1461 mit einem Umfang von 406 Blättern bei Mentelin in Straßburg gedruckt wurde, kostete ebenso wie die deutsche von 1466 mit 427 Blättern 12 Gulden. Die 1482 von Amerbach in Basel auf 570 Blättern gedruckte lateinische Bibel war dagegen schon für 2 Gulden zu haben. Zu dieser Zeit bezahlte man für ein Reitpferd 15 bis 20 Gulden; ein Universitätsprofessor hatte ein festes Jahresgehalt von 50 bis 150 Gulden, kam aber mit Nebeneinkünften auf 500 bis 1000. Die Preisangaben für Luthers Septembertestament von 1522 (264 Blätter) schwanken zwischen einem halben und eineinhalb Gulden, für die ganze Lutherbibel von 1534 (900 Blätter) bezahlte man zwischen 2 und 3 Gulden. Bei den seit der Jahrhundertwende eher konstanten Preisen ist allerdings eine leichte Geldentwertung in Rechnung zu stellen.

Qualität der Textreproduktion

Die Gelehrten erhofften sich von der neuen Technik nicht zuletzt eine zuverlässigere und lesefreundlichere Textreproduktion. Da die Exemplare einer Auflage untereinander identisch waren, reichte eine sorgfältige Korrektur des gesetzten Textes, um die Vorlagentreue aller Abzüge sicherzustellen. Handschriften mussten nicht nur einzeln geschrieben, sondern auch einzeln korrigiert werden. Der Druck beschleunigte die Textvervielfältigung und ermöglichte es zugleich, gut lesbare Reproduktionen in relativ kurzer Zeit anzufertigen; Handschriften waren umso schwerer zu lesen, je schneller sie geschrieben wurden.

Texteinrichtung

Der Buchdruck trat deshalb zunächst vor allem an die Stelle der sorgfältig gearbeiteten, gut korrigierten und schön geschriebenen Handschrift. Die ältesten Drucke bis in die Zeit um 1480 sahen mit ihren Schrifttypen, der Seiteneinrichtung und der gesamten Textgestaltung noch weitgehend aus wie Handschriften. Sie hatten anfangs auch noch keine Titelblätter, sondern nach alter Gewohnheit einen Kolophon, der am Ende Drucker, Druckort und Druckdatum anführte. Titelblätter kamen in den 80er Jahren auf und setzten sich erst um 1520 allgemein durch.

Titelblatt

Buchdruck und Humanismus

Die Reproduktionsgenauigkeit gehört zu den Gründen, aus denen sich die Humanisten schnell für den Buchdruck interessierten. Die Begeisterung für antike Literatur führte zu einer regen Editionstätigkeit, und weil die Humanisten auf die korrekte sprachliche Gestalt der Texte größten Wert legten, kam ihnen der Buchdruck gerade recht. Er bot die Chance, die Unwägbarkeiten der handschriftlichen Vervielfältigung auszuschalten. Ebenso schätzten sie die Möglichkeit, Wissen in Gestalt des gedruckten Buchs schnell und allgemein zugänglich zu machen – freilich innerhalb der Welt der Gelehrten und mittels der alle Gelehrten verbindenden, alle anderen ausschließenden Bildungssprache Latein. Buchdruck und Humanismus förderten sich gegenseitig: Ohne den Buchdruck hätte das europaweite Humanisten-Netzwerk, das im 16. Jahrhundert auch nördlich der Alpen wachsenden kulturellen Einfluss gewann, kaum funktionieren können; umgekehrt trug die humanistische Publikationstätigkeit zum Aufschwung des Buchdrucks bei. An vielen Orten ergab sich eine Zusammenarbeit zwischen Druckern und Humanisten, die gewissermaßen die Aufgaben von Verlagslektoren übernahmen.

Deutschsprachige Texte

Der Druck deutschsprachiger Texte begann relativ früh, erreichte bis zur Reformation aber nur einen wenig höheren Anteil an der Buchproduktion als in der Handschriftenzeit. Noch 1519 lag die Quote der volkssprachlichen Titel unter 20 Prozent. Zu den ersten gedruckten deutschen Büchern gehörten Ulrich Boners Fabelsammlung ›Der Edelstein‹ (vgl. S. 61) und der ›Ackermann‹ des Johannes von Tepl (vgl. S. 120), die Albrecht

Illustration mit Holzschnitten

Pfister in Bamberg 1461 und 1463 herausbrachte. Pfister war auch insofern ein Pionier, als er seine volkssprachlichen Drucke großzügig mit Holzschnitten versah. Der Holzschnitt hielt sich lange Zeit als Drucktechnik für die gerade im 15. und 16. Jahrhundert außerordentlich wichtige Buchillustration. Kaum auf die Presse kam allerdings die alte höfische Adelsdichtung, die Kaiser Maximilian im ›Ambraser Heldenbuch‹ noch einmal handschriftlich festhalten ließ. 1477 druckte Mentelin in Straßburg den ›Parzival‹, angesichts nicht belegter Nachauflagen offenbar ohne großen Erfolg.

›Schedelsche Weltchronik‹

Das ehrgeizigste volkssprachliche Druckprojekt der Inkunabelzeit war die ›Schedelsche Weltchronik‹ (vgl. S. 33). Die deutsche Ausgabe erschien im Dezember 1493 in Nürnberg, nachdem dort im März desselben Jahres bereits eine lateinische vorausgegangen war. Bei der von Anfang an in zwei Sprachfassungen geplanten Veröffentlichung handelt es sich zugleich um das historisch am besten dokumentierte Buchunternehmen des 15. Jahrhunderts im deutschen Sprachraum.

Anlage

Auf 300 reich illustrierten Blättern verfolgt die Weltchronik den Anspruch einer Darstellung der Weltgeschichte nach dem traditionellen Schema der sechs Zeitalter von der Schöpfung bis zur Gegenwart und, damit verbunden, einer umfassenden Weltbeschreibung. Angestrebt ist die Präsentation des gesamten zeitgenössischen historischen und geographischen Wissens. Ein besonderer thematischer Schwerpunkt liegt dabei auf der Beschreibung deutscher und europäischer Städte; Gründungsgeschichten (zumeist sagenhafte) werden ebenso mitgeteilt wie Informationen zu Stadtanlage, Umgebung, Wirtschaftsleistung und wichtigen Handelsgütern. Jede beschriebene Stadt ist in einem eigenen Holzschnitt abgebildet. Die zum größeren Teil authentischen Städteansichten folgen zumeist älteren Vorlagen, wurden in einigen Fällen aber auch eigens für die Weltchronik entworfen.

Textbearbeiter

Die Weltchronik hat ihren heutigen Namen vom Hauptbearbeiter des lateinischen Textes. Hartmann Schedel, Sohn einer Nürnberger Patrizierfamilie, übte nach dem Studium der humanistischen Fächer und der Medizin in Leipzig und Padua seit 1484 das Amt des Nürnberger Stadtarztes aus, der die Aufsicht über das gesamte städtische Gesundheitswesen hatte. Sein hoher Bildungsstand lässt sich ungewöhnlich detailliert abschätzen, weil seine

Privatbibliothek mit 370 Handschriften und 670 Drucken zum größten Teil erhalten geblieben ist.

Den lateinischen Text der Weltchronik hat er, wie in der Tradition der Weltchronistik seit langem üblich, nicht neu verfasst, sondern aus zahlreichen älteren und zeitgenössischen Vorlagen weitgehend wörtlich übernommen und neu zusammengestellt. Außer Schedel waren an dieser Arbeit auch der Übersetzer der deutschen Ausgabe, der Nürnberger Stadtkämmerer Georg Alt, und einige weitere ›gelehrte Männer‹ beteiligt. Von solchen spricht der Kolophon sowohl der lateinischen als auch der deutschen Fassung, wobei jedoch kein Name – auch nicht derjenige Schedels – fällt; nur der Übersetzer Alt wird in der deutschen Schlussschrift genannt. Das Buch selbst heißt im lateinischen Kolophon ›liber Cronicarum‹, im deutschen ›buch der Cronicken‹; ein Titelblatt hat es, wie zu dieser Zeit üblich, nicht.

Die Weltchronik war ein Gemeinschaftsunternehmen noch weiterer humanistisch gebildeter Nürnberger Patrizier, die auch die Funktionen der Geldgeber und Verleger übernahmen. Die 652 Holzstöcke für die 1804 Illustrationen (manche wurden mehrfach eingesetzt) gaben sie in der bedeutendsten Nürnberger Holzschnitzer-Werkstatt in Auftrag, bei Michael Wolgemut. Hier arbeitete übrigens von 1486 bis 1489 ein junger Lehrbub namens Albrecht Dürer, der vielleicht noch an der Vorbereitung der Holzstöcke beteiligt war. Neben einem Vertrag mit Wolgemut ist noch ein weiterer mit dem Humanisten Konrad Celtis (vgl. S. 85) erhalten, der für eine geplante zweite Auflage den lateinischen Text überarbeiten sollte. Drucken ließ man in der Nürnberger Werkstatt von Anton Koberger, einer der größten Druckereien der Zeit.

Holzschnitte

Außer den Produktionsverträgen ist eine Schlussabrechnung des Projekts aus dem Jahr 1509 erhalten. Sie bildet die Grundlage für die Schätzung, dass von der lateinischen Fassung 1400, von der deutschen 700 Exemplare gedruckt wurden. 1509 waren davon 535 lateinische und 60 deutsche noch nicht verkauft. Die Weltchronik kostete ungebunden drei Gulden, gebunden fünf, gebunden und koloriert (mit von Hand farbig ausgemalten Holzschnitten) acht. Außer in Nürnberg und weiteren deutschen Städten wurde sie auch in Mailand, Florenz, Genua, Bologna, Paris, Lyon und Budapest verkauft. Das ist keine Besonderheit; der Buchvertrieb hatte sich von Anfang an nach dem Vorbild des zeitgenössischen Fernhandels entwickelt. Wie andere Kaufleute

Auflage und Vertrieb

vertrieben die Drucker ihre Ware über auswärtige Niederlassungen und Geschäftspartner.

Nachdrucke

Koberger hatte mit der Weltchronik kein allzu großes Glück, wie die übrig gebliebenen Exemplare und die fehlenden Nachauflagen zeigen. Das Geschäft verdarb ihm sein Augsburger Druckerkollege Schönsperger, der bereits 1496 einen billigeren Nachdruck der deutschen Ausgabe in kleinerem Format – mit kleinerer Schrift und kleineren Holzschnitten – bei weitgehend gleichem Text- und Bildbestand herausbrachte; 1497 folgte ein Nachdruck der lateinischen Ausgabe nach demselben Prinzip.

Auch dies ist keine Besonderheit, denn ein Copyright existierte nicht. Die politischen Verhältnisse der vielen kleinen Territorien hätten dafür gar keine Grundlage bieten können. Entscheidend aber war, dass es keine allgemein anerkannte Vorstellung von geistigem Eigentum und deshalb keine rechtlichen Konsequenzen eines solchen Begriffs gab. Man konnte nur das materielle Buch, wie jede hergestellte Ware, im jeweiligen Territorium durch Handelsprivilegien schützen. Die intellektuelle Leistung, die einem Buch zugrunde lag, war niemandes Eigentum. Es dauerte noch lange, bis sich das änderte.

Druckersprachen

Augsburg, wo Schönsperger geradezu ein Experte für Nachdrucke war, entwickelte sich im Übrigen zum wichtigsten Ort des volkssprachlichen Buchdrucks vor der Reformation in Süddeutschland. Im Norden erreichte Köln einen ähnlichen Status mit niederdeutschen Drucken. Anders als bei der europaweiten Gelehrtensprache Latein spielten für den volkssprachlichen Druck regionale Sprachvarianten eine erhebliche Rolle. Allerdings wurden sie aus wirtschaftlichen Gründen zügig zu großräumigeren Druckersprachen vereinheitlicht. Mit der Reformation setzte sich dann das Lutherdeutsch in den protestantischen Gebieten, das gemeine Deutsch der kaiserlichen Kanzlei in den katholischen des Südens durch (vgl. S. 18). Für das Niederdeutsche als Schriftsprache brachte die Vereinheitlichung, die Reformation und Buchdruck gemeinsam erzeugten, schon im 16. Jahrhundert einen unaufhaltsamen Niedergang.

Reformation und Buchdruck

Die Produktion deutschsprachiger Drucke nahm seit den 1480er Jahren zwar zu, aber zu einem drastischen Anstieg kam es erst durch die Reformation. Im Jahrzehnt zwischen 1520 und 1530 lag der Anteil deutscher Titel bei fast 60 Prozent. Allerdings verringerte sich die Quote bis zum Ende des 16. Jahrhunderts wieder auf 40 Prozent.

Luther hat die Bedeutung des Buchdrucks für die Verbreitung seiner Lehre, trotz einiger skeptischer Äußerungen, von Anfang an erkannt und genutzt. Die Publikation seiner Schriften konnte er allerdings nur teilweise steuern. Seine frühen reformatorischen Texte aus der Zeit vor dem Septembertestament wurden als Flugschriften – mehrseitige, aber ungebundene und deshalb billige Druckerzeugnisse – massenhaft unter die Leute gebracht. Zwischen 1517 und 1521 erschienen von seinen 32 frühreformatorischen Schriften 529 Druckausgaben. Selbst bei einer zurückhaltenden Veranschlagung der durchschnittlichen Auflagenhöhe mit 1000 Exemplaren wäre die Gesamtauflage bei über einer halben Million anzusetzen; das Doppelte ist realistischer.

Flugschriften

Mit der Reformationspublizistik wurde der Buchdruck erstmals zu einem Massenphänomen. Mit Holzschnitten illustrierte Einblattdrucke und Flugschriften erschienen bis 1526 in großer Zahl. So befruchteten sich Reformation und Buchdruck gegenseitig: Ohne den Buchdruck hätte die Reformation nicht ihren historischen Verlauf nehmen können; umgekehrt zeigte erst die Reformation, welche Möglichkeiten die neue Technik für die Verbreitung von Texten bereithielt. Allerdings bürgerte sich die Massenproduktion von Gedrucktem damit noch nicht als Normalfall ein; in der Geschichte des Buchdrucks blieb die Reformationspublizistik für lange Zeit eine Ausnahmeerscheinung. Doch als Werkzeug der Reformation hatte der Buchdruck, für alle erkennbar, die Welt verändert.

Massenproduktion

Nicht ganz realistisch dürfte allerdings die Vorstellung sein, dass von 1517 an eine Bevölkerung von Analphabeten (schätzungsweise waren über 90 Prozent immer noch nicht schriftkundig) landauf, landab plötzlich die deutschen Schriften Luthers las. Es gibt zwar Anzeichen dafür, dass sich im Gefolge der neuen Technik die Anzahl der Lesefähigen erhöhte. Aber die großen Mengen, in denen bis zur Reformationszeit lateinische Grammatiken, Bibeln, Legenden- und Fabelsammlungen gedruckt wurden, deuten darauf hin, dass die Beherrschung der Schrift nach wie vor in erheblichem Ausmaß am Lateinunterricht hing. Wahrscheinlich war es deshalb das traditionelle Lesepublikum aus Klerikern, städtischen Bildungsgruppen und Gelehrten, das

Lese- und Schreibfähigkeit

Luthers Schriften kaufte und sie dann durch Vorlesen an – wie Luther gesagt hätte – ›die Mutter im Haus und den gemeinen Mann‹ weiter vermittelte.

Schulreformen

Die volkssprachliche Lese- und Schreibfähigkeit, deren Anfänge im spätmittelalterlichen städtischen Schulbetrieb lagen, wurde erst durch die planmäßige Schulorganisation im Gefolge der Reformation entscheidend befördert. In den protestantischen Gebieten setzte sie schon in den 20er Jahren des 16. Jahrhunderts, in den katholischen als Reaktion darauf etwas später ein. Sie war erheblich durch humanistische Bildungsprogramme beeinflusst. Auch wenn die humanistischen Ideen vor allem die höhere Schulbildung prägten, hatte auch im protestantischen Elementarunterricht der Zugang zum geschriebenen Wort, nämlich zur Heiligen Schrift auf Deutsch, seinen Platz.

Veränderung des Textbestands

Zu den Folgen des bildungspolitischen Bündnisses zwischen Reformation und Humanismus gehörte im Übrigen eine einschneidende Veränderung des Bestands an gedruckter Standardliteratur. Jahrhunderte lang abgeschriebene und bruchlos in die Frühdruckzeit übernommene Texte verschwanden in den protestantischen Gebieten aus dem ›Lehrplan des Abendlands‹. Ein großer Teil der alten Wissensliteratur vertrug sich entweder nicht mehr mit humanistischen oder nicht mehr mit reformatorischen Zielsetzungen, von den alten Lateinlehrbüchern und Logiktraktaten über theologische und kirchenrechtliche Fachliteratur bis zu liturgischen Büchern und Legendensammlungen. Das inhaltliche Profil der Buchproduktion wandelte sich, auf Latein wie auf Deutsch, im 16. Jahrhundert tiefgreifend.

4. | Editionen

Was in alten Handschriften und Drucken an Texten überliefert ist und in Handschriften- und Inkunabelabteilungen der Bibliotheken aufbewahrt wird, lässt sich auf verschiedene Art heutigen Lesern zur Verfügung stellen.

Faksimile

Die erste Möglichkeit ist das Faksimile, die fotografische (oder digitale) Reproduktion einer Handschrift; bei Drucken spricht man im vergleichbaren Fall eher von Nachdruck. Faksimiles und Nachdrucke führen einen Text in der Gestalt – der spezifischen Schriftform und Ausstattung – vor Augen, in der er in einem bestimmten Überlieferungsträger steht. Das (und womöglich den originalen Überlieferungsträger selbst) braucht beispielsweise, wer überlieferungsgeschichtliche Interessen verfolgt, weil Texte dafür nicht nur in ihrer sprachlichen, sondern auch in ihrer materiellen Gestalt zur Verfügung stehen müssen.

Transkription

Die zweite Möglichkeit, die gewöhnlich nur bei Handschriften eingesetzt wird, ist die Transkription (auch ›diplomatischer Abdruck‹ genannt). Dabei werden die Buchstaben einer bestimmten Handschrift ohne sonstige Veränderungen in moderne Druckschrift umgesetzt. Transkriptionen sind deshalb leichter zu lesen und zu reproduzieren als Faksimiles. Sie benutzt, wer genau sehen will, wie ein bestimmter Handschriftentext in seiner sprachlichen Gestalt aussieht. Die materielle Gestalt (Schriftform, Ausstattung) ist in der Transkription schon nicht mehr zu erkennen.

Edition

Die dritte, für die meisten heutigen Leser wichtigste Möglichkeit ist die Edition. Editionen geben einen Text gewöhnlich nicht in der genauen sprachlichen Gestalt einer bestimmten Handschrift oder eines bestimmten Drucks wieder. Zumindest sind offensichtliche Schreib- oder Druckfehler verbessert und die von Schreibern wie Druckern früher ausgiebig benutzten Abkürzungen aufgelöst. Die Arbeit des Herausgebers kann jedoch noch erheblich weiter reichen.

Edierter und überlieferter Text

Da die Überlieferungsbedingungen der älteren Literatur unterschiedlich sind, gibt es auch unterschiedliche Verhältnisse zwischen der Gestalt edierter Texte und der handschriftlichen oder gedruckten Textüberlieferung. Dies ist derjenige Aspekt von Editionen, der nicht nur ihre ›Macher‹, sondern auch ihre Benutzer betrifft. Um die Leserperspektive soll es im Folgenden gehen. ›Wissenschaftliche‹ Textausgaben bieten ihren Lesern nämlich außer dem edierten Text stets auch Informationen über sein Verhältnis zur Textüberlieferung und ermöglichen es so, den edierten Text anhand der Überlieferung zu kontrollieren.

Editionen einfach und mehrfach überlieferter Texte

Im Spektrum der Editionen älterer Literatur lassen sich zwei Pole unterscheiden. Am einen stehen Ausgaben, die auf dem Text eines einzigen Überlieferungsträgers beruhen. Das ist natürlich immer so, wenn ein Text nur in einer einzigen Handschrift oder einem einzigen Druck erhalten geblieben ist. Es gibt aber auch von mehrfach überlieferten Texten Editionen, die die Version eines bestimmten Überlieferungsträgers wiedergeben – beispielsweise eine der verschiedenen Fassungen des ›Nibelungenlieds‹. Am anderen Pol stehen Editionen, die alle Überlieferungsträger eines mehrfach überlieferten Textes berücksichtigen.

Konrad von Würzburg: ›Engelhard‹

Nur in einem Druck, der 1573 in Frankfurt am Main erschien, ist zum Beispiel ein höfischer Roman überliefert, der nach seiner Hauptfigur ›Engelhard‹ heißt (und der in Kapitel 9 näher behandelt wird). Als Autor nennt sich am Textende Konrad von Würzburg, ein Dichter aus der zweiten Hälfte des 13. Jahrhunderts, von dem noch etliche weitere Texte erhalten sind. Natürlich muss der Druck auf einer älteren Textüberlieferung beruhen, von der aber nichts übrig blieb.

Der Text beginnt mit einer Vorrede in kunstvoll gereimten Strophen, die die vorbildliche Treue als Thema der Erzählung ankündigt. Die ersten beiden Strophen haben in der Transkription des Drucks (rechte Spalte) und im edierten Text (linke Spalte) folgende sprachliche Gestalt:

Konrad von Würzburg: Engelhard. Hg. v. Ingo Reiffenstein. 3., neubearbeitete Auflage der Ausgabe von Paul Gereke. Tübingen 1982, S. 2–3:

Ein maͤre were gut gelesen /	*Ein mære wære guot gelesen,*
Dz treuwe neuwe mochte wesen /	*daz Triuwe niuwe möhte wesen.*
Die liechten Kleider leider blindt /	*ir liehten kleider leider blint*
Durch falschen Orden worden sind /	*durch valschen orden worden sint.*
Auß wunniglicher wette /	*ûz wünneclicher wæte,*
Die sie vor zeiten hette /	*die si vor zîten hæte,*
Gezogen ist die stette /	*gezogen ist diu stæte*
Durch falscher Leute rede /	*durch valscher liute ræte.*
Jr farbe grauwe seuberlich /	*ir varwe garwe siuberlich*
Von schwachen sachen truͤbet sich /	*von swachen sachen trüebet sich.*
Jr lob kam vbertruͤben glast /	*ir lop kan üeben trüeben glast:*
Sie wil auff Erden werden Gast /	*si wil ûf erden werden gast.*
Jr roselechten Wangen /	*ir rœselehten wangen*
Mit bleiche sind befangen /	*mit bleiche sint bevangen.*
Wen sol nach jr verlangen /	*wen sol nâch ir belangen?*
Jr schoͤne ist sehre zergangen /	*ir schœne ist gar zergangen.*

Es wäre gut, wenn man eine Geschichte darüber erzählen könnte, dass die Treue modern wäre. Ihre strahlenden Gewänder sind leider wegen der herrschenden Untreue glanzlos geworden. Die herrliche Kleidung, die sie früher hatte, verlor die Beständige wegen untreuer Menschen. Ihre vollkommen reine Schönheit wird durch

Schlechtigkeit trüb. Ihr Ansehen hat einen trüben Glanz: Sie wird zum Fremdling auf der Erde. Ihre rosenfarbenen Wangen sind von Fahlheit ergriffen. Wen soll es nach ihr verlangen? Ihre Schönheit ist ganz verloren.

Editorische Eingriffe

Obwohl es nur einen einzigen Überlieferungsträger gibt, unterscheidet sich der edierte Text erheblich von seiner Grundlage. Die Ursache dafür ist der große zeitliche Abstand zwischen der Zeit der Textproduktion und der der Textüberlieferung. Der Herausgeber hat Folgendes geändert:

Historischer Lautstand

1. Der ganze Text ist aus dem Frühneuhochdeutschen, der Sprache des Drucks, in den Lautstand des Mittelhochdeutschen, der Sprache Konrads, zurückübersetzt. Das ist möglich, weil die lautgesetzlichen sprachgeschichtlichen Veränderungen bekannt sind. Wo man beispielsweise im 16. Jahrhundert *gut* sagte, hieß es im 13. *guot* (Vers 1).

Normalisierte Schreibung

2. Höfische Dichtung des späteren 12. und 13. Jahrhunderts wird in den Ausgaben gewöhnlich in einer vereinheitlichten Schreibweise wiedergegeben, dem normalisierten Mittelhochdeutsch. Das soll einerseits die Lesbarkeit verbessern und andererseits deutlich machen, dass die höfische Dichtersprache (vgl. S. 16) ein vergleichsweise hohes Maß an einheitlichem Sprachstandard anstrebte. In Vers 1 ist beispielsweise die Schreibung von *were* zu *wære* verändert: Auch im Druck steht das *e* in *were* für ein langes *ä*, das im normalisierten Mittelhochdeutsch einheitlich mit *æ* bezeichnet wird. Großbuchstaben sind zugunsten einer durchgängigen Kleinschreibung beseitigt; nur die *triuwe* in Vers 2 hat eine Majuskel (einen großen Anfangsbuchstaben) erhalten, um die Personifikation anzuzeigen. Die Abkürzung *Dz* ist zu *daz* aufgelöst (Vers 2). Im ganzen Text sind Interpunktionszeichen eingefügt, um das Verständnis zu erleichtern. Der Druck markiert nicht syntaktische Einheiten, sondern allein die Versgrenzen; die Handschriften zu Konrads Zeit kannten, wenn überhaupt, nur eine sehr sparsame Interpunktion.

Konjektur

3. An vielen Stellen hat der Herausgeber den Text über die Rekonstruktion des alten Lautstands und die Vereinheitlichung der Schreibweise hinaus verändert. Weitergehende Eingriffe heißen ›Konjekturen‹ (Besserungen; *conjectura* bedeutet wörtlich ›Vermutung‹). Sie beruhen immer auf der Annahme, dass der Verfasser an den betreffenden Stellen einen anderen Wortlaut

produziert haben muss als den überlieferten. So enthalten beispielsweise alle Strophen der ›Engelhard‹-Vorrede in den ersten vier Versen regelmäßig einen Schlagreim (*mære : wære, triuwe : niuwe, kleider : leider, orden : worden*). Im ersten Vers der zweiten Strophe ist der Reim im überlieferten Text jedoch gestört (*farbe : grauwe*). Die Konjektur im edierten Text unterstellt, dass Konrads Formulierung anders lautete: Auf das mittelhochdeutsche Wort *varwe* (statt frühneuhochdeutsch *farbe*) könnte sich das mittelhochdeutsche Wort *garwe* (›ganz und gar‹, im Druck steht frühneuhochdeutsch *grauwe* für ›grau‹) gereimt haben. Der Drucker scheint seine Vorlage entweder falsch gelesen oder das alte Wort nicht richtig verstanden zu haben.

Der ›Engelhard‹ ist ein Beispiel für das Dilemma, vor dem Herausgeber und Leser älterer Texte stehen, wenn zwischen Produktion und Überlieferung ein großer Abstand liegt. Auf der einen Seite wäre es am ehrlichsten, überlieferte Texte nicht zu verändern: Wenn ein Text aus dem 13. Jahrhundert nur in Gestalt eines Drucks aus dem 16. existiert, ist die ursprüngliche Gestalt eben verloren. Auf der anderen Seite ermöglichen es die sprach- und literaturgeschichtlichen Wissensbestände in diesem Fall, eine Vorstellung von dem Text zu entwickeln, den Konrad gedichtet hat. Sie kann zwar keine Sicherheit beanspruchen, aber eine kontrollierbare Wahrscheinlichkeit. Wegen der vielen anderen (und erheblich besser überlieferten) Werke Konrads ist sein Sprachgebrauch nämlich recht gut bekannt. Die Rekonstruktion des Herausgebers hat einen hypothetischen Charakter, aber keinen spekulativen. Das Dilemma besteht in der Wahl zwischen einem sicheren, tatsächlich überlieferten Text, der ziemlich weit von seinem ursprünglichen geschichtlichen Umfeld entfernt ist, und einem mit dem Blick auf das ursprüngliche geschichtliche Umfeld rekonstruierten, aber weniger sicheren Text.

Textkritischer Apparat

Ordentliche Editionen verschaffen ihren Lesern stets Klarheit darüber, wie sich der edierte Text zum überlieferten verhält. Im Fall der ›Engelhard‹-Ausgabe sind die sprachgeschichtliche Anpassung und die Vereinheitlichung der Schreibweise in der Einleitung erläutert; jede einzelne Konjektur ist in einem textkritischen Apparat (auch ›Kommentar‹ genannt) unter dem edierten Text angezeigt. Dort steht dann jeweils der Wortlaut des Drucks.

Komplizierter kann ein solcher Apparat bei der Edition eines mehrfach überlieferten Texts ausfallen. Die berühmteste Strophe

Walther von der Vogelweide: Leich, Lieder, Sangsprüche. 14. Aufl. hg. v. Christoph Cormeau. Berlin, New York 1996, S. 11:

2 *Reichston*

A: I–III
BC: I III II   Text nach A

I Ich saz ûf eime steine 8,4
und dahte bein mit beine.
dar ûf sazte ich den ellenbogen,
ich hete in mîne hant gesmogen
mîn kinne und ein mîn wange.
dô dâht ich mir vil ange,
wes man zer welte solte leben.
dekeinen rât konde ich gegeben,
wie man driu dinc erwurbe,
der deheinez niht verdurbe.
diu zwei sint êre und varnde guot,
daz dicke ein ander schaden tuot.
daz dritte ist gotes hulde,
der zweier übergulde.
die wolte ich gerne in einen schrîn,
jâ leider des enmac niht sîn,
daz guot und weltliche êre
und gotes hulde mêre
zesame in ein herze komen.
stîg und wege sint in benomen:
untriuwe ist in der sâze,
gewalt vert ûf der strâze,
fride und reht sint sêre wunt.
diu driu enhabent geleites niht, diu zwei enwerden ê gesunt.

II

---

2 *Diesen und die folgenden Töne bis 7 überliefern B und C aufgrund einer gemeinsamen Quelle *BC.*
I *43 A, 18 B, 1 C.*
2 do dahte ich *BC.* 3 den] min *BC.* 5 das kinne *BC.* 7 wes] wie *BC.* 8 ich mir *BC.* 12 der ietweders dem andern *BC.* 16 des mag niht gesin *BC.* 17 weltiche *A.* 19 in ainen schrin mvgin komen *BC.* 20 genomen *BC.* 22 vert] ist *BC.* 23 sêre] baide *BC.* 24 habent *BC.* werden *B,* werdent *C.*

---

2 I 5 daz kinne *Hgg.* 7 wes] wie *Hgg.* 10 keines *La Kr Mau,* keinez *Wi/Mi.* 16 gesîn *Hgg. außer Wi/Mi.* 19 zesamene *Hgg.*

Ich saß auf einem Stein und schlug ein Bein über das andere. Darauf stützte ich den Ellenbogen. Mein Kinn und eine meiner Wangen hatte ich in meine Hand geschmiegt. Da überlegte ich voller Sorge, wofür man auf der Welt leben sollte. Keinen Rat konnte ich geben, wie man drei Dinge bekommen könnte, ohne dass eines davon verloren ginge. Die ersten beiden sind Ansehen und Besitz, die einander gegenseitig oft Schaden zufügen. Das dritte ist das Wohlwollen Gottes, das mehr wert ist als die beiden. Alle drei hätte ich gern zusammen in einem Gefäß. Aber leider ist es nicht möglich, dass Besitz und irdisches Ansehen und dazu noch Gottes Wohlwollen in einem Herzen zusammenkommen. Stege und Wege sind ihnen versperrt, Untreue liegt im Hinterhalt, Gewalt herrscht auf der Straße. Friede und Recht sind schwer verwundet. Die drei können nicht sicher reisen, wenn die zwei nicht vorher gesund werden.

Walther von der Vogelweide: *›Ich saz ûf eime steine‹*

Walthers von der Vogelweide (sie wurde in Kapitel 1 bereits erwähnt und wird in Kapitel 8 genauer behandelt) ist die erste eines dreistrophigen Sangspruchs und hat in einer der gegenwärtig maßgeblichen Ausgaben die hier abgedruckte Gestalt.

Siglen

Nach der Überschrift ›Reichston‹ – den Titel erhielt das dreistrophige Lied erst im 19. Jahrhundert – gibt die Ausgabe an, dass der Text in drei Handschriften überliefert ist. Sie werden in Kurzform mit Buchstaben bezeichnet. Über die Bedeutung dieser Siglen informiert die Einleitung: A ist die um 1270 im Elsass angefertigte ›Kleine Heidelberger Liederhandschrift‹, B die zu Beginn des 14. Jahrhunderts im Bodenseeraum entstandene ›Weingartner Liederhandschrift‹, C die oben vorgestellte ›Große Heidelberger‹ oder ›Manessische Liederhandschrift‹. Alle drei Handschriften sind wichtige Überlieferungsträger der mittelhochdeutschen höfischen Lyrik. Der Abstand zwischen den Überlieferungszeugen und der Entstehung der Strophe (wahrscheinlich zwischen 1197 und 1201) ist geringer als beim ›Engelhard‹, aber immer noch beträchtlich.

Strophenfolge

Die Zahlen hinter den Handschriftensiglen bedeuten, dass diese und die beiden weiteren Strophen des Lieds in der Handschrift A in der Reihenfolge eingetragen sind, in der sie in der Ausgabe stehen. In den Handschriften B und C erscheinen die Strophen 2 und 3 in umgekehrter Reihenfolge. Die Handschrift A dient als Leithandschrift, das heißt als Grundlage für den edierten Text. Das Prinzip, bei mehrfach überlieferten Texten eine bestimmte Handschrift als Leithandschrift zur Basis der Edition zu machen, ist heute weit verbreitet. Die Gründe für die Wahl der Leithandschrift

Leithandschrift

sind von Fall zu Fall unterschiedlich, so dass man die Einleitung der jeweiligen Ausgabe zu Rate ziehen muss.

Edierter Text

Was den edierten Text selbst anbelangt, so informiert die Einleitung der Ausgabe darüber, dass die Schreibweise gegenüber den Handschriften vereinheitlicht wurde; Abkürzungen sind aufgelöst, Interpunktionszeichen eingefügt. Weitergehende Änderungen gibt es bei dieser Strophe nicht. Die Texte der Handschriften bieten hier nämlich einerseits keinen konkreten Anlass, der Qualität der Überlieferung zu misstrauen. Andererseits gäbe es gar keine kontrollierbare Möglichkeit, die Gestalt des Textes zu rekonstruieren, den Walther von der Vogelweide produziert hat. Deshalb bleibt der edierte Text hier nahe an dem der Leithandschrift A.

Textkritischer Apparat

Erschlossene Vorstufen

Im textkritischen Apparat unter dem ersten Strich nach dem edierten Text erfährt man zunächst, dass die Übereinstimmungen der Handschriftentexte von B und C bei diesem Lied (wie in weiteren Fällen) so groß sind, dass mit einer gemeinsamen, aber nicht erhaltenen handschriftlichen Vorlage von B und C zu rechnen ist. Solche erschlossenen Vorstufen der tatsächlich erhaltenen Überlieferungsträger bekommen gewöhnlich eine Sigle, die aus einem Stern und den Siglen der betreffenden erhaltenen Überlieferungsträger besteht. *BC bedeutet also: die verlorene Quelle, aus der der Text dieser Strophe in B und C stammt.

Textposition in den Handschriften

Die Zeile darunter gibt an, an welcher Stelle der Autorsammlungen in den Handschriften die Strophe jeweils steht: In A ist es die 43., in B die 18. und in C die erste Strophe im Liederkorpus Walthers von der Vogelweide. (In C steht davor allerdings noch Walthers ›Marienleich‹, ein nicht-strophisches religiöses Lied; das erfährt man an dieser Stelle nicht.)

Varianten

Von der dritten Zeile bis zum zweiten Strich sind dann die Varianten aufgelistet, das heißt die Unterschiede zwischen dem Wortlaut der Leithandschrift A und dem der anderen beiden Handschriften. Dass B und C sich in fast allen Fällen auf dieselbe Weise von A unterscheiden, ist übrigens der Grund für die Annahme, dass sie dieselbe Quelle haben müssen. Die Unterschiede zwischen den Handschriften sind nicht besonders spektakulär; zumeist handelt es sich nur um kleinere Formulierungsvarianten. Die größte Differenz besteht bei Vers 19, wo die drei Dinge in A zusammen nicht in ein Herz, in B und C dagegen nicht in ein Gefäß (*schrîn*, wie schon in Vers 15) kommen können. Keine der Varianten hat erhebliche Folgen für den Bedeutungsaufbau des Textes; sie zeigen aber, dass sein Wortlaut in der Überlieferung nicht ganz fest war. Ob die Unterschiede im Verlauf der Überlieferung entstanden sind oder ob sie darauf zurückgehen, dass Walther selbst den Text nicht immer genau im selben Wortlaut vorgetragen hat, lässt sich nicht klären.

Markierung von Konjekturen durch Kursivdruck

Ebenfalls unter dem ersten Strich ist die einzige Konjektur des Herausgebers vermerkt, die aber nur der Verbesserung eines Schreibfehlers in der Leithandschrift dient: In Vers 17 hat der Schreiber von A ein *l* in *weltliche* vergessen. Im edierten Text selbst weist der Kursivdruck auf die Besserung hin.

Im textkritischen Apparat stehen bei der Edition mehrfach überlieferter Texte also nicht nur die Abweichungen des edierten Texts von der Leithandschrift, sondern auch die Unterschiede zwischen der Leithandschrift und allen anderen Handschriften. Deshalb kann man als Leser mit Hilfe des Apparats die gesamte Überlieferungsvarianz verfolgen, auch wenn das in der Regel etwas mühselig ist. Bei Kursivierungen im edierten Text sollte man immer ›nach unten‹ schauen, weil sie Konjekturen anzeigen. Bei mehrfach überlieferten Texten beruhen Besserungen der Leithandschrift freilich zumeist auf dem Wortlaut einer anderen Handschrift.

Editionsgeschichtlicher Apparat

Was schließlich unter dem zweiten Strich steht, ist in diesem Fall nur für Experten von Interesse: Es handelt sich um einen editionsgeschichtlichen Apparat, der Unterschiede zwischen dem edierten Text dieser und älterer Walther-Ausgaben, das heißt vor allem Konjekturen früherer Herausgeber, verzeichnet.

Edition mehrerer Fassungen

Texte lassen sich umso besser nach dem Leithandschriftenprinzip edieren, je geringere Unterschiede zwischen den einzelnen Überlieferungsträgern bestehen. Je mehr und je größere Varianten es gibt, umso unübersichtlicher wird der textkritische Apparat. Manchmal erweist es sich dann als vorteilhafter, die einzelnen Fassungen als solche zu edieren. Vom ›Nibelungenlied‹ beispielsweise existieren sowohl Ausgaben einzelner Fassungen als auch eine Ausgabe, in der die drei ältesten Fassungen in Spalten nebeneinander stehen. Bei Minneliedern schwanken Wortlaut, Strophenbestand und Strophenfolge in manchen Fällen ebenfalls so beträchtlich, dass in Minnesangausgaben gelegentlich mehrere Fassungen eines Lieds nebeneinander stehen.

Wie jeder einzelne überlieferte Text vom Herausgeber eine eigene editionsphilologische Behandlung fordert, so fordert auch jeder edierte Text von den Lesern die Bereitschaft, sich darüber Klarheit zu verschaffen, auf welcher Überlieferungslage er beruht und in welchem Verhältnis er zur tatsächlichen Überlieferung steht. Das ist ein bisschen umständlich, aber die Überlieferungsbedingungen der älteren deutschen Literatur machen es nötig. Wer sich mit ihnen auseinandersetzt, lernt dabei immerhin allerhand über die Geschichte der älteren Literatur.

Kapitel 7 | Verse und Strophen

1. | Die Bedeutung der Verse

Vers und Dichtung

Der gelehrte Dichtungsbegriff aus dem antiken Erbe und die mündliche Tradition des Lieds trafen sich beim Vers. Die ältere deutsche Dichtung war anfangs ausschließlich versifizierte Rede und blieb es zum großen Teil bis ins 17. Jahrhundert. Viele Dichter verwandten erhebliche Mühe auf das Versifizieren, und den Rezipienten darf man ohne Spekulation eine ausgeprägte Wahrnehmungsfähigkeit für die Lautgestalt versifizierter Rede unterstellen.

Wer sich heute mit der Geschichte der Vers- und Strophenformen beschäftigt, tut das, um eine der wichtigsten Kompetenzen der historischen Produzenten und Rezipienten poetischer Texte erfassen zu können. Ohne Wahrnehmungsfähigkeit für metrische Formen bleibt man taub für eine wesentliche Eigenschaft älterer Dichtung. In diesem Kapitel geht es deshalb zum einen um die Frage, welche Leistungen Verse erbringen und wie sie zustande kommen, zum anderen um einen Überblick über die wichtigsten Vers- und Strophenformen der älteren deutschen Dichtung.

a. | Funktionen von Versen

Vers, Mündlichkeit, Gesang

Verse haben mit Mündlichkeit zu tun. Sie sind für die Ohren da, nicht für die Augen; für den Vortrag, nicht für das stille Lesen. Am deutlichsten wird das, wenn Verse für den gesungenen Vortrag bestimmt sind. Ursprünglich dürfte der Vers gesungene Rede gewesen sein.

Produktionsseitige Mündlichkeit

Die Funktionen von Versen hängen davon ab, welche Rolle Mündlichkeit und Schriftlichkeit bei Textproduktion und -rezeption spielen (vgl. S. 42). Solange Texte nicht schriftlich produziert und nicht aufgezeichnet, sondern ausschließlich mündlich überliefert werden, hat der Vers erstens eine Gedächtnisfunktion: Verse merkt man sich leichter als ungebundene Rede. Zweitens hat der Vers in der mündlichen Kultur die Funktion, einem Text Wert zuzuweisen und dadurch seine Überlieferung zu sichern: Die besondere Gestaltung der Rede signalisiert, dass man es nicht mit etwas Alltäglichem, sondern mit etwas Außerordentlichem und Erinnerungswürdigem zu tun hat.

Gedächtnis

Wertzuweisung

Drittens sind Verse im mündlichen Lied eher die eigentlichen Bausteine der Rede als eine zusätzliche Gestaltungsform. Noch verschriftlichten Heldenliedern sieht man gewöhnlich an, wie weit die syntaktisch-thematische und die metrische Struktur übereinstimmen. Schrifttexte bestehen aus Sätzen, die außerdem noch versifiziert sind; mündliche Lieder bestehen aus Versen, die zugleich die syntaktisch-thematischen Einheiten sind. Der Vers dient unmittelbar dem Textaufbau.

Textbaustein

Wenn Verse schiftlich produziert, aber mündlich vorgetragen werden, geht die Gedächtnisfunktion nicht unbedingt verloren. Neben der Möglichkeit, Texte schriftlich zu speichern, kann die mündliche Überlieferung und die persönliche Erinnerung weiterhin von Bedeutung sein. Die Verbindung von Text und Musik ist dafür besonders förderlich; noch heute kennen die meisten Menschen Lieder auswendig. Bei langen und nicht gesungenen Texten freilich übernimmt die Schrift die Speicherleistung.

Produktionsseitige Schriftlichkeit

Gedächtnis

Auch die Funktion, den Text durch die Verssprache auszuzeichnen, gibt es bei produktionsseitiger Schriftlichkeit. Die Neigung des gelehrten Dichtungsbegriffs, den Vers zum eigentlichen Dichtungskriterium zu machen, beruht darauf. Allerdings muss der Vers in der Schriftkultur mit ihren großen Speicherkapazitäten nicht mehr für die Überlieferungswürdigkeit sorgen. Deshalb tritt an die Stelle des Feierlichkeitssignals das Kunstsignal. Der Vers zeigt nicht an, dass ein Inhalt besonders überlieferungswürdig, sondern dass ein Text besonders kunstvoll gemacht ist. (Die kunstvolle Form kann dann seine Überlieferungswürdigkeit stärken.) Der Vers dient nicht dazu, den Textinhalt in der gemeinschaftlichen Erinnerung zu halten, sondern dazu, das Interesse auf die Gestaltung des Textes zu lenken.

Kunstsignal

Drittens ermöglicht es die produktionsseitige Schriftlichkeit, die metrische und die syntaktisch-thematische Struktur des Textes unabhängig voneinander zu gestalten. Wer Texte schriftlich her-

Gestaltungsinstrument

stellt, kann den Vers gezielt über die Satzgrenze weiterlaufen lassen, die Versgrenze mitten in den Satz legen oder Vers- und Satzgrenzen absichtlich synchronisieren, weil die Schrift die dafür nötige Übersicht zur Verfügung stellt. Erst dadurch wird der Vers zu einem eigenständigen Gestaltungsinstrument, das die syntaktisch-thematische Struktur planmäßig unterstützen oder in ein Spannungsverhältnis zu ihr treten kann.

Rezeptionsseitige Schriftlichkeit

Der Vers wurde umso verzichtbarer, je weiter sich die Dichtung vom musikalischen Vortrag löste und je weiter die rezeptionsseitige Schriftlichkeit, vor allem in Gestalt des einsamen leisen Lesens, vordrang. Nur seine dritte Funktion, die des künstlerischen Gestaltungsmittels, bewahrte der Vers auch in der reinen Schriftdichtung. Deshalb hielt er sich noch lange unter dem Schutz des gelehrten Dichtungsbegriffs, der den Vers vor allem als Kunstsignal verstand.

Die längeren und kürzeren Typen der volkssprachlichen Erzählliteratur kamen seit dem Siegeszug der Prosaromane und Prosaschwänke im 16. Jahrhundert freilich sehr gut ohne dieses Gestaltungsmittel aus. Zäher hat sich der Vers in der Lyrik gehalten, obwohl es nach dem antiken Vorbild in Mittelalter und früher Neuzeit immer lateinische Leselyrik gab. Gerade hier regierte der gelehrte Dichtungsbegriff aber eisern. In den Volkssprachen bedeutete Lyrik lange Zeit grundsätzlich ›Lied‹; die Bindung an die Musik sicherte Vers und Strophe. Die erste volkssprachliche Leselyrik in der strophischen Form der Liedlyrik entstand auf Italienisch vielleicht schon im 13., spätestens vom 14. Jahrhundert an. Auf Deutsch gab es jedoch bis in die zweite Hälfte des 16. Jahrhunderts keine strophischen Lesegedichte, sondern nur Liedtexte; erst dann beginnt die Geschichte der deutschen Leselyrik.

Dass die volkssprachliche Leselyrik beim Vers blieb, liegt einerseits am Einfluss des lateinischen Vorbilds und damit am gelehrten Dichtungsbegriff, andererseits daran, dass man sich der Abstammung des Lesegedichts vom Liedtext immer bewusst war. Im Lied schließlich haben sich Vers und Strophe bis heute gehalten: Wo Texte gesungen und angehört werden, herrschen sie unangefochten wie eh und je.

Was sind Verse und Strophen? | b.

Verse sind eine auf besondere Weise gestaltete und deshalb herausgehobene Form der Rede. Was sie über das gewöhnliche Maß hinaus regeln, ist die Lautgestalt der Rede. Auf welche Weise dies geschieht, unterscheidet sich je nach Sprache. Regelung der Lautgestalt

In der antiken griechischen und römischen Dichtung beispielsweise bestand das Ordnungsprinzip des Verses darin, die Abfolge langer und kurzer Silben zu regeln. Die Versifizierung beruhte auf der Silbenquantität; deshalb spricht man von quantitierenden Versen. In den romanischen Sprachen besteht das Ordnungsprinzip des Verses darin, die Anzahl der Silben festzulegen; deshalb spricht man von silbenzählenden Versen. In den germanischen Sprachen besteht das Ordnungsprinzip des Verses darin, die Abfolge von stark und schwach akzentuierten Silben als Abfolge von Hebungen und Senkungen zu regeln und die Anzahl der Hebungen festzulegen. Man spricht deshalb von akzentuierenden Versen. Quantitierende Verse Silbenzählende Verse Akzentuierende Verse

Wo ein Vers anfängt und aufhört, sieht man beim Lesen und bei entsprechender Texteinrichtung am Zeilenumbruch. Bei mündlicher Rezeption kann man den Vers als Gestalteinheit nur hören. Was ihn in der gesamten älteren deutschen Literaturgeschichte zu einer hörbaren Gestalt machte, war der Reim. Aus dem frühen Mittelalter sind noch Stabreimdichtungen erhalten. Der Stabreimvers kommt dadurch zustande, dass einige Hebungssilben des Verses den gleichen Anlaut haben. Bereits im 9. Jahrhundert wurde der bis heute benutzte Endreim eingeführt. Der Endreimvers kommt dadurch zustande, dass zwischen dem Versende und einem anderen Versende ein Gleichklang besteht. Der Endreim macht auf diese Weise das Versende hörbar. Reim Stabreim Endreim

Strophen sind ursprünglich eine Gestalteinheit, die durch die Verbindung von Musik und Sprache entsteht: Eine Strophe ist eigentlich eine Versgruppe, die auf eine bestimmte Melodie gesungen wird. Damit mehrere Strophen eines Lieds auf dieselbe Melodie gesungen werden können, müssen sie auch sprachlich dieselbe metrische Form haben. Deshalb sind Strophen, sprachmetrisch betrachtet, gleichgebaute Versgruppen. Strophe

Unter den zahlreichen Möglichkeiten, Verse und Strophen zu bauen, erlangten einige in der älteren deutschen Literaturgeschichte besondere Geltung – teils weil sie mit prominenten

Texten verbunden sind, teils weil sie beliebt und deshalb weit verbreitet waren. Einige der wichtigsten werden nun vorgestellt.

2. Versformen im frühen Mittelalter

a. Stabreimvers

Der Stabreimvers begegnet in der deutschen Literatur vor allem in frühmittelalterlichen Heldenlied-Verschriftlichungen. Er war offenbar in der germanischen Welt verbreitet, denn es gibt ihn in schriftlichen Zeugnissen althochdeutscher und altniederdeutscher, altenglischer und altnordischer Heldenlieder. Die Beispielverse stammen aus der Passage des ›Hildebrandslieds‹, in der der Vater erkennt, dass der Kampf gegen den Sohn nicht zu verhindern ist (vgl. S. 106):

›Hildebrandslied‹. In: Frühe deutsche Literatur und lateinische Literatur in Deutschland 800–1150. Hg. v. Walter Haug u. Benedikt Konrad Vollmann. Frankfurt a.M. 1991, V. 49–57:

welaga nu, waltant got, quad Hiltibrant,   wewurt skihit.
ih wallota sumaro enti wintro   sehstic ur lante,
dar man mih eo scerita   in folc sceotantero;
so man mir at burc enigeru   banun ni gifasta.
nu scal mih suasat chind   suertu hauwan,
breton mit sinu billiu,   eddo ih imo ti banin werdan.
doh maht du nu aodlihho,   ibu dir din ellen taoc,
in sus heremo man   hrusti giwinnan,
rauba birahanen   ibu du dar enic reht habes.

Nun denn, herrschender Gott, sprach Hildebrand, Unheil geschieht. / Ich zog umher sechzig Sommer und Winter (30 Jahre), fern der Heimat, / da reihte man mich stets in die Schar der Krieger. / Vor keinem Ort hat man mir den Tod gebracht. / Nun wird mich mein eigener Sohn mit dem Schwert erschlagen, / mit seiner Waffe niederhauen, oder ich werde zu seinem Mörder werden. / Du aber kannst doch leicht, wenn deine Kraft dazu taugt, / von einem so alten Mann die Rüstung gewinnen, / Beute fortschaffen, wenn du ein Recht darauf erhältst.

Langvers
Anvers und Abvers

Das Druckbild verdeutlicht durch die Unterteilung der Verse in zwei Hälften die Versform: Der Stabreimvers ist ein Langvers aus zwei Teilen, einem Anvers (erste Hälfte) und einem Abvers (zweite Hälfte). Was den Vers zu einer hörbaren Einheit machte, wüsste man nur genau, wenn es Tondokumente von Heldenliedvorträgen gäbe. In der schriftlichen Aufzeichnung ist als Ordnungsprinzip nur noch der Stabreim zu erkennen. Er ist ein Gleichklang am Anlaut einer Tonsilbe (einer Silbe, auf der der Wortakzent liegt), der mindestens ein Wort des Anverses mit einem des Abverses verbindet. Im zitierten Textbeispiel sind die Stäbe durch Unterstreichungen markiert. Identische Konsonanten bilden Stabreime (*b̲urc : b̲anun* im vierten Vers); manche Konsonantenverbindungen können allerdings nur als Verbindung aufeinander staben (vor allem *sc (sk)*, *sp* und *st*; hier beispielsweise *sc* im dritten Vers). Außerdem stabt jeder anlautende Vokal mit jedem beliebigen anderen (*a̲o̲dlihho : e̲llen* im siebten Vers); gewöhnlich bilden unterschiedliche Vokale einen Stabreim.

Stabreim

Tonsilbe

Manche Stabreimverse haben im Anvers einen zweiten Stab (*r̲ouba : bir̲ahanen : r̲eht* im letzten Vers der Passage). Während ein Stab je Halbvers obligatorisch ist, ist der zweite Stab im Anvers fakultativ. Sehr selten erscheint auch im Abvers ein zweiter Stab (in den Beispielversen gar nicht).

Obligatorische und fakultative Stäbe

Die Stäbe liegen in der Regel auf bedeutungsschweren Wörtern – zumeist Substantiven und Adjektiven –, deren Gewicht sie bekräftigen. Dieses Prinzip lässt sich in allen Versen der Passage beobachten. Dass die Stäbe Wörter betonen, spricht dafür, dass auf den stabenden Silben zugleich die Hebungen des Verses lagen. Wenn es nun im Anvers eine obligatorische und eine fakultative Position für Stäbe gab, dann liegt die Vermutung nahe, dass der Anvers zwei Hebungen hatte, von denen eine mit einem Stab besetzt werden musste. Entsprechend gab es auch im Abvers zwei Hebungen, von denen die erste immer mit einem Stab besetzt wurde, vereinzelt auch die zweite. Der Stabreimvers hatte dann insgesamt vier Hebungen.

Stäbe und Hebungen

Hebungszahl

Auf der ersten Hebung des Abverses lag ein obligatorischer Stab; ihn nennt man den ›Hauptstab‹. Alle anderen Stäbe, auch der obligatorische im Anvers, heißen ›Nebenstäbe‹. Die vier Hebungen des Langverses wurden meistens nach folgenden Mustern mit Stäben besetzt (a̲ = Hauptstab, a = Nebenstab, x = Hebung ohne Stab): ax a̲x; xa a̲x; aa a̲x. Selten tritt auch ein zweifacher Stabreim auf (ab a̲b oder ba a̲b).

Haupt- und Nebenstäbe

Wo die Hebungen im einzelnen Vers lagen, sieht man im verschriftlichten Text nur sicher, wenn sie Stäbe tragen. Allein bei Halbversen (An- und Abverse) mit wenigen Silben ist die Position der zweiten Hebung auch ohne Stab leicht zu erkennen (im 2. Abvers *séhstic ur lánte*, im 5. Abvers *suértu háuwan*). Die Anzahl der Senkungen zwischen den Hebungen war nicht festgelegt. Verse mit ungeregelter Senkungszahl nennt man ›füllungsfrei‹, weil der Raum zwischen den Hebungen relativ frei gefüllt werden kann. Akzentuierende füllungsfreie Verse haben folglich sehr unterschiedliche Silbenzahlen; das macht sie für uns vergleichsweise fremd. Die Silbenzahl in den Halbversen des ›Hildebrandslieds‹ beispielsweise schwankt zwischen vier und elf. Besonders große Freiheit herrscht am Anfang der Halbverse, wo im ›Hildebrandslied‹ vor der ersten Hebung bis zu sechs Silben stehen können (wie etwa im letzten Vers der Passage).

Füllungsfreiheit

Der Stabreimvers hatte also eine flexible Gestalt. Sie war darauf angelegt, einen Textbaustein (den Langvers), der gewöhnlich zugleich eine syntaktisch-thematische Einheit darstellt, aus zwei Teilen (An- und Abvers) zu bilden und dabei die wichtigsten Wörter lautlich hervorzuheben.

b. | Endreimvers

Otfrid von Weißenburg

Otfrid von Weißenburg ist der erste deutsche Dichter, von dem ein größeres Werk in Endreimversen überliefert ist – das ›Evangelienbuch‹ (vgl. S. 107). Er muss nicht der alleinige Erfinder des deutschen Endreims sein, aber die Überlieferungslage stellt ihn uns als denjenigen dar, der die einschneidendste Wende der gesamten älteren deutschen Versgeschichte vollzog – diejenige vom Stab- zum Endreim. Schon in der frühmittelalterlichen deutschen Dichtung waren Endreimverse nach Otfrid verbreitet. Beim zweiten Anlauf zur deutschen Schriftlichkeit im 11. Jahrhundert, in der frühmittelhochdeutschen Dichtung, gab es von Anfang an nichts anderes mehr.

Vorbild

Otfrids Vorbild für den Endreim war die lateinische Reimdichtung des frühen Mittelalters, vor allem die religiöse Hymnendichtung (Lieder zum Lob Gottes oder Heiliger). Er entschied sich demnach gezielt für die Form der gelehrten Schriftdichtung und gegen den Stabreimvers als Form der mündlichen Überlieferung.

Otfrids Verse waren für den gesungenen Vortrag gedacht; in einer der Handschriften des ›Evangelienbuchs‹ sind Notenzeichen angegeben, die sich allerdings nicht mehr genau deuten lassen. Die Beispielpassage stammt aus dem Prolog des ›Evangelienbuchs‹, in dem es, wie im lateinischen Widmungsbrief, um die Rechtfertigung volkssprachlicher Dichtung geht:

Otfrid von Weißenburg: Evangelienbuch. Auswahl. Althochdeutsch / Neuhochdeutsch. Hg., übersetzt u. kommentiert v. Gisela Vollmann-Profe. Stuttgart 1987, S. 36:

Nu es fílu mánno intíhít, in sína zúngun scríbít,
joh ílit, ér gigáhé, thaz sínaz io gihóhé:
Wánana scúlun Fránkón éinon tház biwánkón,
ni sie in frénkisgón bigínnén, sie gótes lób síngén?
Níst si só gisúngán, mit régulú bithuúngán,
si hábet thóh thia ríhtí in scónéru slíhtí.
Íli thú zi nóté, theiz scóno thóh gilúté,
joh gótes wízod thánné tharána scóno héllé,
Tház tharána síngé, iz scóno mán ginénné,
in thémo firstántníssé wir giháltan sín giwíssé.

Da es nun viele Menschen unternehmen, in ihrer Sprache zu schreiben, / und eifrig darangehen, das Eigene zu rühmen – / warum sollen die Franken als einzige darauf verzichten / und nicht in fränkischer Sprache Gottes Lob singen? / Wenn sie auch noch nicht in dieser Weise gesungen und mit Regeln besiegt worden ist, / so hat sie doch ihre Regelmäßigkeit in einer schönen Form. / Bemühe du dich darum, dass es schön klingt, / und dass Gottes Gesetz schön darin ertönt, / dass man es (Gottes Gesetz) in ihr (der fränkischen Sprache) singt, es auf schöne Weise vorträgt, / damit wir sicher in seinem Verständnis gehalten werden.

Wie die Form von Otfrids Versen aufzufassen ist, deutet die von ihm selbst korrigierte Handschrift des ›Evangelienbuchs‹ an. Die Verse sind als Langzeilen notiert; die Verteilung der Hebungen ist teilweise mit Akzenten angezeigt. (Otfrid setzte nach unterschiedlichen Prinzipien einen, zwei oder drei, selten vier Akzente je Halbzeile; im obigen Zitat sind dagegen alle vier Hebungen jeder Halbzeile mit Akzenten versehen.) Jede zweite Verszeile ist eingerückt; das weist darauf hin, dass jeweils zwei Langzeilen zusammen eine Strophe bilden. Otfrids Langzeilen sehen im Schriftbild ähnlich aus wie die Stabreimverse, aber der Höreindruck muss ein völlig anderer gewesen sein, denn ihre Bauform unterscheidet sich erheblich von der der Stabreimverse.

Abb. 13 | Passage aus der Vorrede des ›Evangelienbuchs‹ Otfrids von Weißenburg in der Handschrift P (geschrieben um 870).

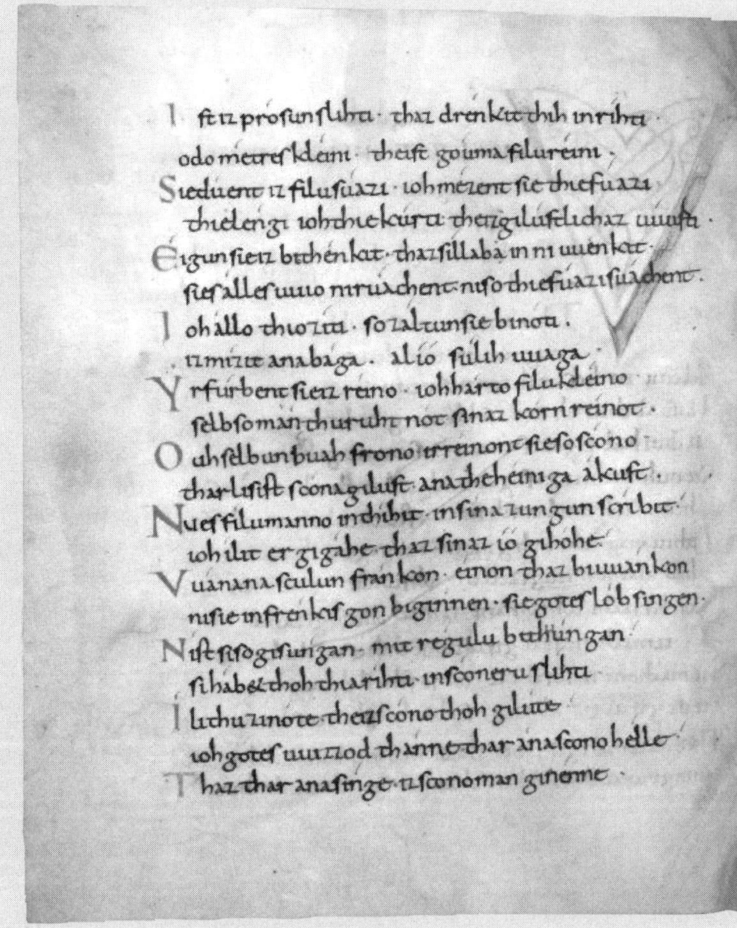
Ist iz prosun slihti · thaz drenkit thih in rihti ·
odo metres kleini · theist gouma filu reini ·
Sie duent iz filu suazi · ioh mezent sie thie fuazi
thie lengi ioh thie kurti · theiz gilustlichaz uuurti ·
Eigun sie iz bithenkit · thaz sillaba in ni uuenkit ·
sies alles uuio ni ruachent · ni so thie fuazi suachent ·
Ioh allo thio ziti · so zaltun sie bi noti ·
iz mizit ana baga · al io sulih uuaga ·
Yrfurbent sie iz reino · ioh harto filu kleino
selb so man thuruh not sinaz korn reinot ·
Ouh selbun buah frono irreinont sie so scono
thar lisist scona gilust · ana theheiniga akust ·
Nu es filu manno inthihit · in sina zungun scribit ·
ioh ilit er gigahe · thaz sinaz io gihohe ·
Uuanana sculun Frankon · einon thaz biuuankon
ni sie in frenkisgon biginnen · sie gotes lob singen ·
Nist si so gisungan · mit regulu bithuungan
si habet thoh thia rihti · in sconeru slihti
Ili thu zi note · theiz scono thoh gilute
ioh gotes uuizod thanne thar ana scono helle ·
Thaz thar ana singe · iz scono man ginenne ·

Vers und Strophe

Otfrids Langzeilen bestehen aus zwei gleich gebauten Kurzversen. Der Höreindruck war deshalb der von Strophen aus vier gleich gebauten Kurzversen – genau wie beim verbreitetsten Typus der lateinischen Hymnenstrophe. Je zwei Kurzverse sind durch Gleichklänge am Ende miteinander verbunden. Der Endreim konstituiert den Vers: Zwei Kurzverse bilden ein durch den Paarreim zusammengehaltenes Verspaar, das im Schriftbild als Langzeile erscheint.

Endreim

Die Gleichklänge sind bei Otfrid, wie auch in der zeitgenössischen lateinischen Dichtung, nur manchmal Vollreime (›reine Reime‹), also genaue Gleichklänge vom letzten betonten Vokal an (wie in der 3. Langzeile *Frankon : wankon*). Oft gibt es nur einen Gleichklang zwischen den Haupttonvokalen (Assonanzreim), aber nicht zwischen allen auf sie folgenden Konsonanten (wie in der 1. Langzeile *intihit : scribit*), was wir als ›unreinen‹ Reim empfinden. Oft ist sogar bloß der unbetonte Endvokal identisch (Nebentonreim, wie in der 8. Langzeile *thanne : helle*), was wir überhaupt nicht mehr als Reim empfinden. Zu Otfrids Zeit war das aber ein ausreichender Gleichklang. Der reine Reim wurde nach einem langwierigen Prozess erst gegen Ende des 12. Jahrhunderts, in der Blütezeit der höfischen Dichtung, zu einer verbindlichen Norm im deutschen Reimvers.

Vollreim

Assonanzreim

Nebentonreim

Die beiden Kurzverse einer Langzeile sind jeweils vierhebig. In allen Versen der Beispielpassage tragen die beiden letzten Silben jedes Kurzverses je eine Hebung. Das verleiht dem Versende beim Vortrag einen besonders klangvollen Charakter und heißt deshalb ›klingende Kadenz‹. Die klingende Kadenz gehörte auch nach Otfrid zum festen Repertoire der älteren deutschen Verskunst. Das Wort, das den Reim trägt, ist dabei stets mehrsilbig, und die vorletzte Silbe muss lang sein. Lange Silben haben entweder einen langen Vokal oder enden auf einen Konsonanten (wie *Fran-kon*).

Hebungszahl

Klingende Kadenz

Otfrids Verse sind füllungsfrei: Die Anzahl der Senkungssilben zwischen den Hebungen ist nicht fest geregelt, die Silbenzahl je Kurzvers schwankt zwischen vier und zehn. Auch innerhalb des Verses kann es zwei unmittelbar aufeinander folgende Hebungen geben; in Verbindung mit der klingenden Kadenz können sich dann drei Hebungen reihen (wie oben im 2. Vers der 4. Langzeile). Dem Prinzip der Füllungsfreiheit steht bei Otfrid allerdings ein anderes Prinzip entgegen: In vielen Versen ergibt sich ein regelmäßiger Wechsel zwischen Hebung und Senkung (wie oben in der 2., 5., 7., 8. und 9. Langzeile). Dieses Phänomen heißt ›Alternation‹.

Füllungsfreiheit

Alternation

Otfrids Verskunst zielt darauf, die thematisch-syntaktischen Einheiten mit den metrischen Einheiten zu synchronisieren. Die zitierte Passage ist ein typisches Beispiel: Die Strophe entspricht einer Satzperiode (damit einem thematischen Komplex), das Verspaar und oft auch der Kurzvers einem Gliedsatz. In der produktionsseitigen Schriftlichkeit ist das freilich ein planbares Verfahren. Beim mündlichen Vortrag macht es die inhaltliche Gliederung besser wahrnehmbar und unterstützt so die Verständlichkeit des Textes.

3. | Vers- und Strophenformen im hohen Mittelalter

a. | Nibelungenvers und Nibelungenstrophe

In der Heldenepik der hochmittelalterlichen Dichtung – dem von produktionsseitiger Schriftlichkeit beeinflussten, aber vorgesungenen Nachfahren des Heldenlieds (vgl. S. 48) – sind gewöhnlich Langverse zu Strophen verbunden. Die berühmteste Form ist die Nibelungenstrophe, deren Melodie leider nicht überliefert ist. Als Beispiel dient die zweite Strophe des ›Nibelungenlieds‹:

Das Nibelungenlied. Mittelhochdeutsch / Neuhochdeutsch. Nach dem Text von Karl Bartsch u. Helmut de Boor ins Neuhochdeutsche übers. u. kommentiert v. Siegfried Grosse. Stuttgart 1997, S. 6:

Ez wúohs in Búrgóndén ein vil édel mágedín,
dáz in állen lándén niht schœners móhte sín,
Kríemhilt gehéizén. si wárt ein scœ́ne wíp.
dar úmbe múosen dégené víl verlíesén den líp.

In Burgund wuchs ein so schönes adeliges Mädchen heran, / dass es in keinem Land ein schöneres geben konnte. / Sie hieß Kriemhild und wurde eine schöne Frau, / wegen der viele Krieger das Leben verlieren mussten.

Sprachmetrische Form

Der Nibelungenvers hat sieben Hebungen, vier im Anvers und drei im Abvers; der letzte Abvers der Strophe hat allerdings vier Hebungen. Die Langverse sind am Ende paarweise gereimt, zwei Langverspaare bilden eine Strophe.

Musikmetrische Form

Beim Vortrag wurden die stets zwei- oder dreisilbigen Ausgänge der Anverse (*lándén, dégené*) wie klingende Kadenzen gesungen, so dass die Grenze zwischen Anvers und Abvers hörbar war. Nach den stets einsilbigen (›männlichen‹) Reimen der Abverse muss man sich bei den ersten drei Versen jeder Strophe im Gesangsvortrag wohl eine kurze Textpause vorstellen. Beim Vortrag wurde die siebenhebige Textzeile deshalb wahrscheinlich zu einer Melodiezeile mit zweimal vier Takten:

> [1]| *dáz in* [2]| *ál- len* [3]| *lán-* [4]| *dén niht* [1]| *schœ́- ners* [2]| *móh- te* [3]| *sín* [4]| (Pause)

Der Grund für diese Annahme ist der letzte Abvers der Strophe: Seine vierte Hebung fiel wohl in den sonst pausierten Takt, so dass die Strophe musikalisch hörbar abgerundet wurde:

> *dar* [1]| *úm- be* [2]| *múo- sen* [3]| *dége-* [4]| *né* [1]| *víl ver-* [2]| *líe-* [3]| *sén den* [4]| *líp*

Auftakt

Doppelter Auftakt

Beschwerte Hebung

Die Verse der Nibelungenstrophe sind füllungsfrei. Anverse wie Abverse können mit einer Hebung oder einer Senkung beginnen; im zweiten Fall spricht man von ›Auftakt‹ (im 2. Abvers *niht schœ́ners*, im 4. Anvers *dar úmbe*). Häufig folgen zwei Senkungen aufeinander (im 1. Abvers doppelter Auftakt: *ein vil édel*), häufig auch zwei Hebungen (*Kríemhílt, verlíesén*), in Verbindung mit der klingenden Kadenz sogar drei Hebungen (*Búrgóndén*). Die Doppelhebungen dienen gewöhnlich dazu, bedeutungsschwere Wörter hervorzuheben – in diesem Fall den Ort der Handlung und die Hauptfigur sowie, im letzten Vers, die Vorausdeutung auf das Katastrophenende. Man nennt die Doppelhebung im Versinnern (anders als die klingende Kadenz am Versende) deshalb ›beschwerte Hebung‹. Trotz der grundsätzlichen Füllungsfreiheit ist eine Tendenz zur Alternation, also zur regelmäßigen Abfolge von Hebung und Senkung zu erkennen (wie im 2. und 3. Abvers). Die Reime sind im ›Nibelungenlied‹ weitgehend rein, wie es in der Dichtung der höfischen Blütezeit üblich wurde.

Früher Minnesang

Die Nibelungenstrophe ist älter als das um 1200 gedichtete ›Nibelungenlied‹. Es gab sie schon um 1150 im frühen deutschen Minnesang, bevor die Liebeslyriker mit der Orientierung an romanischen Vorbildern um 1170 auch deren Strophenform übernahmen. Die Nibelungenstrophe könnte demnach ursprünglich eine Form der Liedlyrik gewesen sein. Mit dem alten Stabreimvers des mündlichen Heldenlieds hat sie jedenfalls nichts mehr zu tun.

Als Beispiel aus dem Minnesang dient die erste von zwei Strophen eines Lieds, das vom Ende einer Liebschaft infolge eines Partnerwechsels handelt und von einem Dichter stammt, der in den Handschriften ›Der von Kürenberg‹ heißt:

Der Kürenberger: Falkenlied. Text nach: Des Minnesangs Frühling. 38. Aufl. Hg. v. Hugo Moser u. Helmut Tervooren. Stuttgart 1988, S. 25:

Ich zóch mir éinen válkén   mére dánne ein jár.
dó ich ín gezámeté,   als ích in wólte hán,
und ích im sín gevíderé   mit gólde wól bewánt,
er húop sich úf vil hóhé   und vlóuc in ándériu lánt.

Ich dressierte mir einen Falken, länger als ein Jahr. / Als ich ihn gezähmt hatte, wie ich ihn haben wollte, / und als ich ihm sein Gefieder schön mit Gold geschmückt hatte / schwang er sich hoch empor und flog in andere Lande.

Die Reinheit des Reims ist hier noch nicht durchgesetzt (*jar : han*). Hebungen und Senkungen alternieren jedoch schon recht regelmäßig. Im letzten Abvers steht, wie oft auch im ›Nibelungenlied‹, eine beschwerte Hebung; hier dient sie offensichtlich dazu, das besonders schmerzliche Wort *anderiu* zu betonen.

b. | Höfischer Reimpaarvers

Um 1170 setzte mit der Bearbeitung französischer Versromane und der Orientierung der Minnesänger an okzitanischen und französischen Vorbildern (vgl. S. 62) der Einfluss romanischer Vers- und Strophenformen ein.

Französischer und deutscher höfischer Reimpaarvers

In den romanischen Sprachen kam der Vers durch den Endreim und durch eine feste Silbenzahl zustande. Französische höfische Romane beispielsweise bestehen aus paarweise gereimten Versen, die bei einsilbigem (›männlichem‹) Reim immer acht Silben, bei zweisilbigem (›weiblichem‹) Reim immer neun Silben haben. Da die deutschen Dichter gewohnt waren, Hebungen statt Silben zu zählen, machten sie aus den französischen Versen im deutschen höfischen Roman vierhebige Verse.

Alternation und Füllungsfreiheit

Die wegen der festen Silbenzahl stets gleiche Länge der romanischen Reimpaarverse bewegte die deutschen Dichter jedoch dazu, die traditionelle Füllungsfreiheit des akzentuierenden Verses nach und nach aufzugeben. Unter dem romanischen Einfluss einer geregelten Silbenzahl wurde auch die Anzahl der Senkungen zunehmend fest, so dass sich die gleichmäßige Alternation von Hebung und Senkung immer weiter durchsetzte. Der Prozess dauerte allerdings bis in die zweite Hälfte des 13. Jahrhunderts.

Bei den Romandichtern aus der höfischen Blütezeit um 1200 – Hartmann von Aue, Gottfried von Straßburg und Wolfram von Eschenbach – herrscht eine deutliche Tendenz zur Alternation. Alle drei gaben das alte Prinzip der Füllungsfreiheit jedoch nicht ganz auf, so dass ihre Verse einen Variationsspielraum behielten. Das Beispiel stammt aus Wolframs ›Parzival‹ (vgl. S. 116); der Anblick von drei Blutstropfen im Schnee erinnert Parzival wegen der Ähnlichkeit zu roten Wangen und rotem Mund im weißen Gesicht an die Schönheit seiner Frau Cundwir amurs:

Wolfram von Eschenbach: Parzival. Hg. v. Eberhard Nellmann. Übertragen v. Dieter Kühn. Frankfurt a.M. 1994, Bd. 1, S. 470 (282,24–283,13):

do ér die blúotes zäher sách
úf dem sné (der wás al wíz),
do dáhter: »wér hat sínen vlíz
gewánt an díse várwe clár?
Cundwíer amúrs, sich mác für wár
disiu várwe dír gelíchén.
mich wíl got sælden ríchén,
sit ích dir híe gelíchez vánt.
géret sí diu gótes hánt
und ál diu créatíure sín.
Condwír amúrs, hie lít din schín,
sit der sné dem blúote wíze bót
und éz den sné sus máchet rót.
Cúndwír ámúrs,
dem glíchet sích din béa cúrs,
des enbístu níht erlázen.«
des héldes óugen mázén,
als éz dort wás ergángén,
zwen záher án ir wángén,
den drítten án ir kínné.

Als er die Blutstropfen / im Schnee sah (der war ganz weiß), / da dachte er: »Wer hat seine Mühe / auf diese schöne Farbe verwandt? / Condwir amurs, es kann gewiss / diese Farbe dir gleichen. / Gott will mich reich an Glück machen, / weil ich hier fand, was dir gleicht. / Gelobt seien Gottes [Schöpfer-]Hand / und alle seine Geschöpfe. / Condwir amurs, hier liegt dein Bild, / weil der Schnee dem Blut das Weiß zugrunde legte / und das Blut den Schnee rot färbte. / Condwir amurs, / dem gleicht dein schöner Körper, / das kann man dir nicht abstreiten.« / Die Augen des Helden verglichen, / was dort vor ihm lag – / zwei Tropfen mit ihren Wangen, / den dritten mit ihrem Kinn [Mund].

Hebungen und Senkungen alternieren in den meisten Versen regelmäßig. Nicht geregelt ist der Auftakt: Die Verse beginnen mit einer Hebung oder einer Senkung; manchmal stehen auch zwei Senkungen am Anfang (›doppelter Auftakt‹: *sit der sné*). Ein Vers nutzt jedoch die alte Möglichkeit der Füllungsfreiheit auf extreme Weise, denn er setzt auf den Namen von Parzivals Frau vier Hebungen hintereinander und hat deshalb keine einzige Senkung: *Cúndwír ámúrs*. Eindrücklich bekräftigt das den ohnehin mehrmals wiederholten Namen des Gegenstands von Parzivals Erinnerung.

Klingende Kadenz

Eine weitere Gestaltungsform, die der vierhebige höfische Reimpaarvers aus der deutschen Tradition übernahm, ist die klingende Kadenz: Zweisilbige (›weibliche‹) Reime mit langer Tonsilbe (langer Vokal wie *lâ-zen : mâ-zen* oder kurzer Vokal mit Konsonant am Silbenende wie *gan-gen : wan-gen*) tragen zwei Hebungen. Zweisilbige Reime, deren Tonsilbe mit einem kurzen Vokal endet (*wie etwa sa-gen : kla-gen*), behandelten die höfischen Dichter dagegen wie einsilbige männliche Reime, nicht wie zweisilbige weibliche; sie können deshalb keine klingenden Kadenzen tragen.

Satz- und Versgrenzen

Enjambement

Zäsur

Reimbrechung

Typisch für den höfischen Reimpaarvers ist das flexible Verhältnis zwischen Satzgrenzen und Versgrenzen, das sich im Textbeispiel beobachten lässt. Die Sätze können mit den Versen enden oder über das Versende hinausreichen (›Enjambement‹, Vers 1–2); innerhalb des Verses können syntaktische Grenzen liegen (›Zäsur‹, Vers 3). Eine besonders beliebte Technik war die Reimbrechung: Der Reimpaarvers legt es eigentlich nahe, eine Satzperiode in einem Reimpaar unterzubringen (wie in: *Cundwir amurs, / dem glichet sich din bea curs.*) Kunstvoller ist es jedoch, die Satzperioden versetzt zu den Reimpaaren anzulegen wie sonst überall in der zitierten Passage: Wo der Satz endet, ist die Reimbindung offen, und wo sich der Reim schließt, geht der Satz weiter. Dadurch entsteht beim Vortrag der Eindruck, dass die Versrede unentwegt voranschreitet. Die syntaktische und die metrische Gliederung der Rede sind unabhängig voneinander gestaltet und können deshalb auch in Spannung zueinander treten – ein unverkennbares Anzeichen produktionsseitiger Schriftlichkeit, denn so kompliziert kann man nur mit Hilfe der Schrift dichten.

c. | Stollenstrophe (Kanzonenstrophe)

Musikalische und sprachliche Form

Die Verse und Strophen der Minnesänger wurden von den romanischen Vorbildern beeinflusst, weil die Übernahme der musikalischen Formen zwangsläufig auch eine Orientierung an den sprachmetrischen erforderte. Da jede Strophe eines Lieds auf dieselbe Melodie gesungen wird, herrscht ein hoher Druck, die Silbenzahlen der einzelnen Verse festzulegen. Im Minnesang

Alternation

hielt die regelmäßige Alternation deshalb schneller Einzug als in der Epik; nur gelegentliche Doppelsenkungen bewahren einen kleinen Rest der Füllungsfreiheit.

Nach dem Vorbild der okzitanischen und französischen Minnesänger bevorzugten die deutschen die Form der Stollenstrophe (auch ›Kanzonenstrophe‹ genannt). Die Stollenstrophe ist eine variable Strophenform: Sie kann unterschiedlich lange Verse und unterschiedlich viele Verse haben. Ihre Gestalt wird von der musikalischen Dreiteiligkeit (AAB) bestimmt: Am Anfang steht ein Melodieteil A (der erste Stollen), der einmal wiederholt wird (der zweite Stollen). Die beiden Stollen zusammen bilden den Aufgesang. Dann folgt ein musikalisch anders gebauter Melodieteil B, der Abgesang.

Stollen

Aufgesang

Abgesang

Zu dieser musikalischen Form muss die sprachmetrische Form der Verse passen. Deshalb erkennt man auch in der sprachlichen Strophenform stets die beiden identischen Stollen des Aufgesangs und den anders gebauten Abgesang. Als Beispiel dient die 1. Strophe eines Lieds Reinmars des Alten (vgl. S. 111), in dem die Dame beklagt, dass sie die männliche Werbung aus Rücksicht auf ihr Ansehen zurückweisen muss:

Des Minnesangs Frühling. Texte. 38. Aufl. bearb. v. Hugo Moser u. Helmut Tervooren. Stuttgart 1988, S. 364:

Úngenádẹ und swáz ie dánne sórge wás,	6 m a	Aufgesang 1. Stollen
der íst nu mérẹ an mír,	3 m b	
dánnẹ ez gót verhéngen sólde.	4 w c	
rát ein wíp, diu é von sénender nót genás,	6 m a	Aufgesang 2. Stollen
min léit, und wǽr ez ír,	3 m b	
wáz si dánne spréchen wólde.	4 w c	
Dér mir íst von hérzen hólt,	4 m x	Abgesang
dén verspríchẹ ich sére,	3 w d	
nícht durch úngevǘegen ház,	4 m x	
wán durch mínes líbes ére.	4 m d	

Ungnade und was es sonst immer schon an Nöten gab, / davon habe ich nun mehr, / als Gott verhängen sollte. / Eine Frau, die schon vom Liebeskummer geheilt wurde, soll mir einen Rat geben / gegen mein Leid: Wenn es das ihre wäre, was würde sie dann sagen? / Den ich von Herzen liebe, / den weise ich nachdrücklich ab, / nicht aus ungehöriger Feindseligkeit, / sondern wegen meines Ansehens.

Metrisches Schema

Waise

Das metrische Schema neben dem Text gibt die Hebungszahlen der Verse, ihre Reimart (männlich oder weiblich) und das Reimschema der Strophe an. Die Verse 7 und 9 sind ›Waisen‹: Sie haben keinen Reim. Das metrische Schema zeigt den identischen Bau der beiden Stollen, die hier aus jeweils drei Versen unterschiedlicher Länge bestehen. Reinmars Verse alternieren regelmäßig. Eine bestimmte Art der Doppelsenkung erscheint nur in der schriftlichen Aufzeichnung, nicht im Vortrag: Wenn ein auslautender

Hiat

Elision

Vokal auf einen anlautenden trifft (›Hiat‹), wird er nicht gesprochen (›Elision‹): *Ungenade und* im 1. Vers wird zu *Ungenad' und; mere an* im 2. Vers wird zu *mer' an*. Nur die Doppelsenkung im Wort *senender* im 4. Vers fällt nicht unter diese Regel; möglicherweise wurde jedoch die Kurzform *sender* gesungen. Auch die Auftaktverhältnisse sind in diesem Lied in allen Strophen streng geregelt: Nur der zweite Vers beider Stollen beginnt mit Auftakt (also einer Senkung), alle anderen Verse beginnen ohne Auftakt (also mit einer Hebung). Seit der Zeit um 1200 war im Minnesang eine streng normierte Versifizierung verbreitet, die auf den hohen Kunstanspruch hinwies; das Beispiel ist dafür typisch.

Strophenaufbau und thematischer Aufbau

Der klare Aufbau der Stollenstrophe legt es nahe, den thematischen Aufbau des Textes in Entsprechung zu den Strophenteilen einzurichten. In diesem Fall füllt die Klage der Dame über ihre Not den ersten Stollen, ihr Wunsch nach dem Ratschlag einer glücklicheren Frau den zweiten; der Abgesang enthüllt den Grund ihres Leids. Schon die Satzperioden weisen auf die Übereinstimmung hin, denn sie entsprechen jeweils einem Strophenteil. Einen solchen dreiteiligen syntaktisch-thematischen Aufbau nach der Gliederung Stollen-Stollen-Abgesang oder einen zweiteiligen nach der Gliederung Aufgesang-Abgesang haben die Texte ungezählter Stollenstrophen. Seltener, aber nicht weniger kunstvoll ist ein Spannungsverhältnis zwischen Strophenform und thematischem Aufbau wie in der folgenden Strophe des Minnesängers Heinrich von Morungen (vgl. S. xx), in der sich der Liebende über einen Erfolg freut:

Des Minnesangs Frühling. Texte. 38. Aufl. bearb. v. Hugo Moser u. Helmut Tervooren. Stuttgart 1988, S. 277:

Hát man mích geséhen in sórgen,	4 w a	Aufgesang 1. Stollen
dés ensól niht mér ergán.	4 m b	
wól vröiwẹ ích mich álle mórgen,	4 w a	Aufgesang 2. Stollen
dáz ich díe vil líeben hán	4 m b	
Geséhen in gánzen vrö́iden gár.	4 m c	Abgesang
nu vlíuch von mír hin, lángez trúren!	4 w x	
ích bin áber gesúnt ein jár.	4 m c	

Wenn man mich in Kummer gesehen hat, / dann soll das nun ein Ende haben. / Sehr freue ich mich jeden Morgen, / dass ich die Geliebte habe / gesehen in uneingeschränktem Glück. / Nun geh fort von mir, langes Trauern! / Für ein Jahr bin ich wieder gesund.

Wie üblich entspricht dem ersten Stollen eine thematische Einheit, der Abschied vom früheren Kummer. Der zweite Stollen nennt den Grund dafür, aber mit dem Satz reicht auch der inhaltliche Zusammenhang über die Grenze zwischen Aufgesang und Abgesang hinweg. Da diese Grenze musikalisch deutlich zu hören war, wirft der Liedvortrag am Ende des Aufgesangs die Frage auf, was er sie denn nun ›hat‹: – ›gesehen‹, antwortet der Beginn des Abgesangs. In welcher Situation, bleibt offen. Je strenger die Form, umso mehr kann man damit anstellen – auch Scherzhaftes.

Die Stollenstrophe war vom 12. bis zum 17. Jahrhundert die erfolgreichste Strophenform in der deutschen Lyrik. Dass sich ihre klare Dreiteiligkeit mit unterschiedlich langen und unterschiedlich vielen Versen füllen ließ, kam ihrem Erfolg gewiss zugute. Nach dem Vorbild des Minnesangs führte sie Walther von der Vogelweide in die Sangspruchdichtung ein, wo sie seitdem konkurrenzlos war; von dort gelangte sie in den städtischen Meistergesang (vgl. S. 83), der ebenfalls keine anderen Strophenformen verwandte. Auch in der sonstigen spätmittelalterlichen und frühneuzeitlichen Liedlyrik, der weltlichen wie der religiösen, findet man sie oft.

4. Vers- und Strophenformen in Spätmittelalter und früher Neuzeit

a. ›Volksliedstrophen‹: Hildebrandstrophe, Vagantenstrophe

Die Techniken des Vers- und Strophenbaus, die die Dichter der höfischen Blütezeit einführten, blieben im 13. und 14. Jahrhundert weitgehend unverändert im Gebrauch und bildeten auch im 15. und 16. Jahrhundert noch die Grundlage für einen Teil der Verskunst. Das betrifft vor allem die so genannten ›Volksliedstrophen‹.

›Volksliedstrophen‹

Die Bezeichnung stammt aus dem 19. Jahrhundert, wo sie für Strophenformen benutzt wurde, die nicht auf romanische Vorbilder zurückgehen und die man deshalb für volkstümlich und ›deutsch‹ hielt. Weil viele Dichter von der Goethezeit an diese Strophenformen besonders hoch schätzten, finden sie sich auch in der neueren Lyrik seit dem späten 18. Jahrhundert sowie durch das ganze 19. und 20. Jahrhundert hindurch ausgesprochen häufig. Im 15. und 16. Jahrhundert waren sie in der Liedlyrik verbreitet, die von Stadtbürgern und Adeligen gepflegt wurde und die weitgehend anonym in Liederbüchern und Einblattdrucken überliefert ist. Die Bezeichnung ›Volkslied‹ ist problematisch, und auch ein ›deutscher‹ oder ›romanischer‹ Charakter von Strophenformen hat in Spätmittelalter und früher Neuzeit niemanden interessiert. Die Stollenstrophe beispielsweise findet sich in der Liedlyrik dieser Zeit ebenfalls häufig. ›Volksliedstrophe‹ ist jedoch ein verbreiteter Begriff und wird deshalb auch hier beibehalten.

In den ›Volksliedstrophen‹ herrscht der akzentuierende Vers, meist mit drei oder vier Hebungen, oft alternierend, ebenso oft mit gemäßigter Füllungsfreiheit in Gestalt von Doppelsenkungen. Alle Strophenformen, die zu dieser Gruppe gehören, zeichnen sich durch einen einfachen Aufbau aus. Von den vielen verschiedenen Varianten stelle ich als Beispiele nur zwei der bekanntesten vor, die ›Hildebrandstrophe‹ und die ›Vagantenstrophe‹.

Hildebrandstrophe

Die Hildebrandstrophe ist ein Kind der Nibelungenstrophe. Ihren Namen hat sie vom ›Jüngeren Hildebrandslied‹, einem seit dem 15. Jahrhundert handschriftlich überlieferten und im 16. Jahrhundert mehrmals gedruckten Erzähllied über den alten Hildebrand-Stoff. Zu Beginn beschließt Hildebrand, nach langem Exil heim nach Bern (Verona) zu seiner Frau Ute zu kehren:

›Jüngeres Hildebrandslied‹, 1. Strophe. Text nach: Epochen der deutschen Lyrik. Band 3. Gedichte 1500–1600. Hg. v. Klaus Düwel. München 1978, S. 43:

Ich wíl zu Lándt aus Réitten /	3 w a
sprach sich Méister Híldebrándt /	3 m b
der mír die Wég thut wéisen /	3 w a
gen Bérn wol ín die Lánd /	3 m b
die sínd mir únkundt gewésen /	3 w c
viel mánchen líeben tág /	3 m d
in zwéy und dréissig járen /	3 w c
Fraw Útten ich níe gesách.	3 m d

Wo die Hildebrandstrophe anknüpfte, ist an der Prologstrophe des ›Nibelungenlieds‹ (vgl. S. 48) zu erkennen. In dieser Strophe reimen nämlich, anders als sonst im ›Nibelungenlied‹ üblich, auch die Anverse paarweise aufeinander:

Uns íst in álten mæren wúnders víl geséit	3 w a / 3 m b
von hélden lóbebæren, von grózer árebéit,	3 w a / 3 m b
von fróuden, hóchgezíten, von wéinen únd von klágen,	3 w c / 3 m d
von kǘener récken stríten muget ír nu wúnder hœren ságen.	3 w c / 4 m d

Die zusätzlichen Reime in den Anversen zerlegen die vier Langverse in acht Kurzverse. Das Ergebnis ist die kreuzgereimte, achtversige Hildebrandstrophe mit dem regelmäßigen Wechsel von weiblichem und männlichem Reim. (Zweisilbige Reime mit kurzen offenen Tonsilben wie in den beiden letzten Abversen dieser ›Nibelungenlied‹-Strophe hatten in der mittelhochdeutschen Dichtung, wie schon erwähnt, den Wert männlicher Reime.) Die Besonderheit des vierhebigen letzten Abverses ist in der Hildebrandstrophe jedoch aufgegeben; alle Verse sind dreihebig.

Halbe Hildebrandstrophe

Ebenso weit verbreitet wie die achtversige Hildebrandstrophe war im 15. und 16. Jahrhundert die ›halbe Hildebrandstrophe‹ aus vier kreuzgereimten Versen. Ein Beispiel ist die erste Strophe eines Lieds aus dem 15. Jahrhundert, in dem ein verschneiter Weg und die Belästigung durch Schneebälle für den Verlust der Geliebten an einen Konkurrenten stehen (wie sich in den anschließenden Strophen herausstellt):

Text nach: Epochen der deutschen Lyrik. Band 2. Gedichte 1300–1500. Hg. v. Eva u. Hansjürgen Kiepe. München 1972, S. 292:

Es íst ein schné gefállen,	3 w a
vnd íst es dóch nit czéit;	3 m b
man wúrft mich mít den pállen,	3 w a
der wég ist mír verschnéit.	3 m b

Lateinische und deutsche Vagantenstrophe

Die Vagantenstrophe stammt aus der lateinischen Lyrik des 12. und 13. Jahrhunderts. Die Verfasser dieser anonym überlieferten Lieddichtung hielt man früher für Vaganten (fahrende Kleriker, vor allem Studenten) – eine Annahme, die sich als nicht in allen Fällen berechtigt erwiesen hat. Die lateinische Vagantenstrophe ähnelt der Nibelungenstrophe: Sie besteht ebenfalls aus vier Langzeilen mit paarweise gereimten Abversen. Nur bei den Hebungszahlen und bei der Verteilung der männlichen und weiblichen Versausgänge gibt es Unterschiede: In der Vagantenstrophe sind die Anverse vierhebig und enden nicht, wie die der Nibelungenstrophe, klingend. Die Abverse sind dreihebig mit weiblichen Reimen:

Text und Versübertragung nach: Carmina Burana. Die Lieder der Benediktbeurer Handschrift. Zweisprachige Ausgabe. München 1979, S. 568:

Méum ést propósitúm ín tabérna móri,
út sint vína próximá móriéntis óri.
túnc cantábunt létiús ángelórum chóri:
Sít deús propítiús húic pótatóri.

Méin Begéhr und Wíllen íst: ín der Schénke stérben,
wó mir Wéin die Líppen nétzt, éh sie sích entfárben.
Áller Éngel fróher Chór wírd dann fúr mich fléhen:
Lásse díesen Zécher, Hérr, ín dein Réich eingéhen.

Ganze und halbe Vagantenstrophe

In der deutschen Vagantenstrophe, die diesem Vorbild folgt, reimen auch die Anverse aufeinander. Dadurch werden die Langverse in Kurzverse zerlegt, genauso wie auf dem Weg von der Nibelungenstrophe zur Hildebrandstrophe. Von der deutschen Vagantenstrophe gibt es ebenfalls eine ›ganze‹ achtversige und eine ›halbe‹ vierversige Variante. Ein Beispiel für die halbe Vagantenstrophe bietet ein im 16. Jahrhundert verbreitetes Lied mit dem Ratschlag, ein erotisches Objekt, das man nicht halten kann, ziehen zu lassen (1. Strophe):

Text nach: Erhart Oeglin's Liederbuch zu vier Stimmen. Augsburg 1512. Hg. v. Robert Eitner u. Julius Joseph Maier. Berlin 1880, S. 3:

Zwíschen bérg und tíefem tál,	4 m a
da lígt ein fréie stráßen;	3 w b
wer séinen búlen nit hában mág,	4 m a
der mús ihn fáren lássen.	3 w b

Silbenzählende Verse

| b.

Vom Frühmittelalter bis heute wurden und werden deutsche Verse meistens nach dem akzentuierenden Prinzip gemacht. Der Vers kommt durch eine Abfolge von Hebungen und Senkungen zustande, die regelmäßiger verläuft, als die Sprachakzente in der nicht-versifizierten Rede verteilt sind, die aber auf den normalen Akzentverhältnissen beruht. Es kann deshalb niemals heißen: *Vóm Himmél hoch,* sondern immer nur: *Vom Hímmel hóch* – weil es ›Hímmel‹ und nicht ›Himmél‹ heißt. Auch viele Verse des 15. und 16. Jahrhunderts entsprechen dieser Erwartung; so etwa Martin Luthers berühmtes, 1535 erstmals gedrucktes Weihnachtslied vom Engel und seiner guten Mär (das alte Wort für ›Nachricht‹):

Martin Luther: Die deutschen geistlichen Lieder. Hg. v. Gerhard Hahn. Tübingen 1967, S. 44:

Vom hímel hóch da kóm ich hér /
ich bríng euch góte néwe méhr /
der góten méhr bring ích so víel /
dauón ich síngen vnd ságen wíl.

Silbenzählende Verse in Kirchenlied und Meistergesang

In der von Luther 1539 komponierten Melodie, auf die das Lied bis heute gesungen wird, kommt die Alternation zwischen Hebungen und Senkungen allerdings gar nicht zur Geltung. Der musikalische Rhythmus ist vielmehr so angelegt, dass jede Silbe gleich stark betont wird: *Vóm hímél hóch dá kóm ích hér*. Die Verse sind zwar akzentuierend gedichtet; dass sie zur musikalischen Form passen, liegt jedoch allein an der Regelung der Silbenzahl: Alle Verse haben acht Silben, weil die Melodie acht Töne je Vers hat. (Vers 4 hat allerdings eine Silbe zuviel, weshalb bei ›*singen*‹ ein bisschen geschummelt werden muss.)

Im 15. und 16. Jahrhundert gibt es Verse, die nicht nach dem akzentuierenden, sondern nach dem silbenzählenden Prinzip gemacht sind. Es herrscht wegen des musikalischen Stils im Kirchenlied und ebenso im gesamten Meistergesang (vgl. S. 83). Die Verse können hier zwar gelegentlich auch alternieren, doch spielt das für die Lautgestalt des Lieds beim Singen keine Rolle. Man begegnet deshalb häufig Versen, die beim Lesen sehr zu holpern scheinen; so etwa im folgenden, 1524 erstmals gedruckten

Weihnachtslied Luthers, einer nahezu wörtlichen Übersetzung des alten lateinischen Hymnus ›Veni redemptor gentium‹:

Martin Luther: Die deutschen geistlichen Lieder. Hg. v. Gerhard Hahn. Tübingen 1967, S. 23:

Nu kom der heyden Heyland /
der iungfrawen kind erkand /
Das sich wunder alle welt /
Gott solch geburt yhm bestelt.

Während der erste Vers glatt alterniert (*Nu kóm der héyden Héyland*), hinkt der vierte, wie man ihn auch dreht und wendet: *Gótt solch gébürt ýhm bestélt* geht nicht; *Gott sólch gebúrt yhm béstelt* geht auch nicht. (In heutigem Deutsch bedeutet der Satz übrigens: Eine solche Geburt bereitet sich Gott). Genauso verhält es sich mit weiteren Versen des Lieds. Beim Singen ist das aber ganz egal, weil alle Silben gleich stark akzentuiert werden (*Gótt sólch gébúrt ýhm béstélt*). Wichtig für die musikalische Umsetzung ist allein, dass jeder Vers genau sieben Silben lang ist.

Silbenzählende Leseverse

Silbenzählende Verse, die die Akzentuierung nicht beachten und deshalb beim Lesen fehlerhaft klingen, sind bei einer entsprechenden musikalischen Rhythmisierung also gar kein Problem. Nun gab es im 15. und 16. Jahrhundert silbenzählende Verse aber auch in Texten, die nicht gesungen wurden. Ein Beispiel ist der auf S. 29 schon zitierte ›Lobspruch der statt Nürnberg‹ von Hans Sachs – hier noch einmal ein kurzer Ausschnitt:

Wer dann zu künsten ist geneyget,
Der find alda den rechten keren;
Und wellicher kurtzweyl will leren,
Fechten, singen und saytenspil,
Die find er künstlich und subtil.

Das für heutige Ohren Tückische an diesen Versen ist, dass sie teilweise zu alternieren scheinen wie im 1. und 2. Vers:

Wer dánn zu kűnsten íst genéyget,
Der fínd aldá den réchten kéren;

Deshalb kommt man beim Lesen ins Stolpern, wenn sie es nicht tun wie im 3. und 4. Vers:

Und wéllicher kúrtzwéyl will léren,
Féchten, síngen und sáytenspíl,

Weil manche Verse glatt zu laufen scheinen, hat man den Eindruck, dass andere hinken. Die Verse zielen jedoch weder auf einen strengen Wechsel zwischen Hebungen und Senkungen noch auf eine Festlegung der Hebungszahl, denn sie sind nicht akzentuierend gedichtet. Streng geregelt ist nur die Silbenzahl: Alle Verse mit männlichem Reim haben 8 Silben, alle mit weiblichem Reim haben 9 Silben. Wer die historische Intonation treffen will, darf beim Lesen weder in den alternierenden Trott verfallen noch grundsätzlich vier Hebungen suchen, sondern muss sich an die normalen Wortakzente halten. Dann holpern die Verse gar nicht; sie klingen nur für unsere Ohren etwas ungleichmäßig:

Wer dann zu kű́nsten ist genéyget,
Der fínd alda den réchten kéren;
Und wéllicher kúrtzweyl will léren,
Féchten, síngen und sáytenspíl,
Die find er kű́nstlich und subtíl.

Strenger Knittelvers

Diese Versform erhielt im 17. Jahrhundert die Bezeichnung ›Knittelvers‹. Ein ›Knittel‹ (oder ›Knüttel‹) ist ein Holzprügel. Die Bezeichnung bedeutet also ›Prügelvers‹ und ist abfällig gemeint, denn der Knittelvers war das Feindbild der Versreform, die Martin Opitz 1624 mit dem ›Buch von der deutschen Poeterey‹ einleitete. Opitz hielt nur Verse mit einer streng geregelten Abfolge von Hebungen und Senkungen für kunstgerecht und wertete deshalb alles ab, was dieser Norm nicht folgte.

Obwohl wir andere Versifizierungsprinzipien inzwischen respektieren, blieb die Bezeichnung erhalten. Allerdings spricht man heute von ›strengem Knittelvers‹, um die genaue Regelung der Silbenzahl zum Ausdruck zu bringen. (Daneben gab es noch einen ›freien Knittelvers‹, bei dem die Silbenzahl nicht geregelt war.) Außerhalb der Liedlyrik war der strenge Knittel der verbreitetste Vers in der deutschen Dichtung des späteren 15. und des 16. Jahrhunderts; Hans Sachs hat ihn in seinen zahlreichen Werken ebenso benutzt wie Sebastian Brant im ›Narrenschiff‹ (vgl. S. 97). Anders als später Opitz galt er den Zeitgenossen durchaus als kunstvoll. Auch Verse sind eben nicht zu allen Zeiten dasselbe.

Kapitel 8 | Textanalyse I – Elementare Bedeutungsbeziehungen

Bedeutung in Texten, Diskursen, Praktiken

In diesem und in den folgenden drei Kapiteln geht es um Verfahrensweisen, mit deren Hilfe sich der Aufbau von Bedeutung (vgl. S. 5) untersuchen lässt. Bedeutung kommt durch Texte zustande, aber auch durch komplexere, auf gesellschaftlichen Institutionen beruhende kulturelle Wissensordnungen (›Diskurse‹, Kapitel 10) sowie durch kulturelle Praktiken, die unseren Handlungsweisen zugrunde liegen und unser Zusammenleben bestimmen (Kapitel 11). In diesem und im nächsten Kapitel steht zunächst der Bedeutungsaufbau in Texten im Vordergrund.

1. | Was ist ›Bedeutung‹?

Bedeutung und Wirklichkeit

Bedeutungen bedürfen der Untersuchung, weil Texte, Diskurse und kulturelle Praktiken nicht einfach Abbildungen der Wirklichkeit sind. Wirklichkeit ›gibt es‹ für jeden Menschen und für jede Gemeinschaft immer nur in interpretierter Form. Wir nehmen die Welt nach bestimmten Mustern wahr, und wir tun das nicht alle auf dieselbe Weise: Wenn ich durch meine Heimatstadt gehe, sehe ich nicht dasselbe wie ein Fremder, weil die Dinge eine andere Bedeutung für mich haben. Wir bringen die Wirklichkeit auf mehr oder weniger abstrakte Begriffe, unter denen wir nicht alle zwangsläufig dasselbe verstehen: Man kann nicht ertragreich darüber streiten, was ›Liebe‹ ›ist‹, sondern nur darüber, was wir darunter verstehen. Wir weisen die Wirklichkeit unterschiedlichen kulturellen Lebensbereichen zu, über deren Verhältnis zueinander wir nicht immer einig sind – etwa wenn es um den Geltungsanspruch religiöser oder ökonomischer Grundsätze in der Politik geht.

›Bedeutung‹ lässt sich deshalb nicht als etwas verstehen, was wir zur Wirklichkeit hinzutun und auch wieder von ihr abziehen könnten, so dass die nackte Wirklichkeit übrig bliebe. Angemessener ist es, Bedeutung als eine Form zu verstehen, die wir der Wirklichkeit geben – und zwar unvermeidlich: Wir müssen der Wirklichkeit nicht eine bestimmte Bedeutung geben, aber wir geben ihr stets eine Bedeutung. ›Dichtung‹ beispielsweise ist stets das, was als Dichtung gilt, und das war nicht zu allen Zeiten und für alle dasselbe (vgl. Kapitel 4). ›Hinter‹ den verschiedenen Dichtungsbegriffen gibt es nichts, was als ›wirkliche‹ Dichtung von den verschiedenen Bedeutungen von ›Dichtung‹ zu unterscheiden wäre.

Schon in unserer unmittelbaren Umgebung sind unterschiedliche Interpretationen der Wirklichkeit allgegenwärtig. Sie werden mit zunehmender räumlicher oder zeitlicher Entfernung nur noch offensichtlicher. In anderen Kulturen oder in früheren Zeiten gibt oder gab es womöglich andere Vorstellungen von ›Liebe‹, die unter Umständen kaum nennenswerte Ähnlichkeiten mit unseren Vorstellungen haben. Für die meisten von uns existiert eine ziemlich selbstverständliche Trennung zwischen verschiedenen Lebensbereichen wie Religion, Wirtschaft, Politik, Recht, Wissenschaft, Kunst. Diese Unterscheidung gibt es jedoch nicht überall, wie es sie auch in der Geschichte unserer eigenen Kultur nicht immer gab. Wer sich mit anderen Zeiten beschäftigt, trifft auf zumindest teilweise andere Bedeutungsordnungen.

Bedeutung als Zusammenhang

Was ›Bedeutung‹ (oder ›Sinn‹) ›ist‹, lässt sich auf zwei Arten verstehen, die einander nicht ausschließen, sich aber doch voneinander unterscheiden. Zum einen erhält etwas Bedeutung dadurch, dass es in Beziehung zu etwas anderem, einem Kontext, tritt: Die Bedeutung eines Wortes ergibt sich aus dem sprachlichen Wortfeld, zu dem es gehört; aus dem Satz, in dem es steht; aus der Situation, in der es benutzt wird. Die Bedeutung eines Textes ergibt sich daraus, wie seine Bestandteile angeordnet sind und in welchem Verhältnis sie zu bestimmten kulturellen Wissensordnungen und Praktiken stehen. Bedeutung beruht, so verstanden, auf Zusammenhang: Man versteht etwas, wenn man einen Zusammenhang versteht – den inneren Zusammenhang der Elemente eines Textes und den Zusammenhang zwischen dem Text und seinem kulturellen Kontext. Mit diesem Aspekt von Bedeutung beschäftigen sich die Abschnitte 3 (Bedeutungsbeziehungen innerhalb von Texten: Textbeschreibung) und 4 (Beziehungen zwischen Text und kulturellem Kontext: historische Interpretation).

Bedeutung als Funktion

Zum anderen erhält etwas Bedeutung dadurch, dass es einen Zweck oder eine Absicht verfolgt. Man versteht etwas, wenn man es als eine intentionale (zielgerichtete) Handlung versteht. Bei Texten kann sich das auf die unmittelbare Gebrauchsfunktion beziehen: Die Bedeutung eines Kochrezepts besteht in der Funktion, eine Anleitung zur Herstellung eines Gerichts zu geben. Bei poetischen Texten (auch bei älteren) geht das in der Regel nicht so direkt. Sie als zielgerichtete Handlung zu verstehen, heißt eher zu verstehen, welche Funktion die Struktur des Textes (die Auswahl und Anordnung seiner Bestandteile) hat – zu welchem Zweck er gerade so gemacht ist, wie er gemacht ist. Mit diesem Aspekt von Bedeutung beschäftigt sich Abschnitt 5 (rhetorische Strategie).

2. | Textbeschreibung und historische Interpretation

Texte und historische Bedeutungsordnungen

Texte aus früheren Zeiten sind von Verfassern produziert und an Rezipienten gerichtet, die die Bedeutungsordnungen – das kulturelle Wissen und die Praktiken – ihrer jeweiligen Zeit gewohnt waren. Texte sind deshalb zwangsläufig so gemacht, dass die zeitgenössischen Bedeutungsordnungen eine Voraussetzung für ihr Verständnis sind. Ein Textproduzent muss die Bedeutungsordnungen seiner Zeit nicht unbedingt erfüllen; er kann auch versuchen, sich ihnen zu entziehen oder sie zu verändern. Beispielsweise kann ein Text um 1200 eine zu dieser Zeit eher ungewohnte Vorstellung von ›Liebe‹ aufbauen. Aber das Ungewohnte bezieht sich ebenfalls auf die zeitgenössischen Gewohnheiten; auch die Neuerung kann nur verstehen, wer die Bedeutungsordnung kennt, von der sie abweicht.

Historische Interpretation

Das Bemühen um eine Erklärung, wie der Bedeutungsaufbau eines Textes auf die zeitgenössischen Bedeutungsordnungen bezogen ist, nennt man ›historische Interpretation‹. Dabei geht es beispielsweise um die Frage, welches Bedeutungsangebot Walther von der Vogelweide seinen Rezipienten mit einem bestimmten Text machte. Die Kenntnis der historischen Bedeutungsordnungen, die dafür nötig ist, stammt ihrerseits gewöhnlich ebenfalls aus der Auswertung von Texten (und anderen historischen Zeugnissen wie Bildern oder Baudenkmälern). Die historische Interpretation benutzt deshalb die kulturellen Wissensbestände und Praktiken einer Zeit, die anhand von Texten (und anderen Zeug-

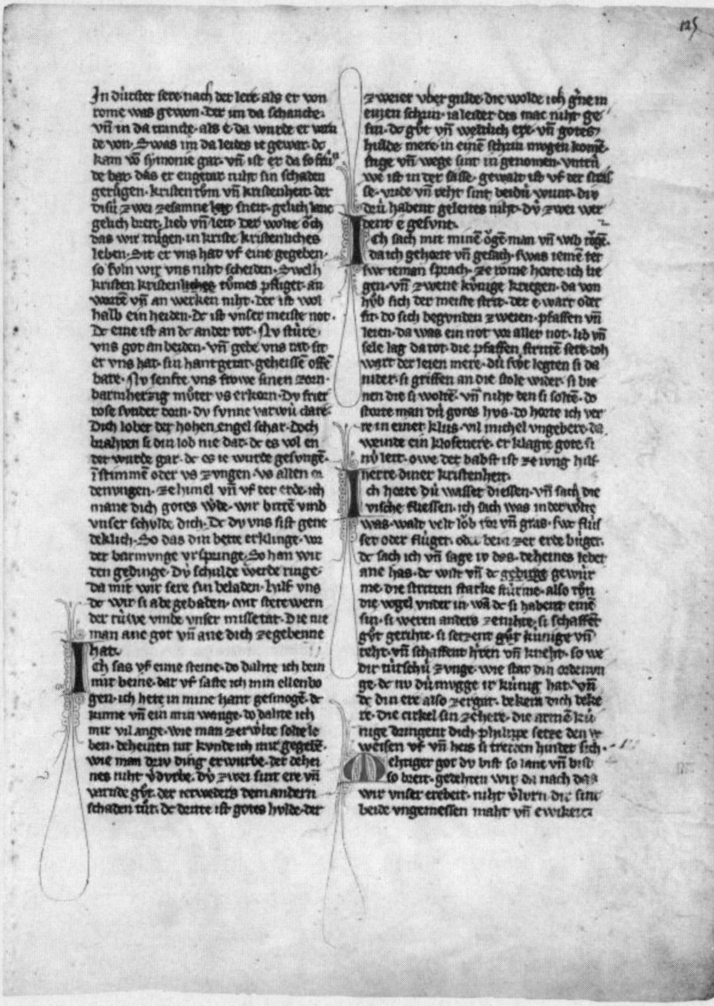

Abb. 14

Der ›Reichston‹ Walthers von der Vogelweide in der Manessischen Liederhandschrift.

nissen) aus dieser Zeit rekonstruiert werden, zur Erklärung von Texten aus dieser Zeit.

Textbeschreibung (Textphänomenologie)

Das Verfahren der historischen Interpretation setzt voraus, dass Klarheit darüber herrscht, was eigentlich erklärt werden soll. Ehe sich ein Zusammenhang zwischen Text und historischen Bedeutungsordnungen untersuchen lässt, braucht es eine Vorstellung davon, welches Material der Text wie anordnet. Diesen ersten Schritt nennt man Textbeschreibung oder Textphänomenologie

(›Phänomenologie‹: Lehre von der Beschreibung der wahrnehmbaren Phänomene). Ein beträchtlicher Teil der traditionellen literaturwissenschaftlichen Vorgehensweisen und Begriffe ist auf die Textphänomenologie ausgerichtet, denn je besser man weiß, welche Phänomene in Texten zu erwarten sind, umso mehr nimmt man im Einzelfall wahr. Wer weiß, welche Arten von Bedeutungsbeziehungen oder von Argumentations- und Erzählverfahren es gibt, erkennt die Phänomene auch im einzelnen Text.

Walther von der Vogelweide: *›Ich saz ûf eime steine‹*

In diesem Kapitel geht es zunächst um einige elementare Verfahren des Bedeutungsaufbaus in Texten, das heißt um grundlegende Formen von Bedeutungsbeziehungen. Als Beispiel dient die auf S. 157 zitierte Sangspruchstrophe Walthers von der Vogelweide. Im Anschluss an die Textbeschreibung folgen einige Hinweise zur historischen Interpretation der Strophe.

3. | Textbeschreibung: Bedeutungsbeziehungen

a. | Thematischer Aufbau

Gliederung

Eine schlichte Gliederung hilft gewöhnlich, die inhaltlichen Abschnitte und damit den thematischen Aufbau des Textes zu erkennen:

1. Am Anfang beschreibt der Sprecher eine Körperhaltung, die er einmal eingenommen hat (V. 1–5).

2. Im Anschluss daran erzählt er, welche Gedanken ihm in dieser Situation kamen. Diese Gedanken füllen den gesamten Rest der Strophe (V. 6–24); sie sind ihrerseits in verschiedene Abschnitte gegliedert:

2.1. An erster Stelle steht eine Frage, die sich der Sprecher stellt, nämlich wofür man auf der Welt leben soll (V. 6–7).

2.2. An zweiter Stelle steht eine weitere Frage, die den Sprecher allerdings ratlos macht, nämlich wie drei Dinge zusammen erreicht werden können (V. 8–10).

2.3. An dritter Stelle steht die Aufzählung dieser drei Dinge (V. 11–14). Dabei zeigt sich, dass es sich eigentlich nicht um konkrete ›Dinge‹, sondern um abstrakte Begriffe handelt. Zunächst werden die ersten beiden als konfliktträchtiges Paar genannt (›Ansehen‹ und ›Besitz‹), dann wird das dritte (›Gottes Gnade‹) den beiden anderen übergeordnet.

2.4. An vierter Stelle äußert der Sprecher den Wunsch und stellt dann gleich die Unmöglichkeit fest, alle drei ›Dinge‹ zu vereinen (V. 15–19). Dies ist auf metaphorische Weise ausgedrückt: Die drei ›Dinge‹ sollen gemeinsam in ein Gefäß, doch ist es nicht möglich, dass sie zusammen in ein Herz kommen. Die metaphorische Ausdrucksweise ist für den thematischen Fortgang wichtig, weil sie die drei abstrakten Begriffe erneut wie konkrete Dinge behandelt, die man in ein Gefäß legen kann oder die sich zu einem Ort bewegen (ins Herz kommen) können. An diese Idee einer Bewegung der drei ›Dinge‹ schließt der nächste thematische Abschnitt an:

2.5. An fünfter Stelle steht, dass den drei ›Dingen‹ der Weg versperrt ist. Schuld daran sind ›Untreue‹ und ›Gewalt‹, die im Hinterhalt liegen, während ›Friede‹ und ›Recht‹ schwer verwundet sind (V. 20–23). Auch dies ist eine metaphorische Ausdrucksweise, die die abstrakten Begriffe ›Untreue‹ und ›Gewalt‹ wie konkrete Straßenräuber, die abstrakten Begriffe ›Friede‹ und ›Recht‹ wie konkrete Verletzte behandelt.

2.6. An sechster und letzter Stelle (V. 24) werden die drei ›Dinge‹ (also die Begriffe ›Ansehen‹, ›Besitz‹ und ›Gottes Gnade‹) in eine Beziehung zu den beiden Verletzten (also den Begriffen ›Friede‹ und ›Recht‹) gesetzt. Die Ausdrucksweise ist wieder metaphorisch: Die drei können sich nicht sicher bewegen, solange die zwei verletzt sind.

Redesituation | b.

Der Text ist in zwei große Abschnitte gegliedert, die Beschreibung der Körperhaltung und die Erzählung der Gedanken; dabei gibt der erste Abschnitt die Situation für den zweiten an: ›Als ich einmal in dieser Weise dasaß, dachte ich mir Folgendes‹. Schon bei der Beschreibung der Denksituation bringt sich der Sprecher explizit (er sagt ausdrücklich ›ich‹) selbst ins Spiel; damit setzt die Rede überhaupt ein. Wer ausdrücklich ›ich‹ sagt, könnte auch ausdrücklich jemanden ansprechen; ein Adressat wird jedoch im ganzen Text nicht genannt. Die Gedanken des zweiten Teils haben als solche zunächst einmal auch keinen anderen Adressaten als den Denkenden selbst (›da dachte ich mir‹). Aber die vorangestellte Beschreibung der Denksituation erweckt den Eindruck, dass der Sprecher seine ursprünglich an ihn selbst gerichteten Gedanken

Sprecher (explizit / implizit)

Adressat (explizit / implizit)

einem impliziten, nicht ausdrücklich angesprochenen Adressaten erzählt. Dadurch wird eine Staffelung inszeniert: Die Gedanken erscheinen zunächst nicht auf Mitteilung ausgerichtet, werden aber nun mitgeteilt. (Allerdings könnte sich der Sprecher auch bloß an die früheren Gedanken erinnern, ohne sie jemandem mitzuteilen.)

Inszenierte Redesituation (monologisch / dialogisch)

Die Struktur aus ausdrücklichem oder unausdrücklichem Sprecher, ausdrücklichem oder unausdrücklichem Adressaten und dem Verhältnis des Gesagten zu Sprecher und Adressat kann man als ›inszenierte Redesituation‹ des Textes bezeichnen. In diesem Fall ist eine ausdrücklich monologische Redesituation in eine unausdrücklich dialogische eingebettet. ›Monologisch‹ ist dabei im Sinn von ›an sich selbst gerichtet‹ gemeint, ›dialogisch‹ im Sinn von ›an andere gerichtet‹, ›eingebettet‹ im Sinn von ›ich teile – wem auch immer – mit, wie ich einmal Folgendes bei mir dachte‹. (Wenn sich der Sprecher bloß an die früheren Gedanken erinnert, ohne sie mitzuteilen, ist eine ausdrücklich monologische Redesituation in eine unausdrücklich monologische eingebettet.)

Vortragssituation

Bei tatsächlich vorgetragenen Texten – wie Sangsprüchen – kann die inszenierte Redesituation so mit der konkreten Vortragssituation übereinstimmen, dass die unausdrücklichen Stellen gefüllt werden: Wenn Walther von der Vogelweide die Strophe einem Publikum vorsingt, teilt er als Sprecher dem Publikum als Adressat mit, was er sich einmal dachte, als er in einer bestimmten Weise auf einem Stein saß. In diesem Fall ist eine inszenierte monologische Redesituation in eine tatsächliche dialogische eingebettet.

Was die Körperhaltung selbst zu bedeuten hat, lässt sich nicht durch Textbeschreibung, sondern nur durch historische Interpretation klären.

c. | Bedeutungsbeziehungen zwischen Begriffen

Textgegenstände und Aussagen über sie

Was die erzählten Gedanken anbelangt, so zeigt die Gliederung, dass ihr Gegenstand die drei ›Dinge‹, ihre Beziehungen zueinander und ihre Beziehung zu den beiden ›Verletzten‹ sind. Welche Aussagen werden über die zentralen Textgegenstände gemacht?

1. Es wird als erstrebenswert dargestellt, die drei Dinge gemeinsam zu ›erwerben‹. Im Bezug auf die drei abstrakten Begriffe

›Besitz‹, ›Ansehen‹ und ›Gottes Gnade‹ lässt sich das nur so verstehen, dass es sich um Ziele handelt, die ›man‹ anstrebt. Das Pronomen ›man‹ weist darauf hin, dass es sich um allgemein angestrebte Ziele handelt, auf die sich auch die Bemühungen des ›ich‹ richten.

Begriffsbeziehungen

2. Dass die drei Begriffe Ziele bezeichnen, macht bereits die einleitende Frage des Gedankenberichts deutlich, wofür (*wes*) man auf der Welt leben sollte. Der Text ist so aufgebaut, dass zunächst die Frage nach den großen Lebenszielen aufgeworfen und dann mit den drei Begriffen beantwortet wird. Wofür man auf der Welt lebt, sind die drei Güter, die man erwerben will. Die Bedeutungsbeziehung zwischen dem Ausdruck ›wofür leben‹ in der thematischen Einheit 2.1 und ›drei Dinge erwerben‹ in der thematischen Einheit 2.2 nennt man ›thematische Wiederaufnahme‹: Beides bezieht sich auf denselben Gegenstand, nämlich auf das Streben nach den drei Lebenszielen. Thematische Wiederaufnahmen sorgen für den Zusammenhang zwischen den einzelnen Aussagen eines Textes. Die Beziehung der thematischen Wiederaufnahme besteht beispielsweise auch zwischen ›erwerben‹, ›in ein Gefäß haben wollen‹ und ›in ein Herz kommen‹, weil alle diese Ausdrücke das Streben nach den Lebenszielen bezeichnen.

Thematische Wiederaufnahme

Äquivalenz

3. Insofern Besitz, Ansehen und Gottes Gnade zu einer Gruppe gehören, nämlich zu der der Lebensziele, bilden sie eine Reihe von Begriffen, die unter einen gemeinsamen Oberbegriff fallen. Die Bedeutungsbeziehung zwischen den drei Begriffen ist deshalb zunächst die der Äquivalenz (Gleichwertigkeit), aber nur in dem Sinn, dass sie eine Reihe unter einem gemeinsamen Oberbegriff ergeben. Die Bedeutungsbeziehung der Äquivalenz herrscht zwischen allen Textgegenständen, die sich unter einen gemeinsamen Oberbegriff stellen lassen.

Opposition

4. Auf der Grundlage dieser Äquivalenz herrschen dann freilich weitere Beziehungen zwischen den drei Begriffen: (a) Besitz und Ansehen stehen unter dem Aspekt der Vereinbarkeit in einem Gegensatz zueinander, insofern sie sich nicht immer gleichzeitig erreichen lassen. Diese Art der Bedeutungsbeziehung heißt Opposition (Gegensatz). Ebenso wie es eine Äquivalenz zwischen Textgegenständen immer nur im Hinblick auf einen weiteren Aspekt gibt (Besitz–Ansehen–Gottes Gnade / Lebensziele), gibt es auch eine Opposition immer nur im Hinblick auf einen weiteren Aspekt (Besitz–Ansehen / Vereinbarkeit). (b) Gottes Gnade über-

trifft Besitz und Ansehen, ist also das wichtigere Lebensziel. Diese Bedeutungsbeziehung heißt Hierarchisierung (Wertordnung). (c) Besitz und Ansehen einerseits, Gottes Gnade andererseits stehen ebenfalls in einer Opposition zueinander, weil sie sich nicht miteinander vereinbaren lassen. (Übrigens sind Besitz und Ansehen, dem Text zufolge, ›oft‹ nicht miteinander vereinbar, während die Unvereinbarkeit beider mit Gottes Gnade offenbar grundsätzlich gilt.)

Hierarchisierung

Mit den Begriffen ›thematische Wiederaufnahme‹, ›Äquivalenz‹, ›Opposition‹ und ›Hierarchisierung‹ lässt sich ein beträchtlicher Teil der grundlegenden Bedeutungsbeziehungen in Texten und damit die Basisebene des Bedeutungsaufbaus beschreiben.

Standpunkt

5. Als Ergebnis dieses Bedeutungsaufbaus ergibt sich ein Standpunkt: Der Sprecher weiß nicht, wie die drei Lebensziele zu vereinbaren sind, und ist deshalb ratlos. Er lässt aber keinen Zweifel daran, dass Besitz, Ansehen und Gottes Gnade die großen Lebensziele sind und dass es erstrebenswert ist, alle drei zu erreichen. (Trotz der Hierarchisierung lehnt er das Streben nach Besitz und Ansehen nicht als falsch ab; andernfalls gäbe es kein Problem.)

6. Bis zu dieser Stelle (der Grenze zwischen den thematischen Einheiten 2.4 und 2.5) handelt der Text von der Unvereinbarkeit der drei Lebensziele und vermittelt dabei den Eindruck, dass sie wegen dieser Unvereinbarkeit nicht zusammen ›in ein Herz kommen‹ können. Die Einführung neuer Begriffe sorgt dann für eine etwas überraschende Wende: Der Weg (ins Herz) ist den drei Gütern versperrt, weil ›Untreue‹ und ›Gewalt‹ herrschen; der Weg würde erst wieder frei, wenn ›Friede‹ und ›Recht‹ herrschten. Zwischen ›Untreue‹ und ›Gewalt‹ besteht eine Äquivalenzbeziehung, ebenso zwischen ›Friede‹ und ›Recht‹. Als Oberbegriff für ›Friede‹ und ›Recht‹ liegt ›Ordnung‹ nahe, als Oberbegriff für ›Untreue‹ und ›Gewalt‹ ›Unordnung‹. Die beiden Begriffspaare stehen in Opposition zueinander.

Kausalbeziehung (Voraussetzung-Konsequenz)

7. Zwischen den drei Lebenszielen einerseits und den beiden Begriffspaaren andererseits wird die Bedeutungsbeziehung von Voraussetzung und Konsequenz hergestellt: Friede und Recht sind die Voraussetzung dafür, dass man Ansehen, Besitz und Gottes Gnade erreichen kann; Untreue und Gewalt sind eine Voraussetzung dafür, dass man sie nicht erreichen kann. Bedeutungsbeziehungen vom Typ Voraussetzung-Konsequenz oder Ursache-Folge heißen Kausalbeziehung.

8. Die Begriffe, die innerhalb der Kausalbeziehung die Voraussetzung darstellen, unterscheiden sich stets unter irgendeinem Aspekt von den Begriffen, die die Konsequenz darstellen. ›Friede‹ und ›Recht‹ (bzw. ›Untreue‹ und ›Gewalt‹) stehen insofern in einer Opposition zu den drei Lebenszielen, als sie sich auf das Zusammenleben und damit auf die gesellschaftliche Ordnung beziehen; Ansehen, Besitz und Gottes Gnade strebt jeder Einzelne (›man‹ und ›ich‹) an. Der Zustand der Gemeinschaft ist die Voraussetzung dafür, dass der Einzelne die Lebensziele erreichen kann. Dies ist, als Ergebnis des Bedeutungsaufbaus, wieder ein Standpunkt.

9. Damit lässt der Text die Frage offen, ob die drei Lebensziele nun wegen ihrer Unvereinbarkeit untereinander oder wegen des Mangels an Frieden und Recht nicht erreichbar sind. Sie wäre vielleicht folgendermaßen zu beantworten: Wenn Friede und Recht nicht herrschen, sind die drei Lebensziele schon je für sich nicht erreichbar; über das Problem ihrer Vereinbarkeit braucht man überhaupt erst nachzudenken, wenn Friede und Recht gewährleistet sind. Dies kann man als den Standpunkt verstehen, den der Text durch seinen Bedeutungsaufbau insgesamt nahe legt.

10. An dieser Stelle kommt die ausdrückliche Ratlosigkeit des Sprechers ins Spiel. Keinen Rat weiß er ja angeblich in der Frage, wie man Ansehen, Besitz und Gottes Gnade unter einen Hut bringen kann. Die Pointe der Strophe besteht darin, dass diese Frage unter den herrschenden Verhältnissen von Untreue und Gewalt als ein Problem erscheint, das man erst zu klären braucht, wenn für Frieden und Recht gesorgt ist. Was diesen Zusammenhang anbelangt, ist der Sprecher alles andere als ratlos. Deshalb enthält die Strophe einen unausgesprochenen Ratschlag: Wenn wir zu Ansehen, Besitz und zur Gnade Gottes kommen wollen, müssen wir uns zuerst um Frieden und Recht kümmern.

11. Damit liegt dem Text insgesamt die Form eines Arguments zugrunde. Ein Argument ist die Begründung einer Behauptung durch eine andere Behauptung anhand einer allgemein gültigen Regel. Die zu begründende Behauptung lautet in diesem Fall: ›Es muss für Frieden und Recht gesorgt werden‹. Die Begründung lautet: ›Denn nur dann ist überhaupt daran zu denken, dass sich Ansehen, Besitz und die Gnade Gottes erreichen lassen.‹ Die allgemeine Regel lautet: ›Friede und Recht sind grundsätzlich eine Voraussetzung dafür, dass man die wichtigsten Lebensziele verfolgen kann.‹ Argumente beruhen immer auf der Unterstellung

Argument

von Ursache-Folge-Beziehungen und lassen sich deshalb stets in eine wenn-dann-weil-Form bringen: Wenn nicht Recht und Frieden herrschen, dann lassen sich Besitz, Ansehen und die Gnade Gottes nicht erreichen, weil das eine die Voraussetzung für das andere darstellt. Argumentieren gehört – zusammen mit Erzählen und Beschreiben – zu den grundlegenden Funktionen des Bedeutungsaufbaus in Texten.

4. | Historische Interpretation

Die Textbeschreibung wirft Fragen auf, die die historische Interpretation klären muss: 1. Was hat es mit der zu Beginn des Textes beschriebenen Körperhaltung auf sich? 2. Sind die drei Lebensziele, das Begriffspaar Friede und Recht und die Beziehung zwischen Lebenszielen und Ordnung zu Walthers Zeit geläufige Vorstellungen?

Bedeutungen der Bildformel

Auskünfte zur ersten Frage bietet vor allem die Kunstgeschichte, denn die Pose auf dem Stein knüpft an eine gebräuchliche Bildformel an. Die älteste bekannte Darstellung eines Menschen, der allein auf einem Hügel sitzt, den Ellbogen aufs Knie und den Kopf in die Hand gestützt, ist ein trauernder Jüngling auf einem griechischen Grabrelief aus dem 4. Jahrhundert v. Chr. In der mittelalterlichen Kunst wurde Adam nach der Vertreibung aus dem Paradies in Trauer über den erlittenen Verlust in dieser Körperhaltung dargestellt, ebenso Hiob in Trauer über sein Leid. In einem Psalter aus dem 9. Jahrhundert erscheint die Pose als Illustration zu Psalm 42,5 (*Quare tristis es anima mea* – Weshalb bist du traurig, meine Seele). Die Bedeutungselemente der Pose sind leicht zu erkennen und wurden über Jahrhunderte in ähnlicher Weise verstanden: Einsamkeit, Nachdenklichkeit, Trauer. Da die antike und in ihrem Gefolge die mittelalterliche ebenso wie die frühneuzeitliche Medizin diese drei Aspekte mit Melancholie in Verbindung brachte, spricht man auch von der Melancholiepose.

Für den in die Hand gestützten Kopf gibt es in der Geschichte der Bildformeln noch eine zweite Gebrauchskonvention: Die Pose ist auch die des göttlich inspirierten Visionärs. Sie wurde in der mittelalterlichen Kunst für die Darstellung der alttestamentarischen Propheten und der neutestamentarischen Evangelisten benutzt. Dabei knüpft der Typus des Evangelistenbilds seinerseits an die Darstellungsmuster römischer Autorenporträts an; eines der lateinischen Wörter für ›Dichter‹, *vates,* bedeutet zugleich ›Seher‹. In der Manessischen Liederhandschrift (vgl. S. 133) ist außer Walther von der Vogelweide auch der Minnesänger Heinrich von Veldeke mit in die Hand gestütztem Kopf und aufs Knie gestütztem Ellenbogen dargestellt, ohne dass die Pose in Veldekes Liedern vorkäme; sie bezeichnet hier offenbar vor allem den Dichter. Für Walthers Text ist jedoch auch die Bedeutung ›Seher‹ wichtig, weil der Sprecher in der zweiten Strophe des ›Reichstons‹ seine weiteren Ratschläge an das Publikum aus einer visionären Schau der Welt ableitet (*ich sach, swaz in der welte was* – ich sah alles, was es auf der Welt gab).

Die am Textbeginn beschriebene Körperhaltung hat demnach mehrere Funktionen für den Bedeutungsaufbau: Sie kündigt eine Klage an, indem sie den Aspekt ›Trauer‹ aufruft. Sie führt den Sprecher als einen Nachdenklichen ein und verleiht seinen Gedanken dadurch Gewicht. Sie stilisiert ihn zum Seher und weist seinen Aussagen damit einen hohen Geltungsanspruch zu. Und sie präsentiert ihn als einen, der in der Einsamkeit zu Erkenntnissen gelangt ist, die er nun dem Publikum mitzuteilen hat. Die Bildformel der einsamen Reflexion des Dichter-Visionärs entspricht dem Aufbau der Redesituation: Eine monologische Redesituation ist in eine dialogische eingebettet.

Es kommt darauf an, dass der Text eine Wirklichkeit formt, indem er ein Bedeutungsgefüge aufbaut. Die Frage, ob der Text Wirklichkeit dergestalt abbildet, dass Walther von der Vogelweide tatsächlich einmal in der beschriebenen Haltung auf einem Stein saß, hilft nicht weiter: Wäre es wirklich so gewesen, hätte Walther nicht erst mit seinem Text, sondern schon mit seinem Verhalten eine konventionelle Bildformel aufgegriffen. Dann hätte schon sein Verhalten Bedeutung, die wir in ganz ähnlicher Weise beschreiben müssten wie die Bedeutung des Textes.

Gruppierungen adeliger Lebensziele

Was die drei Lebensziele anbelangt, so liegt zunächst der Blick auf die höfische Dichtung in Walthers zeitlicher Umgebung nahe. Lebensziele sind nämlich von Lebensformen abhängig: Mönche hatten womöglich andere als Laien, arme Bauern andere als reiche Adelige. Höfische Dichtung ist unter dem Einfluss klerikalen Bildungswissens in erster Linie für ein laienadeliges Publikum gemacht und deshalb auf die Lebenseinstellungen dieses Publikums bezogen. Walthers Begrifflichkeit findet sich auch in anderen höfischen Texten:

Im ›Erec‹ Hartmanns von Aue (vgl. S. 112) beispielsweise erlangt die Hauptfigur nach einem Leben in Ehre die ewige Glückseligkeit, die der Erzähler als *goldes übergulde* (wertvoller als Gold, d. h. Besitz) bewertet (V. 10124–10134). In Hartmanns Erzählung ›Der arme Heinrich‹ meint die Hauptfigur, dass es falsch sei, ›ohne Gott‹ nach Ehre und Besitz zu streben (V. 395–406), weil dies nicht zur ewigen Glückseligkeit (*sælde*) führe. Manchmal treten auch nur zwei Lebensziele nebeneinander auf: Im ›Parzival‹ Wolframs von Eschenbach (vgl. S. 116) hält es der Erzähler für erstrebenswert, das Seelenheil zu erlangen und gleichzeitig das irdische Ansehen (*der werlde hulde*) zu sichern (827,19–24). Von Walther von der Vogelweide selbst sind drei weitere Sangsprüche über das Verhältnis zwischen *guot* einerseits, *ere* und *gotes hulde* andererseits überliefert (20,16; 22,18; 22,33). Sie lehren, dass man nicht so nach Besitz streben darf, dass Ansehen und Seelenheil dadurch in Gefahr gebracht werden, dass Besitz jedoch auch eine Voraussetzung für ›*fröude*‹ (diesseitiges Glück) ist. Die Gruppierungen und die Beziehungen zwischen den einzelnen Zielen sind durchaus verschieden angelegt; es gab jedoch offenbar eine gewisse Grundvorstellung über die wichtigsten Lebensziele.

Der höfischen Dichtung, aber auch anderen zeitgenössischen Textsorten lässt sich entnehmen, dass Reichtum und Ansehen in der Tat grundlegende Zielsetzungen adeliger Lebensführung waren. Ansehen (*ere*) meint dabei die gesellschaftliche Anerkennung der Eigenschaften und Verhaltenskompetenzen des Einzelnen. Die persönliche Vortrefflichkeit (das mittelhochdeutsche Wort dafür ist *tugent*), der *ere* entgegengebracht wird, besteht nicht in individueller Einmaligkeit, sondern im maximalen Ausmaß von Standesqualitäten: Dem Schönsten, Stärksten, Höfischsten kommt die größte Ehre zu. Ehre beruht gewöhnlich auch auf Reichtum; den möglichen Konflikt zwischen beiden hat Walther zumindest mehr als üblich hervorgehoben. Mit dem Blick auf andere Strophen Walthers lässt sich an einem Beispiel erklären, wie der Kontrast gedacht sein könnte: Die Ehre des Adeligen beruht unter anderem auf der Freigebigkeit (*milte*), mit der er seinen Besitz an andere verteilt. In einem Sangspruch über den Thüringer Hof (20,4) wirft Walther die Frage auf, ob der Landgraf

Ehre

Ehre und Besitz

seine Habe den Richtigen zukommen lässt oder mit den Falschen ›vertut‹. Im Sinn der ›Reichston‹-Strophe wäre das ein Fall, bei dem Ehre und Besitz ›einander schaden‹.

varndez guot

Übrigens ist es bemerkenswert, dass die ›Reichston‹-Strophe von ›*varndem guot*‹ und nicht einfach von ›*guot*‹ spricht. Der ›bewegliche Besitz‹, die so genannte ›Fahrhabe‹, wurde in der alten Rechtsbegrifflichkeit vom unbeweglichen Besitz, den ›*immobilia*‹ (daher unsere Immobilien), unterschieden, weil die ›Fahrhabe‹ in der Verfügungsgewalt des Einzelnen stand, während beim Grundbesitz die Rechte des Familienverbands eine erhebliche Rolle spielten. ›*Varndez guot*‹ betont also den Aspekt, um den es bei den drei Lebenszielen, unserer Textbeschreibung zufolge, generell geht: Die Zielorientierung des Einzelnen – oder, wie sich nun etwas genauer sagen lässt, des einzelnen Adeligen.

Ewige Glückseligkeit und irdische Güter

Die Unterscheidung zwischen der ewigen Glückseligkeit als dem höchsten Lebenswert und den geringer gewichteten Werten des diesseitigen Lebens geht auf die Kirchenväter der Spätantike zurück. Sie knüpften ihrerseits an verschiedene Systementwürfe der antiken Philosophie an, die darin übereinstimmten, dass jeder Mensch nach einem höchsten Gut strebt, dem die anderen Lebensziele untergeordnet sind. Während die antiken Philosophen unterschiedliche Vorstellungen davon hatten, worin das höchste Gut der Glückseligkeit tatsächlich besteht, gab es für die Christen nur eine mögliche Antwort: Da der Mensch alle irdischen Güter mit dem Tod verliert, während die jenseitige Glückseligkeit ewig dauert, kann nur sie das höchste Lebensziel sein. Nach katholischer Lehre gelangt der Mensch zur ewigen Glückseligkeit durch die Gnade Gottes (deshalb spricht Walther von *gottes hulde*) und durch eine an den göttlichen Geboten ausgerichtete Lebensführung. Wo das Streben nach anderen Lebenszielen wie Besitz und Ansehen den Grundsätzen einer christlichen Lebensführung widerspricht, müssen die anderen Ziele deshalb zurückstehen.

Philosophische und theologische Ethik

Indem Walther die Frage nach den grundlegenden Lebenszielen und nach der Beziehung zwischen ihnen aufwirft, greift er ein Kernproblem der Ethik (der Lehre von der richtigen Lebensführung) auf: ›Wie sollen wir leben?‹ Die Frage stammt aus der antiken Philosophie und wurde von den Kirchenvätern im Rahmen der Theologie beantwortet. In diesem Sinn handelt es sich bei Walthers Gedanken auf dem Stein nicht um Alltagsrede, sondern um eine Rede, die an professionelle theologische Ethik

Ethische Güterlehre und adelige Lebensziele

anknüpft. Allerdings ist die Güterordnung, die Walther anbietet, auf die Einstellungen des adeligen Publikums zugeschnitten. Das zeigt sich darin, dass er die diesseitigen Lebensziele trotz der selbstverständlichen Überordnung der ewigen Glückseligkeit nicht abwertet.

Nur die Unterscheidung zwischen diesseitigen und jenseitigen Gütern, nicht jedoch die Zusammenstellung der drei genannten Lebensziele und die Darstellung ihrer Beziehung zueinander lässt sich in dieser spezifischen Form aus der Tradition der philosophischen und theologischen Ethik ableiten. Die Konstruktion ist indes nicht Walthers eigene Erfindung, sondern greift eine in der höfischen Dichtung verbreitete Vorstellung auf. Aus der Tradition der philosophischen und theologischen Ethik stammt jedoch der ›theoretische‹ Zugriff, das heißt die begriffliche Reflexion und Systematisierung von Lebenszielen.

Die Frage nach der Vereinbarkeit der Lebensziele Besitz, Ansehen und ewiger Glückseligkeit war Walthers Publikum also aller Wahrscheinlichkeit nach vertraut. Wie die Textbeschreibung zeigt, zielt Walthers Interesse aber gar nicht auf die Beantwortung dieser Frage; er wirft sie nur auf, um einen anderen Zusammenhang in den Vordergrund zu rücken, den zwischen den Lebenszielen des Einzelnen und der gesellschaftlichen Ordnung.

Friede und Recht

Herrschaftsideal

›Friede und Recht‹ war eine Walthers Publikum vertraute Begriffsformel. Sie stammt nicht aus der theologischen Ethik, sondern findet sich vor allem im Zusammenhang mit der Vorstellung von richtiger Herrschaftsausübung. Die lateinischen Entsprechungen, ›pax‹ und ›iustitia‹, durchziehen bis zu Walthers Zeit (in der die Schriftlichkeit noch weitgehend lateinisch war) viele verschiedene Textsorten, in denen das Herrscherideal thematisiert wird – wie Geschichtsschreibung, Herrscherlob, Fürstenspiegel (Lehrbücher für die Prinzenerziehung), Briefe von Klerikern an Fürsten, Krönungsliturgien (rituelle Texte für die Königskrönung, die den Charakter eines Gottesdienstes hatte). Wer die verbreitete Auffassung vom guten Herrscher zum Ausdruck bringen wollte, griff zur Formel des ›rex iustus et pacificus‹ (›gerechter und friedenstiftender König‹). Das Ideal konnte auch mit einer Reihe von Bibelstellen begründet werden; so richtet etwa Psalm 72,2–3 an Gott den Wunsch, König Salomo möge ein guter Herrscher sein: »Er regiere dein Volk in Gerechtigkeit, nach gleichem Recht deine Armen. Tragen mögen Berge und Hügel Frieden dem Volke.«

›Friede‹ bedeutete für Walther und seine Zeitgenossen, dass Konflikte nicht mit unkontrollierter Gewalt, sondern in rechtlich geregelter Weise ausgetragen werden; ›*gewalt*‹ ist deshalb in der Strophe der Gegenbegriff zu ›*fride*‹. Der Begriff für Rechtsbeziehungen, die Menschen in ein gegenseitiges Verpflichtungsverhältnis zueinander setzen, war ›*triuwe*‹; deshalb erscheint ›*untriuwe*‹ in der Strophe als Gegenbegriff zu ›*reht*‹, etwa im Sinn von ›Pflichtverletzung‹.

gewalt und *untriuwe*

Wenn Walther davon sprach, dass Gewalt und Rechtsübertretung statt Friede und Recht die Verhältnisse bestimmten, war seinem Publikum klar, dass es um Mängel bei der Königsherrschaft ging. Ein Traktat eines unbekannten Verfassers aus dem 7. Jahrhundert, der auf das Herrscherideal in Mittelalter und früher Neuzeit einen dauerhaften Einfluss hatte, führt aus, worin die *iustitia* des Königs besteht: Unter anderem hat er Diebstahl zu verhindern (also für die Sicherheit von Besitz zu sorgen), keine Unwürdigen zu erheben (also jeden gemäß seines Ansehens zu behandeln) und die Kirche zu schützen. Der Schutz der Kirche war unter anderem deshalb eine Herrscherpflicht, weil die Priester durch ihre sakramentalen Handlungen das Seelenheil vermittelten. Da es keine ewige Glückseligkeit ohne kirchliche Vermittlung gab, musste die weltliche Herrschaft dafür sorgen, dass die Kirche ihre Aufgabe erfüllen konnte.

Herrscherpflichten

In der theologischen Herrschaftslehre des 12. Jahrhunderts findet sich deshalb die Auffassung, dass sich der Herrscher darum kümmern muss, dass jeder seinen ihm gemäßen Platz einnehmen kann, seine Pflichten erfüllt und seine Rechte behält. Johannes von Salisbury etwa meint im ›Policraticus‹, der ausführlichsten Gesellschafts- und Herrschaftslehre des 12. Jahrhunderts, dass der Herrscher für das Wohl aller und jedes Einzelnen verantwortlich sei und dass er aus diesem Grund die Ordnung des Gemeinwesens zu gewährleisten habe. Auch für diese Einschätzung konnte man sich auf die Bibel berufen: In den Sprüchen Salomos (11,14) heißt es, dass das Wohl des Volks zugrunde geht, wo es keinen Herrscher gibt.

Theologische Herrschaftslehre

Dieser der theologisch-politischen Theorie der Zeit vertraute Gedanke vollzieht allerdings keine systematische Verknüpfung mit den Lebenszielen des Einzelnen, für die die theologische Ethik zuständig war. Das liegt daran, dass die Theologen der Auffassung waren, dass Politik und Ethik ohnehin gleichermaßen aus der

Ethik und Politik

göttlichen Ordnung hervorgehen: Der Einzelne hat die Pflicht, für sein Seelenheil zu sorgen; der Herrscher hat die Pflicht, dafür zu sorgen, dass jeder Einzelne dieser Pflicht nachkommen kann. Die ethisch richtige Lebensführung setzt die richtige politische Ordnung deshalb nicht eigentlich voraus; beide wurzeln eher im selben Grund und entsprechen einander. Erst als sich die Theologen im 13. Jahrhundert intensiv mit der Philosophie des Aristoteles auseinander setzten, wurde der Gedanke geläufig, dass die politische Ordnung eine Voraussetzung für das Glück des Einzelnen darstellt. Aristoteles hatte diesen Gedanken nämlich bereits in prägnanter Weise formuliert; aber zu Walthers Zeit war seine Philosophie nicht weit verbreitet.

Walthers Kausalverknüpfung zwischen der gesellschaftlichen Ordnung und den Lebenszielen des Einzelnen schließt demnach an einen Zusammenhang an, der in der zeitgenössischen Herrschaftsauffassung verankert war (der Herrscher sorgt für das Wohl aller, indem er für Frieden und Recht sorgt), spitzt diesen Zusammenhang aber auf ein Verhältnis von Voraussetzung und Konsequenz zu (ohne Frieden und Recht kann der Einzelne nicht für sein Wohl sorgen). Der von Walther zugespitzte Gedanke stammt nicht aus der Ethik, mit der Walthers Gedankengang beginnt, sondern aus der Herrschaftslehre, auf die sich sein Gedankengang am Ende bezieht, so dass die Strophe den Blick von der Ethik auf die Politik wendet.

Bedeutungsaufbau im Text und historische Bedeutungsordnungen

Übrigens lehrte Johannes von Salisbury im ›Policraticus‹ auch, der Herrscher solle dafür sorgen, dass niemand zu trauern braucht, sondern dass alle Freude haben können. Hätte Walther den ›Policraticus‹ gekannt, hätte ihm dieser Gedanke sicher gefallen: Wenn Recht und Friede herrschen, muss niemand melancholisch auf einem Stein sitzen. Aber es ist unwahrscheinlich, dass Walther Johannes von Salisbury gelesen hat. Ebenso unwahrscheinlich ist es, dass er die Bildquellen kannte, die uns heute über die Bedeutung der Melancholiepose informieren. Konkrete Quellenbeziehungen dieser Art kann man in der älteren Literatur gewöhnlich nicht nachweisen. Oft kann man nur anhand verschiedener Quellen zeigen, dass es zu einer bestimmten Zeit kulturelle Wissensbestände und Vorstellungen gab, auf die ein Text möglicherweise Bezug nimmt, weil sie dem Autor und seinen Rezipienten möglicherweise in irgendeiner Form vertraut waren. Erst auf der Grundlage solcher Wissensbestände und Vorstellungen – den zeitgenössischen Bedeutungsordnungen – ist es einem Text möglich, Bedeutung aufzubauen, und nur wer sie kennt, kann einzelne Bedeutungskonstruktionen verstehen. Deshalb gibt es keine Textinterpretation ohne Kulturgeschichte.

Bedeutungsaufbau im Text und historische Ereignisse

Zu den kulturgeschichtlichen Bedingungen für den Bedeutungsaufbau in Texten gehören manchmal nicht nur zeitgenössische Bedeutungsordnungen, sondern auch konkrete Ereignisse. So verhält es sich in diesem Fall: Dass Walther mit der Störung von Recht und Frieden auf eine gestörte Königsherrschaft anspielt, wusste das Publikum auch aus der aktuellen Situation, auf die sich die Strophe bezieht, die uns heute jedoch erst in der zweiten Strophe des ›Reichstons‹ deutlich wird. In dieser Strophe nämlich steht der Rat, Philipp zum König zu krönen. Das verweist auf die historischen Umstände:

Nach dem Tod Heinrichs VI., römischer Kaiser und König, im Jahr 1197 konnten sich die Fürsten nicht auf einen Nachfolger einigen, so dass zwei verfeindete Parteien zwei Kandidaten wählten, die beide 1198 an unterschiedlichen Orten zum König erhoben wurden: Philipp von Schwaben, der Bruder des Verstorbenen, und Otto von Braunschweig. Damit standen sich die Anführer der beiden mächtigsten Adelsclans, der Staufer und der Welfen, gegenüber. Der ›staufisch-welfische Thronstreit‹ brachte in der Wahrnehmung vieler Zeitgenossen schwere Störungen von Recht und Frieden mit sich, so dass die erste Strophe des ›Reichstons‹ einer verbreiteten Einschätzung der Lage folgt; die zweite verleiht dem Standpunkt der Staufer-Anhänger Ausdruck. Da der Thronstreit lange dauerte und nach der eigentlichen Krönung Philipps noch mehrere Festkrönungen stattfanden, lässt sich die Entstehung der beiden Strophen zwischen 1197 und 1201, möglicherweise auch noch später, vorstellen. In wessen Auftrag sie entstanden (wahrscheinlich eines Fürsten, der Philipp unterstützte) und wo Walther sie vortrug (vielleicht auf einer Fürstenversammlung), ist jedoch unbekannt.

Textphänomenologie und historische Interpretation

Während ein literaturwissenschaftliches Studium zum Aufbau einer in möglichst vielen Fällen und möglichst selbstständig anwendbaren Fertigkeit auf dem Gebiet der Textphänomenologie führen kann, bleibt das Wissen, das für die historische Interpretation nötig ist, auf den Einzelfall bezogen – und muss deshalb in jedem Einzelfall aus der Forschungsliteratur bezogen werden. Bei der Textbeschreibung muss man nicht dauerhaft vor jedem neuen Text wie der Ochs vorm Berg stehen; bei der historischen Interpretation steht man immer wieder vor einem anderen Berg (und jeder neue Berg macht einen wieder zum Ochsen). Außerdem kann die historische Interpretation keine Rücksicht auf Fächergrenzen nehmen: Im Fall von Walthers Strophe braucht man die Kunstgeschichte wegen der Quellen für die Bildformel, die Literaturgeschichte wegen der Begrifflichkeit in anderen höfischen Texten, die Philosophie- und Theologiegeschichte wegen der Quellen für die Ethik- und Herrschaftstheorie sowie die politische Ereignisgeschichte wegen der Quellen für den Thronstreit.

5. | Rhetorische Strategie

Das Ergebnis unserer Textbeschreibung war, dass der Strophe die logische Form eines Arguments zugrunde liegt: Es muss für Frieden und Recht gesorgt werden, denn nur dann ist daran zu denken, dass jeder Einzelne sich um Ansehen, Besitz und die Gnade Gottes kümmern kann, weil Friede und Recht eine Voraussetzung dafür sind, dass man seine Lebensziele verfolgen kann. Mit dem Blick auf die historischen Bedeutungsordnungen, auf die sich der Text bezieht, kann man sich in einem dritten Schritt mit der Frage beschäftigen, warum er die logische Form des Arguments nicht einfach umsetzt, sondern einen anderen Aufbau hat.

Rhetorische Strategie und Textinterpretation

Diese Frage zielt auf die Leistung des tatsächlichen thematischen Aufbaus im Unterschied zur logischen Form der Bedeutungsbeziehungen, mithin auf die rhetorische Strategie des Textes. ›Rhetorische Strategie‹ meint dabei die Wirkung, die ein bestimmter Textaufbau im Hinblick auf ein bestimmtes Publikum zu erreichen versucht. Auch für die Untersuchung von Bedeutung als zielgerichteter Handlung, um die es dabei geht, lässt sich eine in vielen Einzelfällen anwendbare Interpretationsfähigkeit erwerben, etwa durch die Beschäftigung mit Rhetorik und Argumentationstheorie.

Geltungsanspruch

Walther beansprucht zunächst mittels der aufgegriffenen Pose des einsamen, in Trauer reflektierenden Sehers Geltung für seine Rede. Es ist zu seiner Zeit keine Selbstverständlichkeit, dass ein fahrender Spruchdichter das Wort (und sei es im fürstlichen Auftrag) in den großen Herrschaftsfragen ergreift, für die Fürsten und gelehrte Kleriker zuständig waren. Wenn er es doch tut, muss er seiner Rede Autorität verschaffen. Das Argument als solches braucht keine andere Autorität als seine eigene logische Richtigkeit; im gesellschaftlichen Leben spielt es indes eine erhebliche Rolle, wer welchen Standpunkt vertritt.

Vom mehr zum weniger Gewohnten

Viel eher ist der Spruchdichter für Fragen der allgemeinen Lebensführung zuständig. Walther knüpft deshalb bei der Aufgabe an, die ihm zukommt, nämlich Auskunft in ethischen Fragen zu erteilen. Insofern setzt der erzählte Gedankengang mit einem Thema ein, das das Publikum vom Spruchdichter erwarten kann. Es ist die eigentliche Pointe des Textes, dass sich der Spruchdichter auf seinem eigenen Gebiet als Ratloser ausgibt und danach mit allem nur erdenklichen Geltungsanspruch den Rat gibt, dass zuerst die politischen Verhältnisse geklärt werden müssen, ehe man sich sinnvollerweise mit den ethischen Fragen beschäftigen kann, für die er als Spruchdichter eigentlich zuständig ist. Dies weitet den eigenen Zuständigkeitsbereich zusammen mit dem vorgestellten Gedankengang aus, so dass schließlich auch die konkrete politische Stellungnahme zugunsten Philipps in der zweiten Strophe gerechtfertigt wird.

Vom mehr zum weniger Zustimmungsfähigen

Der Gedankengang selbst ist so aufgebaut, dass zunächst das Bekannte und deshalb Zustimmungsfähige angeführt wird: Ja, soll sich das Publikum denken: Besitz, Ansehen und ewige Glückseligkeit sind schwer gemeinsam zu erreichen. Ja, statt Friede und Recht herrschen zur Zeit Gewalt und Rechtsübertretung. Und dann erst, zum Schluss, kommt als springender Punkt die zugespitzte Verknüpfung: Die Sorge um die persönlichen Lebensziele setzt die Sorge um Frieden und Recht voraus; man muss sich erst um die gesellschaftliche Ordnung kümmern, ehe man sich um das eigene Wohl kümmern kann. Der Textaufbau bringt das am wenigsten Selbstverständliche, dem alle zustimmen sollen, nach dem Selbstverständlichen, dem alle zustimmen können. So sichert sich der Text einen Aha-Effekt und legt zugleich dem Publikum die Erkenntnis, um die es eigentlich geht, als eine aus dem immer schon Bekannten sich ergebende nahe.

Metaphorische Verknüpfung

Insofern der zugespitzte Zusammenhang zwischen Politik und Ethik über das allgemein Gängige hinausgeht, ist es im Übrigen kein bloßer Zufall, dass Walther ihn mittels einer metaphorischen Ausdrucksweise herstellt. Die Metaphorik macht den abstrakten

Gedankengang nämlich anschaulich und verstärkt dadurch seine Überzeugungskraft: Wenn die drei Lebensgüter kein sicheres ›Geleit‹ haben, bedeutet das, dass sie nicht sicher reisen können, weil Gewalt und Untreue wie Straßenräuber im Hinterhalt liegen, während Friede und Recht schwer verletzt sind und als Ordnungshüter ausfallen. ›Geleit‹ ist ein Rechtsbegriff, der die Sicherheit vor Gewalt auf den Straßen bezeichnet. Für diese Sicherheit zu sorgen, war zu Walthers Zeit ein Recht – und damit die Pflicht – des Königs. Indem Besitz, Ansehen und ewige Glückseligkeit als Reisende erscheinen, die von der allgemeinen Rechtsunsicherheit bedroht sind, führt die Strophe den abstrakten Zusammenhang, um den es geht, mit großer Eindringlichkeit vor Augen. Die Personifikationen der abstrakten Begriffe und die metaphorische Szene sind deshalb kein poetischer Schmuck; sie unterstützen unmittelbar das Argument der Strophe und gehören damit zur rhetorischen Strategie, die dem Publikum dieses Argument nahe bringt.

Textinterpretation und Kulturgeschichte

Das Beispiel dieser Strophe zeigt einerseits, dass jedes Textverständnis auf den Beziehungen zwischen dem Bedeutungsaufbau im Text und den zeitgenössischen Bedeutungsordnungen beruht. Andererseits zeigt es aber ebenso gut, dass man einen einzelnen Text nicht einfach als Beleg für ›die‹ Vorstellungswelt ›des mittelalterlichen Menschen‹ oder eines ähnlichen possierlichen Wesens ausgeben kann. Weder sind die drei Lebensgüter, die Walther anführt, mittelalterliches Allgemeingut, noch herrscht auch nur in der höfischen Dichtung eine einheitliche Auffassung über die Beziehung zwischen ihnen, noch gibt es eine einheitliche mittelalterliche Einschätzung der Beziehung zwischen Politik und Ethik. Jeder einzelne Text – nicht nur jeder poetische, sondern jeder – hat seinen eigenen Bedeutungsaufbau und verfolgt damit seine eigene rhetorische Strategie, weil er als sprachliche Handlung seinen jeweiligen Wirkungsabsichten dient. Deshalb gibt es eine Textinterpretation ohne Kulturgeschichte genauso wenig wie eine Kulturgeschichte ohne Textinterpretation.

Textanalyse II – Erzählungen

| Kapitel 9

Dieses Kapitel handelt, wie schon das vorangegangene, vom Bedeutungsaufbau in Texten. Nach den elementaren Bedeutungsbeziehungen zwischen Begriffen geht es nun um den Aufbau von Bedeutung durch Erzählen. Das Kapitel verfolgt zwei Ziele, nämlich Verfahrensweisen der Erzähltextanalyse vorzustellen und einige Eigenschaften älterer Erzähltexte anzusprechen, die unseren modernen Erwartungen womöglich zuwiderlaufen. Als Beispiel dient Konrads von Würzburg Roman ›Engelhard‹ (vgl. S. 154). Damit konzentriert sich die Darstellung auf denjenigen Typus älteren Erzählens, der stark vom gelehrten Dichtungsbegriff beeinflusst ist und der vom 12. Jahrhundert an den höfischen Roman, später auch die kürzeren Erzählformen (wie etwa Mären) und den Prosaroman prägt (vgl. S. 77).

Was sind Erzählungen? | 1.

Erzählt wird nicht nur in der Dichtung und in nicht-poetischen literarischen Texten wie der Geschichtsschreibung. Wir alle erzählen ständig in unserer alltäglichen Kommunikation. Die wichtigsten Eigenschaften des literarischen Erzählens lassen sich auch in mündlichen Alltagserzählungen beobachten.

Grundmuster der Erzählung

Erzählen bringt Geschehnisse in einen Zusammenhang. Zusammenhang sorgt, davon war bereits die Rede, für ›Bedeutung‹ (vgl. S. 187). Der Zusammenhang zwischen Geschehnissen, den das Erzählen herstellt, ist zunächst ein zeitlicher. Das erzählerische Grundmuster lautet deshalb ›und dann‹. Wenn ich beispielsweise abends gefragt werde, wie mein Nachmittag war, kann ich mit einer Erzählung antworten: ›Nach dem Mittagessen ging ich ins naturhistorische Museum. Bei den Dinosaurierskeletten traf ich

Temporaler Zusammenhang

Sabine. Wir gingen einen Kaffee trinken. Dann habe ich noch eine Jeans gekauft.‹

Kausaler Zusammenhang

Ein größeres Maß an Bedeutung stellt das Erzählen her, wenn es diese zeitliche Beziehung als eine Beziehung zwischen Voraussetzung und Folge erscheinen lässt. Indem der temporale Zusammenhang als ein kausaler verstanden wird, erweitert sich das ›und-dann‹-Muster zum dreiteiligen ›Ausgangszustand-Ereignis-Endzustand‹-Muster. Das Ereignis führt dabei die Veränderung des Ausgangs- in den Endzustand herbei und erscheint deshalb als Ursache der Veränderung.

›report‹ und ›story‹

Die temporale ›und-dann‹-Struktur heißt ›schwache Form‹ (Berichtsform, englisch ›report‹) des Erzählens, die temporal-kausale dreiteilige Struktur ›starke Form‹ (Ereignisform, englisch ›story‹). Anstelle des obigen Berichts vom Nachmittag könnte ich eine Ereignisgeschichte so erzählen: ›Nach dem Mittagessen war ich deprimiert, weil ich wieder an die Trennung von Sabine denken musste. Ich ging ins naturhistorische Museum und überlegte in der Abteilung mit den Dinosaurierskeletten, wie ich meiner jämmerlichen Existenz ein Ende machen könnte. Plötzlich stand Sabine vor mir und lud mich auf einen Kaffee ein. Da sagte sie dann, dass sie zu mir zurückkommen wollte. Wir verabredeten uns für den Abend, und statt mich umzubringen, kaufte ich eine neue Jeans.‹

Erzählen als Sinn-Ordnung

Die starke Form des Erzählens produziert mehr Bedeutung als die schwache, weil die Voraussetzung-Folge-Beziehung eine Deutung des zeitlichen Zusammenhangs liefert, die den einzelnen Bestandteilen einen Stellenwert zuweist: Das verändernde Ereignis (die Begegnung mit Sabine) lässt den früheren Zustand (die Depression) als Ausgangspunkt, den späteren (Warenkonsum als Zeichen für Lebenswillen) als Ergebnis erscheinen.

Die ›und-dann‹-Struktur kann man einfach immer weiter fortsetzen, ohne dass die einzelnen Geschehnisse ihren Stellenwert verändern würden; ein Geschehnis kommt nach dem anderen. Die dreiteilige Struktur kann man ebenfalls fortsetzen; dabei wird jedoch das erste Ergebnis zum Ausgangspunkt eines zweiten verändernden Ereignisses (Sabine gefällt die neue Jeans nicht, was eine Krise bedingt). Die dreiteilige Struktur weist den Geschehnissen stets eine Bedeutung als Ausgangspunkt, Ereignis oder Ergebnis zu; und indem sie das tut, legt sie im endlosen und unüberschaubaren Fluss des Geschehens einen Ausschnitt fest und gibt ihm eine sinnhafte Ordnung.

›Geschichte‹ und ›erzählerische Vermittlung‹ | 2.

›Geschichte‹

Erzählungen stellen gewöhnlich dar, wie Figuren in Raum und Zeit handeln. Diese Ebene des Dargestellten – die Handlung, das Geschehen – bezeichnet die Erzähltheorie als erzählte ›Geschichte‹ (französisch ›histoire‹). Geschichten bestehen in der Regel aus wenigstens einer Folge von Ausgangszustand, Ereignis und Ergebnis. In poetischen Texten erzählte Geschichten sind meistens komplexer: Sie bestehen aus mehreren Handlungszügen, deren Ergebnis jeweils zum Ausgangspunkt eines weiteren Ereignisses wird, so dass der Endzustand auf dem Weg über eine Kette von verändernden Ereignissen erreicht wird. Dabei sind oft verschiedene Handlungszüge ineinander verschachtelt, so dass alles komplizierter zugeht als bei meinem Nachmittag mit Sabine.

Bedeutungsaufbau auf der Ebene der Geschichte

Die Analyse des elementaren Bedeutungsaufbaus einer Geschichte hat im Wesentlichen zwei Schwerpunkte: Zum einen verschafft sie Klarheit darüber, welcher Ausgangszustand durch welche Ereignisse in welchen Endzustand transformiert wird. Zum anderen beschreibt sie das Bedeutungsgeflecht, das durch die Eigenschaften der Figuren, ihre Beziehungen zueinander sowie ihre Handlungen in Raum und Zeit entsteht.

Eigenschaften von:
Figuren
Figurenbeziehungen
Zeit
Raum
Handlungen

Bedeutung kommt auf der Ebene der Geschichte nämlich vor allem dadurch zustande, dass den Figuren, den Beziehungen zwischen ihnen sowie den Zeiten, Räumen und Handlungen bestimmte Eigenschaften zugeordnet sind, die sich als wichtig für den Verlauf des Geschehens erweisen. Figureneigenschaften tragen beispielsweise Bedeutung, wenn die schönen und integren Figuren einer Geschichte Erfolg, die hässlichen und hinterhältigen Misserfolg haben. Beziehungen zwischen Figuren tragen Bedeutung, wenn das Handeln der Figuren durch bestimmte Beziehungstypen wie etwa Liebe, Freundschaft oder Verwandtschaft beeinflusst wird. Zeiten und Räume tragen Bedeutung, wenn sie mit Eigenschaften ausgestattet sind, die Auswirkungen auf das Geschehen haben – etwa wenn die Nacht als Zeit des heimlichen Handelns dem Tag als Zeit des öffentlichen Handelns gegenübersteht, oder der Adelshof als Ort des gewaltfreien Verhaltens dem Wald als Ort des Kampfs. Handlungstypen – wie beispielsweise Kampf, Geschlechtsverkehr oder Gespräch – können Bedeutung tragen, indem sie sich als konfliktträchtig oder konfliktlösend erweisen; Handlungsmotive – wie beispielsweise

Eigennutz oder das Wohlergehen von anderen –, indem sie mehr oder weniger erfreuliche Folgen haben.

›Erzählerische Vermittlung‹

Von der Geschichte selbst lässt sich die Art und Weise unterscheiden, wie sie erzählt wird. Die Ebene der Darstellungsform bezeichnet die Erzähltheorie als ›erzählerische Vermittlung‹ (französisch ›discours‹). Nach einer Systematik, die der französische Literaturwissenschaftler Gérard Genette entwickelt hat, lässt sie sich unter drei Aspekten analysieren: 1. dem Aspekt der Erzählinstanz; 2. dem Aspekt der Zeitordnung; 3. dem Aspekt der Informationsregelung.

Erzählinstanz

1. Jede Erzählung hat eine Erzählinstanz (den ›Erzähler‹), die sich mehr oder weniger stark bemerkbar macht. Sie kann in unterschiedlichen Beziehungen zur Geschichte stehen und verschiedene Funktionen bei der Vermittlung der Geschichte übernehmen.

Verhältnis zwischen Erzählinstanz und Geschichte: Ich-Erzählung Er-Erzählung

a. Bei der Beziehung zwischen Erzählinstanz und Geschichte geht es vor allem darum, ob der Erzähler eine Figur der Geschichte ist (›Ich-Erzählung‹: Mein Nachmittag mit Sabine) oder nicht (›Er-Erzählung‹: Reinhards Nachmittag mit Sabine). In der Regel hat man es in der älteren Zeit mit Er-Erzählungen zu tun. Poetische Texte in Form von Ich-Erzählungen, die von einer offensichtlich erfundenen Figur erzählt werden und deren Erzählinstanz die Rezipienten deshalb als Fiktion begreifen müssen, sind vor dem 17. Jahrhundert selten. Häufiger kommen Ich-Erzählungen innerhalb von Er-Erzählungen in Gestalt einer eingebetteten ›Erzählung in der Erzählung‹ vor: Beispielsweise erzählt die Figur Eneas in einer längeren Partie des Eneasromans Heinrichs von Veldeke (vgl. S. 109) von der selbst erlebten Zerstörung Trojas. (So verhält es sich auch schon in Vergils ›Aeneis‹.)

In denjenigen Typen der erzählenden Dichtung, die den Text als Produkt eines Bearbeiter-Autors ausweisen (vgl. S. 93) wie etwa der höfische Roman, herrscht in der älteren Literatur eine selbstverständliche Neigung, den Erzähler im Text ausdrücklich mit dem Dichter zu identifizieren. Der Erzähler des ›Iwein‹ stellt sich als Hartmann von Aue, der des ›Parzival‹ als Wolfram von Eschenbach vor.

b. Bei den Funktionen der Erzählinstanz lassen sich Darstellungsfunktion, Bewertungsfunktion und erzählbezogene (›metanarrative‹) Funktion unterscheiden. Mit ›Darstellungsfunktion‹

ist lediglich gemeint, dass der Erzähler die Geschichte erzählt; das tut er immer und notwendigerweise. Bewerten muss er die Vorgänge dagegen nicht unbedingt. Der Erzähler kann das Geschehen, die Eigenschaften der Figuren und ihre Handlungsweisen entweder im konkreten Einzelfall beurteilen (spezifische Bewertungen) oder verallgemeinerte Aussagen über das Richtige und das Falsche einfügen (etwa darüber, was Ritter generell tun oder lassen sollten), die eine Grundlage für die Beurteilung des Einzelfalls bieten (verallgemeinerte Bewertungen).

Funktionen der Erzählinstanz:

Darstellungsfunktion
Bewertungsfunktion
Erzählbezogene Funktion

Die erzählbezogene Funktion besteht darin, dass der Erzähler Aspekte des Erzählvorgangs zum Gegenstand macht. Dies ist ebenfalls nur eine Möglichkeit, keine Notwendigkeit der erzählerischen Vermittlung. So kann der Erzähler etwa Bemerkungen über sich selbst als Erzähler, über sein Publikum, über seine Erzählweise, über die Wahrheit seiner Geschichte oder über die Wirkungsabsicht seines Erzählens machen. Ältere Erzähler behaupten beispielsweise gern, dass ihre Geschichte faktisch wahr ist und dass sie als moralisches Beispiel dienen soll. Das tun sie freilich nicht nur, wenn die Geschichte tatsächlich als faktisch wahr und moralisch vorbildlich gelten kann, sondern manchmal auch, weil die Vermittlung faktischer Wahrheit und moralischer Vorbildlichkeit zur allgemein verbreiteten Erwartungshaltung gehörte (vgl. S. 76).

Wenn Bewertungsfunktion und erzählbezogene Funktion in Form von Erzählerkommentaren ausgiebig zum Einsatz kommen, lässt das eine gezielte Gestaltung der Erzählinstanz erkennen. Sie ist in der älteren deutschen Literatur eine Folge der produktionsseitigen Schriftlichkeit seit dem 12. Jahrhundert. Im höfischen Roman sind selbst ›postmodern‹ anmutende Konstruktionen, die den Erzählvorgang als solchen ins Bewusstsein heben, keine Seltenheit: Im ›Iwein‹ Hartmanns von Aue beispielsweise wirft die personifizierte Liebe dem Erzähler vor, nicht die Wahrheit zu berichten; im ›Parzival‹ Wolframs von Eschenbach fragt die personifizierte Geschichte den Erzähler, wo denn die Hauptfigur abgeblieben sei.

Zeitordnung

2. Auf der Ebene der erzählerischen Vermittlung gibt es stets eine eigene Zeitordnung, die in einem bestimmten Verhältnis zur Zeitordnung der Geschichte steht. Dies betrifft zum einen die Reihenfolge der Ereignisse, zum anderen die Ausführlichkeit ihrer Darstellung.

Darstellung der Geschehensfolge

ordo naturalis
ordo artificialis

a. Die Reihenfolge, in der die Erzählung Ereignisse darstellt, kann mit der zeitlichen Abfolge der Ereignisse in der Geschichte übereinstimmen oder nicht. Dies war schon in Antike und Mittelalter bekannt, wo die Gelehrten das Phänomen mit dem Begriffspaar *ordo naturalis* (›natürliche Anordnung‹) und *ordo artificialis* (›künstliche Anordnung‹) bezeichneten. Die gängigste Form der ›künstlichen‹ Erzählordnung ist der Rückgriff, das bei den mittelalterlichen Gelehrten berühmteste Beispiel dafür der Anfang von Vergils ›Aeneis‹ (vgl. S. 109): Die Erzählung beginnt damit, dass Aeneas aufgrund eines Seesturms in Karthago landet, wo er dann selbst von den vorausgegangenen Ereignissen, dem Untergang Trojas und den anschließenden Irrfahrten auf dem Mittelmeer, erzählt.

Rückgriffe informieren entweder, wie in diesem Fall, über in der Geschichte vorangehende, aber zuvor nicht erzählte Ereignisse (faktische Rückgriffe), oder sie erklären zuvor schon erzählte Ereignisse so, dass ihre Bedeutung erst im Nachhinein verständlich wird (deutende Rückgriffe). Das berühmteste Beispiel für den Einsatz deutender Rückgriffe in der älteren deutschen Literatur ist der ›Parzival‹ Wolframs von Eschenbach, wo mehrmals erst im Nachhinein offen gelegt wird, wie zuvor erzählte Geschehnisse zu verstehen sind.

Darstellung der Geschehensdauer

Szene und Zusammenfassung

b. Der zweite Aspekt der Zeitordnung betrifft das Verhältnis von ›erzählter Zeit‹ und ›Erzählzeit‹, das heißt das Verhältnis zwischen der Dauer von Ereignissen in der Geschichte und der Ausführlichkeit ihrer erzählerischen Vermittlung. Eine Erzählung kann lange Zeiträume in kurzen Zusammenfassungen und kurze Zeiträume in langen Szenen darstellen. Die Abfolge von Szenen und Zusammenfassungen signalisiert stets auch, was wichtig ist – das szenisch Dargestellte nämlich.

Ältere Erzählungen neigen dazu, das Geschehen auf wenige Handlungskerne in breit auserzählten Szenen zu konzentrieren und diese Szenen durch Überleitungen in Gestalt mehr oder weniger knapper Zusammenfassungen zu verbinden. Das liegt daran, dass älteres Erzählen oft auf das Außergewöhnliche und Ereignishafte konzentriert ist, am Alltäglichen und Unspektakulären dagegen meistens wenig Interesse zeigt. Artusritter beispielsweise reiten auf der Ebene der Geschichte vor allem durchs Land, doch das fasst die erzählerische Vermittlung in der Regel nur knapp zusammen. Szenisch erzählt wird gewöhnlich die Ankunft an einem Ort und die Konfrontation mit einem Kampfgegner oder mit einem erotischen Objekt samt den dazugehörigen Dialogen.

Informationsregelung

3. Jede Erzählung regelt die Verteilung der Information, die sie den Rezipienten über die Geschichte zukommen lässt. Auch dies hat wieder zwei Aspekte, nämlich zum einen die Verteilung der Information auf Erzählerrede und Figurenrede, zum anderen das Verhältnis zwischen dem Wissen, das die Figuren über das Geschehen besitzen, und dem Wissen, das den Rezipienten zur Verfügung gestellt wird.

Erzählerrede
Figurenrede

a. Die Verteilung der Information auf Erzähler- und Figurenrede beeinflusst den Bedeutungsaufbau vor allem dadurch, dass Erzählerrede grundsätzlich einen höheren Geltungsanspruch als Figurenrede hat: Wenn Figuren irren oder lügen, erkennt man das, weil es durch die Handlungsdarstellung oder durch Bewertungen der Erzählinstanz angezeigt wird.

Kommunikative und autokommunikative Figurenrede:

Dialog
Ansprache
Selbstgespräch

Unter den Figurenreden gibt es zwei Typen: ›Kommunikative‹ Rede richtet sich an andere Figuren (Dialoge und Ansprachen), ›autokommunikative‹ richtet die Figur an sich selbst (›innere‹ Monologe oder Selbstgespräche). Autokommunikative Figurenrede gehört in der volkssprachlichen Dichtung seit dem 12. Jahrhundert zu den konventionellen Erzähltechniken. Während kommunikative Figurenreden die Frage aufwerfen, welche Absichten eine Figur mit ihren Äußerungen verfolgt, hat man bei autokommunikativen Figurenreden zu bedenken, zu welchem Zweck die Erzählung in der jeweiligen Situation die Gedanken einer Figur darstellt.

Verhältnis zwischen Figurenwissen und Rezipientenwissen (Perspektive)

b. Eine Erzählung kann den Rezipienten im Verlauf des Erzählvorgangs stets mehr Wissen über das Geschehen zur Verfügung stellen, als jede einzelne Figur im Verlauf der Geschichte hat, oder sie kann den Rezipienten im Verlauf des Erzählvorgangs jeweils nur so viel Wissen über das Geschehen zur Verfügung stellen, wie eine bestimmte Figur im Verlauf der Geschichte hat. Wenn das Rezipientenwissen dem Wissen einer Figur angeglichen ist, wird ›aus der Perspektive‹ der Figur erzählt. Auch dies ist seit dem 12. Jahrhundert in der volkssprachlichen Dichtung eine mögliche Erzähltechnik, die allerdings nur passagenweise, nicht den ganzen Text übergreifend eingesetzt wird.

Die Verfahrensweisen der erzählerischen Vermittlung transportieren nicht einfach den Bedeutungsaufbau der Geschichte, sondern tragen selber erheblich zur Sinnkonstruktion des Textes bei. Es macht einen Unterschied, ob die Erzählinstanz ausdrückliche Bewertungen vorgibt oder nicht und ob sie das an manchen Stellen tut und an anderen nicht. Es ist folgenschwer, wenn vorzugsweise die Hauptfigur selbst zu Wort kommt, oder wenn auch ihr Widersacher seinen Standpunkt in eigener Rede darlegt. Es hat weitreichende Konsequenzen, dass man als Rezipient stets einen sicheren Überblick über das Geschehen erhält, oder dass es ähnlich undurchsichtig erscheint, wie es eine Figur in der Geschichte erlebt, und sich die Bedeutung mancher Vorgänge nur im Nachhinein herausstellt. Erst das Zusammenspiel des Bedeutungsaufbaus auf den Ebenen der Geschichte und der erzählerischen Vermittlung ergibt das Sinnangebot, das eine Erzählung den Rezipienten macht.

›Engelhard‹

Das Beispiel des ›Engelhard‹ Konrads von Würzburg soll einige, nicht alle der im Überblick angeführten Aspekte veranschaulichen. Zunächst geht es um den Bedeutungsaufbau auf der Ebene der erzählten Geschichte. Der erste Analyseschritt beschränkt sich, wie schon im vorigen Kapitel, auf die Textbeschreibung.

Textbeschreibung und historische Interpretation

Verschiedene Merkwürdigkeiten, die sich nur auf dem Weg der historischen Interpretation erklären lassen, werden in einem zweiten Schritt behandelt.

Um den Bedeutungsaufbau auf der Ebene der Geschichte zu beschreiben, identifiziert man diejenigen Eigenschaften der Figuren, der Beziehungen zwischen ihnen sowie der Zeiten, Räume und Handlungen, die sich als wichtig für den Verlauf des Geschehens erweisen. Zur Orientierung stelle ich jeweils ein kurzes Referat der Handlung vor die Analyse.

3. | Die Geschichte – Textbeschreibung

Engelhard ist der Sohn einer kinderreichen, deshalb armen Landadeligenfamilie in Burgund. Um zu Ansehen zu kommen, ohne den Eltern länger auf der Tasche zu liegen, beschließt er, in den Dienst König Fruotes von Dänemark zu treten. Der Vater gibt ihm einen Apfel mit auf den Weg, der als Test für eventuelle Freunde dienen soll: Wer den Apfel angeboten bekommt und dann teilt, statt ihn allein zu essen, taugt als Freund. Auf dem Weg nach Dänemark scheitert die Probe zweimal, ehe sie bei einem dritten Jüngling namens Dietrich klappt, der exakt genauso aussieht wie Engelhard und ebenfalls zum dänischen Hof will. Die beiden schwören einander Freundschaft und ziehen gemeinsam weiter. Am Hof Fruotes werden sie aufgenommen und wegen ihrer Qualitäten und Fähigkeiten allgemein geschätzt.

Bedeutungsaufbau: 1. Zustandsveränderung Figurenbeziehungen Figureneigenschaft Handlungsmotive

Die erste Zustandsveränderung der Geschichte besteht im Ortswechsel vom Elternhaus in Burgund zum dänischen Königshof, der zugleich den Wechsel aus der Familie (Figurenbeziehung: Verwandtschaft) in die Hofgesellschaft (Figurenbeziehung: Dienstverhältnis im Herrschaftsverband des Königs) bedeutet. Die für diese Veränderung wichtige Eigenschaft der Figur ist ihr sozialer Status: Engelhard ist ein Adeliger und kann deshalb in den Hofdienst treten, aber er gehört zum niederen und nicht wohlhabenden Landadel. Das auslösende Ereignis ist ein ›inneres‹, nämlich Engelhards Beschluss zum Aufbruch, den zwei Handlungsmotive begründen: Das Streben nach Ansehen (*ere*) und die Rücksicht auf die Armut der Eltern, die für viele Kinder zu sorgen haben.

Während des Ortswechsels tritt ein zweites Ereignis ein, die an die Apfelprobe geknüpfte Begegnung mit Dietrich. Sie bringt die Freundschaft als dritten Beziehungstyp neben Verwandtschaft und Herrschaftsverband ins Spiel. Die Apfelprobe testet, ob der mögliche Freund nur am eigenen Nutzen orientiert ist (er isst den angebotenen Apfel allein) oder auch am Wohlergehen des anderen (er teilt den Apfel). Da schon Engelhards Aufbruch nicht nur durch den eigenen Nutzen (Gewinn von Ansehen), sondern auch durch das Wohlergehen der Familie motiviert war, rückt das Verhältnis zwischen Eigeninteresse und Interesse anderer von Anfang an in den Mittelpunkt.

Am dänischen Hof verliebt sich Engeltrud, die junge Tochter des Königs, in beide Freunde, da Engelhard und Dietrich einander völlig gleichen. Wegen der Namensähnlichkeit entscheidet sie sich schließlich für Engelhard, verheimlicht ihre Liebe jedoch. Nach einiger Zeit kommt ein Bote mit der Nachricht, dass Dietrichs Vater, der Herzog von Brabant, gestorben sei und dass Dietrich daheim die Erbfolge anzutreten habe. Engelhard schlägt das Angebot Dietrichs aus, ihn nach Brabant zu begleiten und dort mit ihm über das Land zu herrschen, weil er sich König Fruote zu Dankbarkeit verpflichtet fühlt. Dietrich kehrt nach Brabant zurück. Engeltrud leidet zusehends unter ihrem heimlichen Liebesbegehren. Um sie aufzuheitern, macht der ahnungslose König Engelhard zu ihrem Kammerdiener. Bei einem Gespräch mit Engelhard verrät sie sich unwillentlich, worauf Engelhard ebenfalls in Liebe entbrennt. Wegen des

Standesunterschieds zwischen dem einfachen Landadeligen und der Königstochter verheimlicht er seine Liebe zunächst vor Engeltrud, gesteht sie ihr aber, als sie ihn zur Rede stellt. Mit dem Argument, dass ihr Ansehen gefährdet wäre, wenn sie ihm ihre Liebe gewähren würde, weist sie ihn, gegen ihre eigentliche Neigung, zurück. Engelhard seinerseits meint, wegen des Standesunterschieds keine Chance auf eine Heirat zu haben.

2. Zustandsveränderung
Figurenbeziehungen
Figureneigenschaften

Die Aufnahme am dänischen Hof setzt eine längere, etwas komplizierter aufgebaute Ereigniskette in Gang. Die entscheidenden Veränderungen beruhen dabei wieder auf ›inneren‹ Ereignissen, nämlich dem Ausbruch der Liebe (der vierte Typ von Figurenbeziehungen) zunächst bei Engeltrud, dann bei Engelhard. Wie zuvor das gleiche Aussehen Engelhards und Dietrichs als Zeichen dafür dient, dass sie zur Freundschaft bestimmt sind, erscheint nun die Ähnlichkeit der Namen als Zeichen dafür, dass Engeltrud und Engelhard zur Liebe bestimmt sind. Der Text deutet zeichenhaft an, dass die Liebe ebenso wie die Freundschaft auf einer Art persönlicher Wesensähnlichkeit beruht (gleiches Aussehen, ähnlicher Name) und rückt die beiden Beziehungstypen unter diesem Aspekt nahe aneinander.

Die beiderseitige Liebe führt dazu, dass unter den Eigenschaften der Figuren zugleich der unterschiedliche Geburtsstand handlungsbestimmend wird: Der Standesunterschied zwischen dem einfachen Landadeligensohn und der Königstochter verhindert, dass Engelhard bei König Fruote um Engeltrud werben und seine Liebe in einer Ehe legitimieren kann. Die Bedeutung des Geburtsstands wird durch eine Doppelung hervorgehoben: Wie man erst jetzt erfährt, ist Dietrich ein Fürstensohn, der ebenfalls über Engelhard steht. Engelhard weist die Möglichkeit, mittels der Freundschaftsbeziehung den Standesunterschied zu überspringen und Mitregent in Brabant zu werden, ab und hält an seiner Verpflichtung gegenüber Fruote fest, der ihn in seinem Herrschaftsverband aufnahm. Wie zuerst gegen die Freundschaft, entscheidet Engelhard sich danach gegen die Liebe zugunsten der Herrschaftsordnung.

Indem die Figur zwischen Freundschaft und Liebe auf der einen Seite sowie der Herrschaftsordnung auf der anderen wählt, wird eine Opposition hergestellt zwischen den Beziehungstypen, die auf persönlichen Wesenseigenschaften beruhen, und dem

Beziehungstypus, der auf Standeseigenschaften und auf der Rechtsordnung beruht. Die unterschiedlichen Beziehungstypen und die unterschiedlichen Eigenschaften der Figuren gewinnen Bedeutung, indem sie den Fortgang der Handlung bestimmen.

Engelhard wird vor Liebe krank und droht zu sterben. Um sein Leben zu retten, verspricht ihm Engeltrud einen Geschlechtsverkehr unter der Bedingung, dass er sich zuvor als Ritter auf einem Turnier hervortut. Die Aussicht lässt Engelhard umgehend genesen. Fruote schlägt ihn zum Ritter; er zieht zu einem Turnier in die Normandie und erlangt Ruhm. Nach der Rückkehr schläft Engeltrud im Baumgarten der Königsburg mit ihm, doch werden die beiden dabei von Ritschier, dem Neffen des Königs, entdeckt. Ritschier informiert den König; Engelhard und Engeltrud beschließen, die Anschuldigung abzustreiten. Der erboste König will Engelhard hinrichten lassen, doch Engelhard erreicht, dass ein Gerichtskampf gegen Ritschier als Gottesurteil über die Anschuldigung angesetzt wird. Da Engelhard nicht damit rechnet, das Gottesurteil bestehen zu können, beschließt er, Dietrich um Hilfe zu bitten. Der König gewährt ihm eine sechswöchige Buße im Kloster als Vorbereitung auf den Kampf; Engelhard reitet jedoch nach Brabant und informiert Dietrich über die Lage. Dietrich bietet ihm von sich aus an, in Dänemark statt seiner gegen Ritschier zu kämpfen; Engelhard akzeptiert dies und nimmt unterdessen Dietrichs Platz in Brabant ein. Da Dietrich nicht mit Engeltrud geschlafen hat und folglich unschuldig ist, gewinnt er den Zweikampf und rettet damit auch die Ehre der Königstochter. Als Dank dafür gibt Fruote seine Tochter dem vermeintlichen Engelhard zur Frau. In der Hochzeitsnacht legt Dietrich ein Schwert zwischen sich und Engeltrud; genauso verhält sich Engelhard in Brabant gegenüber Dietrichs Ehefrau. Die beiden tauschen erneut die Rollen; nach Fruotes Tod wird Engelhard dänischer König.

3. Zustandsveränderung
Figurenbeziehungen
Figureneigenschaften
Handlungsmotive

Der Ausbruch der Liebeskrankheit erweist sich als entscheidendes Ereignis für den weiteren Handlungsverlauf: Indem sie Engelhards Leben bedroht, steht sie seiner Entscheidung gegen die Liebe und für die Herrschaftsordnung entgegen. Dem Beziehungstypus Liebe wird damit die Eigenschaft existentieller Unausweichlichkeit zugewiesen. Engeltrud entscheidet sich gegen die Rechtsordnung, die Geschlechtsverkehr außerhalb der Ehe streng verbietet, für die Liebe. Als Voraussetzung dafür, dass sie ihre Existenz für Engelhard aufs Spiel setzt, verlangt sie jedoch, dass er seine persönlichen Qualitäten als Ritter nachweist. Die Qualität der Person wird damit über den Geburtsstand gestellt: Der leistungsfähige Ritter gleicht den Mangel des armen Landadeligen aus. Persönliche Qualität und existentielle Unausweichlichkeit der Liebe rechtfertigen gemeinsam den Bruch der Rechtsordnung. Engeltrud riskiert ihr eigenes Wohlergehen, um Engelhards Leben zu retten; wie in der Freundschaft geht es in der Liebe, die auf die Wesenseigenschaften des anderen achtet, um das Wohlergehen des anderen.

Die verschiedenen Aspekte des Bedeutungsaufbaus greifen immer besser ineinander, weil immer mehr Zusammenhänge zwischen den handlungsbestimmenden Eigenschaften der Figuren, den Beziehungstypen und den Handlungsmotiven hergestellt werden. So entsteht ein Bedeutungsnetz, das der Geschichte ihren Sinn gibt.

4. Zustandsveränderung
Figurenbeziehungen
Figureneigenschaften
Handlungsmotive

Indem der Rechtsbruch durch die Entdeckung öffentlich wird, tritt ein Ereignis ein, das den Liebenden ein Hindernis in den Weg stellt. Der Aufbau der Geschichte wird nun wieder einfacher: Der Ausgangszustand ist, dass Engelhard und Engeltrud aufgrund ihres Handelns durch die Rechtsordnung bedroht sind; der glückliche Endzustand kommt durch die Beseitigung dieser Bedrohung zustande; das verändernde Ereignis ist der manipulierte Gerichtskampf. Die körperliche Gleichheit der beiden Freunde, die bisher nur als Zeichen ihrer Freundschaft diente, eröffnet die Lösungsmöglichkeit und wird dadurch unmittelbar handlungsbestimmend. Durch die Manipulation des Gerichtskampfs verhilft die Freundschaft der Liebe zum Sieg über die Rechtsordnung. Wie zuvor Engeltrud ihr eigenes Wohlergehen aus Liebe für Engelhard aufs Spiel setzt, setzt nun Dietrich sein eigenes Wohlergehen aus Freundschaft zu Engelhard aufs Spiel.

Die moralische Qualität von Freundschaft und Liebe führt dazu, dass der Bruch der Ordnung verborgen bleibt; dadurch kann die Ordnung gewahrt werden: Die Liebe wird durch die Ehe legitimiert, Engelhard wird König. Das Hindernis des Standesunterschieds ist überwunden.

Gesamtzusammenhang

Wenn man die Handlungsfolge noch einmal im Ganzen überblickt, bestehen die Ereignisse zwischen Engelhards Auszug vom Elternhaus und dem erreichten Status als dänischer König in einer Kette von Veränderungen, die ihre Bedeutung durch die Verbindung mit den unterschiedlichen Beziehungstypen und den ihnen zugeordneten Figureneigenschaften gewinnen: Der arme Landadelige steigt zum König auf, was die Herrschafts- und Rechtsordnung nicht vorsieht (er kann Engeltrud nicht einfach heiraten). Der Weg führt über die Liebe, die die Ordnung bricht, und die Freundschaft, die den Bruch der Ordnung verdeckt. Der Erfolg beruht darauf, dass die persönlichen Beziehungstypen

Liebe und Freundschaft am Wohlergehen des anderen und an seinen Wesenseigenschaften orientiert sind.

Nun könnten alle glücklich leben bis an ihr Ende, doch die Geschichte geht noch weiter:

Dietrich erkrankt in Brabant am Aussatz. Er verliert seinen gesellschaftlichen Status und wird auf einer Insel isoliert, wo er zusehends in Verzweiflung versinkt. Eines Tages erscheint ihm ein Engel im Traum: Das einzige Heilmittel gegen seine Krankheit sei ein Bad im Blut der beiden Kinder Engelhards, die der Freund zu diesem Zweck töten werde. Dietrich weist den Ausweg als teuflische Versuchung von sich, begibt sich aber dennoch an den dänischen Hof, weil er sich dort eine bessere Versorgung und ein weniger einsames Dasein erhofft. Engelhard nimmt ihn großzügig auf. Im Verlauf der täglichen Gespräche bringt er Dietrich schließlich dazu, von der Engelserscheinung zu erzählen. Gegen Dietrichs Willen köpft Engelhard heimlich seine Kinder; Dietrich wird im Blutbad gesund. Als Engelhard eine Amme zu den Kindern schickt, findet sie die beiden lebend; nur um ihre Hälse läuft ein dünner roter Streifen. Dietrich kehrt nach Brabant zurück und alle leben fortan glücklich.

5. Zustandsveränderung
Figurenbeziehungen
Figureneigenschaften
Handlungsmotive

Der Ausgangszustand ist das glückliche Herrscherleben, das erste Ereignis die Krankheit, das Ergebnis der Statusverlust. Der Vorgang entspricht der Rechtsordnung; Aussätzige wurden wegen der Ansteckungsgefahr strickt isoliert. Weder seine Position als Herrscher noch die Verwandtschaftsbeziehungen helfen Dietrich; alle wenden sich von ihm ab. Die zunehmend elende und vereinsamte Existenz wird durch die Ereigniskette, die über die Erscheinung des Engels, den Ortwechsel an den dänischen Hof, das Opfer der Kinder, das heilende Blutbad und die wunderbare Wiederbelebung der Kinder führt, in einen Endzustand vollständigen Glücks verändert.

Der Bedeutungsaufbau ist auf zugespitzte Wiederholungen des bereits Bekannten angelegt: Wieder ist es die Freundschaft, die die Figur rettet. Wieder stellt der Freund sein eigenes Wohlergehen, symbolisiert im Leben des eigenen Nachwuchses, hinter das Wohlergehen des anderen zurück. Wieder ist die vom Freund geleistete Handlungsweise problematisch; dem manipulierten Gottesurteil entspricht die Tötung der Kinder. Wieder wird die problematische Handlungsweise durch den Erfolg gerechtfertigt, freilich auf drastischere Weise: Anders als beim Gerichtskampf geschieht mit der Wiederbelebung der Kinder ein Wunder.

Gesamtzusammenhang

Beim Überblick über die gesamte Handlung erkennt man, dass die beiden Freundschaftsdienste (Gerichtskampf und Kinderopfer) die wichtigsten Ereignisse darstellen; sie führen jeweils zum glücklichen Ergebnis. Engelhard gewinnt dank der Freundschaft seinen Status als Herrscher, Dietrich gewinnt ihn zurück. Der zweite Freundschaftsdienst ist eine gesteigerte Wiederholung des ersten mit umgekehrten Rollen.

Die Liebesbeziehung zwischen Engelhard und Engeltrud hat in diesem Gesamtzusammenhang der Handlung einen funktionalen Charakter; sie dient dazu, den ersten Freundschaftsdienst herbeizuführen. Engelhards lebensbedrohliche Liebeskrankheit im ersten Teil hat ihre Entsprechung in Dietrichs Aussatzkrankheit im zweiten Teil; allerdings ist die Handlungskonstruktion im ersten Teil komplizierter, weil dort Engeltrud die Krankheit heilt und Dietrich die Verheimlichung der Therapie ermöglicht. Die Konstruktion gewinnt ihre Bedeutung dadurch, dass sie die Liebe als einen Beziehungstyp erscheinen lässt, der wie die Freundschaft das Eigeninteresse dem Interesse des anderen unterordnet. Liebes- und Freundschaftsdienste werden durch den Erfolg der Figuren auch dann gerechtfertigt, wenn sie die Rechtsordnung brechen. Allerdings wird der Ordnungsbruch in beiden Fällen nicht wirksam: Einmal bleibt die Ordnung gewahrt, weil ihre Verletzung nicht offenbar wird; das andere Mal bleibt sie gewahrt, weil ihre Verletzung durch das Wunder nachträglich ungeschehen gemacht wird.

4. | Die Geschichte – Aspekte der historischen Interpretation

Wirklichkeitsbezug der Handlung

Geschichten dieser Art – und es handelt sich um eine für älteres Erzählen keineswegs untypische Geschichte – sind nicht darauf angelegt, Lebenswirklichkeit darzustellen. Der Aufbau der Geschichte steht vielmehr im Dienst des Bedeutungsaufbaus; die Geschichte setzt abstrakte Bedeutungsbeziehungen in konkrete Handlungen um.

Handlungsdoppelung

Besonders offensichtlich macht das die Doppelung der Handlung in Gestalt der beiden Freundschaftsdienste, die einer gesteigerten Wiederholung der Sinnkonstruktion dient. Auf Doppelungen dieser oder ähnlicher Art trifft man in älteren Erzählungen häufiger; sie lenken das Augenmerk mittels der Wiederholung auf den Bedeutungsaufbau.

Figuren und Bedeutungsaufbau

Zu den Konsequenzen dieses funktionalen Werts der Geschichte gehört der für älteres Erzählen typische Zug, dass Figuren nur so lange von Interesse sind, wie sie für den Bedeutungsaufbau wichtig sind. Unseren modernen Erwartungshaltungen läuft das manchmal zuwider. In Konrads Geschichte beispielsweise gerät Engeltrud nach dem Abschluss der Liebeshandlung mit der Hochzeit fast ganz aus dem Blickfeld, weil es in der Blutopfer-Episode nur noch um die Freundschaftsbeziehung geht. Ähnlich spielt Dietrich zwischen seiner Rückkehr nach Brabant und der Hilfe im Gerichtskampf keine Rolle, weil die Liebesbeziehung nur Engeltrud und Engelhard betrifft. Der Handlungsverlauf ist genau so konstruiert, wie es nötig ist, um die oben erläuterte Verknüpfung von Liebe und Freundschaft darzustellen, und die Figuren dienen dieser Konstruktion.

Stoffbearbeitung

Konrad von Würzburg hat die Geschichte nicht erfunden, sondern einen bekannten Stoff aufgegriffen. Das ist für ältere erzählende Dichtung charakteristisch: Der Dichter kann seinen Stoff zwar auch selbst entwerfen, aber üblicherweise ist seine Textproduktion eine Arbeit am Vorgefundenen, keine Neuerfindung (vgl. S. 93). Der Stoff ist in diesem Fall in Gestalt verschiedener Freundschaftserzählungen seit dem späten 11. Jahrhundert in der lateinischen, seit der Wende vom 12. zum 13. Jahrhundert in der altfranzösischen Literatur belegt. Die beiden Freunde heißen zumeist Amicus (das lateinische Wort für ›Freund‹) und Amelius. Konrad selbst behauptet im ›Engelhard‹, eine lateinische Vorlage bearbeitet zu haben; worum es sich dabei genau handelte, ist jedoch nicht bekannt.

Wunder und Wahrheit

Im Mittelpunkt des Stoffs steht die Verbindung eines stellvertretenden Kampfs und einer Wunderheilung durch Blutopfer als Freundschaftsproben. Das abschließende Wunder war in der Stofftradition nicht nur fest verankert, sondern konnte darüber hinaus mit dem Geltungsanspruch historischer Wahrheit auftreten: Amicus und Amelius wurden im 12. Jahrhundert nämlich zu Hauptfiguren einer lateinischen Heiligenlegende und tauchen gelegentlich noch in spätmittelalterlichen Legendensammlungen auf. Das bedeutet freilich nicht, dass im 12. oder 13. Jahrhundert tatsächlich Kinder geschlachtet worden wären, um Aussätzige zu heilen; es zeigt aber immerhin, dass das Wunder den Zeitgenossen nicht als märchenhafter Zug, sondern als glaubhafte Handlungsmöglichkeit Gottes in der Wirklichkeit erschien. Konrad hat Engelhard und Dietrich jedoch nicht als Heilige dargestellt und den Stoff nicht als Heiligenlegende erzählt.

Zeitgenössisches Wissen

Dies führt zu einem besonders wichtigen Aspekt der historischen Interpretation. Dass ›unrealistische‹ Geschichten dieser Art keine Lebenswirklichkeit zur Darstellung bringen, schließt nicht aus, dass sie auf zeitgenössische Vorstellungen und Wissensbestände bezogen sind. Der Handlungsverlauf ist zwar insgesamt höchst unwahrscheinlich; dennoch sind einzelne seiner Bestandteile so konstruiert, dass kulturelles Wissen aufgegriffen wird. Dadurch entsteht ein Anspruch auf Wahrscheinlichkeit, der einzelne Aspekte des Geschehens betrifft. Auf diesem Weg wird die Bedeutungskonstruktion der insgesamt ›unrealistischen‹ Geschichte dann doch mit der Lebenswelt in Verbindung gebracht und kann einen Geltungsanspruch für sie erlangen. Konrads ›Engelhard‹ zeigt diese Verfahrensweise besonders gut; ich nenne nur zwei Beispiele:

1. Freundschaft: Das zur Stofftradition gehörige gleiche Aussehen der beiden Freunde bewertet der Erzähler selbst als eine ganz außergewöhnliche Angelegenheit; noch außergewöhnlicher sei es, dass die beiden sich auch noch getroffen hätten. Engelhard und Dietrich müssen sich freilich zum Verwechseln ähnlich sein, weil das für den Gerichtskampf und damit für den Handlungsverlauf nötig ist. Das gleiche Aussehen ist ›final motiviert‹, das heißt: durch seinen Zweck für den Handlungsverlauf begründet. Finale Motivierungen sind in älteren Erzählungen weit verbreitet; das liegt daran, dass älteres Erzählen meistens zielgerichtet verläuft und dass die Zielgerichtetheit der Handlung oft wichtiger ist als ihre Wahrscheinlichkeit.

Finale Handlungsmotivierung

Wissen über Freundschaft

Konrad hat nun allerdings (vielleicht im Gefolge seiner unbekannten lateinischen Vorlage) die final motivierte körperliche Gleichheit als zeichenhafte Umsetzung der zeitgenössischen Freundschaftstheorie benutzt. Deren Grundlage ist der Traktat ›De amicitia‹ (›Über die Freundschaft‹) des römischen Autors Cicero aus dem 1. Jahrhundert v. Chr., der zu den mittelalterlichen Schulbüchern gehörte. Konrad muss nicht unbedingt Cicero selbst gelesen haben; er kann dessen Ideen auch über andere Texte vermittelt bekommen haben. Cicero versteht unter ›Freundschaft‹ eine völlige Übereinstimmung in Absichten, Neigungen und Gedanken und bringt das in zugespitzten Formulierungen zum Ausdruck: »Wer nämlich einen wahren Freund ansieht, schaut gleichsam auf ein Abbild seines eigenen Ichs«. Es fehlt gewissermaßen nur das ›gleichsam‹, wenn die beiden Freunde im

›Engelhard‹ einander zum Verwechseln ähnlich sind. Auch sonst gibt es auffällige Übereinstimmungen: Freundschaft soll man laut Cicero erst schließen, nachdem man den anderen auf die Probe gestellt hat. Sie beruht nicht auf Interessenkalkül, sondern auf Liebe. Der eigene Nutzen ist nicht ihr Motiv, sondern ihre Folge. Sie beweist sich im Unglück und gründet auf Zuverlässigkeit. In der Freundschaftsbeziehung steht der Höhere auf gleicher Stufe wie der Geringere.

Für Konrad vermochte das gelehrte Wissen über Freundschaft der Handlung eine Grundlage zu liefern, weil es selbst den ›unrealistischen‹ Aspekten der zeichenhaften Vermittlung einen Bezug zu den Wissensbeständen der zeitgenössischen Lebenswelt gab. Was hier über Freundschaft erzählt wird, darf trotz der außergewöhnlichen Handlung allgemeine Geltung beanspruchen, weil es auf der Ebene der Bedeutung durch anerkanntes Wissen abgesichert ist.

Wissen über Liebe

2. Liebe: Dass sich Engeltrud gleichzeitig in beide Freunde verliebt, bewertet der Erzähler zunächst ebenfalls als außergewöhnlich. Die Entstehung der Liebe wird jedoch so dargestellt, wie es der zeitgenössischen höfischen Vorstellung entspricht, die ihrerseits auf der medizinischen Theorie der Liebesentstehung beruht (mehr dazu in Kapitel 10). Ursache für den Ausbruch der Liebe ist danach die Wahrnehmung der Qualitäten des anderen. Engeltrud prüft zunächst mit den Augen die äußeren Eigenschaften der beiden Freunde, dann mit dem Herzen die inneren. Die Prüfung fällt unterschiedslos positiv aus. Der Theorie nach muss sie sich unter diesen Umständen in beide gleichzeitig verlieben, und da Auge und Herz keine Ungleichartigkeit erkennen können, bleibt nur das Ohr, das den unterschiedlichen Klang und im Anschluss daran die unterschiedliche Bedeutung der Namen erkennt. Die Erzählung setzt in – zugespitzte und deshalb teilweise witzig inszenierte – Handlung um, was sich aus anerkanntem Wissen ergibt.

Nicht anders verhält es sich mit Engelhards Liebeskrankheit: Sie entspricht einem Krankheitsbild, das die zeitgenössische Medizin wirklich kannte. Die Mediziner waren auch tatsächlich der Auffassung, dass unerfülltes Liebesbegehren zu einem lebensbedrohlichen Auszehrungszustand führen kann. Konrad beachtete Symptome und Folgen der Liebeskrankheit sorgfältig. Dazu muss er freilich nicht unbedingt medizinische Traktate gelesen haben, weil es zu seiner Zeit dafür schon genug Vorbilder in der höfischen Dichtung gab.

Weitere Wissensbestände

Die Reihe der Beispiele ließe sich fortsetzen. Junge Adelige gingen zur Erziehung tatsächlich an fremde Fürstenhöfe (allerdings wurden sie gewöhnlich von den Eltern dorthin geschickt, statt auf eigene Faust loszuziehen) und wurden dort im Pagendienst für Damen des Hofs eingesetzt. Die Gerichtsverhandlung vor dem Gottesurteil ist als professionell aufgebaute Rechtsargumentation gestaltet. Das Turnier in der Normandie ist detailliert auf der Grundlage des zeitgenössischen Wissens über Kampftechnik, Waffen- und Kleidermode beschrieben. Als Dietrich am Aussatz erkrankt, werden die Krankheitssymptome genau nach dem medizinischen Wissen aufgelistet. Wo immer es geht, macht Konrad deutlich, dass seine Bearbeitung des Stoffs eine Geschichte hervorbringt, deren Bestandteile auf anerkannten Wissensbeständen beruhen.

Wissen, Wahrscheinlichkeit und Geltungsanspruch

Dies ist eine der Verfahrensweisen des gelehrten Autors, der seiner Geschichte einen Geltungsanspruch sichert, nicht indem er den Handlungsverlauf insgesamt als wahrscheinlich erscheinen lässt, sondern indem er einzelne Bestandteile der Handlung durch die Rückbindung an zeitgenössisches Wissen als wahrscheinlich erscheinen lässt. Der Dichter muss, um einen überlieferten Stoff in dieser Weise bearbeiten zu können, ein gelehrter Dichter sein: Konrad kannte sich offenbar in Medizin, Recht, Philosophie und anderem mehr aus. Den zeitgenössischen Rezipienten signalisiert dieser Rückgriff auf Wissen den Zusammenhang zwischen Dichtung und Lebenswelt. Die Arbeit des heutigen Interpreten besteht zu einem beträchtlichen Teil darin, die historischen Wissensordnungen, auf die sich der Text bezieht, aufzuarbeiten.

Dichtungstechnisches Wissen

Der gelehrte Stoffbearbeiter greift bei der Ausstattung seiner Geschichte aber nicht nur auf Wissensbestände außerhalb der Dichtung zurück. In der älteren Zeit gibt es ebenso Wissen, das zu den spezifischen Grundlagen für das Handwerk des Dichters gehört. Auch solches Wissen wurde in der Schule, nämlich im Grammatik- und Rhetorikunterricht, vermittelt. Bei Konrad von Würzburg findet man es auf Schritt und Tritt. Ich beschränke mich wieder auf zwei Beispiele.

Schönheitsbeschreibung

1. Ein besonders beliebter Kompetenznachweis des gelehrten Erzählens ist die Schönheitsbeschreibung; es gibt kaum eine höfische Liebesgeschichte, die auf sie verzichtet. Sie folgt festen

Mustern, die im einzelnen Text stilistisch variiert werden. Es geht stets darum, die Fähigkeit zur Verarbeitung der Muster vorzuführen, nie um die Beschreibung individueller Schönheit. Was wahre Schönheit ist, entspricht dem Inhalt dieser Muster; im Bezug auf das in ihnen festgehaltene Wissen, nicht auf eine einzelne Person, liegt der Wirklichkeitsbezug der Dichtung.

Beschrieben wird gewöhnlich das Gesicht von oben nach unten (Haar, Stirn, Augen, Nase, Wangen, Mund und Zähne, Kinn), danach gelegentlich noch der Körper von oben nach unten (Brüste, Arme, Hände, Beine, Füße). Den einzelnen Stationen werden dabei Eigenschaften (Farben und Formen) zugeordnet; Vergleiche und Metaphern steigern die Qualität der Körperteile. Des Weiteren können noch Kleidung und Schmuck beschrieben werden, die den Glanz der Schönheit vergrößern. Es ist im Prinzip immer dasselbe, und doch ist es immer ein wenig anders – und genau darauf kommt es an, weil im Aufgreifen des Musters und seiner variierenden Bearbeitung das professionelle Wissen des Dichters liegt.

Den Könner erkennt man aber nicht nur daran, wie er die Schönheitsbeschreibung im Einzelnen ausstaffiert, sondern auch daran, wo er sie platziert. Die einfachste Möglichkeit ist der erste Auftritt der Figur. Konrad beschreibt Engeltruds Schönheit jedoch viel später, nämlich als Engelhard den Baumgarten betritt, um mit ihr zu schlafen. So erhält die Beschreibung eine spezifische Funktion: Engeltruds Schönheit erscheint als Grund für Engelhards Begierde unmittelbar vor deren Erfüllung. »Nun sagt«, spricht der Erzähler seine Rezipienten an, »ob es ihn nicht nach ihrem Körper gelüsten sollte« – dann folgen 140 Verse Beschreibung von Gesicht, Körper und Kleidung.

Lustort

2. Ein ähnlich festes Muster wie die Schönheitsbeschreibung stellt der Lustort dar, dem man ebenfalls in vielen höfischen Liebesgeschichten begegnet. Im ›Engelhard‹ ist es der Baumgarten, in dem das Paar miteinander schläft. Der Lustort ist hier wie auch in anderen Fällen ein ummauerter Garten, der einen Raum der Heimlichkeit bedeutet. Es gibt wie immer Bäume, die den Liebenden mit einem Dach aus Blättern und Blüten Schatten spenden, eine Wiese, auf der Blumen blühen, eine Quelle oder einen Bach und singende Vögel. In einer lateinischen Poetik aus dem späten 12. Jahrhundert, der ›Ars versificatoria‹ des Matthäus von Vendôme, wird erklärt, wozu das alles dient: Die Schönheit

des Orts soll zeigen, dass alle Sinne befriedigt werden. Das kühle Wasser erfreut den Tastsinn, der Duft von Gras und Blüten Geschmacks- und Geruchssinn, die Blumen erfreuen das Auge, die Vögel das Ohr. Der liebliche Ort, meint Matthäus, fördert die Bereitschaft zum Geschlechtsverkehr und macht eine entsprechende Handlung deshalb wahrscheinlich. Das Lustort-Muster ist demnach kein funktionsloses Versatzstück, sondern ermöglicht es dem Dichter, die sinnliche Qualität des Geschlechtsverkehrs durch eine überzeugende Inszenierung vorzuführen und die Handlung dadurch im engeren Kontext plausibel zu gestalten. Seine Kunst beruht auf dem professionellen Wissen um Aufbau und Funktion des Schemas.

5. | Aspekte der erzählerischen Vermittlung

Erzählinstanz

Der Erzähler verhält sich im ›Engelhard‹ sehr bewertungsfreudig und steuert damit die Deutung des Geschehens mit vergleichsweise fester Hand. An einigen problematischen Stellen gewinnt diese gezielte Gestaltung der Erzählinstanz besonders großes Gewicht; hier ist auch jeweils die Eigenleistung der erzählerischen Vermittlung gegenüber der Geschichte beim Bedeutungsaufbau besonders gut zu erkennen. Dazu wieder zwei Beispiele:

Funktionen von Erzählerkommentaren

1. Der Handlungsverlauf legt es nahe, Dietrichs Krankheit als Strafe für den Betrug beim Gottesurteil zu verstehen. Diese Sinnzuweisung bringt auch die erzählerische Vermittlung zur Sprache, und zwar in einem Gebetsmonolog, in dem Dietrich fragt, womit er Gottes Rache und Zorn verdient habe. Unmittelbar nach diesem Gebet erscheint ihm der Engel im Traum, den Dietrich beim Erwachen in einem weiteren Monolog als Versuchung interpretiert. Schon vor der Engelserscheinung meldet sich indes der Erzähler mit eindeutigen Bewertungen zu Wort: Gott habe ein Wunder tun wollen aus Erbarmen mit dem Leid, das dem treuen Dietrich ohne jede Schuld widerfahren sei. Der Kommentar weist Dietrichs Interpretation des Traums von vornherein als irrig aus und unterbindet zugleich die zuvor angedeutete Möglichkeit, die Krankheit als Strafe zu verstehen. Die erzählerische Vermittlung nutzt zum einen den höheren Geltungsanspruch der Erzählerrede gegenüber der Figurenrede aus und sorgt zum anderen dafür, dass eine mögliche Deutung der Geschichte abgewiesen wird.

2. Beim manipulierten Gottesurteil verdankt sich der Handlungsverlauf der finalen Motivierung: Die ganze Episode ist so angelegt, dass der stellvertretende Zweikampf stattfinden und mit Engelhards Erfolg enden kann. Die erzählerische Vermittlung zeigt jedoch, dass hier trotzdem ein Problem zu umgehen war.

Als Gottesurteile geltende Kämpfe waren tatsächlich ein mögliches Mittel der Rechtsfindung in der weltlichen Gerichtspraxis. Es wurde eingesetzt, wenn zwei Aussagen gegeneinander standen und es keine Beweise oder Zeugenaussagen gab, anhand derer die Wahrheit ans Licht zu bringen war. Eben dies ist der Fall beim Rechtsstreit zwischen Engelhard und Ritschier. Gerichtskämpfe waren zu Konrads Zeit jedoch nicht mehr unproblematisch: Unter den Klerikern gab es seit jeher Einwände gegen diese Praxis, weil Menschen Gott damit gewissermaßen zu einer Stellungnahme zwingen, was ihnen grundsätzlich nicht zusteht. 1215, etliche Jahrzehnte bevor Konrad seinen ›Engelhard‹ dichtete, stellte ein Konzil in Rom fest, dass Gerichtskämpfe als Gottesurteile nicht mit dem christlichen Glauben zu vereinbaren sind. Das führte allerdings nicht zu einer umgehenden Beendigung der Praxis.

Unmittelbar vor dem Beginn des Kampfs steht im ›Engelhard‹ ein Erzählerkommentar, der den Ausgang eigens erklärt: Jeder von den beiden Gegnern habe gewusst, dass er die Wahrheit sagte – Ritschier mit seiner Anklage, Dietrich mit der Versicherung, er habe nicht mit Engeltrud geschlafen. Unschuldsbewusstsein aber stärke die Kampfkraft, so dass keiner der beiden im Nachteil war. Dietrich jedoch kämpfte aus Treue gegenüber Engelhard, Ritschier aus Neid auf ihn; deshalb durfte Dietrich mit Recht zuversichtlich sein. Was im Gerichtskampf siegt, ist demnach das Unschuldsbewusstsein im Verein mit der edleren Handlungsmotivation. Die erzählerische Vermittlung erklärt den Ausgang des Gottesurteils durch den Kommentar ziemlich rational: Es ist die Seelenlage der Kämpfer, die den Kampf entscheidet; vom Eingreifen Gottes ist dabei nicht weiter die Rede.

Finale Motivierung in der Geschichte und kausale Motivierung in der erzählerischen Vermittlung

Dies ist ein Beispiel für eine Eigenheit, auf die man bei älteren Erzählungen häufiger stößt: Während der Handlungsverlauf auf der Ebene der Geschichte final motiviert ist (der Kampf geht so aus, weil er so ausgehen soll), wird der Handlungsverlauf auf der Ebene der erzählerischen Vermittlung nach Möglichkeit kausal motiviert (Dietrichs edlere Einstellung ist der Grund für den Ausgang des Kampfs). Auf der Ebene der erzählerischen Vermittlung werden oft Gründe für das Handeln der Figuren und für das Geschehen angegeben, die nicht aus der Zielgerichtetheit der Geschichte abgeleitet sind. Deshalb ist die finale Konstruktion der Geschichte nicht selten durch kausale Motivierungen verdeckt, und manchmal kommt es auch zu Spannungen zwischen der zielbegründeten Notwendigkeit des Geschehens und seiner kausalen Erklärung.

Vermittlung von Geschehnissen in Figurenreden

Der kausalen Erklärung des Geschehens dienen im ›Engelhard‹ neben Kommentaren des Erzählers vor allem kommunikative und autokommunikative Figurenreden. Entscheidende Stationen der Handlung sind in Gestalt ausgedehnter Figurenmonologe und großer Dialogszenen erzählt. Das sorgt in massiver Weise für den Eindruck, dass alles, was geschieht, aufgrund entsprechender Entscheidungen der Figuren geschieht, und überdeckt die finale Konstruktion der Geschichte völlig.

Selbstgespräche

Einige der bedeutungstragenden Ereignisse, die die Handlung voranbringen, sind ›innere‹ Ereignisse, die in der erzählerischen Vermittlung als Selbstgespräche erscheinen – so Engelhards Entscheidung zum Aufbruch vom Elternhaus, Engeltruds Liebe zu den beiden Freunden und ihre Wahl Engelhards, Engeltruds und Engelhards Liebesleid, Dietrichs Reaktionen auf seine Krankheit und auf den Engelstraum, schließlich Engelhards Entscheidung für die Ermordung der Kinder.

Dialoge

Andere bedeutungstragende Ereignisse sind in großen Dialogszenen dargestellt – so Engelhards Abschied vom Vater mit der Erklärung der Apfelprobe, die erste Begegnung mit Dietrich, Dietrichs Angebot an Engelhard, die Herrschaft in Brabant mit ihm zu teilen, die Liebesgeständnisse Engelhards und Engeltruds, Engelhards Zurückweisung von Ritschiers Anklage vor Gericht, die Wiederbegegnungen der beiden Freunde vor dem Gerichtskampf in Brabant und vor der Wunderheilung in Dänemark.

Handlungsmotivierung in Figurenreden

In den großen Monologen und Dialogen verhandeln die Figuren selber die zentralen Themen der Erzählung: Liebe, Freundschaft, Herrschafts- und Rechtsordnung als handlungsbegründende Beziehungsformen sowie Treue als Handlungsmotivation. Was immer die Figuren tun, tun sie aus guten Gründen und nicht, weil die Geschichte ihr Ziel erreichen muss. Auf diese Weise bringt die Form der erzählerischen Vermittlung gegen die finale Motivierung des Geschehens die Handlungsmächtigkeit des Menschen zum Ausdruck: seine Möglichkeit, durch richtiges Handeln des eigenen

Glückes Schmied zu sein. Für beispielhaftes Erzählen, das vorbildliches Handeln darstellen will, ist das eine wichtige Leistung. Die Form der erzählerischen Vermittlung trägt so auf eine eigenständige Weise zum Bedeutungsaufbau des Textes bei.

Prolog und Epilog des Erzählers

Der Erzähler tritt im ›Engelhard‹ nicht nur mit einzelnen Kommentaren im Verlauf der Erzählung hervor, sondern weist in einer längeren Vorrede (›Prolog‹ oder ›Promythion‹) und einer Nachrede (›Epilog‹ oder ›Epimythion‹) einführend, abschließend und in beiden Fällen verallgemeinernd auf die Lehre hin, die sich aus seiner Geschichte ziehen lässt. Damit stellt er eine zusammenfassende Bewertung des Geschehens an und gibt zugleich Auskunft über den Zweck seines Erzählens. Die bewertende und die erzählbezogene Funktion der Erzählinstanz werden in Prolog und Epilog also konzentriert eingesetzt.

Prolog- und Epilogthemen

Diese ausdrückliche Bedeutungs- und Funktionszuweisung gehört zu den weit verbreiteten Eigenheiten älteren Erzählens. Der Grund dafür ist der Einfluss des gelehrten Dichtungsbegriffs, demzufolge Erzählungen möglichst nützlich sein sollen (vgl. S. 76). Der Einsatz von Prologen und Epilogen stammt zusammen mit dem Themenspektrum, das dabei aufgeworfen werden kann, aus der lateinischen Literaturtradition. Die üblichen Themen sind der Gegenstand der erzählten Geschichte, die beabsichtigte Wirkung auf das Publikum als Zweck des Erzählens und die Fähigkeiten des Autors. Bei der Behandlung des Gegenstands kann einerseits der Stoff als solcher angekündigt, andererseits die Bedeutung erläutert werden, die der Dichter dem Stoff durch seine Bearbeitung geben will. Im ›Engelhard‹-Prolog werden alle drei Themen behandelt:

Gegenstand: Zentrales Thema der Erzählung

1. Konrad kündigt zwar nicht an, welchen Stoff er erzählen wird, aber er behandelt zunächst ausführlich denjenigen Begriff, der im Mittelpunkt des Bedeutungsaufbaus seiner Erzählung steht, die *triuwe* (Treueverpflichtung gegenüber einem anderen, Aufrichtigkeit). Die *triuwe* gelte heutzutage nichts mehr, obwohl sie doch Männer wie Frauen gleichermaßen beständig mache. Sie sichere den Besitz, bringe Erfolg in der Liebe, versöhne Feinde, binde Verwandte aneinander. Besonders die Reichen und Mächtigen sollten sie üben, weil Reichtum und Macht verloren gingen, würde die *triuwe* nicht allgemein geachtet. Diese Achtung erfahre sie nicht mehr, weil *untriuwe* (Verstellung, Unaufrichtigkeit) schneller zu Reichtum führe.

Die *triuwe* erscheint als Grundlage jeder zwischenmenschlichen Beziehung und als Gewähr für den Fortbestand der gesamten gesellschaftlichen Ordnung. Indem Konrad sie gegen die Besitzgier stellt, bringt er eine Bedeutungsbeziehung zum Ausdruck, die auch in unserer Beschreibung des Bedeutungsaufbaus der Geschichte eine zentrale Rolle spielte: So wie Konrad die *triuwe* versteht, bezeichnet sie – als Gegenbegriff zur ungehemmten Orientierung am Eigennutz – die Orientierung auch am Wohlergehen des anderen. Die gesellschaftliche Ordnung hängt von dieser Orientierung des Einzelnen am Wohlergehen des anderen ab. Diesen Begriff von *triuwe* setzt die Geschichte dann in der Tat in Handlung um; der Prolog führt deshalb in den Kern der Bedeutungskonstruktion.

Publikum: Zweck der Erzählung

2. Bei der Behandlung des Prologthemas ›Publikum‹ gibt Konrad den Zweck seines Erzählens an: Die Geschichte von vorbildlicher *triuwe* soll dem Publikum als Beispiel dienen. Diese Funktionszuweisung war Konrads tatsächlichen Rezipienten mit Sicherheit vertraut, weil die moralische Lehrhaftigkeit das Erzählen generell rechtfertigte. Da der Wert des Erzählens sich dem gelehrten Dichtungsbegriff nach vergrößert, wenn die Geschichte auch noch wahr ist, fügt Konrad in diesem Zusammenhang eine Wahrheitsbeteuerung ein.

Exemplarisches Erzählen

Exemplarisches (beispielhaftes) Erzählen stellt an einem besonderen Fall verallgemeinerungsfähige Zusammenhänge vor und führt deshalb zu eben jenem Verhältnis zwischen Geschichte und Bedeutungsaufbau, das wir bei der Textbeschreibung beobachtet haben: Der Handlungsverlauf dient der Sinnkonstruktion.

Konrad schränkt allerdings die Wirkungsabsicht seines Erzählens ein wenig ein: Es soll nur diejenigen, die sich selbst noch nach der *triuwe* richten, in ihrer Haltung bestärken; die *ungetriuwen* werden dagegen kaum zu bessern sein. Das ist natürlich ein rhetorischer Trick, der die tatsächlichen Rezipienten zur Gemeinde der Rechtschaffenen macht und eine Identifikation mit dem Dichter und seiner Geschichte herbeiführt.

Autor: Dichterkompetenz

3. Am Schluss des Prologs nennt sich Konrad selbst als Autor, der eine lateinische Quelle bearbeitet habe. Wie der ganze Prolog mit seinem professionellen Aufbau führt ihn dies als gelehrten Dichter vor, als der er sich beim Erzählen dann ja auch ausgiebig erweist.

Ausdrückliche Bedeutungszuweisung und Bedeutungsaufbau

Der Epilog am Ende des Textes ist genauso aufgebaut wie der Prolog. In welchem Verhältnis steht die ausdrückliche Bedeutungszuweisung, die der Erzähler in Prolog und Epilog vornimmt, zum Bedeutungsaufbau der Erzählung, den unsere Textbeschreibung ergab?

Bedeutungsüberschuss der Erzählung

Die ausdrückliche Bedeutungszuweisung durch den Erzähler trifft mit der *triuwe* einen Kernaspekt des Bedeutungsaufbaus, aber sie bringt nicht alle wichtigen Aspekte zur Sprache. Die Erzählung hat einen Bedeutungsüberschuss: Kein Wort fällt in Prolog und Epilog darüber, dass es in der Geschichte Gegensätze zwischen den persönlichen Beziehungstypen Liebe und Freundschaft einerseits und der Herrschafts- und Rechtsordnung andererseits gibt, dass die *triuwe* in Liebe und Freundschaft zum Bruch der Rechtsordnung führt oder dass der Einzelne innerhalb von Liebes- und Freundschaftsbeziehungen eher nach seinen persönlichen Eigenschaften als nach seiner Standeszugehörigkeit beurteilt wird. Auf das Bild des Menschen und der zwischenmenschlichen Beziehungen, das die Erzählung in diesem Zusammenhang entwickelt, weisen Prolog und Epilog nicht ausdrücklich hin. Die Rezipienten müssen diesen Aspekt des Bedeutungsaufbaus selbst erkennen. Einem derartigen Bedeutungsüberschuss der Erzählung gegenüber ausdrücklichen Bedeutungszuweisungen in Prologen und Epilogen begegnet man oft in älteren Texten. Man kann sich deshalb nicht darauf verlassen, dass Prologe und Epiloge die gesamte Bedeutungskonstruktion offen legen. Manchmal gibt es sogar Fälle, in denen sie vom eigentlichen Sinn der Erzählung ablenken.

Insofern Prologe und Epiloge zur erzählerischen Vermittlung gehören, zeigt das noch einmal: Der Bedeutungsaufbau auf der Ebene der Geschichte und der Bedeutungsaufbau auf der Ebene der erzählerischen Vermittlung lassen sich nicht einfach auseinander ableiten. Wer dem Bedeutungsangebot einer Erzählung auf die Spur kommen will, muss beide Ebenen und ihr Verhältnis zueinander jeweils eigens untersuchen. Weil man eine Geschichte auf ganz unterschiedliche Weise erzählen kann, ist die Erzählweise immer eine wichtige Angelegenheit.

Kapitel 10 | Diskurs und Diskursanalyse

Bedeutungsordnungen jenseits des einzelnen Textes

Die vorangehenden beiden Kapitel verfolgten den Bedeutungsaufbau auf der Ebene des Textes. Es ging um Bedeutungsbeziehungen zwischen Begriffen im Text, um Verfahrensweisen zur Konstruktion des thematischen Zusammenhangs sowie um argumentative und narrative Ordnungsmuster. Bei der Produktion und Rezeption eines Textes spielen jedoch nicht nur diese im Text selbst hergestellten Muster von Bedeutungsbeziehungen eine Rolle. Wer einen Text produziert oder rezipiert, greift dabei stets auf Bedeutungsordnungen zurück, die dem Text vorausgehen und die erheblichen Einfluss darauf haben, was im Text überhaupt zum Ausdruck gebracht und wie er verstanden werden kann.

Kultur: Sprache Texte Diskurse Praktiken

Eine grundlegende Bedeutungsordnung dieser Art ist die Sprache selbst. Jede Sprache teilt mit ihrem Wortschatz die Welt in einer bestimmten Weise ein; jede Sprache stellt mit ihrer Grammatik diejenigen Formen zur Verfügung, in denen wir Aussagen über die Welt machen können. Die Sprache gibt unserer Wahrnehmung der Welt und unserem Wissen Ordnungsformen, und wenn wir sprechen oder schreiben, zuhören oder lesen, benutzen wir diese Formen. Die Sprache enthält immer schon Interpretationen der Wirklichkeit, auf die wir uns mit ihr beziehen: Unsere Lebenswelt besteht deshalb bereits insofern aus Bedeutungsordnungen, als wir Sprachbenutzer sind.

Sprache und Texte sind Bestandteile der Kultur, die man als Gesamtheit aller Bedeutungsordnungen verstehen kann (vgl. S. 6). Die Bedeutungsordnungen einer Kultur lassen sich jedoch nicht allein durch Untersuchungen von Sprache und Texten aufdecken. Es ist außerdem erforderlich, die Wissensordnungen (Diskurse) zu berücksichtigen, um die es in diesem Kapitel geht, und ebenso die kulturellen Praktiken, die Gegenstand des nächsten Kapitels sind.

Was ist ein Diskurs? | 1.

Bedeutungen von ›Diskurs‹

Das Wort Diskurs wird gegenwärtig in mindestens vier Bedeutungen benutzt, die man auseinanderhalten sollte.

›Abhandlung‹

In der ersten Verwendungsweise meint Diskurs ›systematische Abhandlung‹. In dieser Bedeutung war das Wort im Deutschen bis zum 18. Jahrhundert gebräuchlich; im Französischen (*discours*) hat sie sich bis in die Gegenwart gehalten. Der französische Literaturwissenschaftler Gérard Genette veröffentlichte beispielsweise 1972 ein inzwischen berühmtes Buch mit dem Titel ›Discours du récit‹, dessen deutsche Entsprechung ›Abhandlung über die Erzählung‹ lauten müsste. Im 18. Jahrhundert hätte man noch ›Diskurs über die Erzählung‹ sagen können; heute hat die deutsche Übersetzung des Buchs einfach den Titel ›Die Erzählung‹. Im Gebrauch ist im heutigen Deutsch aber das Adjektiv ›diskursiv‹ in der Bedeutung ›erörternd‹, das zu dieser ersten Verwendungsweise von ›Diskurs‹ gehört.

›Text‹

Die zweite Verwendungsweise von ›Diskurs‹ stammt aus der Sprachwissenschaft und ist dort in Anlehnung an einen englischen Sprachgebrauch entstanden. Im Englischen lässt sich *discourse* als Synonym für ›Text‹ benutzen. In der Sprachwissenschaft dient der Begriff deshalb zur Bezeichnung satzübergreifender sprachlicher Erscheinungen und zur Bezeichnung geordneter Abfolgen sprachlicher Handlungen. In diesem Sinn kann man beispielsweise von einem ›narrativen Diskurs‹ oder von einem ›argumentativen Diskurs‹ reden und damit einen Text oder eine Textpassage meinen, die nach narrativen oder argumentativen Mustern geordnet ist. Genette spielte mit seinem französischen Buchtitel übrigens auch auf diesen Sprachgebrauch an. Man könnte ›Discours du récit‹ deshalb ebenso mit ›Narrativer Diskurs‹ wiedergeben, und die englische Übersetzung hat tatsächlich den Titel ›Narrative Discourse‹. Auf diesem Sprachgebrauch beruht auch die Gewohnheit der Erzähltheorie, die Ebene der erzählerischen Vermittlung (im Unterschied zur Ebene der erzählten Geschichte) als ›discours‹ oder ›Diskurs‹ zu bezeichnen (vgl. S. 210).

›Debatte‹

Die dritte Verwendungsweise von ›Diskurs‹ stammt aus der philosophischen Theorie der öffentlichen Kommunikation und ist vor allem von Jürgen Habermas verbreitet worden. ›Diskurs‹ bezeichnet hier die öffentliche Argumentation und die Prinzipien, nach denen in einer offenen Gesellschaft Konsens ausgehandelt wird. In diesem Sinn reden wir beispielsweise vom ›Diskurs über Sozialreformen‹ und meinen damit eine öffentlich geführte Debatte oder Diskussion.

›Ordnung des Wissens‹

Die vierte Verwendungsweise von ›Diskurs‹ ist diejenige, um die es in diesem Kapitel ausschließlich geht. Sie beruht auf einer neuen Bedeutung, die der französische Historiker Michel Foucault dem Wort in den 60er und 70er Jahren des letzten Jahrhunderts gab.

Foucaults Diskursbegriff knüpft an die traditionelle Verwendungsweise von ›Diskurs‹ in der Bedeutung ›systematische Abhandlung‹ an. Er gibt nämlich gewissermaßen eine Antwort auf die Frage, woher eigentlich die Systematik von systematischen Abhandlungen – beispielsweise von philosophischen oder literaturwissenschaftlichen – kommt. Ein Textanalytiker würde sagen, dass sie eben auf der inhaltlichen Ordnung des Textes beruht. Foucault meint aber, dass dafür auch die Ordnung des Wissens eine Rolle spielt, auf das sich der Text bezieht, und dass diese Ordnung des Wissens nicht erst vom Text hergestellt wird, sondern eine Voraussetzung für die Systematik im Text ist. ›Diskurs‹ bezeichnet bei Foucault deshalb eine abstrakte Ordnung des Wissens, die konkreten Abhandlungen zugrunde liegt. Ein Diskurs in diesem Sinn der Wissensordnung ist eine hypothetische Größe, so wie auch ›die Sprache‹ als System eine hypothetische Größe ist: Man kann nicht die Systeme selbst beobachten, sondern nur ihre Wirkungen in Texten.

Formationssystem für Aussagen

Foucault selbst definierte ›Diskurs‹ als »eine Menge von Aussagen, die einem gleichen Formationssystem zugehören« (›Archäologie des Wissens‹, S. 156). ›Formationssystem‹ bezeichnet dabei eine Ordnung (System), die etwas hervorbringt und gestaltet (formiert) – nämlich Aussagen. Der Diskurs ist diejenige Wissensordnung, die es ermöglicht, bestimmte Aussagen zu einem Thema zu machen.

Das Reizvolle am Diskursbegriff Foucaults besteht darin, dass er es erleichtert, sowohl das Nebeneinander unterschiedlicher Wissensordnungen zu einer bestimmten Zeit als auch den Wandel von Wissensordnungen in der Zeit zu erfassen. Mit Hilfe des Diskursbegriffs kann man beispielsweise besser als ohne ihn begreiflich machen, dass und wieso Theologen, Mediziner und höfische Dichter im 12. und 13. Jahrhundert völlig unterschiedlich über

Geschlechtsverkehr redeten: Ihren Aussagen liegen unterschiedliche Diskurse zugrunde.

Vom Standpunkt der Diskurstheorie aus erscheint die Geschichte des Wissens nicht als die Geschichte eines kontinuierlichen Erkenntnisfortschritts, der die Menschen der Wahrheit immer näher brachte. Die Diskurstheorie behandelt das Wissen nicht als mehr oder weniger richtige Erkenntnis von Wahrheit, sondern als historische Bedeutungsordnung. Diskurse bestimmen, welche Gegenstände zu welcher Zeit in welcher Weise wahrgenommen werden und wie über sie gedacht und gesprochen wird.

Eigenschaften von Diskursen

Ein Diskurs im Sinn einer historischen Ordnung des Wissens lässt sich durch eine Reihe von Eigenschaften charakterisieren:

Ein Diskurs hat erstens einen bestimmten Kerngegenstand. Der theologische Diskurs beispielsweise handelt von Gott und seiner Schöpfung, der medizinische von Gesundheit und Krankheit. Dieser Kern bestimmt, wie auf der Grundlage des Diskurses über bestimmte Themen geredet wird. Wenn beispielsweise Theologen oder Mediziner im 12. und 13. Jahrhundert über Geschlechtsverkehr reden, behandeln sie ihn im Rahmen verschiedener Wissensordnungen und deshalb nach unterschiedlichen Kriterien – die Theologen unter dem Aspekt seines Werts innerhalb der Schöpfungsordnung, die Mediziner unter dem Aspekt seines Werts für Gesundheit und Fortpflanzung.

Diskursregeln: zulässige Begriffe, Vorannahmen und Argumente

Ein Diskurs gibt zweitens Regeln für die Thematisierung jedes Gegenstands vor: Der Diskurs bestimmt, welche Begriffe bei der Behandlung eines Themas zulässig sind, welche Vorannahmen vorausgesetzt werden und welche Argumente akzeptabel sind. Im theologischen Diskurs ist beispielsweise ›Sünde‹ ein Grundbegriff, im medizinischen ›Krankheit‹. Der theologische Diskurs geht von der Vorannahme aus, dass das Seelenheil das Ziel des menschlichen Lebens ist, und gründet alle Argumente auf diese Annahme. Der medizinische Diskurs macht die Vermeidung von Krankheit zum Ausgangspunkt. Der Diskurs regelt jeweils, was mit dem Anspruch auf Geltung gesagt werden kann und auf welche Weise es gesagt werden kann.

Institutionelle Grundlage

Ein Diskurs hat drittens eine institutionelle Grundlage in den gesellschaftlichen Lebenspraktiken. Diskurse gibt es nur in dem Maß, in dem verschiedene Bereiche des Wissens in der gesellschaftlichen Praxis voneinander getrennt sind. Die Unterscheidung zwischen medizinischem und theologischem Diskurs im 12. und 13. Jahrhundert beruht beispielsweise darauf, dass es unterschiedliche Fachleute dafür gab, weil es an den wissenschaftlichen Institutionen verschiedene Fächer gab. Die Theologen konnten den Medizinern deshalb nicht einfach ›hineinreden‹: Sie konnten nicht ohne weiteres verlangen, dass sich die Mediziner nach den Regeln des theologischen Diskurses zu richten hätten.

Diskurse haben deshalb auf zweierlei Art mit Macht zu tun: Sie beruhen auf Machtverhältnissen, weil sie nur in dem Maß Bestand haben, in dem ihre Träger sich gegen die Träger anderer Diskurse behaupten können. Und sie sind selbst Machtstrukturen, weil sie bestimmen, wer unter welchen Bedingungen was auf welche Weise sagen kann. Theologen, die sich nicht nach den Regeln des theologischen Diskurses richten, haben es genauso schwer wie Mediziner, die sich nicht nach den Regeln des medizinischen Diskurses richten.

Diskurse, kulturelles Wissen, Archiv

Der Begriff ›Diskurs‹ hat viertens nur dann einen Erkenntniswert, wenn sich in einer Kultur in einer bestimmten Zeit verschiedene Wissensordnungen unterscheiden lassen. Andernfalls gibt es nur ein einheitliches kulturelles Wissen, das alle denkbaren Aussagen in gleicher Weise bestimmt. Wenn es mehrere Wissensordnungen gibt, setzt sich das kulturelle Wissen aus unterschiedlichen Diskursen zusammen. Die Gesamtheit der Diskurse nennen manche Diskurstheoretiker im Anschluss an Foucault das ›Archiv‹ der Kultur.

Geschichtlichkeit

Ein Diskurs ist fünftens eine geschichtliche Größe. Seine Geltung ist räumlich wie zeitlich begrenzt: Er entfaltet seine Wirkung innerhalb einer bestimmten Kultur in einer bestimmten Zeitspanne; seine Gegenstände, Regeln und institutionellen Grundlagen sowie seine Beziehungen zu anderen Diskursen entstehen und verändern sich.

Die Pointe dieser Einschätzung ist, dass auch unsere grundlegendsten Begriffe keine ›natürlichen‹ Größen bezeichnen, sondern ihre Bedeutung erst durch die historisch wandelbaren Regeln der Diskurse erhalten. Der medizinische Diskurs bestimmt beispielsweise erst, was unter ›Gesundheit‹ und ›Krankheit‹ zu verstehen ist. Deshalb kann sich im Lauf der Zeit verändern, was unter ›Gesundheit‹ und ›Krankheit‹ verstanden wird. Gesundheit und Krankheit sind demnach keine natürlichen Zustände, sondern von den jeweiligen Wissensordnungen abhängige Bedeutungszuweisungen.

Im medizinischen Diskurs des 19. Jahrhunderts etwa war Homosexualität eine Krankheit. Im medizinischen Diskurs des 12. und 13. Jahrhunderts war das nicht so, denn es gab hier gar keinen Begriff von Homosexualität als dauerhafter Neigung, sondern nur einen Begriff von gleichgeschlechtlichem Verkehr als konkreter Handlung. Eine konkrete Handlung kann man schlecht als Krankheit klassifizieren. Heute haben wir zwar einen Begriff von Homosexualität als dauerhafter Neigung, aber sie fällt nicht mehr unter den Krankheitsbegriff unserer Medizin. Vom Standpunkt der Diskurstheorie aus ist die Frage, ob Homosexualität ›tatsächlich‹ eine Krankheit ist oder nicht, völlig unsinnig: Die historischen Ordnungen des Wissens bilden nicht einfach eine stets gleiche Wirklichkeit ab, sondern formen erst eine jeweils historische Lebenswelt.

Historische Diskursanalyse | 2.

Geschichte des Wissens

Historische Diskursanalyse ist eine Methode zur Erforschung der Geschichte des Wissens. Sie untersucht, wie Aussagen auf der Grundlage bestimmter Wissensordnungen hervorgebracht, verbreitet, akzeptiert und bestritten werden und wie sie sich zu anderen Aussagen verhalten, die innerhalb anderer Wissensordnungen hervorgebracht, verbreitet, akzeptiert und bestritten werden. Auf dieser Grundlage kann die historische Diskursanalyse verschiedene Erkenntnisinteressen verfolgen:

Das Interesse kann einem bestimmten historischen Diskurs als Regelsystem gelten, beispielsweise dem medizinischen im 12. und 13. Jahrhundert. Die Diskursanalyse untersucht dann seine Begriffe, Vorannahmen, Argumentationen, institutionellen Grundlagen und sein Verhältnis zu anderen zeitgenössischen Diskursen. Das Interesse kann den Veränderungen eines Diskurses innerhalb eines bestimmten Zeitraums, ihren kulturellen Voraussetzungen und Folgen sowie den Veränderungen des Verhältnisses zwischen verschiedenen Diskursen gelten.

Historische Diskursanalyse kann sich aber auch dafür interessieren, wie ein bestimmtes Thema in einer bestimmten Zeit in unterschiedlichen Diskursen behandelt wurde. Die Diskursanalyse erforscht dann, wie die einzelnen Diskurse den Gegenstand nach ihren jeweiligen Regeln ›konstruieren‹. Man kann beispielsweise untersuchen, was die Theologen, die Mediziner und die höfischen Dichter im 12. und 13. Jahrhundert über Geschlechtsverkehr zu sagen hatten, und die Unterschiede als Folgen verschiedener Diskursregeln zu erklären versuchen.

Diskurs und Text

Das empirische Material, aus dem Diskurse erschlossen werden, sind Texte. Texte stellen die Quellen der Diskursanalyse dar, nicht ihre eigentlichen Gegenstände; der Gegenstand ist der Diskurs ›hinter‹ den Texten. Die Ergebnisse der Diskursanalyse lassen sich aber umgekehrt dazu benutzen, die thematische Ordnung von Texten zu erklären. Das Verhältnis zwischen Diskurs und Text gleicht dem zwischen Sprache und Text: Aus dem tatsächlichen Sprachgebrauch in Texten wird das Sprachsystem rekonstruiert, das umgekehrt den tatsächlichen Sprachgebrauch in den Texten erklärt. Ebenso wird aus der Verwendung des Wissens in Texten das Wissenssystem rekonstruiert, das umgekehrt die tatsächliche Wissensverwendung in Texten erklärt.

Diskurse und ihre Regeln bestimmen die Produktion und die Rezeption von Texten. Dabei kann jeder Text einen oder mehrere Diskurse aufgreifen (›aktualisieren‹). Manche Diskurstheoretiker lieben die Metapher, dass sich der Text in einen Diskurs ›einschreibt‹, das heißt: einen Diskurs aufnimmt und fortsetzt. Ein Diskurs seinerseits zeigt sich in Texten. Er ist nur in Texten greifbar, aber er ist nicht einfach eine Gruppe von Texten, die dasselbe Thema behandeln oder zum selben Fach gehören. Er ist das Regelsystem, das die Gruppe von Texten erst zu einer Gruppe macht.

Die Diskursanalyse interessiert sich für den einzelnen Text nur insofern, als der Text einen oder mehrere Diskurse aktualisiert oder verschiedene Diskurse gegeneinander ausspielt. Sie interessiert sich dagegen nicht für den einzelnen Text als kohärentes Ganzes. Diskursanalyse ist keine Textinterpretationstechnik; sie identifiziert nur, welche Wissensbestände auf welche Weise in Texten aktualisiert werden, und benutzt dies als Datenmaterial für die Rekonstruktion der Wissensordnungen.

Archäologie des Wissens

Foucault selbst nannte diese Rekonstruktion der Wissensordnungen die »Archäologie des Wissens«. Wie ein Archäologe nach den Überbleibseln alter Sachkulturen sucht und sie so in einen Zusammenhang bringt, dass ein Bild von der Sachkultur entsteht, so sucht ein Diskursanalytiker nach den Überbleibseln alter Wissensordnungen und bringt sie so in einen Zusammenhang, dass ein Bild vom ›Archiv‹ der Kultur entsteht.

Diskurs, ›schöne Literatur‹, Dichtung | 3.

Regelhaftigkeit

Wenn man sagt, dass ein Diskurs einen bestimmten Kerngegenstand sowie bestimmte begriffliche und argumentative Regeln für seine Behandlung hat, dann ist weder die ältere Dichtung noch die neuere ›schöne Literatur‹ (vgl. S. 72) ein Diskurs. Foucault hat ursprünglich sogar mit der Idee gespielt, dass die schöne Literatur das Gegenteil von Diskurs sein könnte: der Ort der sprachlichen Freiheit von den gesellschaftlichen Regelmechanismen, der Raum der Rede- und Schreib-Anarchie. Das lässt sich auch so drehen, dass die schöne Literatur derjenige Diskurs ist, dessen Regel in der erlaubten Regellosigkeit besteht.

Institutioneller Charakter

Diese Idee beruht darauf, dass die schöne Literatur seit dem 18. Jahrhundert den Charakter einer gesellschaftlichen Institution hat. Dafür hat die Autonomieästhetik (vgl. S. 73) im Verein mit der Entstehung eines Marktes für ›Belletristik‹ gesorgt. Auf einer institutionellen Ebene unterscheiden wir schöne Literatur seit dem 18. Jahrhundert ziemlich deutlich von anderen gesellschaftlichen Systemen wie den Wissenschaften, der Religion oder der Politik.

Schöne Literatur ist allerdings nicht dazu da, bestimmte Wissensgebiete nach bestimmten Regeln zu behandeln. Eher scheint sie auf andere Diskurse zurückzugreifen und sie für ihre eigenen Zwecke zu benutzen, ohne die jeweiligen Regeln dieser Diskurse streng beachten zu müssen. Schöne Literatur darf alles nur erdenkliche Wissen verarbeiten, und zwar mit allen nur erdenklichen Freiheiten.

Interdiskurs

Insofern die schöne Literatur seit dem 18. Jahrhundert eine gesellschaftliche Institution ist und insofern sie andere Diskurse verarbeitet, kann man sie als eine Sonderform von Diskurs betrachten, für die der Begriff ›Interdiskurs‹ im Gebrauch ist. Ein Interdiskurs hat eine eigene institutionelle Grundlage, aber keinen eigenen Kerngegenstand. Außer für die schöne Literatur gilt das beispielsweise auch für den Journalismus. Beide unterscheiden sich voneinander auf der Ebene der Diskursregeln, weil wir den Dichtern erheblich größere Freiheiten zugestehen als den Journalisten.

Ältere Dichtung

Schöne Literatur lässt sich allerdings nur auf der Grundlage der historischen Verhältnisse, die im 18. Jahrhundert entstanden sind, als institutionalisierter Interdiskurs verstehen. In der Zeit davor fehlt die Voraussetzung einer deutlichen Abgrenzung ›der‹ Dichtung als einer in sich einheitlichen und von anderen Institutionen unterschiedenen gesellschaftlichen Einrichtung. In der mündlichen Kultur, die im Frühmittelalter außerhalb der Klöster und Domkirchen herrschte, wird man sich überhaupt schwer damit tun, unterschiedliche Diskurse innerhalb des kulturellen Wissens voneinander abzugrenzen. In der Schriftkultur fällt das leichter, weil die Kirche von der Spätantike unterscheidbare Wissensordnungen erbte, die seit dem Hochmittelalter immer deutlicher die Gestalt institutionalisierter Fächer annahmen. Dichtung war jedoch in der gelehrten Welt der Schriftkultur keine eigenständige gesellschaftliche Institution. Poetische Texte waren hier zunächst einmal nichts anderes als versifizierte Aktualisierungen eines Diskurses, den man ebenso gut anders als in Versen aktualisieren konnte. Eine Verschronik beispielsweise beruht auf dem historiographischen Diskurs; sie hat den Regeln der Geschichtsschreibung zu folgen. Auch Texte, die wir heute als ›höfischen Roman‹ oder als ›Prosaroman‹ bezeichnen, waren in der Regel diesem Anspruch ausgesetzt.

Dass man ältere Dichtung schlecht als Interdiskurs verstehen kann, bedeutet jedoch nicht, dass nicht auch die älteren Dichter in ihren Texten verschiedene Diskurse aktualisierten, das heißt Wissen aus verschiedenen Gebieten verarbeiteten. Dieses Phänomen gibt es in der älteren Dichtung genauso wie in der modernen; in Kapitel 9 haben wir es am ›Engelhard‹ Konrads von Würzburg schon beobachtet. Ältere Dichter sind den zeitgenössischen Wissensordnungen allerdings in einem erheblich höheren Ausmaß verpflichtet als moderne, eben weil die Dichtung kein eigener Diskurs ist.

Höfische Dichtung und höfischer Diskurs

Auf der Grundlage des oben erläuterten Diskursbegriffs (Kerngegenstand, begriffliche und argumentative Regeln, institutionelle Grundlage, Unterscheidbarkeit von anderen Diskursen und Geschichtlichkeit) kann man beispielsweise im 12. und 13. Jahrhundert zwar keinen poetischen Diskurs identifizieren (auch nicht in Gestalt eines Interdiskurses), wohl aber einen höfischen

Diskurs, der sich zum großen Teil in poetischen Texten äußert. Die institutionelle Grundlage ist der Adelshof (nicht ›die Dichtung‹); den Kerngegenstand liefert die Frage, was ›höfisch‹ ist; die Grundbegriffe und Argumentationen werden durch die höfischen Werte und Normen bestimmt; und der Hof sorgt auch für die Diskursgrenzen, so dass der höfische Diskurs nicht automatisch die Regeln anderer Diskurse, etwa des theologischen, zu beachten braucht.

Wenn also auch die Behauptung, dass die höfische Dichtung ein Diskurs ist, wenig Sinn macht, so kann man doch sagen, dass sich in der höfischen Dichtung ein höfischer Diskurs äußert. Diskursanalyse lässt sich deshalb in fruchtbarer Weise auch am Gegenstand älterer Dichtung betreiben: Poetische Texte dienen als Quellen, um historische Wissensordnungen zu erschließen, und historische Wissensordnungen helfen zu erklären, weshalb die Texte so sind, wie sie sind.

Als Beispiel soll nun die Konstruktion des Themas ›Geschlechtsverkehr‹ in verschiedenen Diskursen des 12. und 13. Jahrhunderts skizziert werden. Ich benutze diesen Begriff anstelle von ›Sexualität‹, weil keiner der hochmittelalterlichen Diskurse über unseren abstrakten und umfassenden Begriff von Sexualität verfügte. Die Wissensordnungen beruhten auf konkreteren Begriffen wie dem des Koitus.

›Geschlechtsverkehr‹ in Diskursen des 12. und 13. Jahrhunderts | 4.

Theologischer und kirchenrechtlicher Diskurs | a.

Gut zu greifen ist die Konstruktion des Gegenstands ›Geschlechtsverkehr‹ im theologischen Diskurs. Das liegt nicht unbedingt daran, dass er in allen gesellschaftlichen Lebensbereichen von vornherein der einflussreichste war, sondern zunächst daran, dass die Kleriker das Wissen über Gott und die Schöpfung besonders gut systematisierten und dass sie die Techniken der schriftlichen Aufzeichnung besonders gut nutzten.

Quellen: Traktate Bußbücher

Quellen für die theologische Behandlung des Geschlechtsverkehrs sind zum einen theologische Traktate. Zur Verfügung stehen zum zweiten die Bußbücher, die Klerikern bei der Abnahme der

Beichte und der Verhängung von Bußen für die gebeichteten Sünden halfen. Bußbücher enthielten bis zum 12. Jahrhundert üblicherweise einen Katalog von Sünden samt einem für jede Sünde festgelegten Bußtarif. Die Buße bestand gewöhnlich in einer Zeit des Fastens, das heißt des Verzichts auf bestimmte Nahrungsmittel, im Extremfall der Beschränkung auf Wasser und Brot. An der Länge der Bußzeiten lässt sich die Schwere einzelner Vergehen ablesen. Geschlechtliche Verfehlungen sind in den Bußbüchern zumeist breit vertreten. Gegen Ende des 12. Jahrhunderts kam dieser alte Typus des Sünden- und Bußenkatalogs außer Mode und wurde durch Bußtraktate ersetzt, die eine systematische Sündenlehre boten und keine festen Bußtarife mehr vorschrieben, sondern Regeln für die Festlegung der Buße im Einzelfall unter Berücksichtigung spezifischer Umstände formulierten. Verbreitete Ansichten über die Schwere verschiedener Sünden lassen sich aber auch hier noch beobachten.

Kirchenrecht

Im engen Zusammenhang mit dem theologischen Diskurs stehen zum dritten kirchenrechtliche Quellen. Insofern die Kirchenjuristen seit dem 11. Jahrhundert über die Institutionen einer Fachdisziplin verfügten und eigenständige Traktate schrieben, muss man den kirchenrechtlichen Diskurs vom theologischen unterscheiden; die Theologie blieb aber die Grundlage des kirchlichen (›kanonischen‹) Rechts.

Für das Thema Geschlechtsverkehr ist das kanonische Recht von Bedeutung, weil es die Grundlage der Rechtsprechung an kirchlichen Gerichten war, die vom 12. Jahrhundert an in zunehmendem Maß in Eheangelegenheiten angerufen wurden und im Verlauf des 13. Jahrhunderts die Zuständigkeit dafür weitgehend an sich zogen. Da Eheprobleme oft auf dem Sexualverhalten der Eheleute beruhten, mussten sich die Kirchenrechtler mit ehelichem und außerehelichem Geschlechtsverkehr befassen.

Bibel und Kirchenväter

Charakteristisch für den theologischen Diskurs war seine Verpflichtung auf die in den biblischen Texten geoffenbarte Wahrheit und auf die Auslegungen der biblischen Texte durch die Kirchenväter der Spätantike. Die Aussagen zum Geschlechtsverkehr gehen vor allem von einigen Stellen in der alttestamentarischen Schöpfungsgeschichte und in den neutestamentarischen Paulusbriefen aus.

Schöpfungsgeschichte

Der Schöpfungsgeschichte zufolge schuf Gott Mann und Frau und gebot ihnen, fruchtbar zu sein und sich zu mehren

(1. Mose 1,27–28). Schon vor dem Bericht vom Sündenfall heißt es, dass Mann und Frau zu einem Fleisch werden; Adam und Eva schämten sich jedoch im Paradies nicht voreinander, obwohl sie nackt waren (1. Mose 2,24–25). Unmittelbar nachdem beide gegen das Verbot Gottes den Apfel vom Baum der Erkenntnis gegessen hatten, erkannten sie, dass sie nackt waren, und flochten sich aus Feigenblättern Schurze (1. Mose 3,7).

Paulus

Paulus zufolge (1. Korinther 7,1–11) ist es für Christen am besten, ganz auf Geschlechtsverkehr zu verzichten. Wer das nicht schafft, soll Geschlechtsverkehr ausschließlich innerhalb einer monogamen und unauflöslichen Ehe ausüben. In einer solchen Ehe ist jeder Partner dazu verpflichtet, das geschlechtliche Begehren des anderen zu erfüllen, damit niemand zur ›Unzucht‹ außerhalb der Ehe getrieben wird.

Augustinus

Die für den theologischen Diskurs Jahrhunderte lang grundlegenden Begriffe, Vorannahmen und Argumente stammen aus der Auslegung der Sündenfallgeschichte durch den Kirchenvater Augustinus (354–430). Ihm zufolge ist die Geschlechtlichkeit des Menschen ein Teil der Schöpfungsordnung und damit gut wie alles, was Gott geschaffen hat. Sie hatte allerdings vor dem Sündenfall einen ganz anderen Charakter als danach. Augustinus leitet das aus der biblischen Erzählung ab, in der Adam und Eva sich unmittelbar nach dem Sündenfall ihrer Nacktheit zu schämen beginnen.

Vor dem Sündenfall diente der Geschlechtsverkehr laut Augustinus ausschließlich der Fortpflanzung und unterschied sich nicht von anderen menschlichen Handlungsweisen: Er war völlig der rationalen Kontrolle unterworfen und nicht mit einem außergewöhnlichen Lustempfinden verbunden. Das geschlechtliche Begehren, das Lustempfinden beim Geschlechtsverkehr und der Verlust der rationalen Kontrolle über das Begehren (insbesondere über das männliche Glied) sind Folgen des Sündenfalls. Der Sündenfall selbst besteht darin, dass Adam und Eva ungehorsam waren und das einzige Verbot brachen, das Gott ihnen gesetzt hatte. Der Mensch, sagt Augustinus, sündigte durch Ungehorsam und wurde durch den Ungehorsam seines Begehrens bestraft. Dass wir das geschlechtliche Begehren nicht kontrollieren können und Lust beim Geschlechtsverkehr empfinden, ist die Spiegelstrafe dafür, dass Adam und Eva die göttliche Ordnung verlassen haben. Begehren und Lust sind der Ausdruck der menschlichen Gottesferne – ein Zustand, der seit Adam und Eva von Generation zu Generation als Erbsünde weitergegeben wird, weil jeder Mensch in sündiger Lust gezeugt wird.

Die Wiederannäherung an die göttliche Ordnung, die jeder Christ in seiner Lebensführung anstreben sollte, kann deshalb nur darin bestehen, nach rationaler Kontrolle über das geschlechtliche Begehren zu streben und sich dem Lustempfinden nicht auszusetzen. Wenn Begehren und Lust der Ausdruck unserer Gottesferne sind, dann gibt es nichts Perverseres, als sie zu suchen.

Schöpfungsordnung und Sünde, Fortpflanzung und Begehren

Die Diskurskategorie, die dieser Konstruktion zugrunde liegt, ist der Begriff der Sünde, das heißt der Bruch der göttlichen Schöpfungsordnung und die daraus resultierende Gottesferne. Die von Augustinus eingeführte Vorannahme besteht darin, dass zwar der Geschlechtsverkehr als Mittel der Fortpflanzung, nicht aber Begehren und Lustempfinden zur Schöpfungsordnung vor dem Sündenfall gehörten. Wenn man diese Annahme und dazu noch die von Paulus formulierten Verhaltensregeln akzeptiert, ergeben sich alle theologischen Standardaussagen zum Geschlechtsverkehr mit geradezu unvermeidlicher Konsequenz. Das ›Formationssystem‹ Diskurs bringt die Aussagen hervor, die die theologischen Texte durchziehen:

Geschlechtsverkehr ist das gottgewollte und deshalb gute Mittel der Fortpflanzung. Die beim Geschlechtsverkehr empfundene Lust und das Begehren nach dieser Lust sind Sünden. Da die Lust beim Geschlechtsverkehr nicht vermeidbar ist, ist es am besten, ganz darauf zu verzichten. Erlaubt ist Geschlechtsverkehr nur innerhalb der Ehe zum Zweck der Fortpflanzung. Auch in diesem Fall bleibt das Lustempfinden eine Sünde. Eine absichtliche Steigerung des Lustempfindens beim ehelichen Verkehr vergrößert die Sünde. Ehepartner sind einander den Geschlechtsverkehr schuldig (›eheliche Pflichten‹), weil er der Fortpflanzung dient und außereheliches Begehren vermeiden hilft. Jede Art von Geschlechtsverkehr außerhalb der Ehe ist eine schwere Sünde. Jede Art von Geschlechtsverkehr (auch jeder eheliche), bei dem es nicht zu einer Zeugung kommen kann, ist eine schwere Sünde gegen die ursprüngliche göttliche Ordnung (›contra naturam‹). Das ist immer der Fall, wenn der männliche Samen nicht in den von der Schöpfungsordnung dafür vorgesehenen weiblichen Körperteil gelangt.

In den Bußbüchern und im kanonischen Recht hatte diese Ordnung des Wissens eine Hierarchie unterschiedlich schwerer sexueller Sünden zur Folge. Seit dem 13. Jahrhundert gab es in Bußtraktaten zudem oft einen systematischen Abschnitt, der von den ›ehelichen Pflichten‹ und den Zeiten handelt, in denen Eheleute enthaltsam sein sollten (Fastenzeit, Osterwoche, Pfingsten, Adventszeit, Menstruation, Schwangerschaft und Stillzeit, freitags und sonntags im Gedenken an Kreuzigung und Auferstehung; außerdem bei Tageslicht, denn Eheleute sollten einander nicht nackt sehen, um Begehren und Lust nicht unnötig zu steigern). Auch bei den Kirchenrechtlern herrschte die Auffassung, dass Geschlechtsverkehr allein zur Lustbefriedigung selbst in der Ehe eine Sünde sei. Unterschiedliche Positionen gab es in der Frage, eine wie schwere Sünde das Lustempfinden bei ehelichem Geschlechtsverkehr zur Fortpflanzung darstellt.

Hierarchie der sexuellen Sünden

Ehelicher Geschlechtsverkehr

Als geringste sexuelle Sünde außerhalb der Ehe galt der Geschlechtsverkehr unter unverheirateten Laien, die ›einfache Unzucht‹ (*fornicatio simplex*). Manche der systematischen Bußtraktate weisen die Kleriker eigens an, den Laien klarzumachen, dass die einfache Unzucht durchaus eine Sünde sei. Offenbar war diese Einschätzung unter den Laien keine Selbstverständlichkeit. Auch einzelne Kirchenrechtler lehrten, dass die einfache Unzucht keine allzu schwere Sünde sei. Sowohl die Bußen nach der Beichte als auch die kirchenrechtlichen Strafen dafür waren gewöhnlich nicht besonders hoch.

Geschlechtsverkehr zwischen Unverheirateten: ›einfache Unzucht‹

Kirchenrechtlich gesehen lag der Tatbestand der einfachen Unzucht überhaupt nur dann vor, wenn nicht beide Beteiligte behaupteten, in gegenseitigem Einvernehmen mit dem Geschlechtsverkehr eine Ehe geschlossen zu haben. Denn im Kirchenrecht galt seit dem 12. Jahrhundert die Regel, dass allein die freiwillige Zustimmung (*consensus*) von Braut und Bräutigam die Ehe begründen. Nach dem Kirchenrecht brauchte es für eine rechtskräftige Ehe weder den Segen eines Priesters, noch die Zustimmung der Familien, noch Zeugen, noch irgendeine andere Form von Öffentlichkeit oder ritueller Zeremonie. Aus diesem Grund gab es seit dem 12. Jahrhundert das Problem der ›heimlichen Ehen‹. Seit dem 13. Jahrhundert versuchte die Kirche, heimliche Ehen zu unterbinden, aber erst vom 16. Jahrhundert an konnten ohne den priesterlichen Segen und die durch

Geschlechtsverkehr zwischen Unverheirateten und heimliche Konsens-Ehe zwei Zeugen vertretene Öffentlichkeit keine rechtskräftigen Ehen mehr geschlossen werden.

Ehebruch

Eine wesentlich schwerere Sünde als die ›einfache Unzucht‹ war der Ehebruch (*adulterium*), denn die Ehe hatte als Sakrament einen heilsvermittelnden Charakter wie Taufe oder Abendmahl. Ehebruch wurde schon in den älteren Bußbüchern mit jahrelangen Fastenbußen belegt und in Hoch- wie Spätmittelalter von kirchlichen Gerichten schwer bestraft, etwa mit der Aufhebung der ehelichen Lebensgemeinschaft (›Trennung von Tisch und Bett‹). Die Ehe wurde damit nicht geschieden, denn sie war unauflöslich; die Eheleute wurden jedoch zu getrennter Lebensführung verpflichtet und mussten für die Zukunft sexuelle Enthaltsamkeit geloben. Für Frauen, die gewöhnlich keine eigene wirtschaftliche Lebensgrundlage hatten, konnte die Trennung von Tisch und Bett die Verstoßung aus dem gemeinsamen Haushalt, mithin den Verlust der Existenzbasis bedeuten.

Inzest und Sodomie

Noch schwerere Sünden als der Ehebruch waren Inzest (Geschlechtsverkehr mit Verwandten) und Sodomie (nach der biblischen Stadt Sodom, auf die Gott laut 1. Mose 18–19 Feuer und Schwefel regnen ließ). Unter den Begriff Sodomie konnte jeder Geschlechtsverkehr fallen, der ›gegen die Natur‹ – das bedeutet im theologischen Diskurs immer: gegen die Schöpfungsordnung – war, weil er von vornherein nicht der Zeugung dienen konnte: Masturbation, heterosexueller Anal- und Oralverkehr, gleichgeschlechtlicher Verkehr und Verkehr mit Tieren.

b. | Medizinischer Diskurs

Medizinische Traktate des 12. und 13. Jahrhunderts behandelten den Geschlechtsverkehr in völlig anderer Weise, weil der Diskurs, auf dem sie beruhten, andere Grundbegriffe und Vorannahmen hatte. Die einzige wichtige Kategorie, die medizinischer und theologischer Diskurs teilten, war die der Fortpflanzung als Zweck des Geschlechtsverkehrs, aber selbst in dieser Hinsicht argumentierten die Mediziner nicht wie die Theologen.

Aristoteles
Galen

Der medizinische Diskurs war ebenfalls traditionsbestimmt: Er beruhte auf naturphilosophischen Schriften des Aristoteles (384–322 v. Chr.) und des griechischen Arztes Galen (129–199 n. Chr.). Zu den Vorannahmen der antiken Naturphilosophie gehörte die Einschätzung, dass alles in der Natur einen Zweck hat. Auf dieser Grundlage gingen die Mediziner davon aus, dass der Geschlechtsverkehr auf Fortpflanzung zielt.

Natur und Zweck

Wenn aber alles in der Natur einem Zweck dient, gilt das auch für das Lustempfinden beim Geschlechtsverkehr. Die Vorannahme des Diskurses führte so zu einer Argumentation, die in einem grundsätzlichen Widerspruch zu der der Theologen stand. Die Lust hat bei den Medizinern zwar keinen Wert an sich, aber einen funktionalen Wert, der in der Naturordnung verankert ist. Der theologische und der medizinische Diskurs hatten, wie man sieht, nicht denselben Begriff von ›Natur‹. Mediziner redeten nicht über Verhaltensweisen, die mit der göttlichen Schöpfungsordnung übereinstimmen oder als Sünde von ihr abweichen, sondern über die Zweckmäßigkeit der Naturerscheinungen.

Zweck der Lust

Das Lustempfinden hat zum einen den Zweck, den Zeugungswillen zu fördern; es hilft zur Überwindung der natürlichen Scham. Zum andern ist es die physiologische Voraussetzung für den Samenausstoß: Ohne Lust keine Ejakulation. Die Mediziner waren der Auffassung, dass eine Steigerung des Lustempfindens die Wahrscheinlichkeit der Zeugung erhöht, und behandelten deshalb in ihren Traktaten entsprechende Methoden wie etwa Vorspieltechniken.

Lust, Zeugung, Samenausstoß

Galen und seine Anhänger lehrten, dass auch Frauen beim Geschlechtsverkehr einen Samen ausstoßen, dessen Verbindung mit dem männlichen zur Zeugung führt. Auf dieser Grundlage galt auch das weibliche Lustempfinden als eine Voraussetzung für die Empfängnis. Aristoteles und seine Anhänger lehrten dagegen, dass nur Männer Samen produzieren; auf dieser Grundlage galt nur das männliche Lustempfinden als eine Voraussetzung für die Zeugung.

Männlicher und weiblicher Samen

Die beiden Lehrmeinungen unterschieden sich allerdings nur in der Frage, ob das weibliche Lustempfinden für die Fortpflanzung nötig ist. Beide stimmten darin überein, dass die Frauen die größere Lust beim Geschlechtsverkehr erleben. Frauen haben nach der medizinischen Lehre eine schwächere Konstitution und sind weniger vernunftkontrolliert als Männer, deshalb sind sie stets zum Geschlechtsverkehr bereit und mit unersättlichem Begehren ausgestattet.

Weibliches Begehren

Dass Frauen sogar während der Schwangerschaft, wenn eine Empfängnis unmöglich ist, zum Geschlechtsverkehr bereit sind,

Geschlechtsverkehr und Gesundheit

hatte für den medizinischen Diskurs eine grundsätzliche Bedeutung. Wenn diese natürliche Erscheinung nämlich ebenfalls einen Zweck hat, dann kann der Zweck des Geschlechtsverkehrs nicht ausschließlich in der Fortpflanzung bestehen. Bei den Medizinern war die andauernde sexuelle Bereitschaft des Menschen ein Standardargument dafür, dass Geschlechtsverkehr unabhängig von der Fortpflanzungsfunktion aus gesundheitlichen Gründen nötig ist. Damit kommen die Kernthemen des medizinischen Diskurses ins Spiel, die auch die Aussagen zum Geschlechtsverkehr beherrschen: Gesundheit und Krankheit.

Säftelehre

Gesundheit beruht nach der Lehre der antiken wie auch der mittelalterlichen und frühneuzeitlichen Medizin auf einem Gleichgewicht der Körpersäfte, Krankheit auf einer Störung dieses Gleichgewichts. Da Männer und Frauen beim Geschlechtsverkehr Körperflüssigkeiten ausscheiden (unabhängig von der Frage des weiblichen Samens), galt regelmäßiger Geschlechtsverkehr als eine Voraussetzung für das Gleichgewicht der Säfte und damit als gesundheitsnotwendig.

Krankheit wegen Enthaltsamkeit

Enthaltsamkeit führt zu einem Säftestau und macht deshalb krank. Sie verursacht Kopfschmerzen, Gewichtsverlust und Melancholie; bei geschlechtsreifen Heranwachsenden kann sie Störungen der körperlichen Entwicklung nach sich ziehen. Wer keinen Partner zur Verfügung hat, sollte deshalb wenigstens regelmäßig masturbieren. Wegen der gesundheitlichen Notwendigkeit des Geschlechtsverkehrs hatten die Mediziner auch nichts gegen Empfängnisverhütung einzuwenden, sondern behandelten in ihren Traktaten ganz im Gegenteil – vor allem pflanzliche – Verhütungsmittel.

Liebeskrankheit

Anhaltend unerfülltes Begehren eines bestimmten Objekts konnte nach der Auffassung der Mediziner im Extremfall zu einer lebensgefährlichen Erkrankung führen, der Liebeskrankheit (*amor hereos, amor heros*). Die Lehre geht auf antike und arabische Medizintraktate zurück. Sie ist aber auch von der Liebesmetaphorik antiker Dichter beeinflusst; vor allem Ovid (vgl. S. 80) stellte die Liebe so dar, als ob sie eine Krankheit wäre. Von ihm stammt ein vom Hochmittelalter bis in die frühe Neuzeit viel gelesener Traktat mit dem Titel ›Heilmittel gegen die Liebe‹ (›*Remedia amoris*‹), der Männern Ratschläge gibt, wie sie unerfülltes Begehren vernünftig kontrollieren können.

In hochmittelalterlichen lateinischen Medizintraktaten betrifft die Liebeskrankheit in der Regel Männer; in der volkssprachlichen höfischen Dichtung, wo sie recht häufig beschrieben wird (vgl. S. 223), befällt sie ebenso Frauen. Die Mediziner erklärten ihre Entstehung damit, dass die Wahrnehmung einer schönen Frau das männliche Begehren wegen der erwarteten Lust erregt. Dies führt zu vermehrter Samenproduktion. Infolge des Begehrens prägt sich das Wahrnehmungsbild der Frau dem Gedächtnis ein, weshalb sich der betroffene Mann das Objekt seines Begehrens andauernd als Gedächtnisbild vorstellt. Das Begehren wird dadurch beständig gesteigert, auch wenn es zu keiner weiteren Wahrnehmung des tatsächlichen Objekts kommt. Folglich wird immer mehr Samen produziert. Der Samenstau führt zu Melancholie und im Extremfall zu tödlicher Auszehrung. Die Therapiemöglichkeiten waren umstritten; unter anderem schlugen die Mediziner (wie schon Ovid) körperliche Ablenkung, Stillung des Begehrens mit einer anderen Frau oder die Rezeption frauenfeindlicher Geschichten vor.

Übermäßiger Geschlechtsverkehr

Aus der Lehre vom Säftegleichgewicht folgte zwangsläufig auch, dass übermäßiger Geschlechtsverkehr ebenso schädlich ist wie Enthaltsamkeit. Die schwächere Konstitution von Frauen wird durch die Zufuhr männlichen Samens zwar gekräftigt, weshalb Frauen von häufigem Geschlechtsverkehr gesundheitlich zunächst profitieren. Ihre Empfängnisfähigkeit wird dadurch jedoch vermindert. Männer trocknen durch zu häufige Ejakulation aus, was zur Trübung des Sehvermögens, zu genereller Schwächung und zu vorzeitiger Alterung führt. Auch anstrengende Stellungen hielten die Mediziner für gesundheitsschädlich, zudem für empfängnishemmend.

Gleichgeschlechtlicher Verkehr

Gleichgeschlechtlicher Verkehr galt bei den Medizinern (wie auch bei den Theologen) nicht als Konsequenz einer Veranlagung, sondern nur als sexuelle Handlungsweise und ausdrücklich nicht als Folge einer Krankheit, deshalb auch nicht als spezifischer Gegenstand der Medizin.

Der theologische Diskurs war genauso wenig intellektuell rückständig, wie der medizinische Diskurs aufgeklärt oder fortschrittlich war. Beide waren auf der Basis unterschiedlicher Traditionsbezüge ihren jeweiligen Kernthemen, Vorannahmen und Grundbegriffen verpflichtet, die die jeweiligen Aussagen zum Geschlechtsverkehr in den entsprechenden Traktaten mit einer gewissen Notwendigkeit hervorbrachten. Das theologische Aussagensystem war in sich nicht weniger rational als das medizinische. Im 12. und 13. Jahrhundert folgten die Wissensordnungen freilich nicht mehr denselben Prinzipien, sondern widersprachen einander bereits. Dass das so war, beruht auf Machtverhältnissen: Der theologische und der medizinische Diskurs konnten sich gegenseitig weder aus dem Weg räumen, noch konnte der eine den anderen beherrschen.

c. Höfischer Diskurs

Wenn höfische Dichter in ihren Texten den Geschlechtsverkehr zum Thema machten, nahmen sie oft genauso wenig Rücksicht auf die theologischen Positionen wie die Mediziner. Im Grundsatz behandelte der höfische Diskurs den Geschlechtsverkehr auch anders als der medizinische, obwohl er auf einzelne medizinische Ansichten zurückgriff.

Geschlechtsverkehr und Liebe

Die höfischen Dichter thematisierten den Geschlechtsverkehr nicht unter dem Aspekt der Sündhaftigkeit des Lustempfindens und auch nicht in erster Linie unter dem Gesundheitsaspekt, sondern gewöhnlich unter dem Aspekt ›Liebe‹. Liebe spielte im theologischen Diskurs in diesem Zusammenhang gar keine Rolle, im medizinischen trat sie nur in Gestalt der Liebeskrankheit in Erscheinung.

Umgekehrt kommt die Kategorie ›Sünde‹ bei der Behandlung der Liebe und damit auch der des Geschlechtsverkehrs im höfischen Diskurs zumeist gar nicht vor. Vereinzelt trifft man jedoch auf Texte, die sie ausdrücklich zurückweisen. Ein Beispiel ist eine Strophe, die unter dem Namen Walthers von der Vogelweide überliefert ist:

Walther von der Vogelweide: Leich, Lieder, Sangsprüche. 14. Aufl. hg. v. Christoph Cormeau. Berlin, New York 1996, S. 257:

Swer giht, daz minne sünde sî,
der sol sich ê bedenken wol.
ir wont vil manige êre bî,
der man durch reht geniezen sol,
Und volget michel stæte und dar zuo sælikeit.
daz immer ieman missetuot, daz ist mir leit.
die valschen minne mein ich niht,

die möhte unminne heizen baz,
der wil ich immer sîn gehaz.

Wer sagt, dass Liebe Sünde ist, der soll zuvor gut nachdenken. Sie geht mit großer Ehre einher, an der man mit Recht seine Freude haben muss, und große Beständigkeit und Glückseligkeit folgen ihr. Dass sich jemand jemals falsch dabei verhält, das bedauere ich. Ich spreche nicht von der unaufrichtigen Liebe, die sollte besser ›Unliebe‹ heißen. Deren Feind will ich stets sein.

Hier ist von Liebe (*minne*) und nicht von Geschlechtsverkehr die Rede. Aber da die Theologen nicht die Liebe, sondern das körperliche Begehren und das Lustempfinden als Sünde beurteilten, sorgt die Verwendung des Begriffs ›Sünde‹ dafür, dass auch an den körperlichen Aspekt der *minne* erinnert wird.

Das höfische Liebesideal

Diskursanalytisch betrachtet, greift der Text den theologischen Grundbegriff ›Sünde‹ auf, bezieht ihn aber nicht – wie im theologischen Diskurs üblich – auf Lust und Begehren, sondern – anders als im theologischen Diskurs üblich – auf die Liebe. Die weiteren Aussagen können deshalb von vornherein nicht den Regeln des theologischen Diskurses folgen. Statt die Frage zu verhandeln, ob Lust und Begehren Sünden sind oder nicht, bringt der Text im Anschluss an die Kategorie ›Liebe‹ ganz andere Begriffe ins Spiel: Liebe führt zu gesellschaftlichem Ansehen (*ere*) und zu Glück (*sælikeit*), zwei Werten, denen wir schon im Zusammenhang mit der ersten Strophe von Walthers ›Reichston‹ (vgl. S. 197) als zentralen höfischen Lebenszielen begegnet sind. Außerdem führt sie zu Beständigkeit (*stæte*); dieser Begriff bezeichnet im höfischen Liebesideal das treue Festhalten an einer Liebesbeziehung.

Verwerflich ist nicht die Liebe selbst, sondern ein fehlerhaftes Verhalten (*missetuon*) in der Liebe, das eigentlich gar keine Liebe ist und deshalb ›*unminne*‹ heißen müsste. Der Text bezeichnet es als ›*valsche minne*‹. Das mittelhochdeutsche Wort ›*valsch*‹ bedeutet ›unaufrichtig, unehrlich‹ und ist der Gegenbegriff zur ›*triuwe*‹, die im höfischen Liebesideal für eine aufrichtige und ehrliche Liebe steht. Unaufrichtig ist ein Mann, dem es nur um den sexuellen Erfolg der Verführung geht; aufrichtig ist die Liebe, wenn sie auf eine dauerhafte Beziehung zielt, die nicht bloß zur Befriedigung des eigenen Begehrens dient.

Im höfischen Sinn wäre also die Unaufrichtigkeit die ›Sünde‹, nicht die Liebe selbst. Wenn die Liebe aufrichtig ist, ist sie keine

›Sünde‹ – und die Verwendung dieses Begriffs signalisiert dabei, dass dann auch der körperliche Aspekt der Liebe nicht als etwas Schlechtes beurteilt werden soll. Durch den Gebrauch des Wortes ›Sünde‹ setzt der Text den höfischen Diskurs ausdrücklich vom theologischen ab; zugleich zeigt sich aber, dass der höfische Diskurs auf ganz anderen Begriffen und VoranNahmen beruht und aus diesem Grund ganz andere Aussagen hervorbringt.

Konrad von Würzburg: ›Engelhard‹

Die Regeln des Diskurses schlagen besonders drastisch durch, wenn höfische Dichter vom Geschlechtsverkehr erzählen. Ein Beispiel dafür ist die entsprechende Episode im ›Engelhard‹ Konrads von Würzburg, die bereits im Zusammenhang mit dem Darstellungsschema des Lustorts erwähnt wurde (vgl. S. 225).

Konrad stellt die Liebe zwischen Engeltrud und Engelhard von vornherein im engen Anschluss an die medizinische Theorie der Liebeskrankheit dar, deren Elemente er womöglich aus anderen höfischen Liebesgeschichten kannte. Mit dem Versprechen eines Geschlechtsverkehrs rettet Engeltrud dem todkranken Engelhard das Leben. Der Verstoß gegen die gesellschaftliche Ordnung erscheint dadurch als eine medizinische Notmaßnahme; der ummauerte Baumgarten bietet einen Schutzraum der Heimlichkeit. Was darin vor sich geht, erzählt Konrad folgendermaßen:

Konrad von Würzburg: Engelhard. Hg. v. Ingo Reiffenstein. 3., neubearb. Aufl. d. Ausg. v. Paul Gereke. Tübingen 1982:

si lâgen under eime schaten,
daz in ze schirme was gegeben
von loube ein dach und underweben
mit wünneclicher blüete.
si truogen hôchgemüete
als in diu wâre schult gebôt.
die bluomen und die rôsen rôt
in beiden sorgen swacheten,
wan si sô suoze lacheten
ein ander an durch grüenez krût,
daz Engelhart und Engeltrût
von dirre ougenweide
ze rehte muosten beide
ie lachen ein daz ander an.
daz süeze wîp, der werde man
dûhten sich vil sælec.
ein mensche hungermælec
wart einer ganzen wirtschaft
nie sô rehte freudenhaft
als si zer lieben stunde,
dô munt engegen munde
getriuweclîche strebete,
wand in ir sinne klebete
diu zuckersüeze minne
gar eigenlichen drinne.
Si freuten sich in manege wîs.
in wart daz sælden paradîs

ûf entslozzen und getân.
si giengen ûf der Minnen plân
und brâchen freuden bluomen dâ,
sô schœne daz man anderswâ
minneclicher nie gebrach.
nû flôz dar zuo der Minnen bach
und hôher gnâden brunne.
si lâgen in der wunne
mit senfter unmuoze
und triben dâ vil suoze
ir vil reiniu minnewerc.

Sie lagen im Schatten, so dass ihnen ein Dach aus Laub als Schutz diente, durchwoben mit lieblichen Blüten. Sie waren so glücklich, wie sie mit gutem Grund sein mussten. Die Blumen und die roten Rosen nahmen ihnen beiden die Sorgen, weil sie einander so süß anlachten durch das grüne Gras, dass auch Engelhard und Engeltrud einander wegen dieses Anblicks mit Recht anlachen mussten. Die süße Frau und der edle Mann fühlten sich sehr glücklich. Kein hungriger Mensch wurde durch ein ganzes Festmahl je so froh wie sie in dieser glücklichen Zeit, als es einen Mund in aufrichtiger Treue zum andern zog, denn in ihrem Herzen klebte die zuckersüße Liebe als fester Besitz. Sie freuten sich auf vielerlei Art. Ihnen wurde das Paradies des Glücks aufgeschlossen. Sie gingen auf der Wiese der Liebe und pflückten dort so schöne Blumen der Freude, dass niemand jemals anderswo liebevollere pflückte. Dazu flossen nun auch der Bach der Liebe und die Quelle großer Gnade. Sie lagen in diesem Glück in sanfter Beschäftigung und trieben in aller Süße ihre ganz reinen Liebeswerke.

Glück

Die Passage macht überdeutlich, was der Grundbegriff des höfischen Diskurses bei der Behandlung des Geschlechtsverkehrs ist – nämlich nicht Fortpflanzung, Sünde oder Gesundheit, sondern Glückseligkeit. Es wimmelt geradezu von Wörtern, die auf diesen Begriff verweisen: *wunne* und *wünneclich, sich freuen* und *freudenhaft, sælde* und *sælec, hôchgemüete, lachen* und *süeze* bringen Satz für Satz den affektiven Wert der körperlichen Liebe zum Ausdruck.

Auf diesen Begriff ist auch der Lustort mit seinen typischen Elementen bezogen. Er ist eine beglückte und deshalb beglückende Umgebung: Rosen und Blumen lachen einander so süß an, dass Engelhard und Engeltrud einander ebenso anlachen müssen und sich glücklich fühlen (V. 3128–3137). Auf das Anlachen folgt der beglückende Kuss (V. 3138–3146), auf den Kuss der verhüllt beschriebene Koitus.

Das erkennt man daran, dass die beiden nun auf der Wiese der Liebe wandeln und dort die Blumen der Freude pflücken (V. 3150f.). Der Ausdruck *bluomen brechen* verfügt im Mittelhochdeutschen über ein unmissverständliches Anspielungspotential, denn er ist das Pendant zum lateinischen Verb *deflorare,* das ›Blumen pflücken‹ und ›entjungfern‹ bedeutet. In Konrads

Abb. 15

Höfisches Liebespaar. Miniatur zu den Liedern Konrads von Altstetten in der Manessischen Liederhandschrift.

Beschreibung treten sogar die Körperflüssigkeiten auf, die in der medizinischen Theorie des Geschlechtsverkehrs eine prominente Rolle spielen. Auch sie kommen freilich in metaphorisch verhüllter Gestalt zur Sprache: Auf der Wiese der gepflückten Blumen fließen der Bach der Liebe und der Brunnen der Gnade (V. 3154f.). Ein Brunnen und ein Bach gehören zu den festen Bestandteilen des Lustorts. Konrad benutzt die traditionellen Motive hier jedoch, ebenso wie die gepflückten Blumen, als metaphorische Bezeichnungen für die körperlichen Umstände der Freude, die die Liebenden miteinander im Lustort erleben.

Bei diesem metaphorisch beschriebenen Koitus wird den beiden das Paradies der Glückseligkeit aufgeschlossen (V. 3148f.). Der Begriff stammt aus der religiösen Sprache, dient hier indes als Metapher für das Ausmaß der beim Geschlechtsverkehr erlebten Lust. Das schließt eine Beurteilung des sexuellen Lustempfindens ein, die die im medizinischen Diskurs gängige bei weitem übertrifft und der im theologischen Diskurs üblichen völlig widerspricht. Der theologische Standpunkt wird dabei durch den Gebrauch einer Metapher aus der religiösen Sprache in sein Gegenteil verkehrt: Im theologischen Diskurs gehört die sexuelle Lust zur Vertreibung aus dem Paradies, im höfischen Diskurs ist sie die Heimkehr ins Paradies. So konnte der Himmel auch im 13. Jahrhundert schon, wie heute bei Ulla Hahn (vgl. S. 9), ›von dieser Welt‹ sein.

Höfische Liebe: Körper, Gefühl und Moral

Das verhüllende Wort für den Geschlechtsverkehr in dieser Passage ist *minnewerc* (V. 3159), ›Werke der Liebe‹. Charakterisiert werden diese Werke als *vil reiniu*, ›ganz rein‹. Die *minne* selber umfasst mehr als die körperliche Handlung, nämlich auch den affektiven Aspekt. Deshalb ist sie zuckersüß und hat ihren Platz im *sin*, im Innern der Menschen (V. 3144–3146). Die Reinheit des körperlichen Vorgangs und die damit verbundene affektive Qualität kann der Liebe im höfischen Diskurs aber nur zukommen, wenn sie bestimmte moralische Qualitäten erfüllt. Sie deutet Konrad in dieser Passage nur einmal mit dem Wort *getriuweclîche* sowie metaphorisch dadurch an, dass die Liebe wie ein fester Besitz im Inneren der Liebenden klebt (V. 3143–3146). In der gesamten Liebesgeschichte von Engelhard und Engeltrud macht er aber mehr als deutlich, dass die Beziehung den höfischen Idealen der *triuwe* und der *stæte* entspricht: Die beiden sind in ihrer Liebe aufrichtig und beständig, wie es sich für ein höfisches Paar gehört.

Der höfische Diskurs bettet das körperliche Begehren und seine Erfüllung in ein Gesamtmodell der Liebe ein, in dem emotionale und ethische Aspekte eine ebenso wichtige Rolle spielen, und verleiht der Liebe einschließlich ihres körperlichen Aspekts auf diese Weise einen hohen Wert als größtmögliche Glückserfahrung. Das unterscheidet die Behandlung des Geschlechtsverkehrs im höfischen Diskurs grundlegend von der in den anderen Diskursen.

Diese Glückserfahrung ist im ›Engelhard‹, wie in etlichen anderen höfischen Texten, allerdings nur im Schutz der Heimlichkeit möglich, weil die ›ganz reinen Werke der Liebe‹ im Widerspruch zur gesellschaftlichen Ordnung stehen. Jenseits der Mauer, die den Lustort umgibt und die Liebenden schützt, lauert jedoch nicht der theologische Diskurs – etwa in Gestalt eines Priesters, der den Liebenden das Urteil ›Sünde‹ entgegenschleudern, die Beichte abnehmen und eine Buße auferlegen würde. Hinter der Mauer des Baumgartens herrscht vielmehr die adelige Lebenspraxis mit ihrem Gewohnheitsrecht, das Geschlechtsverkehr außerhalb der Ehe verbot. Sie tritt in Gestalt von Engeltruds Vater, König Fruote, auf, der Engelhard nach der Entdeckung des Paars töten lassen will.

d. | Gewohnheitsrechtlicher Diskurs

Nach dem weltlichen Gewohnheitsrecht, das die adelige Lebenspraxis prägte, verletzt Engelhard die auf der Hausherrschaft beruhenden Rechte des Vaters über die Tochter. Das Gewohnheitsrecht war bis zur einsetzenden Verschriftlichung im 13. Jahrhundert mündliches Gemeinschaftswissen (vgl. S. 52). Auch in der Mündlichkeit hatte es einen institutionellen Charakter, weil es in Gerichtsverfahren zur Anwendung kam, und da die Rechtsgrundsätze im mündlichen Gebrauch ebenso wie später in Schrifttexten zu Aussagen wurden, lässt es sich als diskursives ›Formationssystem‹ verstehen.

Höfischer und gewohnheitsrechtlicher Diskurs

Vom höfischen Diskurs muss man den gewohnheitsrechtlichen unterscheiden, denn er fragt nicht danach, was höfisch und unhöfisch ist, sondern bestimmt, was Recht und Unrecht ist. Der Geschlechtsverkehr zwischen Engelhard und Engeltrud ist höfisch, aber ein Rechtsbruch; deshalb stehen hier zwei Diskurse im Gegensatz zueinander. Die höfische Dichtung, die in erster Linie den höfischen Diskurs aktualisiert, kann den gewohnheitsrechtlichen einblenden wie jede andere Wissensordnung auch. Der Gegensatz zwischen höfischer Idealität und Rechtsordnung wird regelmäßig zum Thema gemacht, wenn von unerlaubtem Geschlechtsverkehr die Rede ist.

›Munt‹ und Fortpflanzung der Sippe

Die Grundlage für die Behandlung des Geschlechtsverkehrs im weltlichen Gewohnheitsrecht ist die ›Munt‹ des Vaters über seine Kinder und die des Ehemanns über seine Ehefrau. ›Munt‹ (das Wort ist heute noch in ›Vormund‹ erhalten) bedeutet die Rechtsgewalt über Söhne und Töchter, die das Recht zu ihrer Verheiratung umfasst, und die Rechtsgewalt über die Ehefrau, die das alleinige Recht auf ihren Körper einschließt. Die Munt des Vaters (oder, im Fall seines Todes, eines anderen männlichen Verwandten) über die Tochter endet mit ihrer Verheiratung. Mit der Eheschließung beginnt die Munt des Ehemanns über seine Frau. Die Rechte des Vaters und des Ehemanns ergeben sich daraus, dass der Geschlechtsverkehr gewohnheitsrechtlich der Zeugung legitimer Nachkommen dient – also nicht der Fortpflanzung im Allgemeinen, sondern der Fortpflanzung der Sippe. Der Hausherr bestimmt deshalb über die Körper der Mädchen und Frauen.

Rechtsbruch und Ehrverletzung

Wer mit einer unverheirateten oder einer anderweitig verheirateten Frau schläft, verletzt die Rechte dessen, der die Munt über sie hat, und damit seine Ehre. Es gehört zu den hausherrlichen Gewohnheitsrechten, dass der Vater oder der Ehemann einen solchen Rechtsbruch selber an der Tochter oder der Ehefrau sowie an ihrem Liebhaber bestrafen kann.

Nachdem Engelhard und Engeltrud von Ritschier, dem Neffen des Königs, im Baumgarten entdeckt worden sind, bestimmen die Regeln des Gewohnheitsrechts den weiteren Gang der Handlung. Ritschier stellt sogleich fest, dass die beiden die Ehre des Königs schädigen. Engelhard sieht Engeltruds Ehre und sein eigenes Leben bedroht. König Fruote, von Ritschier unterrichtet, betrachtet Engelhards Verhalten als Rechtsbruch ihm gegenüber und als Verletzung seiner Ehre. Er kündigt an, Engeltrud zu enterben – das heißt, ihr die gesellschaftliche Stellung zu nehmen; Engelhard will er töten lassen. Erst auf Bitten seiner Ratgeber und ohne vom Recht dazu gezwungen zu sein, beraumt der König ein öffentliches Gerichtsverfahren an, bei dem Engelhard die Möglichkeit zur Stellungnahme erhält.

Kirchenrecht und Gewohnheitsrecht

Übrigens wirft Fruote Engelhard vor, er habe Engeltrud zur *tougenlichen brût* (heimlichen Braut) genommen, und auch der Erzähler bezeichnet Engeltrud nach dem Geschlechtsverkehr im Baumgarten einmal als *gemahele* (Braut, Ehefrau) Engelhards. Die Interpretation des Vorgangs als heimliche Eheschließung (vgl. S. 245) steht damit im Raum. Während ein kirchliches Gericht Engelhard und Engeltrud kaum verurteilt hätte, weil ihr Handeln nach kanonischem Recht wohl als heimliche Eheschließung durchgegangen wäre, stellt die Heimlichkeit für König Fruote gerade die Untat dar: Nach dem weltlichen Gewohnheitsrecht konnten Ehen nur mit Einwilligung der Eltern in einer öffentlichen Zeremonie geschlossen werden, bei der die Braut aus der

Munt des Vaters in die Munt des Ehemanns übergeben wurde. Gewohnheitsrecht und Kirchenrecht stimmten nicht immer überein.

Heimlichkeit, Recht und Ehre

Der Konflikt zwischen höfischer Glückseligkeit und Rechtsbruch wird im ›Engelhard‹ dadurch gelöst, dass es den beiden Liebenden gelingt, den Geschlechtsverkehr glaubhaft zu leugnen und die Lüge durch das manipulierte Gottesurteil zu verbergen. Die Heimlichkeit des Baumgartens bleibt auf diese Weise am Ende trotz der Entdeckung gewahrt, weil der Hof Ritschier nicht glaubt. An dieser alles entscheidenden Stelle nutzt der höfische Diskurs aus, dass Recht und Unrecht im Gewohnheitsrecht eng an Ehre und Schande gekoppelt sind. Nur der an die Öffentlichkeit gebrachte Rechtsbruch ist eine Schande für denjenigen, dessen Recht verletzt wird. Die Idealität der höfischen Liebe kann deshalb auch in den Fällen, in denen ein unerlaubter Geschlechtsverkehr das Recht bricht, Bestand haben – nämlich wenn die Heimlichkeit gewahrt wird. Die Diskursgrenzen der höfischen Liebe entsprechen den Mauern, die um den verschlossenen Garten der paradiesischen Lust gezogen sind.

Diskursgrenzen

Diese Mauern können die höfische Liebe freilich nur gegen das adelige Gewohnheitsrecht schützen. Gegen die Theologen könnten sie nicht helfen, weil die Sünde der geschlechtlichen Lust auch dann eine Sünde bleibt, wenn sie erfolgreich verheimlicht wird. Gott sieht nämlich alles und bestraft auch die heimlichen Sünden. Im theologischen Diskurs sind Recht und Unrecht nicht an Ehre und Schande gekoppelt, sondern allein an die Einhaltung und den Bruch der göttlichen Ordnung. ›Unrecht‹ ist hier deshalb, ebenso wie im Kirchenrecht, nicht genau dasselbe wie im gewohnheitsrechtlichen Diskurs. Die Idealität der verbotenen Liebe kann der höfische Diskurs nur retten, wenn jenseits der schützenden Mauer in den Texten der Dichter nicht die Theologie, sondern das adelige Gewohnheitsrecht herrscht.

5. | Diskursgeschichte und ›Sexualität im 12. und 13. Jahrhundert‹

Was hilft die Diskursanalyse bei der Untersuchung des Themas ›Sexualität im 12. und 13. Jahrhundert‹?

Historische Unterschiede zwischen Wissensordnungen

Erstens hilft sie bei der Erkenntnis, dass ältere Wissensordnungen die Welt nicht so einteilen, wie wir es von unseren Wissensordnungen gewohnt sind. Theologen, Kirchenrechtler und Mediziner redeten gar nicht über Sexualität in dem umfassenden Sinn, den wir kennen. Ihre viel konkreteren Themen waren Fortpflanzung und Lustempfinden beim Geschlechtsverkehr. Im Zusammenhang damit war von ›Liebe‹ kaum die Rede. Im Gewohnheitsrecht ging es ebenfalls weder um Sexualität noch um Liebe, sondern um die Rechte von Vätern und Ehemännern über die Körper von Töchtern und Ehefrauen. Bei den höfischen Dichtern gab es indessen einen engen Zusammenhang zwischen Liebe und körperlicher Lust; hier spielte im Gegenzug der Aspekt der Fortpflanzung kaum eine Rolle.

Unterschiede zwischen historischen Wissensordnungen

Zweitens hilft der Diskursbegriff bei der Erkenntnis, dass es im Hochmittelalter unterschiedliche Ordnungen des Wissens gab, in denen ein Thema wie ›Geschlechtsverkehr‹ sehr verschieden ›konstruiert‹ wurde. Das liegt an den unterschiedlichen Diskursregeln – den jeweiligen Kernthemen, Begriffen, Vorannahmen, Argumentationen. Im theologischen und im kirchenrechtlichen Diskurs ging es darum, die Sünde als Verstoß gegen die göttliche Schöpfungsordnung zu identifizieren, um sie zu vermeiden und dadurch das Seelenheil zu sichern. Im medizinischen Diskurs ging es darum, den Zweck der natürlichen Erscheinungen zu erkennen, um die Gesundheit fördern und Krankheiten vermeiden zu können. Im gewohnheitsrechtlichen Diskurs ging es darum, die Zeugung legitimer Nachkommen sicherzustellen und die Zeugung illegitimer zu verhindern. Im höfischen Diskurs ging es um die Ideale, die Adeligen irdisches Glück versprachen.

Wissen und Wirklichkeit

Vom Standpunkt der Diskurstheorie aus kann man nicht fragen, wie es ›wirklich‹ war. Die Wirklichkeit ist immer so, wie die jeweilige Wissensordnung sie aufgrund ihrer Prinzipien und Zielsetzungen erscheinen lässt. Wie sehr sich die einzelnen Menschen von der theologischen Sexuallehre beeindrucken ließen, welchen Wert die medizinischen Lehren für sie hatten und ob es die höfische Liebe in der Wirklichkeit tatsächlich gab, kann die Diskursanalyse nicht beantworten. Für alle, die sich in erster Linie dafür interessieren, wie die Welt im Kopf der Menschen beschaffen war, ist sie aber ein nützliches Instrument.

Kapitel 11 | Kulturelle Praktiken und Praxisanalyse

Kultur als Bedeutungsordnung

Der Begriff Kultur erschien in den vorangehenden Kapiteln bereits mehrmals als Bezeichnung für die umfassendste Ebene der Bedeutungsordnungen. Er bezieht sich auf alle Aspekte einer bestimmten, geographisch und historisch begrenzten menschlichen Lebenswelt. Wenn beispielsweise von der ›Kultur der italienischen Renaissance‹ die Rede ist, dann meint dies alles, was die Lebenswelt der Italiener im 15. und 16. Jahrhundert ausmachte: Die Ordnungen der Herrschafts- und der Wirtschaftsbeziehungen genauso wie die zur Verfügung stehenden Sprachen und die Ordnungen des Wissens, dazu alle konkreten Produkte menschlicher Arbeit wie Werkzeuge, Gebrauchsgegenstände, Bauwerke, Bilder, Musikstücke, Texte und so weiter.

Der Begriff ›Kultur‹ bezeichnet in diesem Sinn alles von Menschen in einem bestimmten Raum zu einer bestimmten Zeit Hervorgebrachte, einschließlich des zeitgenössischen Wissens. Die Diskurse als Ordnungen des Wissens sind ein wichtiger Bestandteil der Kultur, aber nicht der einzige. Daneben bestimmen vor allem die kulturellen Praktiken als Ordnungen des Handelns die gemeinsame Lebenswelt, die das Zusammenleben der einzelnen Menschen erst ermöglicht. Kulturen zeichnen sich nicht nur durch bestimmte Wissensbestände, sondern auch durch bestimmte Handlungsrepertoires ihrer Mitglieder aus.

Um die Ordnungen des Handelns und um ihr Verhältnis zu den Texten geht es in diesem Kapitel. Für die Literaturwissenschaft ist dieses Verhältnis von Interesse, weil Texte kulturelle Praktiken einerseits zum Gegenstand machen und weil sie andererseits selbst Bestandteile kultureller Praktiken sind. Eingangs sollen jedoch zunächst der Kulturbegriff und das Profil kulturwissenschaftlicher Fragestellungen genauer erläutert werden.

Kulturbegriff und kulturwissenschaftliche Fragestellungen | 1.

Der Begriff ›Kultur‹ hat in seiner Geschichte verschiedene Bedeutungen erhalten, die alle bis heute im Gebrauch sind und möglichst nicht miteinander verwechselt werden sollten.

Kultur

1. Das lateinische Wort *cultura* bedeutet eigentlich ›Pflege‹ und wurde in der römischen Antike ursprünglich auf den Ackerbau bezogen. Im Begriff ›Agrikultur‹ ist das erhalten geblieben. Schon in der Antike bezeichnete man mit *cultura* jedoch auch die Lebensgestaltung und ihre Verfeinerung, aber stets nur die der Einzelperson. In diesem Sinn sagen wir immer noch, jemand sei ein kultivierter Mensch.

Bezogen auf eine Person

2. Erst seit dem 18. Jahrhundert wird ›Kultur‹ auch auf die Lebensformen von Kollektiven bezogen. Auf dieser Grundlage haben sich zwei verschiedene Bedeutungen herausgebildet, die manchmal auch als ›weiter‹ und ›enger‹ Kulturbegriff bezeichnet werden:

Bezogen auf ein Kollektiv

In der weiten Verwendungsweise bezeichnete ›Kultur‹ seit dem späten 18. Jahrhundert die gesamte, räumlich und zeitlich begrenzte Lebensform eines Kollektivs. Die Bedeutung von ›Kultur‹ entsprach dabei im Wesentlichen der von ›Gesellschaft‹ oder ›Zivilisation‹. Ursprünglich war damit die Vorstellung verbunden, dass das jeweilige Kollektiv als eine natürliche Größe existiert: Es gibt Völker (Nationen), die Kulturen (Zivilisationen) haben; erst sind die Deutschen oder die Franzosen da und dann die deutsche oder die französische Kultur.

Lebensform eines ›natürlichen‹ Kollektivs

In der engen Verwendungsweise bezeichnete ›Kultur‹ dagegen nicht die gesamte kollektive Lebensform, sondern nur einige als besonders wertvoll beurteilte Lebensbereiche. Dieser Begriff von Kultur beruhte auf der Unterscheidung zwischen unmittelbar zweckgerichteten Phänomenen wie Wirtschaft und Technik einerseits sowie nicht unmittelbar zweckgerichteten Phänomenen wie Religion, Bildung und Kunst andererseits. Im engeren Sinn bezeichnete ›Kultur‹ die ›geistigen‹ und ›höheren‹ Aspekte des Lebens und wurde von ›Zivilisation‹ und ›Gesellschaft‹ unterschieden, die die nützlichkeitsorientierten Lebensbereiche bezeichneten. In dieser engen Bedeutung kann man ›Kultur‹ übrigens nur im Singular verwenden (›die‹ Kultur im Unterschied zu ›der‹ Wirtschaft), während es in der weiten Bedeutung

Teilbereich der kollektiven Lebensform

auch ›Kulturen‹ (wie die europäische und die amerikanische) gibt.

3. Im 20. Jahrhundert bestanden die beiden Kulturbegriffe im Prinzip weiter, doch erfuhren beide wichtige Veränderungen:

Wirklichkeitsdeutendes Teilsystem der Gesellschaft

Der ›enge‹ Kulturbegriff verlor im Sprachgebrauch der Gesellschaftswissenschaften seine wertende Funktion. Unter ›Kultur‹ verstand man nun ein Teilsystem der Gesellschaft neben Herrschaft und Wirtschaft. Politik und Ökonomie bestimmten dieser Vorstellung nach die gesellschaftliche Wirklichkeit; Kultur war alles, was Wirklichkeitsdeutung lieferte: Religion, Kunst, Bildung, Wissenschaft. Die prägnanteste Form dieser Unterscheidung war die marxistische Trennung zwischen ›Basis‹ und ›Überbau‹, der zufolge die kulturelle Wirklichkeitsdeutung die tatsächlichen Verhältnisse entweder richtig oder verfälscht darstellt.

Kollektivbildende Bedeutungsordnung

Der ›weite‹ Kulturbegriff seinerseits wurde immer mehr von der Vorstellung entkoppelt, dass eine Kultur eine ihr vorausliegende, ›natürliche‹ Grundlage in Gestalt von Phänomenen wie Stamm, Volk oder Nation hat. Kultur wurde nicht mehr als Lebensform eines Kollektivs verstanden, das es auch unabhängig von der Lebensform geben würde, sondern als Gesamtheit von Bedeutungsordnungen, die das Kollektiv erst begründen. Auch die ›Völker‹ sind dann keine natürlichen Gegebenheiten, sondern Effekte von Sinnkonstruktionen.

Kultur und Wirklichkeit

In dem Maß, in dem ›Kultur‹ nach dieser Sicht als Gesamtheit aller Wissensordnungen, Praktiken und konkreten Produkte menschlicher Tätigkeit galt, entstand ein massiver Gegensatz zwischen dem weiten und dem engen Kulturbegriff: Für das weite Verständnis von ›Kultur‹ gibt es nun nämlich keine gesellschaftliche Lebenswirklichkeit ›vor‹ der Kultur mehr, sondern immer nur kulturell gedeutete Lebenswirklichkeit. ›Kultur‹ ist dann kein Teilsystem der Gesellschaft, sondern ihre ›Bedeutungswelt‹. Auch Politik und Wirtschaft gehören zu dieser Bedeutungswelt; sie sind keine Wirklichkeit vor der Sinnzuweisung.

Die beiden Kulturbegriffe bringen demnach grundsätzlich verschiedene Wirklichkeitsvorstellungen zum Ausdruck: Für den engeren existiert eine deutungsunabhängige gesellschaftliche Wirklichkeit, die mehr oder weniger richtig dargestellt werden kann. Für den weiteren ist die gesamte menschliche Lebenswirklichkeit immer schon gedeutete Wirklichkeit, und es gibt keine Konkurrenz zwischen mehr oder weniger wahrheitsgemäßen, sondern nur zwischen mehr oder weniger erfolgreichen Deutungen. (Dies gilt dann, nebenbei bemerkt, auch für diese Wirklichkeitsvorstellung selbst: Wer die Wirklichkeit für das Produkt kultureller Konstruktion hält, kann diese Überzeugung nicht zugleich für wirklichkeitsgemäß halten, sondern ebenfalls nur für eine kulturelle Konstruktion. Sie kann nicht richtig oder falsch sein, sondern nur Vor- oder Nachteile haben.)

Kulturwissenschaftliche Fragestellungen

Kultur als Wirklichkeitsdeutung

Je nach Kulturbegriff ergeben sich unterschiedliche Vorstellungen davon, was Kulturwissenschaft leisten soll. Wer Kultur für ein Teilsystem der Gesellschaft hält, wird vor allem danach fragen, in welchem Verhältnis kulturelle Phänomene zu anderen Teilsystemen stehen. So interessierten sich viele Literaturwissenschaftler seit den 60er Jahren des 20. Jahrhunderts vor allem für die Geschichte der Beziehungen zwischen der Literatur einerseits und den gesellschaftlichen – ökonomischen und politischen – Verhältnissen andererseits. Eine solche, als ›Sozialgeschichte der Literatur‹ geläufige Perspektive versteht Texte vorzugsweise als Deutung einer gesellschaftlichen Wirklichkeit, wobei die Wirklichkeit der Deutung im Prinzip vorausgeht. Artusromane beispielsweise erscheinen dann womöglich in erster Linie als interessengeleitete Beschönigung der adeligen Lebenswirklichkeit im 12. und 13. Jahrhundert. Sie bringen die gesellschaftlichen Verhältnisse stark gefiltert und äußerst idealisiert zum Ausdruck, weil sie gar nicht der Wirklichkeitsdarstellung, sondern der adeligen Selbstdarstellung dienen. Damit verfolgen sie den Zweck der Herrschaftsrepräsentation, also der Festigung der tatsächlichen gesellschaftlichen Machtverhältnisse.

Kultur als Bedeutungswelt

Wer Kultur dagegen für die Bedeutungswelt der Gesellschaft hält, der keine deutungsfreie Wirklichkeit gegenübersteht, kann schlecht nach dem Verhältnis zwischen den Bedeutungsordnungen und einer von ihnen unabhängigen Wirklichkeit fragen. Das Erkenntnisinteresse fällt dann anders aus: Die Bedeutungsordnungen selbst rücken in den Mittelpunkt. Texte erscheinen nicht als mehr oder weniger zutreffende Deutungen der gesellschaftlichen Wirklichkeit, sondern als Ausdruck oder Teil der Bedeutungswelt, die die Lebenswirklichkeit ausmacht. Man kann dann alle möglichen Fragen an Artusromane stellen, beispielsweise welche Vorstellungen von Männlichkeit und Weiblichkeit,

Jugend und Alter, Emotionalität und Wahrnehmung oder Raum und Zeit sie zum Ausdruck bringen.

Kulturbedingtheit des scheinbar Naturgegebenen

Fragestellungen dieser Art charakterisieren eine kulturwissenschaftlich ausgerichtete Literaturwissenschaft. Dabei steht in der Regel das Ziel im Mittelpunkt, gerade dasjenige, das wir für unveränderlich und naturgegeben halten, als veränderlich und kulturell bedingt auszuweisen. Die jeweiligen historischen Ordnungen des Handelns und des Wissens haben nämlich gewöhnlich die Eigenheit, sich selbst als normal und naturgegeben erscheinen zu lassen. Das verhält sich in unserer gegenwärtigen Kultur nicht unbedingt grundsätzlich anders als in der Vergangenheit oder in anderen gegenwärtigen Kulturen.

Viele Menschen sind beispielsweise nicht von vornherein der Überzeugung, dass verschiedene Zeiten unterschiedliche Vorstellungen von Geschlechteridentitäten haben. Noch schwerer fällt vielen jedoch die Einsicht, dass unsere Vorstellungen davon nicht einfach der Wahrheit entsprechen, während die älteren auf Irrtümern beruhen, sondern dass jede Kultur ihre eigenen Bedeutungsordnungen für die Wirklichkeit hält. Unsere Vorstellungen von Männlichkeit und Weiblichkeit erscheinen vielen als genauso natürlich und deshalb ›richtig‹, wie andere Vorstellungen von Männlichkeit und Weiblichkeit den Menschen im 12. oder im 18. Jahrhundert als natürlich und deshalb ›richtig‹ erschienen. Dagegen führt die kulturwissenschaftliche Geschlechtergeschichte im historischen Vergleich vor, wie Geschlechteridentitäten durch kulturell unterschiedliche Zuweisungen von Eigenschaften und Handlungsmöglichkeiten an Männer und Frauen zustande kommen.

Kulturwissenschaftliche Forschung verfolgt auf allen Gebieten letzten Endes den Zweck, uns davon abzubringen, unsere eigenen Bedeutungsordnungen für wahr und naturgegeben, andere Bedeutungsordnungen dagegen einfach für Irrtümer zu halten. Ergiebiger ist es, wenn man ihre innere Logik zu verstehen versucht. Das muss uns freilich nicht daran hindern, unsere Wissensordnungen und Praktiken nach reiflicher Überlegung anderen vorzuziehen.

Kulturelle Praktiken | 2.

Kulturelle Praktiken als Handlungswissen

Einen zentralen Gegenstand kulturwissenschaftlicher Forschung neben der Untersuchung der Diskurse als Ordnungen des Wissens stellen die kulturellen Praktiken als Ordnungen des Handelns dar. Kulturelle Praktiken lassen sich als eine eigene Art von Wissen beschreiben, nämlich als Handlungswissen oder praktisches Wissen im Unterschied zum Sachwissen oder theoretischen Wissen. Handlungswissen besteht in der praktischen Beherrschung von Handlungsrepertoires: Man weiß, wie man wen grüßt, was man in der Disco tut, wie man in einem Restaurant Essen bestellt – und was man zum Leben und Zusammenleben an Fertigkeiten sonst eben braucht. Wie die Diskurse ist auch das Handlungswissen jeweils kulturspezifisch und damit historisch geprägt.

Implizites Wissen

Körperbezogenes Wissen

Handlungswissen ist oft implizites (unausdrückliches und nicht reflektiertes) Wissen: Es besteht vor allem in der praktischen Kompetenz selbst und weniger darin, dass die Handelnden ihre Kompetenz ausdrücklich erklären könnten. Außerdem ist es eng an tatsächliches körperliches Handeln gebunden. Je mehr das Handlungswissen in sprachliche Reflexion gefasst und vom körperlichen Handeln abgelöst wird, umso mehr wird es zu theoretischem Sachwissen. Wenn man ›praktisch‹ weiß, was man in der Disco tut, ist das Handlungswissen; wenn man ein Buch darüber schreibt, macht man aus dem Handlungswissen Theoriewissen.

Mit dem Geschlechtsverkehr – um den im vorigen Kapitel behandelten Zusammenhang nochmals aufzugreifen – verhält es sich genauso. Soweit er Thema der Diskurse ist, macht ihn die Kulturwissenschaft zum Gegenstand der Diskursanalyse; wenn es entsprechendes Datenmaterial gibt, kann sie ihn auch zum Gegenstand der Praxisanalyse machen. In unserem Fall müssten dazu freilich historische Quellen existieren, die das einschlägige Praxiswissen von Menschen des 12. und 13. Jahrhunderts dokumentieren. Selbst wenn es solche Quellen gäbe, hätten sie das Handlungswissen jedoch schon in Sprache gefasst und damit von der Praxis abgelöst. Das verweist auf ein grundsätzliches Problem: Kulturelle Praktiken der Vergangenheit sind für uns nie als Praktiken, sondern immer nur als beschriebene Praktiken zugänglich.

Wenn der moderne Kulturbegriff neben den Diskursen als Ordnungen des theoretischen Sachwissens die kulturellen Praktiken als Ordnungen des Handelns in den Mittelpunkt stellt, dann soll damit vor allem die Bedeutung des Körpers in der kulturellen Lebenswelt zu ihrem Recht kommen – neben der Bedeutung des Intellekts, die sich in den Diskursen zeigt. Für die Literaturwissenschaft sind dabei vor allem die Beziehungen zwischen den Ordnungen des Handelns und den Texten von Interesse:

Kulturelle Praktiken und Texte

Für das Verhältnis zwischen Texten und kulturellen Praktiken gilt im Grundsatz dasselbe wie für das Verhältnis zwischen Texten und Diskursen. Die kulturellen Ordnungen zu kennen, ist einerseits eine Voraussetzung für die Textinterpretation; was wir über sie wissen, entstammt andererseits zum großen Teil der Auswertung von Texten.

Kulturelle Praktiken als Textgegenstände

Das Verhältnis zwischen Texten und kulturellen Praktiken kann zweierlei Gestalt annehmen. Texte können kulturelle Praktiken erstens zum Gegenstand haben. Wenn beispielsweise ein Geschichtsschreiber des 12. Jahrhunderts berichtet, dass der englische und der französische König eine Nacht gemeinsam in einem Bett verbrachten, dann bewegt uns das dazu, etwas über die kulturelle Praktik herauszufinden, die dieser Handlungsweise zugrunde lag. Nur dann lässt sich verstehen, was dabei vor sich ging (nämlich die rituelle Darstellung friedlicher Beziehungen zwischen den beiden Herrschern) und was der Geschichtsschreiber mit seinem Bericht zum Ausdruck bringen wollte.

Wie das Beispiel zeigt, tragen kulturelle Praktiken Sinn. Auch sie sind Bedeutungsordnungen, die auf historischen Konventionen beruhen. Wenn heute in der Zeitung stünde, dass die Bürgermeister von Paris und Berlin eine Nacht gemeinsam in einem Bett verbrachten, würden wir der Handlungsweise und dem Bericht aller Wahrscheinlichkeit nach einen anderen Sinn zuschreiben.

Texte als Bestandteile kultureller Praktiken

Zweitens können Texte aber auch Bestandteile kultureller Praktiken sein. Das ist für manche Bereiche der älteren Literatur besonders wichtig, weil viele Texte für den Vortrag bestimmt waren und sich deshalb grundsätzlich die Frage stellt, in welchen kulturellen Handlungszusammenhängen Textvorträge ihren Platz hatten. Leider ist die Beantwortung dieser Frage in vielen Fällen wegen der schlechten Quellenlage sehr schwierig. Gelegentlich ermöglichen die Quellen aber auch verhältnismäßig gute Einblicke. Ein Beispiel dafür, nämlich ein Fastnachtspiel aus dem 15. Jahrhundert, soll im Schlussteil dieses Kapitels sowohl die

Darstellung kultureller Praktiken im Text als auch die Funktion des Textes im Rahmen kultureller Praktiken veranschaulichen. Dem konkreten Beispiel muss aber noch ein genauerer Blick auf die Theorie kultureller Praktiken vorangehen.

Handeln in der kulturellen Lebenswelt

Was Michel Foucault für die Diskurstheorie ist, das ist der französische Soziologe Pierre Bourdieu für die Theorie der kulturellen Praktiken. Bourdieus Konzeption stellt das Verhältnis zwischen dem Handeln der einzelnen Menschen und ihrer kulturellen Lebenswelt in den Mittelpunkt. Die Handlungskompetenz der Einzelnen entsteht demzufolge dadurch, dass sie sich kulturell geprägte Handlungsmuster aneignen. Die Fähigkeit zu situationsangemessenem Handeln in der kulturellen Lebenswelt ergibt sich aus dem Erlernen von Handlungsroutinen, die an bestimmte Handlungsfelder (wie beispielsweise Partnerschaft, Kinobesuch, verschiedene Berufswelten, Bundestagsdebatte, Fastnacht) angepasst sind. Diese feldspezifischen Routinen sind die kulturellen Praktiken; in ihrer Gestalt erlernen wir zugleich Handlungsziele und Handlungsstrategien. Sie werden innerhalb der Kultur weitergegeben und gehören deshalb zu den kulturellen Traditionen.

Handlungsroutinen und Handlungsfelder

Kulturelle Handlungsmuster und persönliche Handlungskompetenz

Die einzelnen Menschen erscheinen bei Bourdieu demnach als Träger kollektiver Handlungsmuster, die sie einerseits als Tradition aus der kulturellen Lebenswelt übernehmen und die sie andererseits mehr oder weniger routiniert und mehr oder weniger kreativ einsetzen. Die Handlungsmuster schränken unser Verhalten nicht in erster Linie ein, sondern ermöglichen es erst; sie haben weniger die Funktion von Schablonen, sondern eher die von Werkzeugen. Sozialisation und Persönlichkeit stehen bei Bourdieu deshalb nicht im Gegensatz zueinander, sondern fallen letzten Endes zusammen: Was wir an kulturellen Praktiken lernen, macht unsere Persönlichkeit aus. Kulturelle Praktiken verbinden die einzelnen Menschen mit der Lebenswelt: Sie bestehen in der Fähigkeit, sich auf die Lebenswelt einzustellen und auf sie einzuwirken.

Habitus

Eine kulturelle Praktik ist demzufolge ein vom Einzelnen verinnerlichtes, kulturell geprägtes Handlungsmuster. Bourdieus Begriff dafür lautet ›Habitus‹, was man auf Deutsch am ehesten mit ›Gewohnheit‹ wiedergeben könnte. Ein Habitus, wie Bourdieu ihn versteht, ist immer an tatsächliches körperliches Handeln gebunden, also keine bloß intellektuelle Wissensordnung wie ein Diskurs. Er ist aber ebenfalls eine Wissensordnung, weil er auf – in der Regel implizitem – Handlungswissen beruht. Als Wissensordnung ist ein Habitus zugleich eine Bedeutungsordnung: Für die Kultur, in die er gehört, und für den Einzelnen, der über ihn verfügt, hat er als Handlungsweise einen Sinn. Wie jede Art von Sinn (vgl. S. 187) beruht auch der eines Habitus auf dem Kontext (das heißt auf dem Zusammenhang mit dem Handlungsfeld, an das er angepasst ist) und auf der Funktion (das heißt auf der Zielgerichtetheit als Handlungsmuster).

Ritual

Wenn wir uns nun der städtischen Fastnacht des 15. und 16. Jahrhunderts zuwenden, kommt dabei eine besonders streng geordnete Form kultureller Praktiken in den Blick, die man ›Ritual‹ nennt. Rituale stellen gewissermaßen die extreme Verfestigung eines Habitus dar. Sie zeichnen sich durch eine äußerst strikt geregelte Abfolge sprachlicher und nichtsprachlicher Einzelhandlungen aus. Sie verlaufen gewohnheitsmäßig (konventionell) und stets gleich (stereotyp). Sie haben eine handfeste Sinnordnung, die oft einen geradezu symbolisch verdichteten Eindruck macht; deshalb sind sie ideale Kandidaten für die kulturwissenschaftliche Fahndung nach Bedeutungsordnungen. Den Beteiligten selbst erscheinen sie innerhalb der jeweiligen kulturellen Lebenswelt als natürlich und selbstverständlich; Beobachtern erscheinen sie aus der Außenperspektive dagegen als hochgradig künstlich und formalisiert.

Konventionalität, Stereotypie, symbolische Verdichtung

Bedeutung wird im Ritual zugleich hervorgebracht und ausgedrückt: Das Ritual muss ausgeführt werden, um seine Wirkung entfalten zu können; es ist nicht durch eine rein sprachliche Darstellung – etwa eine Beschreibung – ersetzbar. Rituale sind körpergebunden und performativ: Sie schaffen im Handeln Wirklichkeit und sind deshalb auf die körperliche Aufführung angewiesen. Die Aufführung hat für die Beteiligten Erlebnischarakter und bringt oft mehrere Medien (Wort, Bild, Mimik, Gestik) ins Spiel.

Gebundenheit an Performanz und Körper

Rituale dienen in erster Linie der gesellschaftlichen Integration und der Sicherung kultureller Kontinuität. Sie informieren nicht über Neues, sondern bestätigen die Tradition. Freilich erbringen sie diese Leistung häufig in konfliktträchtigen kulturellen Situationen. Rituale werden oft dort eingesetzt, wo Konflikte zwischen verschiedenen Personen zu erwarten sind, oder wo der Status einer Person in der Gesellschaft verändert wird (beispielsweise

Konfliktregulierung

durch die Aufnahme in die Gruppe der Erwachsenen). Ebenso werden Rituale gelegentlich benutzt, um mögliche Konflikte gewissermaßen aufzuführen und dadurch in kontrollierter Weise zu entschärfen. Rituale haben, mit anderen Worten, oft die Funktion, vorhandene Gegensätze in eine Balance zu bringen und das potentiell Unordentliche zu ordnen.

3. Fastnachtskultur und Fastnachtspiel im 15. und 16. Jahrhundert

Fastnachtspiel

Als Literaturwissenschaftler begegnet man der städtischen Fastnacht des 15. und 16. Jahrhunderts in erster Linie in Gestalt von Fastnachtspieltexten, die in Handschriften oder Drucken überliefert sind. Die meisten erhaltenen Texte stammen aus Nürnberg, weil sie dort, im Unterschied zu anderen Orten, als Lesetexte aufgeschrieben wurden. Die Praxis des Fastnachtspiels ist in historischen Quellen, vor allem in Ratsprotokollen, jedoch auch für viele andere Städte belegt. Die älteste Nürnberger Fastnachtspiel-Sammelhandschrift wurde zwischen 1455 und 1458 angelegt. Sie enthält 48 Texte, die dem seit 1426 in Nürnberg bezeugten Handwerker-Dichter Hans Rosenplüt, einem Panzerhemdenmacher, zugeschrieben sind.

Geistliches Spiel

Fastnachtspiele sind der zweitälteste Typus des mittelalterlichen Theaters. Die ältere Erscheinungsform, das geistliche Spiel, entstand vermutlich schon im 10. Jahrhundert aus der Liturgie des Ostergottesdienstes, in die kleine Spielszenen eingelagert wurden. Die Praxis verbreitete sich: Geistliche Spiele, zunächst an die lateinische Sprache der Liturgie gebunden, stellten in der Weihnachtszeit das Geschehen um Christi Geburt dar, zur Passionszeit die Leidensgeschichte und zur Osterzeit die Vorgänge um die Auferstehung. Deutsche Spieltexte sind seit dem 13. Jahrhundert belegt. Vom 14. bis zum 16. Jahrhundert kamen Weltgerichtsspiele (über das jüngste Gericht), Himmelfahrts-, Fronleichnams- und Pfingstspiele, Spiele über verschiedene andere alt- wie neutestamentarischen Geschichten sowie Episoden aus Heiligenleben dazu.

Im späten Mittelalter und in der frühen Neuzeit war das geistliche Spiel ein städtisches Großspektakel. Es konnte sich in vielstündigen Aufführungen über mehrere Tage erstrecken und wurde von zahlreichen Akteuren aus den gebildeten Gruppen der Stadtbevölkerung – Geistlichen, Patriziern, Handwerkern – unter der Kontrolle des Rats auf dem Markt- oder Kirchplatz bestritten. Es gab keine festen Dramentexte, aber was an Textmaterial bei der Aufführung zum Einsatz kam, war in der Regel versifiziert und damit, dem zeitgenössischen Verständnis nach, als Dichtung ausgewiesen: Reimpaartexte, die vielleicht im Sprechgesang vorgetragen wurden, und geistliche Lieder.

›Fastnachtspiel‹ nennt man zur Unterscheidung vom geistlichen Spiel alles, was während der Fastnachtzeit aufgeführt wurde. Fastnachtspieltexte sind ebenfalls in Reimpaarversen gedichtet, oft kurz (weniger als 200 Verse) und behandeln zumeist weltliche Themen in schwankhafter Weise. Es gibt jedoch auch ernste moraldidaktische Fastnachtspiele, die erheblich länger sein können. In manchen Städten sind zudem Aufführungen geistlicher Spiele in der Fastnachtzeit belegt. Die Abgrenzung zwischen den beiden Typen lässt sich deshalb nicht so scharf ziehen, wie es auf den ersten Blick aussieht.

Text und Aufführung

Sowohl das geistliche Spiel als auch das Fastnachtspiel unterscheidet sich erheblich von dem, was uns als Dichtungsgattung ›Drama‹ und als dazugehöriger Theaterbetrieb geläufig ist. Beide Typen sind kein ›Literaturtheater‹, bei dem poetische Texte mit professionellen Schauspielern in einem eigens dafür eingerichteten Gebäude inszeniert werden. Wie das geistliche Spiel war das Fastnachtspiel Laientheater. Die literarisch oft nicht besonders anspruchsvollen Texte waren variabel und hatten ihren Ort ursprünglich allein in der Aufführung. Sie wurden nicht unabhängig von ihr aufgezeichnet und gelesen, wie wir das mit literarischen Dramen tun. Die Texte waren Bestandteil der kulturellen Praktik, und die Praktik war das Primäre. Deshalb sind von der reichen Spieltradition nur dann Texte erhalten geblieben, wenn man sie, wie in Nürnberg, entgegen der Gewohnheit doch zu Lesezwecken aufschrieb.

Aufführungsformen

In einigen Städten wurden Fastnachtspiele, ähnlich wie die geistlichen Spiele, auf dem Marktplatz und dort dann wohl auch auf einer Bretterbühne aufgeführt. Belegt ist mancherorts auch der Tanzsaal des Rathauses als Spielort, wo sich zur Fastnacht die Ratsherren und ihre Ehefrauen zu Festessen und Tanz trafen. Die vor allem für Nürnberg typische Aufführungsweise war jedoch das Einkehrspiel: Eine Spieltruppe zieht mit einem einstudierten

Stück durch Privat- und Wirtshäuser und spielt in den Wohn- und Gaststuben. Hans Rosenplüt verschriftlichte vermutlich, was von Haus zu Haus ziehende Spieltruppen seiner Zeit aufführten, zum Nachlesen.

Fastnachtspiel und Fastnacht als Ritual

Weil Fastnachtspieltexte keine eigenständigen literarischen Gebilde sind, lassen sie sich nur als Teil der Aufführungspraxis verstehen. Ihre Aufführung gehörte zu den kulturellen Praktiken der Fastnacht, die einen durchaus rituellen Charakter hatten. Man kann den Sinn der Fastnacht deshalb am ehesten erfassen, wenn man ihre Rituale beschreibt. Fastnachtspiele sind nicht nur ein Teil dieser Rituale; sie greifen manchmal zugleich rituelle Bräuche als Themen auf. Anhand solcher Fälle lassen sich gut die beiden oben erwähnten Formen der Beziehung zwischen Text und kultureller Praktik – der Text als Teil der Praktik und die Praktik als Textgegenstand – veranschaulichen. Ermöglicht wird die Praxisanalyse im Fall der Fastnacht zudem durch eine verhältnismäßig gute Quellenlage, denn außer den Fastnachtspieltexten selbst sind noch andere Quellen erhalten, die Informationen über die Fastnachtskultur bieten – insbesondere Ratsprotokolle, die die Bemühungen der städtischen Obrigkeit dokumentieren, die Fastnacht zu kontrollieren.

Fastnacht als städtische Selbstdarstellung

Dies führt bereits zu einem der wichtigsten Aspekte der städtischen Fastnachtskultur des 15. und 16. Jahrhunderts. Die Fastnacht war ein von der Stadtobrigkeit aktiv gefördertes Fest städtischer Selbstdarstellung. Sie wurde vom Rat mit öffentlichen Mitteln finanziert und fand unter Beteiligung auch der städtischen Führungsgruppen einschließlich der Patrizier statt (vgl. S. 28). In Nürnberg wie in anderen Städten war die Fastnacht ein touristisches Ereignis, zu dem auswärtige Kaufleute und Adelige eigens anreisten. Die Höhepunkte bildeten repräsentative Großveranstaltungen wie Schauturniere und Schauzüge der jungen Patrizier, Schautänze der Handwerker sowie der Rathaustanz der Ratsherren und ihrer Ehefrauen im Festsaal des Rathauses. In den zeitgenössischen Quellen können übrigens alle diese Veranstaltungen als *fastnachtspil* bezeichnet sein: Der historische Sprachgebrauch verstand darunter nicht nur ein zur Fastnachtzeit aufgeführtes Theaterstück, sondern jede Art von fastnächtlicher ›performance‹.

Verkehrte Welt

Zugleich war diese Selbstinszenierung der Stadt als Gemeinwesen aber das alljährlich mit ritueller Regelmäßigkeit wiederholte Fest der verkehrten Welt. Fastnachtsmontag und -dienstag waren die einzigen Feiertage des Spätmittelalters und der frühen Neuzeit, die nicht den Charakter heiliger Feste mit einem religiösen Anlass (wie Weihnachten, Ostern oder auch jeder Sonntag) hatten. Zudem waren sie eingebettet in die längste arbeitsfreie Zeit des Jahres vom Fastnachtsonntag bis einschließlich Aschermittwoch. Am Aschermittwoch begann die Fastenzeit, in der Buße und Selbstbesinnung im Mittelpunkt des Lebens stehen sollten.

Fastnacht und Ordnung

Das lange Fastnachtswochenende war deshalb das Vorspiel zur Fastenzeit, die einen klaren und eindeutigen religiösen Sinn hatte. Der Sinn des Vorspiels jedoch war nicht durch eine religiöse Bedeutung festgelegt. Die Fastnacht hatte als Fest einen einmaligen Charakter, weil sie selbst keinen religiösen Inhalt wie alle anderen Feste hatte. Ihr Inhalt war gewissermaßen die Verdrehung: Als Zeit vor der Fastenzeit war sie die Zeit der Umkehrung der ›normalen‹ Bedeutungsordnungen. Wie die Fastnacht vor dem Fasten das große Fressen und Saufen inszenierte, inszenierte sie ganz generell die Gegensätze, auf denen die kulturellen Ordnungen beruhten.

Ein typisches Beispiel dafür ist die Verkleidung von Männern als Frauen. Indem die Geschlechterrollen vertauscht werden, verlieren sie die gewohnte Selbstverständlichkeit und werden zum Erlebnis. Die performative Verfremdung und das Gelächter darüber machen die Geschlechterrollen wahrnehmbar. Das Gelächter beruht jedoch nicht allein auf der Lust an der Verkehrung, sondern zugleich auf der Gewissheit der als natürlich verstandenen Ordnung. Indem am männlichen Körper vorgeführt wird, was weiblich ist, erscheinen die Geschlechteridentitäten gerade als natürliche Gegebenheiten, denn die Vertauschung tritt als das Künstliche auf. So erhält die Fastnacht als zeitlich begrenzte Umkehrung der Ordnung ihren Sinn stets nur im Bezug auf die Ordnung, die sie am Ende bestätigt.

Körperlichkeit

Ein ideales Untersuchungsobjekt der Praxisanalyse ist die Fastnacht nicht zuletzt auch, weil sie in aller Offensichtlichkeit auf den Körper konzentriert ist. Viele Praktiken der Fastnacht reduzieren alles Kultivierte, Intellektuelle, Spirituelle auf seine körperlichen Grundlagen. Die Ordnung des alltäglichen Lebens wird als Ordnung des Körpers, nicht als Ordnung der Ideen zur Anschauung gebracht. Körperliche Tätigkeiten – Essen, Trinken, Lachen, Lärmen, Maskierung, Tanz – werden in den Ritualen der Fastnacht von den sonst geltenden Beschränkungen befreit und demonstrativ maßlos entfaltet. Sie erscheinen als gemeinschaftliche Praktiken, die die übliche Regulierung des Körperlichen aussetzen. In ihrer Maßlosigkeit inszenieren sie zugleich die gemeinschaftliche Anstrengung, die körperlichen Grenzen selbst zu überschreiten. Die Rituale der Fastnacht machen aus den Einzelnen, die sonst durch ihre Körper unterschieden sind und durch eine komplizierte Ordnung als städtische Gemeinschaft zusammengehalten werden, eine Art gemeinschaftlichen Körper, in dem die Einzelnen aufgehen. Das lässt zugleich jedoch den Körper als den grundlegendsten aller Ordnungsfaktoren erfahrbar werden.

Obszönität und Gewalt

Dies eben ist das Prinzip der verkehrten Welt: Anhand der Umkehrung der Ordnung versichert man sich in der Fastnacht der Naturgegebenheit der Ordnung – und zwar der praktischen Ordnung des alltäglichen Lebens, die im körperlichen Handeln und dem dazu gehörigen Praxiswissen besteht, nicht in den gelehrten Diskursen. Die Fastnacht ist kein Aufstand der einfachen Leute gegen die Obrigkeit, aber sie kann als Aufstand des Körpers gegen den Intellekt daherkommen. Das äußert sich nicht zuletzt in einer grobianischen Neigung zu Obszönität und Gewalt.

Fastnacht und Stadtobrigkeit

Charakteristisch dafür ist der Umgang, den die städtische Obrigkeit mit der Fastnacht pflegte. Einerseits war die Fastnacht eine von den Stadträten geförderte Veranstaltung, denn die lebenspraktischen Ordnungsvorstellungen, die in der verkehrten Welt bestätigt wurden, verbanden alle städtischen Gruppen. Gerade die Konzentration auf den Körper, die die soziale Hierarchie verdeckte, machte die Fastnacht zum großen Integrationsfest. Andererseits strebten die Stadträte eine strenge Kontrolle der Fastnacht an. Alle öffentlichen Veranstaltungen auf Marktplätzen und Straßen mussten genehmigt werden; auch die von Haus zu Haus ziehenden Spieltruppen brauchten die Erlaubnis des Rats. Wenn der Rat restriktiv eingriff, dann vor allem, um Obszönität und Gewalt zu unterbinden. Der Nürnberger Rat verbot beispielsweise regelmäßig (und deshalb offenbar ohne großen Erfolg) unanständige Ausdrucksweisen und Gebärden selbst bei der Aufführung von Einkehrspielen in Privathäusern. Das Tragen von Waffen ohne Ausnahmegenehmigung war mit gutem Grund prinzipiell verboten: Die fastnächtliche Grobheit konnte durchaus lebensgefährlich werden.

Fastnacht und Kirche

Was das Verhältnis der katholischen Kirche zur Fastnacht anbelangt, so wurde in jüngerer Zeit unter anderem die folgende

Deutung vorgeschlagen: Die Rituale der verkehrten Welt seien eine kirchlich erwünschte Demonstration der menschlichen Sündhaftigkeit und Erlösungsbedürftigkeit gewesen; sie hätten das didaktische Ziel verfolgt, unmittelbar vor der Fastenzeit die Notwendigkeit von Buße und Selbstbesinnung eindringlich vor Augen zu führen. Dies erklärt die Fastnacht nach den Regeln des theologischen Diskurses: Die Erkenntnis der Sünde soll den Menschen generell zur Hinwendung zu Gott bewegen; deshalb muss ihn das große Fressen aufs Fasten verweisen. Die eigenständige Sinnhaftigkeit der Fastnacht als Gefüge kultureller Praktiken erfasst eine derartige Interpretation jedoch nicht, denn sie macht die Praktiken als solche gar nicht zum Untersuchungsgegenstand, sondern erklärt sie einfach im Rückgriff auf eine theologische Gedankenfigur. Der Sinn von Praktiken kann indes nur anhand der Praxisanalyse erschlossen werden.

Die theologische Deutung geht freilich nicht nur am Sinn der kulturellen Praktiken der Fastnacht vorbei; sie passt auch nicht zur tatsächlichen Einstellung der zeitgenössischen Kleriker ihr gegenüber. Die katholische Kirche förderte die Fastnacht nämlich keineswegs mit didaktischer Begeisterung, sondern praktizierte eher eine Art distanzierter Duldung. Die Kleriker beschränkten sich vor allem darauf, die sakrale Sphäre vor der Fastnacht zu schützen, also das Heilige nicht zum Gegenstand des Gelächters werden zu lassen. Ebenso wenig wie das Verhalten der Geistlichen eine kirchliche Regie der Fastnacht erkennen lässt, verweist es aber auf einen Konflikt zwischen einfachen Leuten und geistlicher Obrigkeit. Auch im Verhältnis zwischen Fastnacht und Kirche zeigt sich eher der Gegensatz zwischen grobianischer Körperlichkeit und intellektueller Kultiviertheit.

Am Ende war es dann die intellektuelle Strenge des Protestantismus, die den gröberen städtischen Fastnachtsbräuchen den Garaus machte. Die lutherische Kirche strebte schnell die Abschaffung oder zumindest die Eindämmung der Fastnacht durch die Obrigkeit an. Im späteren 16. Jahrhundert zogen die Katholiken nach. Die grobianische Fastnachtspraxis wurde überall domestiziert und zu harmloseren Formen städtischer Selbstdarstellung umgestaltet. Diese harmlosen Formen wurden im 19. Jahrhundert in Gestalt des bürgerlichen Vereinskarnevals wiederbelebt, der uns bis heute erfreut.

Fastnachtspiel und rituelle Praktik | 4.

›die egen‹

Dass die alte städtische Fastnacht einen anderen Charakter hatte als Karneval und Fasching heute, zeigt beispielhaft das Fastnachtspiel vom Eggenziehen, das unter der Überschrift *›ein vasnacht spil: die egen‹* in einer am Ende des 15. Jahrhunderts angelegten Sammelhandschrift mit Fastnachtspielen überliefert ist. Es umfasst 118 Verse folgenden Inhalts:

Zunächst begrüßt ein ›Ausschreyer‹ den Hausherrn und die Hausherrin und kündigt den Auftritt eines Bauern an. Vor dessen Pflug und Egge seien die heuer übrig gebliebenen – das heißt, die trotz Heiratsfähigkeit unverheirateten – Mädchen gespannt. Sie müssten den Pflug nun zur öffentlichen Buße dafür ziehen, dass sie *fut, ars, tutten vergebenß tragen* (›Fotze, Arsch, Titten ohne Nutzen an sich tragen‹). Danach wendet sich der Bauer an einen Knecht, der die als ›Pferde‹ bezeichneten Mädchen am Pflug gehörig antreiben soll. Der Knecht gibt den Befehl in noch etwas drastischerer Diktion an einen anderen Knecht weiter. Ehe es zu der Aktion kommt, befragt der Bauer die Mädchen jedoch der Reihe nach, weshalb sie den Pflug ziehen müssen. Die Erste antwortet, sie habe wegen ihrer Hässlichkeit keinen Mann abbekommen. Die Zweite hatte einen Heiratskandidaten, dem jedoch Gerüchte über ihre verlorene Jungfräulichkeit hinterbracht wurden, worauf er sich von ihr abwandte. Die Dritte verlor ihren Verehrer an eine Konkurrentin, die ihn ohne weiteres ›in ihrer unteren Tasche spielen‹ ließ und ihrerseits an seinem ›Säckchen‹ spielte. Die Vierte war das ganze Jahr über mit einem schönen, aber schamhaften Jungen liiert, den sie vergraulte, indem sie ihm brieflich mehrmals ihr sexuelles Verlangen mitteilte. Die Fünfte hatte einen redegewandten Verehrer, der sich jedoch zurückzog, als ein anderer behauptete, sie geschwängert zu haben. Die Sechste erlebte einen Geschlechtsverkehr, der ihr als größtes Vergnügen angekündigt war, als so schmerzhaft, dass sie nun enthaltsam leben will. Die Siebte fand trotz des Besuchs aller Tanzveranstaltungen und erheblicher körperlicher Vorzüge (knackharte Brüste, große Arschbacken und einen rauhen Köcher für lange Pfeile) keinen Heiratskandidaten, weil sie selbst unehelich geboren ist. Am Schluss verabschiedet sich der ›Ausschreyer‹ mit der Bitte um Futter für die Stuten am Pflug, die keinesfalls als Huren bezeichnet werden dürften. Man habe noch manches Feld zu bestellen und müsse deshalb weiterziehen; zum Abschied wünsche man Glück im Leben und die ewige Ruhe danach.

Einkehrspiel als Heische-Ritual

Prolog und Epilog des ›Ausschreyers‹ zeigen, dass es sich um den Text eines Einkehrspiels handelt: Mit dem Prolog begrüßt der Anführer der Spieltruppe beim Einzug in die Stube das Publikum und kündigt das Spiel an. Die Bitte um ›Futter‹ – also um eine Gabe – im Epilog lässt erkennen, dass der Praxis des Einkehrspiels ein ritueller ›Heische-Brauch‹ zugrunde liegt, wie er in vielen Regionen heute noch von Kindern am Dreikönigstag ausgeübt wird: Eine Truppe geht von Haus zu Haus, führt etwas auf und bittet dafür um eine Gabe.

Eggen-, Pflug- und Blochziehen als Strafritual

Inhaltlich greift das Fastnachtspiel vom Eggenziehen ein symbolisches Strafritual auf, das im 15. und 16. Jahrhundert vor allem in Süddeutschland recht gut belegt ist. Außer mit einem Pflug oder einer Egge wurde es auch mit einem Holzstamm durchgeführt und heißt deshalb außer ›Pflugziehen‹ oder ›Eggenziehen‹ auch ›Blochziehen‹ (›Bloch‹ ist ein altes Wort für Holzstamm oder Holzklotz). Anhand des eher im dörflichen Bereich dokumentierten Blochziehens lässt sich die symbolische Bedeutung des Rituals, sein Sinn als kulturelle Praktik, am besten erkennen. Der im Folgenden skizzierte Ablauf ist im Einzelnen allerdings vor allem aus den literarischen Quellen rekonstruiert.

Das Ritual wurde von vornherein öffentlich inszeniert: Die Dorfgemeinde erlaubte den jungen Männern, einen Baum im Gemeindewald zu fällen. Bei der Rückkehr mit dem Baumstamm wurden sie festlich empfangen. Sie zogen durchs Dorf, holten die heiratsfähigen, aber unverheirateten Mädchen und schirrten sie an Riemen am Baumstamm. Die jungen Frauen mussten den Stamm als öffentliche Demütigung vor der Dorfgemeinschaft ein bestimmtes Stück weit ziehen.

In der normalen Lebenswelt gehörte das Baumziehen zu den üblichen Holzfällertätigkeiten und war deshalb eine Männerarbeit. Wenn die Mädchen den Stamm nicht bewegen konnten, führten sie damit folglich ihre geschlechtsbedingte Unterlegenheit vor Augen und wurden ausgelacht. Konnten sie ihn ziehen, zeigte das ihre Handlungsfähigkeit: Sie zogen sich symbolisch aus der Demütigung heraus und stellten damit ihre Tauglichkeit – auch für die Ehe – unter Beweis. Abgeschlossen wurde das Ritual, indem die jungen Männer den Stamm zersägten, unter den Dorfbewohnern versteigerten und die Mädchen vom Erlös zu einem gemeinsamen Fest samt Tanz einluden, wo sich Möglichkeiten zur Eheanbahnung eröffneten.

Der kulturelle Sinn des Rituals liegt in der Abfolge von Demütigung, Bewährung und Versöhnung, in der symbolischen Überwindung des Vergangenen und der Eröffnung neuer Handlungsmöglichkeiten. Dieser Sinn ist für die Beteiligten Handlungswissen. Er wird in der körperlichen Performanz hervorgebracht und bedarf

Abb. 16

Holzschnitt von 1532 zu Hans Sachs: ›Die hausmaid im pflug‹.

nicht unbedingt einer Versprachlichung: Das Blochziehen hat und vermittelt seine Bedeutung auch ohne jeden Text.

Hans Sachs: *›Die hausmaid im pflug‹*

Anders verhält sich das beim Geschehen in einer Schwankerzählung mit dem Titel *›Die hausmaid im pflug‹*, die der Nürnberger Handwerker-Dichter Hans Sachs im Jahr 1532 verfasste. Sachs berichtet von einer Begebenheit, die er *faßnacht-spiel* nennt und einmal am Aschermittwoch bei einem Besuch in Regensburg selbst erlebt haben will:

Sechs Hausmägde zogen einen Pflug über einen städtischen Platz. Vor und neben dem Pflug ging jeweils ein junger Mann mit einer Peitsche, ein dritter hielt den Pflug hinten. Weitere junge Männer führten weitere Mägde aus den umliegenden Straßen herbei. Einer von ihnen erklärte dem Erzähler Hans Sachs schließlich, dass es sich dabei um die zu Fastnacht unverheiratet gebliebenen Dienstmädchen handle.

Der junge Mann vor dem Pflug hielt die bereits angeschirrten sechs Mägde mit dem Argument zum Ziehen an, dass sie das ganze Jahr über die jungen Männer, die um sie warben, zum Narren gehalten hätten; deshalb müssten sie jetzt für eine kurze Zeit selbst die Narren sein. Im nächsten Jahr werde ihnen die Schande erspart bleiben, wenn sie bis dahin verheiratet wären. Darauf rechtfertigten sich die sechs Mädchen für ihre Ehelosigkeit: Die Erste durfte ihren Liebsten nicht heiraten, weil sie der Mutter zu jung schien; sie selbst hat keine Schuld. Die Zweite wurde von ihrem Verehrer nach der sexuellen Eroberung sitzen gelassen und findet nun keinen Nachfolger; eigentlich gehörte der Verführer in den Pflug gespannt. Die Dritte ist erst vor kurzem in die Stadt gezogen und bereut nun, auf dem Dorf nicht ihren treuen Verehrer Jansel geheiratet zu haben. Die Vierte musste schon im vorhergehenden Jahr den Pflug ziehen, weil sie weder schön noch wohlhabend ist und die jungen Männer sie nur veralbern. Die Fünfte musste erkennen, dass ihr Verehrer sie nur verführen wollte, und hält den Pflug nun für das kleinere Übel. Die Sechste hat schon etliche Bewerber abgewiesen und auch heuer wieder so viele unglückliche Ehen beobachtet, dass sie lieber ledig bleiben und den Pflug ziehen will. Eine Siebte, die zwei junge Männer gerade von der Straße herbeibringen und an den Pflug spannen wollen, schreit laut, ihre Hochzeit sei schon für den kommenden Sonntag angesetzt. Zum Schluss rät der Erzähler allen Mädchen, vor der Ehe auf ihren guten Ruf zu achten und nur nach reiflicher Überlegung zu heiraten.

So wie Hans Sachs den Vorgang erzählt, handelt es sich dabei nicht um ein Einkehrspiel, bei dem ausschließlich Schauspieler agieren, sondern um ein Fastnachtsritual, das in Regensburg auf der Straße stattfindet: Junge Männer sammeln in den Gassen unverheiratete Dienstmädchen ein und spannen sie an den vorbereiteten Pflug. Dies wäre die städtische Variante des dörflichen Blochziehens. Beim städtischen Ritual fällt die symbolische Verdichtung der Handlung noch massiver aus als beim dörflichen, weil der über die Stadtgassen gezogene Pflug ein ergiebigeres Bedeutungspotential als der Holzstamm hat:

Symbolische Verdichtung

Die heiratsunwilligen Frauen müssen sich nicht nur in das symbolische Joch der Ehe beugen. Der Pflug ist als zeitgenössische Metapher für das männliche Geschlechtsorgan ebenso reichlich belegt wie der Acker als Metapher für das weibliche. Die Frauen ziehen demnach als Spiegelstrafe für ihre Eheunwilligkeit das Zeichen männlicher Fruchtbarkeit über die städtischen Gassen. In fastnächtlicher Verkehrung der natürlichen Ordnung wird der Pflug närrischerweise durch die Stadt und nicht über einen Acker gezogen; das signalisiert zugleich, wo er der natürlichen Ordnung nach hingehört.

Sprachliches Handeln

Darüber hinaus bringen die Antworten der befragten Mädchen nun jedoch eine Möglichkeit der Sinnkonstruktion neben der nichtsprachlichen körperlichen Performanz ins Spiel. Während das Pflugziehen selbst, genauso wie das Blochziehen, die Demütigung der Frauen, die mögliche Überwindung dieser Demütigung und damit auch ihre Ehetauglichkeit inszeniert, führt das Frage- und Antwortspiel vor, dass sie sich der Ehe entgegen der ursprünglichen Unterstellung gar nicht mutwillig entziehen. Schuld sind vielmehr die Männer oder die Umstände.

Ordnungsbezüge und Konfliktpotentiale

Die Bezüge auf die Ordnung waren dabei, ebenso wie bei den Antworten der Frauen im Einkehrspiel ›*die egen*‹, für das zeitgenössische Publikum unverkennbar. Die in den beiden Texten angeführten Probleme durchziehen jedenfalls auch viele andere Texte aus dem 15. und 16. Jahrhundert, die die Konfliktpotentiale im Umfeld von Ehe und Geschlechtsverkehr zur Sprache bringen.

Eheanbahnung war nämlich in der Tat eine problematische Angelegenheit, weil junge Männer und Frauen in der Lebenspraxis weitgehend voneinander ferngehalten wurden. Eine Ausnahme stellten nur rituell geregelte Begegnungsmöglichkeiten vor allem beim Tanz in der Fastnacht und im Mai dar. Dass Geschlechtsverkehr allein in der Ehe erlaubt war, machte unverheirateten jungen Leuten angesichts eines hohen durchschnittlichen Heiratsalters unvermeidlich Schwierigkeiten. Dass Frauen ›unberührt‹ in die Ehe zu gehen hatten, begründete die gefährlichen Konsequenzen der unaufrichtigen Werbung und der sexuellen Verführung. Unehelich geboren zu sein, hing einem ein Leben lang als Makel an. Auch die in beiden Texten erwähnte Angst vor dem Geschlechtsverkehr (einmal traut sich ein junger Mann trotz weiblicher Zudringlichkeit nicht, das andere Mal fürchtet eine junge Frau körperlichen Schmerz) dürfte angesichts der schlechten Informationsbedingungen verbreitet gewesen sein.

Während das körperliche Ritual das Konfliktpotential performativ auflöst, indem es das Vergangene abarbeitet und neue Handlungsmöglichkeiten für die Zukunft öffnet, bringt das zusätzliche Frage- und Antwortspiel das Konfliktpotential ausdrücklich zur Sprache und legt seine Ursachen offen. Dabei erscheint die Überwindung des Problems nur noch als eine Option: Der Pflugführer verspricht den Frauen, dass sie im Fall einer Heirat im nächsten Jahr keine Demütigung mehr erleiden müssten. Einem der Mädchen ist der Pflug aber lieber als das verbreitete Eheunglück.

In der Regensburger Variante gehört freilich auch das Frage- und Antwortspiel offensichtlich zum Ritual. Denn der Bericht von Hans Sachs macht keinen sehr wahrscheinlichen Eindruck, wenn er die jungen Männer die Mädchen zufällig in den Gassen auflesen lässt und die Antworten der zufällig aufgelesenen Mädchen dann als spontane Erwiderungen auf die männlichen Vorwürfe darstellt. Die Antworten der Mägde folgen zu deutlich einem festen Prinzip, sie haben selbst einen zu rituellen Charakter und sind zu verdächtigerweise, genau wie beim Einkehrspiel *›von der egen‹*, sieben an der Zahl, um nicht als geregelter Teil eines insgesamt geregelten Spiels zu erscheinen. Entweder wussten unverheiratete Frauen in Regensburg, was sie am Aschermittwoch am Pflug zu sagen hatten, oder die an den Pflug geschirrten Mägde waren keine Zufallsgriffe.

Dass das Pflugziehen als Ritual in der städtischen Fastnacht öffentlich inszeniert wurde, steht jedoch grundsätzlich außer Frage. In der böhmischen Stadt Eger ist es historisch gut belegt: Hier gehörte der Umzug mit dem Pflug, den die Tuchmacherlehrlinge jedes Jahr am Aschermittwoch durchführten, zu den vom Rat finanzierten Fastnachtsspektakeln. Und in Leipzig belegt ein Chronikbericht, dass die jungen Männer unverheiratete Frauen in der Tat mit Gewalt einsammelten und an den Pflug schirrten: Im Jahr 1499 nämlich wehrte sich eine junge Frau mit einem Brotmesser gegen einen jungen Mann, was diesem das Leben kostete.

Text und Aufführung im Einkehrspiel *›die egen‹*

Auch das Nürnberger Einkehrspiel *›die egen‹* ist nur verständlich, wenn man weiß, welche Bedeutung die kulturelle Praktik hat, auf die es sich bezieht. Wie bei dem Regensburger Ritual, das Hans Sachs beschreibt, wird die körperliche Performanz dabei durch die sprachliche des Frage-Antwort-Spiels ergänzt. Doch das Einkehrspiel löst sich noch etwas weiter von der kulturellen Praktik, die es aufgreift. Denn die Spieltruppen, die in der Nürnberger Fastnacht von Haus zu Haus zogen, bestanden ausschließlich aus jungen Männern. Weil sie in den Quellen *›gesellen‹* heißen, ging man früher mit einiger Selbstverständlichkeit davon aus, dass es sich dabei stets um Handwerksgesellen handelte. Doch *›geselle‹* bedeutete zu jener Zeit einfach ›unverheirateter junger Mann‹, und die Akteure der Nürnberger Fastnacht kamen auch aus den städtischen Führungsgruppen. Jedenfalls waren es als Frauen verkleidete Männer, die beim Einkehrspiel als ›Stuten‹ an den rituellen Pflug geschirrt wurden.

Man muss sich vorzustellen versuchen, welchen Charakter die Antworten der ›Mädchen‹ im Mund männlicher Schauspieler annehmen – etwa wenn ein als Frau verkleideter Mann die Auskunft gibt, einen männlichen Verehrer durch sexuelle Begehrlichkeit verschüchtert zu haben. Der kulturelle Sinn der verkehrten Fastnachtswelt wird hier voll ausgespielt: Die weibliche Begierde und die männliche Angst vor ihr kommen als mögliche Störfaktoren der Ordnung und damit als Konfliktpotential ausdrücklich zur Sprache. Aber im körperlich aufgeführten Geschlechtertausch werden sie zugleich dem Gelächter preisgegeben, denn Männer inszenieren diese Angst – und damit ihre eigene Souveränität. Es ist gerade die Verkehrung, die es ermöglicht, die potentiellen Bruchstellen der Ordnung aufzuzeigen und sich dabei zugleich der Richtigkeit der Ordnung zu versichern. Man gibt die männliche Angst vor der weiblichen Begierde zu, aber man inszeniert sie so, dass man von einem überlegenen Standpunkt aus darüber lachen kann.

Die Bedeutung, die das Einkehrspiel vom Eggenziehen zustande bringt, ist immer noch körpergebunden und performativ: Der Sinn ergibt sich nur, wenn junge Männer das Spiel aufführen. Aber die Bedeutungsordnung des Rituals, das das Spiel aufgreift, verändert sich dabei erheblich: Die ursprüngliche Demütigung des weiblichen Körpers wird an den männlichen Schauspielern nur noch simuliert, und die ursprüngliche körperliche Überwindung der Demütigung ist ganz durch das sprachliche Handeln ersetzt. In der Stube kann man weder einen Holzstamm noch einen Pflug hinreichend überzeugend herumziehen; deshalb übernehmen die Rechtfertigungsreden die rituelle Funktion, das Konfliktpotential auszutragen und dabei zu überwinden. Auch diese verbale Praktik aber simulieren die männlichen Schauspieler.

Aus dem Strafritual, bei dem jeder sich selbst zu spielen hat, ist ein fingiertes Rollenspiel geworden. Als fingiertes Rollenspiel gehörte das Eggenziehen zu den Ritualen der Nürnberger Fastnacht. Seinen Sinn kann man nur verstehen, wenn man es zum ersten als Teil der kulturellen Praktiken der städtischen Fastnacht im 15. und 16. Jahrhundert begreift; wenn man zum zweiten den Sinn des Rituals kennt, auf dem sein Inhalt beruht; und wenn man zum dritten berücksichtigt, wie der Sinn dieses Rituals durch die Simulation im Einkehrspiel verändert wird. Für diesen dritten Aspekt spielt das Verhältnis zwischen dem aufgeführten Text und der Praxis seiner Aufführung die entscheidende Rolle.

Deshalb bleibt es dem literaturwissenschaftlichen Blick auch bei der Praxisanalyse nicht erspart, sich auf die Machart des Textes als Bestandteil der kulturellen Praktik zu richten. Die Bedeutungsordnungen in den Texten, in den Diskursen und in den kulturellen Praktiken lassen sich stets nur in wechselseitiger Abhängigkeit voneinander verstehen. Die eigentlichen Gegenstände der Literaturwissenschaft aber sind, auch wenn man sie allein im Zusammenhang der Diskurse und Praktiken erklären kann, die Texte.

Kapitel 12 | Informationsmöglichkeiten und Literaturhinweise

1. | Für die Studienpraxis

Hansjürgen Blinn: Informationshandbuch Deutsche Literaturwissenschaft. 4. Aufl. Frankfurt a.M. 2001.
(Verzeichnis aller wichtigen Einführungen, Handbücher, Überblicksdarstellungen, Lexika, Wörterbücher, Bibliographien, Zeitschriften samt Abkürzungen, Bibliotheken, Archive, Datenbanken, Internet-Adressen, Akademien, Gesellschaften, Forschungseinrichtungen, Verbände, Gesellschaften.)

Burkhard Moennighoff, Eckhardt Meyer-Krentler: Arbeitstechniken Literaturwissenschaft. 11. Aufl. München 2003.
(Ratgeber für die praktischen Seiten des Studiums, unter anderem zum Verfassen von Referaten, Seminar- und Abschlussarbeiten.)

Germanistik. Internationales Referatenorgan mit bibliographischen Hinweisen. Tübingen 1960ff.
(Wichtigstes Hilfsmittel zur Recherche sprach- und literaturwissenschaftlicher germanistischer Forschungsliteratur. Verzeichnet werden in den Jahrgangsbänden jeweils alle erschienenen Bücher und Aufsätze, geordnet nach Teilgebieten der germanistischen Sprach- und Literaturwissenschaft. Der Inhalt von Büchern wird in den meisten Fällen kurz referiert. Anhand der Sach- und Namenregister recherchiert man in den einzelnen Bänden die Literatur zum gewünschten Thema. Die ›Germanistik‹ erscheint auch auf CD, den Zugriff ermöglichen in der Regel die Datenbanken der Universitätsbibliotheken.)

Bibliographie der deutschen Sprach- und Literaturwissenschaft. Frankfurt a.M. 1970ff.
(Die nach den früheren Herausgebern im Germanisten-Jargon auch ›Eppelsheimer-Köttelwesch‹ genannte Bibliographie, von der es ebenfalls eine über die Universitätsbibliotheken zugängliche CD-Version gibt, verzeichnet wie die ›Germanistik‹ in Jahrgangsbänden die gesamte germanistische Fachliteratur, geordnet nach Fachgebieten. Da es hier keine Inhaltsreferate gibt, werden Bücher gewöhnlich etwas früher erfasst.)

Information im Internet | 2.

Informationsbeschaffung im Internet macht eine noch intensivere Auseinandersetzung mit der Qualität der bezogenen Informationen nötig als die Benutzung gedruckter Literatur. Die in diesem Kapitel zusammengestellten Nachschlagewerke und Lehrbücher beispielsweise haben allesamt verschiedene Arten von Qualitätskontrollen durchlaufen. Wer sich auf Internetseiten verlassen will, ist auf Ratgeber angewiesen, die auswählen und bewerten. Wer dagegen einfach glaubt, was im Netz steht, wird im Studium zuverlässig böse Erfahrungen machen. Ein Wegweiser für alles Brauchbare, was online daherkommt und mit dem Mittelalter zu tun hat, ist das folgende Buch:

Ruth Weichselbaumer: Mittelalter virtuell. Mediävistik im Internet. Stuttgart 2005.

Das wichtigste Internetangebot für das Studium besteht in den Katalogen und Datenbanken der Universitätsbibliotheken, über die man sich vor Ort informiert. Hingewiesen sei an dieser Stelle allein auf den ›Karlsruher Virtuellen Katalog‹ (KVK), der die Literaturrecherche in einer großen Zahl von Katalogen deutscher Bibliotheksverbünde sowie zahlreicher internationaler Bibliotheken ermöglicht und (so gut wie) jedes gewünschte Buch aufspüren hilft:

http://www.ubka.uni-karlsruhe.de/kvk.html

Das wichtigste, umfassendste und durchweg verlässliche Internetportal in der deutschen germanistischen Mediävistik ist:

http://www.mediaevum.de

Als »Das Internetportal zur deutschen und lateinischen Literatur im Mittelalter« bietet es eine Vielzahl von Links unter anderem zu verschiedenen Möglichkeiten der Literaturrecherche, zu nationalen und internationalen Bibliothekskatalogen, zu Datenbanken (darunter die Online-Versionen der mittelhochdeutschen Wörterbücher) und Hilfsmitteln, zu digitalen Handschriften-, Inkunabel- und Miniaturen-Faksimiles, zu digitalisierten Editionen mittelalterlicher Texte, zu Studienliteratur und zu Internet-Adressen in mediävistischen Nachbarfächern. Was es an brauchbaren Internet-Angeboten im Umfeld der Älteren deutschen Literaturwissenschaft gibt, wird hier erfasst und zugänglich gemacht.

Besonders hingewiesen sei auf die digitalen Handschriften-Faksimiles (unter anderem die Große Heidelberger Liederhandschrift, Heinrichs von Veldeke ›Eneasroman‹, Wolframs von Eschenbach ›Parzival‹, der ›Sachsenspiegel‹ und Johanns von Tepl ›Ackermann‹), die samt Illustrationen anzuschauen sind unter der Adresse:

http://www.manuscripta-mediaevalia.de/hs/hs-online.htm

3. | Sprachgeschichte, Wörterbücher und Grammatiken

Wilhelm Schmidt, Helmut Langner: Geschichte der deutschen Sprache. Ein Lehrbuch für das germanistische Studium. 9. Aufl. Stuttgart 2004.

(Knappe Überblicksdarstellung.)

Sprachgeschichte. Ein Handbuch zur Geschichte der deutschen Sprache und ihrer Erforschung. Hg. v. Werner Besch u. a. 3 Teilbände (Bd. 1 und 2 in zweiter Auflage). Berlin, New York 1998–2004.

(Enthält zahlreiche knappe Überblicksartikel zu allen wichtigen Aspekten der deutschen Sprachgeschichte, jeweils mit Hinweisen zur Forschungsliteratur.)

Stefan Sonderegger: Althochdeutsche Sprache und Literatur. Eine Einführung in das älteste Deutsch. Darstellung und Grammatik. 3. Aufl. Berlin, New York 2003.

Hilkert Weddige: Mittelhochdeutsch. Eine Einführung. 6. Aufl. München 2004.

Frédéric Hartweg, Klaus-Peter Wegera: Frühneuhochdeutsch. Eine Einführung in die deutsche Sprache des Spätmittelalters und der frühen Neuzeit. 2. Aufl. Tübingen 2005.

Rudolf Schützeichel: Althochdeutsches Wörterbuch. 5. Aufl. Tübingen 1995.

Beate Hennig: Kleines Mittelhochdeutsches Wörterbuch. 4. Aufl. Tübingen 2001.

(In der Übersetzungspraxis am leichtesten zu benutzendes mittelhochdeutsches Wörterbuch, verzeichnet allerdings nur einen begrenzten Wortschatz.)

Matthias Lexer: Mittelhochdeutsches Taschenwörterbuch. 38. Aufl. Stuttgart 1992.
(Der ›kleine Lexer‹ ist etwas umständlicher zu benutzen als das Wörterbuch von Beate Hennig, erfasst aber einen größeren Wortschatz, auch den frühneuhochdeutschen bis um 1500.)

Matthias Lexer: Mittelhochdeutsches Handwörterbuch. 3 Bde. Leipzig 1869–1878, Reprint Stuttgart 1979.
(Den ›großen Lexer‹ benutzt man vor allem, wenn man nicht nur Bedeutungsangaben braucht, sondern auch die Kontexte sehen will, auf denen sie beruhen. Noch mehr Belegstellen bietet das alphabetisch nach Wortstämmen geordnete, immer noch umfassendste mittelhochdeutsche Wörterbuch: G.F. Benecke, W. Müller, F. Zarncke: Mittelhochdeutsches Wörterbuch. Leipzig 1854–1866. Reprint Stuttgart 1990.)

Alfred Götze: Frühneuhochdeutsches Glossar. Berlin 7. Aufl. 1967.
(Für die Übersetzungspraxis. Große Teile des frühmittelhochdeutschen Wortschatzes bis um 1500 findet man auch im kleinen und im großen Lexer, jedoch stets unter der mittelhochdeutschen Lautform der Wörter.)

Christa Baufeld: Kleines frühneuhochdeutsches Wörterbuch. Tübingen 1996.
(Enthält einen relativ kleinen Wortschatz.)

Frühneuhochdeutsches Wörterbuch. Hg. v. Robert R. Anderson u.a. Berlin, New York 1989ff.
(Das ›große‹, im Erscheinen begriffene frühneuhochdeutsche Wörterbuch.)

Jacob und Wilhelm Grimm: Deutsches Wörterbuch. 16 Bände. Leipzig 1854–1954, Reprint München 1984. – Jacob und Wilhelm Grimm: Deutsches Wörterbuch. Neubearbeitung. Leipzig 1983ff.
(Das Deutsche Wörterbuch erfasst nur den seit dem 16. Jahrhundert belegten Wortschatz, diesen jedoch in seiner gesamten Geschichte. Deshalb ist stets auch die Geschichte der Wörter in den älteren Sprachstufen detailliert dargestellt. Für Informationen über den Gebrauch von Wörtern und ihre Bedeutungsspektren auch im Alt-, Mittel- und Frühneuhochdeutschen ist ›der Grimm‹ unübertroffen.)

Wilhelm Braune: Althochdeutsche Grammatik. 15. Aufl. bearb. v. Ingo Reifenstein u. Richard Schrodt. 2 Bde. Tübingen 2004.

Hermann Paul: Mittelhochdeutsche Grammatik. Neu bearb. v. Peter Wiehl u. Siegfried Grosse. 24. Aufl. Tübingen 1998.

Robert P. Ebert, Oskar Reichmann: Frühneuhochdeutsche Grammatik. Tübingen 1993.

4. Einführungen in die ältere deutsche Literaturwissenschaft

Hilkert Weddige: Einführung in die germanistische Mediävistik. 5. Aufl. München 2003.

Germanistische Mediävistik. Hg. v. Volker Honemann. 2. Aufl. Münster 2000.

Rüdiger Brandt: Grundkurs germanistische Mediävistik / Literaturwissenschaft. Eine Einführung. München 1999.

Thomas Bein: Germanistische Mediävistik. Eine Einführung. Berlin 1998.

5. Literaturgeschichten

Literaturgeschichten benutzt man vor allem, um sich schnell über das Standardwissen zu wichtigen Texten, Gattungen und Autoren im literaturgeschichtlichen Zusammenhang zu informieren. Die folgende Auswahlliste jüngerer Produktionen ist nach zunehmender Ausführlichkeit geordnet. Im Anschluss an die Geschichten der deutschen Literatur sind die (allerdings schon etwas älteren) einschlägigen Bände der europäischen Literaturgeschichte aus dem ›Neuen Handbuch der Literaturwissenschaft‹ und, als Beispiel für regionale Literaturgeschichte, die Geschichte der österreichischen Literatur des Mittelalters aufgeführt.

Horst Brunner: Geschichte der deutschen Literatur des Mittelalters im Überblick. 3. Aufl. Stuttgart 2003.

Dieter Kartschoke: Geschichte der deutschen Literatur im frühen Mittelalter. 3. Aufl. München 2000.

Joachim Bumke: Geschichte der deutschen Literatur im hohen Mittelalter. 4. Aufl. München 2000.

Thomas Cramer: Geschichte der deutschen Literatur im späten Mittelalter. 3. Aufl. München 2000.

Wolfgang Haubrichs: Die Anfänge: Versuche volkssprachiger Schriftlichkeit im frühen Mittelalter (ca. 700–1050/60). 2. Aufl. Frankfurt a.M. 1995 (Geschichte der deutschen Literatur von den Anfängen bis zum Beginn der Neuzeit Band I, Teil 1).

Gisela Vollmann-Profe: Wiederbeginn volkssprachiger Schriftlichkeit im hohen Mittelalter (1050/60–1160/70). Frankfurt a.M. 1986 (Geschichte der deutschen Literatur von den Anfängen bis zum Beginn der Neuzeit Band I, Teil II).

L. Peter Johnson: Die höfische Literatur der Blütezeit (1160/70–1220/30). Tübingen 1999 (Geschichte der deutschen Literatur von den Anfängen bis zum Beginn der Neuzeit Band II, Teil 1).

Joachim Heinzle: Wandlungen und Neuansätze im 13. Jahrhundert (1220/30–1289/90). 2. Aufl. Frankfurt a.M. 1994 (Geschichte der deutschen Literatur von den Anfängen bis zum Beginn der Neuzeit Band II, Teil 2).

Johannes Janota: Orientierung durch volkssprachliche Schriftlichkeit (1280/90–1380/90). Tübingen 2004 (Geschichte der deutschen Literatur von den Anfängen bis zum Beginn der Neuzeit Band III, Teil 1).

Die deutsche Literatur im späten Mittelalter. Erster Teil. 1250–1350. Von Helmut de Boor. 5. Aufl. Neubearbeitet von Johannes Janota. München 1997 (Geschichte der deutschen Literatur von den Anfängen bis zur Gegenwart. Dritter Band / Erster Teil).

Die deutsche Literatur im späten Mittelalter. Zweiter Teil. 1250–1370. Reimpaargedichte, Drama, Prosa. Hg. v. Ingeborg Glier. München 1987 (Geschichte der deutschen Literatur von den Anfängen bis zur Gegenwart. Dritter Band / Zweiter Teil).

Die Literatur im Übergang vom Mittelalter zur Neuzeit. Hg. v. Werner Röcke u. Marina Münkler. München, Wien 2004 (Hansers Sozialgeschichte der deutschen Literatur vom 16. Jahrhundert bis zur Gegenwart Band 1).

Klaus von See: Europäisches Frühmittelalter. Wiesbaden 1985 (Neues Handbuch der Literaturwissenschaft 6).

Henning Kraus: Europäisches Hochmittelalter. Wiesbaden 1981 (Neues Handbuch der Literaturwissenschaft 7).

Willi Erzgräber: Europäisches Spätmittelalter. Wiesbaden 1978 (Neues Handbuch der Literaturwissenschaft 8).

August Buck: Renaissance und Barock. 2 Bde. Wiesbaden 1972 (Neues Handbuch der Literaturwissenschaft 9–10).

Fritz Peter Knapp: Die Literatur des Früh- und Hochmittelalters in den Bistümern Passau, Salzburg, Brixen und Trient von den Anfängen bis zum Jahre 1273 (Geschichte der Literatur in Österreich 1).

Fritz Peter Knapp: Die Literatur des Spätmittelalters in den Ländern Österreich, Steiermark, Kärnten, Salzburg und Tirol von 1273 bis 1439. Teilband 1. Die Literatur in der Zeit der frühen Habsburger bis zum Tod Albrechts II. 1358. Graz 1999 (Geschichte der Literatur in Österreich 2,1)

Fritz Peter Knapp: Die Literatur des Spätmittelalters in den Ländern Österreich, Steiermark, Kärnten, Salzburg und Tirol von 1273 bis 1439. Teilband 2. Die Literatur zur Zeit der habsburgischen Herzöge von Rudolf IV. bis Albrecht V. (1358–1439). Graz 2004 (Geschichte der Literatur in Österreich 2,2)

6. | Autoren- und Werklexika

Die deutsche Literatur des Mittelalters. Verfasserlexikon. 2. Aufl. Hg. v. Kurt Ruh u. a. 11 Bde. Berlin, New York 1978–2003.

(Abgekürzt ^{2}VL; als maßgebliches Autoren- und Werklexikon zur deutschen Literatur des Mittelalters wichtigstes Informationsmittel der älteren deutschen Literaturwissenschaft. Das ›Verfasserlexikon‹ erfasst alle deutschsprachigen Werke und die im deutschen Sprachraum entstandenen lateinischen Werke mit Ausnahme der humanistischen bis um 1500 mit dem Anspruch auf Vollständigkeit. Jeder Artikel enthält ein Verzeichnis der Forschungsliteratur.)

Deutscher Humanismus 1480–1520. Verfasserlexikon. Hg. v. Franz Josef Worstbrock. Berlin, New York (im Erscheinen).

(Erfasst als Ergänzungsband zum ›Verfasserlexikon‹ die dort ausgesparte Literatur deutscher Humanisten.)

Deutschsprachige Literatur des Mittelalters. Studienauswahl aus dem ›Verfasserlexikon‹ (Band 1–10). Hg. v. Burghart Wachinger. Berlin, New York 2001.

(Auswahl von Artikeln aus dem ›Verfasserlexikon‹ zu den im universitären Unterricht am meisten behandelten Autoren und Texten.)

Deutsches Literatur-Lexikon. Biographisch-bibliographisches Handbuch. Begr. v. Wilhelm Kosch. 3. Aufl. Bern, München 1968 ff.

(Maßgebliches germanistisches Autoren- und Werklexikon zur älteren und neueren Literatur mit weitem Literaturbegriff; Ergänzungsbände aktualisieren die älteren Artikel.)

Literatur Lexikon. Autoren und Werke deutscher Sprache. Hg. v. Walther Killy. 15 Bde. München 1988–1993.

(An ein breiteres Publikum gerichtetes Autoren- und Werklexikon zur älteren und neueren Literatur.)

Deutsche Dichter der frühen Neuzeit (1450–1600). Ihr Leben und Werk. Hg. v. Stephan Füssel. Berlin 1993.

(Ausführlichere Informationen zu wichtigen Autoren.)

Metzler Autoren-Lexikon. Deutschsprachige Dichter und Schriftsteller vom Mittelalter bis zur Gegenwart. 2. Aufl. Hg. v. Bernd Lutz. Stuttgart, Weimar 1994.

(Zur schnellen Information.)

Tusculum-Lexikon. Ein Lexikon griechischer und lateinischer Autoren der Antike und des Mittelalters. Hg. v. Wolfgang Buchwald u. a. 3. Aufl. München 1982.
(Bietet Informationen auch über mittel- und neulateinische Werke europäischer Autoren bis um 1500.)

Sach- und Personenlexika | 7.

Sach- und Personenlexika bieten in erster Linie schnelle, leicht zugängliche Informationsmöglichkeiten, außerdem erste Einstiegsmöglichkeiten in die Forschungsliteratur zum jeweiligen Gegenstand. Wer sich frühzeitig mit ihnen vertraut macht, studiert besser.

Reallexikon der deutschen Literaturwissenschaft. Hg. v. Klaus Weimar u. a. 3 Bde. Berlin, New York 1997–2003.
(Abgekürzt RLW oder RL. Maßgebliches Lexikon zur Terminologie der älteren und neueren deutschen Literaturwissenschaft; die Artikel erläutern neben der Sachgeschichte jeweils auch die Begriffsgeschichte und verzeichnen wichtige Forschungsliteratur.)

Metzler Literatur-Lexikon. Begriffe und Definitionen. Hg. v. Günther u. Irmgard Schweikle. 2. Aufl. Stuttgart 1990.
(Zur schnellen Information.)

Literaturwissenschaftliches Lexikon. Grundbegriffe der Germanistik. Hg. v. Horst Brunner u. Rainer Moritz. Berlin 1997.
(Ausführlichere Informationen zu wichtigen Begriffen.)

Metzler Lexikon Literatur- und Kulturtheorie. Hg. v. Ansgar Nünning. Stuttgart, Weimar. 3. Aufl. 2004.
(Zur schnellen Information über Begriffe wie ›Diskurs‹ oder ›Systemtheorie‹, enthält auch Artikel zu wichtigen Theoretikern wie Bourdieu oder Foucault.)

Enzyklopädie des Märchens. Handwörterbuch zur historischen und vergleichenden Erzählforschung. Hg. v. Kurt Ranke u. a. Berlin 1977 ff.
(Abgekürzt EM. Der Titel ist irreführend; es handelt sich um das maßgebliche Sach- und Personenlexikon für alles, was mit Erzählen und Erzählliteratur zu tun hat – also keineswegs nur für Märchen –, insbesondere auch für Stoffe und Motive.)

Der Neue Pauly. Enzyklopädie der Antike. Hg. v. Hubert Cancik u. Helmuth Schneider. 16 Bde. Stuttgart, Weimar 1996–2003.

(Informiert über antike Personen und Sachen sowie, in einer eigenen Abteilung, über das Fortwirken der Antike in Mittelalter und Neuzeit.)

Der Kleine Pauly. Lexikon der Antike. Hg. v. Konrat Ziegler u. Walther Sontheimer. 5 Bde. Stuttgart 1964–1975. Reprint München 1979.
(Zur schnellen Information über antike Personen und Sachen.)

Lexikon des Mittelalters. Hg. v. Robert Auty u.a. 9 Bde. Zürich 1977–1998. Reprint München 1999.
(Abgekürzt LexMA. Informiert über mittelalterliche Personen und Sachen.)

Enzyklopädie der Neuzeit. Hg. v. Friedrich Jaeger. Stuttgart 2005ff.
(Im Erscheinen begriffenes Pendant zum ›Lexikon des Mittelalters‹.)

Lexikon für Theologie und Kirche. 3. Aufl. Hg. v. Walter Kasper u.a. 11 Bde. Freiburg i.Br. u.a. 1993–2001.
(Abgekürzt LThK. Katholisches Lexikon zu Personen und Sachen der Religions- und Kirchengeschichte.)

Religion in Geschichte und Gegenwart. Handwörterbuch für Theologie und Religionswissenschaft. 4. Aufl. Hg. v. Hans Dieter Betz u.a. Tübingen 1998ff.
(Abgekürzt RGG. Evangelisches Lexikon zu Personen und Sachen der Religions- und Kirchengeschichte.)

Die Musik in Geschichte und Gegenwart. 2. Aufl. Hg. v. Ludwig Finscher. Sachteil. 10 Bde. Kassel u.a. 1994–1999. Personenteil. Kassel u.a. 1999ff.
(Abgekürzt MGG. Informiert ausführlich über Personen und Sachen der Musikgeschichte; von Literaturwissenschaftlern bei allen Fragen benutzt, in denen sich Musik und Literatur treffen – ein Beispiel ist das Phänomen bzw. der Artikel ›Lied‹.)

Lexikon der christlichen Ikonographie. Hg. v. Wolfgang Braunfels. 8 Bde. Freiburg i.Br. 1968–1976.
(Abgekürzt LcI. Informiert über Motive und ihre Bedeutungen in der bildenden Kunst: Hier erfährt man, welche Bedeutungen der Löwe haben kann und welche Symbole für die Gottesmutter Maria es gibt. Für Literaturwissenschaftler von Interesse, weil Löwen und Mariensymbole ebenso in der Literatur auftauchen.)

8. | Begriffsgeschichtliche Lexika

Die großen begriffsgeschichtlichen Lexika gehören zu den wichtigsten Arbeits- und Informationsmitteln in den Kulturwissenschaften. Sie enthalten gewöhnlich ausführliche Artikel mit reichen Literaturangaben, die die Geschichte wichtiger Begriffe vorstellen. Begriffsgeschichtliche Lexika sind deshalb gewissermaßen die Enzyklopädien der kulturellen Diskurse und ihres Wandels: Hier erfährt man, welche Vorstellungen im Lauf der Zeiten mit einem bestimmten Begriff verbunden waren und wie sie sich verändert haben.

Geschichtliche Grundbegriffe. Historisches Lexikon zur politisch-sozialen Sprache in Deutschland. Hg. v. Otto Brunner u. a. 8 Bde. Stuttgart 1972–1997.
(Abgekürzt GG oder GGB. Benutzt man bei allen kulturwissenschaftlichen Fragen, die den Bereich von Herrschaft und Politik berühren; informiert beispielsweise darüber, wer wann was unter ›Freiheit‹ oder unter ›Volk‹ verstanden hat.)

Handwörterbuch zur deutschen Rechtsgeschichte. Hg. v. Adalbert Erler u. a. 5 Bde. Berlin 1971–1998.
(Abgekürzt HRG. Erfasst nicht nur den historischen Rechtswortschatz, sondern erklärt auch die rechtlichen Bedeutungen von Alltagswörtern wie etwa ›Mann‹ oder ›Ehe‹ und ihre Geschichte; für Literaturwissenschaftler von Nutzen, wenn ein Text rechtliche Bedeutungen ins Spiel bringt.)

Historisches Wörterbuch der Philosophie. Hg. v. Joachim Ritter u. a. 12 Bde. Basel 1971–2004.
(Abgekürzt HWPh. Erfasst viele Begriffe aus den Gebieten der Geisteswissenschaften. Hier kann man beispielsweise nachschlagen, was Philosophen, Theologen und andere Gelehrte zu verschiedenen Zeiten unter ›Seele‹ verstanden haben.)

Reallexikon für Antike und Christentum. Sachwörterbuch zur Auseinandersetzung des Christentums mit der antiken Welt. Hg. v. Theodor Klauser u. a. Stuttgart 1950 ff.
(Abgekürzt RAC. Dieses philosophisch-theologische begriffsgeschichtliche Wörterbuch benutzt man bei allen Fragen, die das Fortwirken der Antike im Christentum betreffen. Hier erfährt man beispielsweise unter dem Stichwort *fatum*, wie die antike Vorstellung vom Schicksal an die christliche der göttlichen Vorhersehung angepasst wurde.)

Theologische Realenzyklopädie. Hg. v. Gerhard Krause u. Gerhard Müller. 36 Bde. Berlin, New York 1977–2004.
(Abgekürzt TRE. Erfasst wie das ›Historische Wörterbuch der Philosophie‹ weite Bereiche der geisteswissenschaftlichen Terminologie; hier kann man sich beispielsweise ebenfalls über die Begriffsgeschichte von ›Seele‹ informieren. Der Schwerpunkt liegt aber auf der Geschichte der theologischen Diskurse.)

Historisches Wörterbuch der Rhetorik. Hg. v. Gert Ueding. Tübingen 1992 ff.

(Abgekürzt HWR. Wegen der Bedeutung der Rhetorik für die ältere Dichtung zugleich das maßgebliche Wörterbuch zur antiken, mittelalterlichen und frühneuzeitlichen poetologischen Terminologie und damit zur älteren Dichtungstheorie. Hier erfährt man beispielsweise, wer wann welche Vorstellungen davon hatte, was eine Metapher ist und leistet.)

Ästhetische Grundbegriffe. Historisches Wörterbuch in sieben Bänden. Hg. v. Karheinz Barck u. a. Stuttgart, Weimar 2000 ff.
(Informiert über die kunsttheoretische und damit auch über die literaturtheoretische Terminologie seit dem 18. Jahrhundert, berücksichtigt dabei aber jeweils die Vorgeschichte der behandelten Begriffe – wie etwa ›Autor‹ oder ›Form‹ – seit der Antike.)

9. | Literatur zu den einzelnen Kapiteln

Kapitel 1

Hans-Werner Goetz: Moderne Mediävistik. Stand und Perspektiven der Mittelalterforschung. Darmstadt 1999.

H. Günther: Neuzeit, Mittelalter, Altertum. In: Historisches Wörterbuch der Philosophie, Bd. 6 (1984), Sp. 781–798.

Peter von Moos: Gefahren des Mittelalterbegriffs. Diagnostische und präventive Aspekte. In: Modernes Mittelalter. Neue Bilder einer populären Epoche. Hg. v. Joachim Heinzle. Frankfurt a.M., Leipzig 1994, S. 33–63.

Friedrich Jaeger: Neuzeit als kulturelles Sinnkonzept. In: Handbuch der Kulturwissenschaften. Bd. 1. Grundlagen und Schlüsselbegriffe. Hg. v. Friedrich Jaeger u. Burkard Liebsch. Stuttgart, Weimar 2004, S. 506–531.

Kapitel 2

Sprachgeschichte. Ein Handbuch zur Geschichte der deutschen Sprache und ihrer Erforschung. 2. Aufl. Hg. v. Werner Besch u. a. 2. Teilband. Berlin, New York 2000. Darin insbesondere folgende Beiträge: Dieter Greuenich: Soziokulturelle Voraussetzungen, Sprachraum und Diagliederung des Althochdeutschen, S. 1144–1155; Thomas Klein: Soziokulturelle Voraussetzungen und Sprachraum des Altniederdeutschen (Altsächsischen), S. 1241–1247; Ursula Rautenberg: Soziokulturelle Voraussetzungen und Sprachraum des Mittelhochdeutschen, S. 1294–1304; Robert Peters: Soziokulturelle Voraussetzungen und Sprachraum des Mittelniederdeutschen, S. 1409–1422; Hans-Joachim Solms: Soziokulturelle Voraussetzungen und Sprachraum des Frühneuhochdeutschen, S. 1513–1527.

Hartmut Bookmann: Einführung in die Geschichte des Mittelalters. 7. Aufl. München 2001.

Ulrich Knefelkamp: Das Mittelalter. Geschichte im Überblick. 2. Aufl. Paderborn 2003.

Martina Hartmann: Mittelalterliche Geschichte studieren. Konstanz 2004.

Hans-Werner Goetz: Leben im Mittelalter. Vom 7. bis zum 13. Jahrhundert. 7. Aufl. München 2002.

Gerd Althoff u. a.: Menschen im Schatten der Kathedrale. Neuigkeiten aus dem Mittelalter. Darmstadt 1998.

Ernst Schubert: Alltag im Mittelalter. Natürliches Lebensumfeld und menschliches Miteinander. Darmstadt 2002.

Joachim Bumke: Höfische Kultur. Literatur und Gesellschaft im hohen Mittelalter. München 1986.

Peter Dinzelbacher: Europa im Hochmittelalter 1050–1250. Eine Kultur- und Mentalitätsgeschichte. Darmstadt 2003.

Johannes Grabmayer: Europa im späten Mittelalter 1250–1500. Eine Kultur- und Mentalitätsgeschichte. Darmstadt 2004.

Thomas A. Brady u. a. (Hg.): Handbook of European History in the Late Middle Ages, Renaissance and Reformation 1400–1600. 2 Bde. Leiden 1994–1995.

Anette Völker-Rasor (Hg.): Frühe Neuzeit. München 2000.

Beatrix Bastl: Europas Aufbruch in die Neuzeit 1450–1650. Eine Kultur- und Mentalitätsgeschichte. Darmstadt 2002.

Winfried Schulze: Deutsche Geschichte im 16. Jahrhundert. Frankfurt a.M. 1987.

Richard van Dülmen: Kultur und Alltag in der Frühen Neuzeit. 3 Bde. München 1990–1994.

Paul Münch: Lebensformen in der frühen Neuzeit. Frankfurt a.M. 1996.

Arnold Angenendt: Geschichte der Religiosität im Mittelalter. 2. Aufl. Darmstadt 2000.

Martin Kintzinger: Wissen wird Macht. Bildung im Mittelalter. Ostfildern 2003.

Luise Schorn-Schütte: Die Reformation. Vorgeschichte – Verlauf – Wirkung. München 1996.

Reinhard Hahn: Hans Sachs. In: Deutsche Dichter der frühen Neuzeit (1450–1600). Ihr Leben und Werk. Hg. v. Stephan Füssel. Berlin 1993, S. 406–427.

Günther Böhme: Bildungsgeschichte des europäischen Humanismus. Darmstadt 1986.

Karlheinz Stierle: Francesco Petrarca. Ein Intellektueller im Europa des 14. Jahrhunderts. München, Wien 2003.

Kapitel 3

Klaus Grubmüller: Sprache und ihre Verschriftlichung in der Geschichte des Deutschen. In: Sprachgeschichte. Ein Handbuch zur Geschichte der deutschen Sprache und ihrer Erforschung. 2. Aufl. Hg. v. Werner Besch u. a. 1. Teilband. Berlin, New York 1998, S. 300–310.

Manfred Günter Scholz: Die Entstehung volkssprachlicher Schriftkultur in Westeuropa. In: Schrift und Schriftlichkeit. Ein interdisziplinäres Handbuch internationaler Forschung. Hg. v. Hartmut Gunther u. Otto Ludwig. 1. Halbband. Belin, New York 1994, S. 555–572.

Sprachgeschichte. Ein Handbuch zur Geschichte der deutschen Sprache und ihrer Erforschung. 2. Aufl. Hg. v. Werner Besch u. a. 2. Teilband. Berlin, New York 2000. Darin folgende Beiträge: Alexander Schwarz: Die Textsorten des Althochdeutschen, S. 1052–1060; Willy Sanders: Die Textsorten des Altniederdeutschen (Altsächsischen), S. 1103–1109; Hannes Kästner, Bernd Schirok: Die Textsorten des Mittelhochdeutschen, S. 1164–1179; Karl Hyldgaard-Jensen: Die Textsorten des Mittelniederdeutschen, S. 1247–1251; Hannes Kästner u. a.: Die Textsorten des Frühneuhochdeutschen, S. 1355–1368.

Deutsch – Wort und Begriff. Hg. v. Wolfgang Haubrichs. Zeitschrift für Literaturwissenschaft und Linguistik 24 (1994), Heft 94.

Jürgen Fohrmann: Das Projekt der deutschen Literaturgeschichte. Entstehung und Scheitern einer nationalen Poesiegeschichtsschreibung zwischen Humanismus und deutschem Kaiserreich. Stuttgart 1989.

Ernst Robert Curtius: Europäische Literatur und lateinisches Mittelalter. Bern 1948. 11. Aufl. Tübingen, Basel 1993.

Walter J. Ong: Oralität und Literalität. Die Technologisierung des Wortes. Opladen 1987.

Ursula Schaefer: Zum Problem der Mündlichkeit. In: Modernes Mittelalter. Neue Bilder einer populären Epoche. Hg. v. Joachim Heinzle. Frankfurt a.M., Leipzig 1994, S. 357–375.

Rosamond McKitterick: The Carolingians and the Written Word. Cambridge 1989.

Dennis Green: Medieval Listening and Reading. Cambridge 1994.

Horst Wenzel: Hören und Sehen, Schrift und Bild. Kultur und Gedächtnis im Mittelalter. München 1995.

Wissensliteratur im Mittelalter und in der Frühen Neuzeit. Bedingungen, Typen, Publikum, Sprache. Hg. von Horst Brunner und Norbert Richard Wolf. Wiesbaden 1993.

Eike von Repgow: Der Sachsenspiegel. Hg. v. Clausdieter Schott. Zürich 1984 (Niederdeutsch mit Übersetzung).

Sachsenspiegel. Landrecht und Lehnrecht. Hg. v. Friedrich Ebel. Stuttgart 1999 (Mitteldeutsch).

Gott ist selber Recht. Die vier Bilderhandschriften des Sachsenspiegels. Ausstellungskatalog. 2. Aufl. Wolfenbüttel 1993.

Hiram Kümper: Sachsenspiegel. Eine Bibliographie mit einer Einleitung zu Überlieferung, Wirkung und Forschung. Nordhausen 2004.

Biblia / das ist / die gantze Heilige Schrifft Deudsch. Mart. Luth. Wittenberg 1534. Fotografischer Nachdruck Köln 2002.

D. Martin Luther: Die gantze Heilige Schrifft Deudsch. Wittenberg 1545. Hg. v. Hans Volz u. Heinz Blanke. München 1972.

Stefan Sonderegger: Geschichte deutschsprachiger Bibelübersetzungen in Grundzügen. In: Sprachgeschichte. Ein Handbuch zur Geschichte der deutschen Sprache und ihrer Erforschung. 2. Aufl. Hg. v. Werner Besch u. a. 1. Teilband. Berlin, New York 1998, S. 229–284.

Gerhard Hahn: Literatur und Konfessionalisierung. In: Die Literatur im Übergang vom Mittelalter zur Neuzeit. Hg. v. Werner Röcke u. Marina Münkler. München, Wien 2004, S. 242–262.

Manfred Fuhrmann: Latein und Europa. Geschichte des gelehrten Unterrichts in Deutschland von Karl dem Großen bis Wilhelm II. Köln 2001.

Karl Langosch: Mittellatein und Europa. Führung in die Hauptliteratur des Mittelalters. Darmstadt 1990.

Uta Lindgren: Die Artes liberales in Antike und Mittelalter. Bildungs- und wissenschaftsgeschichtliche Entwicklungslinien. München 2004.

Waltharius. Lateinisch-deutsch. Übers. u. hg. v. Gregor Vogt-Spira. Stuttgart 1994.

Georg Steer: Geistliche Prosa. In: Die deutsche Literatur im späten Mittelalter. Zweiter Teil. 1250–1370. Reimpaargedichte, Drama, Prosa. Hg. v. Ingeborg Glier. München 1987, S. 306–370.

Edith Feistner: Historische Typologie der deutschen Heiligenlegende des Mittelalters von der Mitte des 12. Jahrhunderts bis zur Reformation. Wiesbaden 1995.

Hans-Jochen Schiewer: German Sermons in the Middle Ages. In: The Sermon. Hrsg. v. Beverly M. Kienzle. Turnhout 2000.

Robert Luff: Wissensvermittlung im europäischen Mittelalter. ›Imago-mundi‹-Werke und ihre Prologe. Tübingen 1999. (Zum ›Lucidarius‹.)

Klaus Grubmüller: Meister Esopus. Untersuchungen zu Geschichte und Funktion der Fabel im Mittelalter. Zürich, München 1977.

Günther Schweikle: Minnesang. 2. Aufl. Stuttgart, Weimar 1995.

Elisabeth Lienert: Deutsche Antikenromane des Mittelalters. Berlin 2001.

Das Rolandslied des Pfaffen Konrad. Mittelhochdeutsch / Neuhochdeutsch. Hg., übers. u. kommentiert v. Dieter Kartschoke. Stuttgart 1993.

Christoph Huber: Gottfried von Straßburg: Tristan. Berlin 2000.

Volker Mertens: Der deutsche Artusroman. Stuttgart 1998.

Romane des 15. und 16. Jahrhunderts. Nach den Erstdrucken mit sämtlichen Holzschnitten hg. v. Jan-Dirk Müller. Frankfurt a.M. 1990.

Kapitel 4

C. Kallendorf u. a.: Dichtung. In: Historisches Wörterbuch der Rhetorik Bd. 2 (1994), Sp. 676–736.

Rainer Rosenberg: Literarisch/Literatur. In: Ästhetische Grundbegriffe Bd. 3 (2001), S. 665–693.

Quintus Horatius Flaccus: Ars Poetica. Die Dichtkunst. Lateinisch/Deutsch. Übers. u. hg. v. Eckart Schäfer. Stuttgart 1997.

Manfred Fuhrmann: Die Dichtungstheorie der Antike. Aristoteles – Horaz – ›Longin‹. Eine Einführung. Düsseldorf 2003.

Manfred Fuhrmann: Die antike Rhetorik. Eine Einführung. 5. Aufl. Düsseldorf 2003.

Aurelius Augustinus: Die christliche Bildung (De doctrina Christiana). Übersetzung, Anmerkungen und Nachwort von Karla Pollmann. Stuttgart 2002.

(**Galfrid von Vinsauf**:) Ernest Gallo: The *Poetria nova* and its sources in early rhetorical doctrine. Den Haag, Paris 1971 (Ausgabe mit englischer Übersetzung).

Paul Klopsch: Einführung in die Dichtungslehren des lateinischen Mittelalters. Darmstadt 1980.

Walter Haug: Literaturtheorie im deutschen Mittelalter. 2. Aufl. Darmstadt 1992.

Fritz Peter Knapp: Historie und Fiktion in der mittelalterlichen Gattungspoetik. Sieben Studien und ein Nachwort. Heidelberg 1997.

Repertorium der Sangsprüche und Meisterlieder des 12. bis 18. Jahrhunderts. Hg. v. Horst Brunner u. Burghart Wachinger. 16 Bde. Tübingen 1986–2002.

Helmut Tervooren: Sangspruchdichtung. Stuttgart 1995.

Julius Caesar Scaliger: Poetices libri septem. Sieben Bücher über die Dichtkunst. Hg., übersetzt, eingeleitet u. erläutert v. Luc Deitz u. Gregor Vogt-Spira. 5 Bde. Stuttgart-Bad Cannstadt 1994–2003.

Konrad Celtis: Oratio in gymnasio in Ingelstadio publice recitata. Hg. v. Hans Rupprich. Leipzig 1932. Dt. Übers. in: Die deutsche Literatur vom Mittelalter bis zum 20. Jahrhundert. Texte und Zeugnisse. Bd. II. Spätmittelalter, Humanismus, Reformation. Hg. v. Hedwig Heger. München 1978, 2. Teilband, S. 3–11.

Philipp Melanchthon: Glaube und Bildung. Texte zum christlichen Humanismus. Lateinisch/deutsch. Übers. u. hg. v. Günter R. Schmidt. Stuttgart 1997.

Hans-Gert Roloff: Neulateinische Literatur. In: Propyläen Geschichte der Literatur. Literatur und Gesellschaft der westlichen Welt. 3. Bd. Renaissance und Barock. Berlin 1984, S. 196–230.

Jörg Robert: Konrad Celtis und das Projekt der deutschen Dichtung. Studien zur humanistischen Konstitution von Poetik, Philosophie, Nation und Ich. Tübingen 2003.

Paul Zumthor: Die Stimme und die Poesie in der mittelalterlichen Gesellschaft. München 1994.

Ursula Schaefer: Vokalität. Altenglische Dichtung zwischen Mündlichkeit und Schriftlichkeit. Tübingen 1992.

Heliand und die Bruchstücke der Genesis. Aus dem Altsächsischen und Angelsächsischen übersetzt v. Felix Genzmer. Anmerkungen u. Nachwort v. Bernhard Sowinski. Stuttgart 1989.

Alastair J. Minnis: Medieval Theory of Authorship. Scholastic literary attitudes in the later Middle Ages. 2. Aufl. Philadelphia 1988.

Rüdiger Schnell: Autor und Werk im deutschen Mittelalter. In: Wolfram-Studien 15 (1998), S. 12–73.

Ich – Ulrich von Liechtenstein. Literatur und Politik im Mittelalter. Hg. v. Franz Viktor Spechtler u. Barbara Maier. Klagenfurt 1999.

Oswald von Wolkenstein: Lieder. Mittelhochdeutsch und Neuhochdeutsch. Auswahl. Hg., übers. u. erläutert v. Burghart Wachinger. Stuttgart 1992.

Ursula Rautenberg: Das Werk als Ware. Der Nürnberger Kleindrucker Hans Folz. In: Internationales Archiv für Sozialgeschichte der deutschen Literatur 24 (1999), S. 1–40.

Sebastian Brant: Das Narrenschiff. Studienausgabe. Mit allen 114 Holzschnitten des Drucks Basel 1494. Hg. v. Joachim Knape. Stuttgart 2005.

Manuel Braun: Historie und Historien. In: Die Literatur im Übergang vom Mittelalter zur Neuzeit. Hg. v. Werner Röcke u. Marina Münkler. München, Wien 2004, S. 317–361.

Fortunatus. Studienausgabe nach der Editio princeps von 1509. Hg. v. Hans-Gert Roloff. Stuttgart 1996.

Historia von D. Johann Fausten. Text des Druckes von 1587. Mit Zusatztexten der Wolfenbütteler Handschrift und der zeitgenössischen Drucke. Hg. v. Stephan Füssel u. Hans Joachim Kreutzer. Stuttgart 1999.

Kapitel 5

Sabine Griese u. a.: Die Leseliste. Kommentierte Empfehlungen. 2. Aufl. Stuttgart 2002.

Wulf Segebrecht: Was sollen Germanisten lesen? Ein Vorschlag. 2. Aufl. Berlin 2000.

Manfred Fuhrmann: Bildung. Europas kulturelle Identität. Stuttgart 2002.

Harold Bloom: The Western Canon. New York 1994.

Renate von Heydebrand (Hg.): Kanon – Macht – Kultur. Theoretische, historische und soziale Aspekte ästhetischer Kanonbildungen. Stuttgart, Weimar 1998.

Aleida Assmann, Jan Assmann (Hg.): Kanon und Zensur. München 1987.

Georg Gottfried Gervinus: Geschichte der poetischen National-Litteratur der Deutschen. 5 Bde. Leipzig 1835–1842.

Wilhelm Scherer: Geschichte der deutschen Litteratur. Berlin 1883.

Kapitel 6

Werner Williams-Krapp: Die überlieferungsgeschichtliche Methode. Rückblick und Ausblick. In: Internationales Archiv für Sozialgeschichte der deutschen Literatur 25 (2000), S. 1–21.

Karl Löffler: Einführung in die Handschriftenkunde. Neu bearb. v. Wolfgang Milde. Stuttgart 1997.

Karin Schneider: Paläographie und Handschriftenkunde für Germanisten. Eine Einführung. Tübingen 1999.

Uwe Neddermeyer: Von der Handschrift zum gedruckten Buch. Schriftlichkeit und Leseinteresse im Mittelalter und in der frühen Neuzeit. Quantitative und qualitative Aspekte. 2 Bde. Wiesbaden 1998.

Christina Jakobi-Mirwald: Das mittelalterliche Buch. Funktion und Ausstattung. Stuttgart 2004.

Codex Manesse. Die Große Heidelberger Liederhandschrift. Vollfaksimile. Mit Interimstexten v. Ingo F. Walther. Frankfurt a.M. 1975–1979. – Kommentar hg. v. Walter Koschorrek u. Wilfried Werner. Frankfurt a.M. 1981.

Codex Manesse. Hg. v. Elmar Mittler u. Wilfried Werner. (Ausstellungskatalog) Heidelberg 1988.

Codex Manesse. Die Miniaturen der Großen Heidelberger Liederhandschrift. Hg. u. erläutert v. Ingo F. Walther. Frankfurt a.M. 1988.

Ambraser Heldenbuch. Vollständiges Faksimile im Originalformat. Kommentar von Franz Unterkirchner. Graz 1973.

Jan-Dirk Müller: Gedechtnus. Literatur und Hofgesellschaft um Maximilian I. München 1982.

Jan-Dirk Müller: Formen literarischer Kommunikation im Übergang vom Mittelalter zur Neuzeit. In: Die Literatur im Übergang vom Mittelalter zur Neuzeit. Hg. v. Werner Röcke u. Marina Münkler. München, Wien 2004, S. 21–53. (Zum Buchdruck.)

Stephan Füssel: Johannes Gutenberg. 3. Aufl. Reinbek bei Hamburg 2003.

Michael Gieseke: Der Buchdruck in der frühen Neuzeit. Frankfurt a.M. 1991.

Hartmann Schedel: Weltchronik. Kolorierte Gesamtausgabe von 1493. Einleitung und Kommentar v. Stephan Füssel. Köln etc. 2001.

Elisabeth Rücker: Hartmann Schedels Weltchronik. Das größte Buchunternehmen der Dürer-Zeit. München 1988.

Jürgen Wolf: New Philology / Textkritik. In: Germanistik als Kulturwissenschaft. Eine Einführung in neue Theoriekonzepte. Hg. v. Claudia Benthien u. Hans Rudolf Velten. Reinbek bei Hamburg 2002, S. 175–195.

Thomas Bein: Textkritik. Eine Einführung in Grundlagen der Edition altdeutscher Dichtung. Göppingen 1990.

http://www.manuscripta-mediaevalia.de/hs/hs-online.htm (verschiedene digitale Faksimiles, darunter die gesamte Große Heidelberger Liederhandschrift einschließlich Miniaturen).

Kapitel 7

Klaus von See: Germanische Verskunst. Stuttgart 1967.

Werner Hoffmann: Altdeutsche Metrik. 2. Aufl. Stuttgart 1981.

Dieter Breuer: Deutsche Metrik und Versgeschichte. 4. Aufl. München 1999.

Otto Paul, Ingeborg Glier: Deutsche Metrik. 9. Aufl. München 1993.

Christian Wagenknecht: Deutsche Metrik. Eine historische Einführung. 4. Aufl. München 1999 (ab 15./16. Jahrhundert).

Kapitel 8

Margot Heinemann, Wolfgang Heinemann: Textlinguistik. Interaktion – Text – Diskurs. Tübingen 2002.

Heinz Vater: Einführung in die Textlinguistik. Struktur und Verstehen von Texten. 3. Aufl. München 2001.

Algirdas Julien Greimas: Strukturale Semantik. Braunschweig 1971.

Michael Titzmann: Strukturale Textanalyse. Theorie und Praxis der Interpretation. 3. Aufl. München 1993.

Josef Kopperschmidt: Methodik der Argumentationsanalyse. Stuttgart-Bad Cannstatt 1989.

Alexander Schwarz u. a.: Alte Texte lesen. Textlinguistische Zugänge zur älteren deutschen Literatur. Bern, Stuttgart 1988.

Manfred Günter Scholz: Walther von der Vogelweide. Stuttgart, Weimar 1999.

Horst Wenzel: Melancholie und Inspiration. Walther von der Vogelweide L. 8,4 ff. Zur Entwicklung des europäischen Dichterbildes. In: Walther von der Vogelweide. Beiträge zu Leben und Werk. Hg. v. Hans-Dieter Mück. Stuttgart 1989.

Albrecht Hagenlocher: Der ›guote vride‹. Idealer Friede in deutscher Literatur bis ins frühe 14. Jahrhundert. Berlin, New York 1992.

Stefan Hohmann: Friedenskonzepte. Die Thematik des Friedens in der deutschsprachigen politischen Lyrik des Mittelalters. Köln u. a. 1992.

John of Salisbury: Policraticus. Of the frivolities of courtiers and the footprints of philosophers. Ed. and transl. by Cary J. Nederman. Cambridge 1990.

Gert Ueding, Bernd Steinbrink: Grundriss der Rhetorik. Geschichte, Technik, Methode. 4. Aufl. Stuttgart 2005.

Karl-Heinz Göttert: Einführung in die Rhetorik. Grundbegriffe, Geschichte, Rezeption. 3. Aufl. München 1998.

Joachim Knape: Was ist Rhetorik? Stuttgart 2000.

Kapitel 9

Daniel Fulda: Sinn und Erzählung – Narrative Kohärenzansprüche der Kulturen. In: Handbuch der Kulturwissenschaften. Bd. 1. Grundlagen und Schlüsselbegriffe. Hg. v. Friedrich Jaeger und Burkhard Liebsch. Stuttgart, Weimar 2004, S. 251–265.

Matias Martinez, Michael Scheffel: Einführung in die Erzähltheorie. 6. Aufl. München 2005.

Gérard Genette: Die Erzählung. München 1994.

Konrad von Würzburg: Engelhard. 3. Aufl. Hg. v. Ingo Reiffenstein. Tübingen 1982.

Konrad von Würzburg: Engelhard. Nach dem Text von Ingo Reiffenstein ins Neuhochdeutsche übertragen, mit einem Stellenkommentar u. einem Nachwort v. Klaus Jörg Schmitz. Göppingen 1989.

Rüdiger Brandt: Konrad von Würzburg. Darmstadt 1987.

Peter H. Oettli: Tradition and Creativity: The ›Engelhard‹ of Konrad von Würzburg. Its Structure and its Sources. Bern, New York 1986.

Ute von Bloh: ›Engelhart der Lieben Jäger‹. ›Freundschafft‹ und ›Liebe‹ im ›Engelhart‹. In: Zeitschrift für Germanistik 8 (1998), S. 317–334.

Marcus Tullius Cicero: Laelius. Über die Freundschaft. Hg. v. Max Faltner. 3. Aufl. München 1980.

Rüdiger Schnell: Causa amoris. Liebeskonzeption und Liebesdarstellung in der mittelalterlichen Literatur. Bern, München 1985.

Michael Camille: Die Kunst der Liebe im Mittelalter. Köln 1998.

Rüdiger Krüger: puella bella. Die Beschreibung der schönen Frau in der Minnelyrik des 12. und 13. Jahrhunderts. Stuttgart 1993.

Theo Stemmler (Hg.): Schöne Frauen – Schöne Männer. Literarische Schönheitsbeschreibungen. Tübingen 1988.

Dagmar Thoss: Studien zum locus amoenus im Mittelalter. Wien 1972.

Ernst Robert Curtius: Europäische Literatur und lateinisches Mittelalter. 11. Aufl. Tübingen, Bern 1993.

Kapitel 10

Michel Foucault: Archäologie des Wissens. Frankfurt a.M. 1973.

Michel Foucault: Die Ordnung des Diskurses. Frankfurt a.M. 1977.

Ulrich Brieler: Von der Unerbittlichkeit der Historizität. Foucault als Historiker. Köln u. a. 1998.

Angelika Epple: Wahrheit, Macht, Subjekt. Historische Kategorien im Werk Michel Foucaults. In: Handbuch der Kulturwissenschaften. Bd. 2. Paradigmen und Disziplinen. Hg. v. Friedrich Jaeger u. Jürgen Straub. Stuttgart, Weimar 2004, S. 416–429.

Michael Titzmann: Kulturelles Wissen – Diskurs – Denksystem. Zu einigen Grundbegriffen der Literaturgeschichtsschreibung. In: Zeitschrift für französische Sprache und Literatur 99 (1989), S. 47–61.

Jürgen Link, Ursula Link-Heer: Diskurs, Interdiskurs und Literaturanalyse. In: Zeitschrift für Literaturwissenschaft und Linguistik 20 (1990), Heft 77, S. 88–99.

Udo Friedrich: Ordnungen des Wissens. Ältere deutsche Literatur. In: Germanistik als Kulturwissenschaft. Eine Einführung in neue Theoriekonzepte. Hg. v. Claudia Benthien u. Hans Rudolf Velten. Reinbek bei Hamburg 2002, S. 83–102.

Handbook of Medieval Sexuality. Ed. by Vern L. Bullough and James A. Brundage. New York, London 1996.

Michael Müller: Die Lehre des Hl. Augustinus von der Paradiesesehe und ihre Auswirkungen in der Sexualethik des 12. und 13. Jahrhunderts bis Thomas von Aquin. Regensburg 1954.

Hubertus Lutterbach: Sexualität im Mittelalter. Eine Kulturstudie anhand von Bußbüchern des 6. bis 12. Jahrhunderts. Köln 1999.

James A. Brundage: Law, Sex, and Christian Society in Medieval Europe. Chicago, London 1987.

Rudolf Weigand: Liebe und Ehe im Mittelalter. 2. Aufl. Goldbach 1998.

Danielle Jacquart, Claude Thomasset: Sexuality and Medicine in the Middle Ages. Cambridge 1988.

Theo Stemmler (Hg.): Liebe als Krankheit. Mannheim 1990.

Rüdiger Schnell: Die ›höfische‹ Liebe als ›höfischer‹ Diskurs über die Liebe. In: Curialitas. Studien zu Grundfragen der höfisch-ritterlichen Kultur. Hg. v. Josef Fleckenstein. Göttingen 1990, S. 231–301.

Kapitel 11

Andreas Reckwitz: Die Transformation der Kulturtheorien. Zur Entwicklung eines Theorieprogramms. Weilerswist 2000.

Karl H. Hörning: Kultur als Praxis. In: Handbuch der Kulturwissenschaften. Bd. 1. Grundlagen und Schlüsselbegriffe. Hg. v. Friedrich Jaeger und Burkhard Liebsch. Stuttgart, Weimar 2004, S. 139–151.

Pierre Bourdieu: Sozialer Sinn. Kritik der theoretischen Vernunft. Frankfurt a.M. 1987.

Pierre Bourdieu: Praktische Vernunft. Zur Theorie des Handelns. Frankfurt a.M. 1985.

Lutz Raphael: Habitus und sozialer Sinn: Der Ansatz der Praxistheorie Pierre Bourdieus. In: Handbuch der Kulturwissenschaften. Bd. 2. Paradigmen und Disziplinen. Hg. v. Friedrich Jaeger u. Jürgen Straub. Stuttgart, Weimar 2004, S. 266–276.

Markus Schwingel: Pierre Bourdieu zur Einführung. 4. Aufl. Hamburg 2003.

Hans Rudolf Velten: Performativität. Ältere deutsche Literatur. In: Germanistik als Kulturwissenschaft. Eine Einführung in neue Theoriekonzepte. Hg. v. Claudia Benthien u. Hans Rudolf Velten. Reinbek bei Hamburg 2002, S. 217–242.

Fastnachtspiele des 15. und 16. Jahrhunderts. Hg. v. Dieter Wuttke. 4. Aufl. Stuttgart 1989. (›Eggenziehen‹ S. 27–33.)

Hans Sachs: Die hausmaid im pflug. In: Hans Sachs. Hg. v. Adelbert von Keller. Bd. 5. Tübingen 1870, S. 179–183.

Eckhard Simon: Die Anfänge des weltlichen deutschen Schauspiels 1370–1530. Untersuchung und Dokumentation. Tübingen 2003.

Norbert Schindler: Widerspenstige Leute. Studien zur Volkskultur in der frühen Neuzeit. Frankfurt a.M. 1992.

Werner Röcke: Text und Ritual. Spielformen des Performativen in der Fastnachtkultur des späten Mittelalters. In: Das Mittelalter 5 (2000), S. 83–100.

Werner Röcke: Literarische Gegenwelten. Fastnachtspiele und karnevaleske Festkultur. In: Die Literatur im Übergang vom Mittelalter zur Neuzeit. Hg. v. Werner Röcke u. Marina Münkler. München, Wien 2004, S. 420–445.

Bildnachweis

Abb. 1: Nürnberg-Holzschnitt aus der ›Schedelschen Weltchronik‹, Nürnberg 1493; Bayerische Staatsbibliothek München, RAR. 787, fol. 99^{v}–100^{r}. Abb. 2: Textbeginn in der ›Nibelungenlied‹-Handschrift C, Badische Landesbibliothek Karlsruhe, Cod. Donaueschingen 63, fol. 1^{r}. Abb. 3: Vorrede des ›Sachsenspiegels‹ in der Handschrift W, Herzog August Bibliothek Wolfenbüttel, Cod. Guelf. 3.1 Aug. 2°, fol. 9^{v}. Abb. 4: Titelblatt der Lutherbibel, Wittenberg 1534. Abb. 5: Miniatur zu den Liedern Konrads von Würzburg in der Manessischen Liederhandschrift (Codex Manesse), Universitätsbibliothek Heidelberg, Cod. Pal. germ. 848, fol. 383^{r}. Abb. 6: Anfang des 1. Kapitels (Büchernarr) von Sebastian Brants ›Narrenschiff‹, Basel 1494; aus: Sebastian Brant: Das Narrenschiff. Faksimile der Erstausgabe Basel 1494. Hg. v. Dieter Wuttke. Baden-Baden 1994, mit freundlicher Genehmigung des Verlags Valentin Koerner GmbH, Baden-Baden. Abb. 7: Eneas und Dido in der Handschrift h des ›Eneasromans‹ Heinrichs von Veldeke, Universitätsbibliothek Heidelberg, Cod. Pal. germ. 403, fol. 42^{r}. Abb. 8: ›Der Ackermann‹ des Johannes von Tepl. Textbeginn in der Handschrift B, Universitätsbibliothek Heidelberg, Cod. Pal. germ. 76, fol. 2^{r}. Abb. 9: Titelblatt des ›Ulenspiegel‹-Drucks, Straßburg 1515; aus: Ein kurtzweilig Lesen von Dil Ulenspiegel. Nach dem Druck von 1515 mit 87 Holzschnitten. Hg. v. Wolfgang Lindow. Stuttgart 2003. Abb. 10: Miniatur zu den Liedern Walthers von der Vogelweide in der Manessischen Liederhandschrift (Codex Manesse), Universitätsbibliothek Heidelberg, Cod. Pal. germ. 848, fol. 124^{r}. Abb. 11: ›Parzival‹-Handschrift aus der Werkstatt von Diebold Lauber, Universitätsbibliothek Heidelberg, Cod. Pal. germ. 339, fol. 168^{r}. Abb. 12: Anfang des 1. Buchs Mose in der Gutenberg-Bibel, Mainz 1454; Niedersächsische Staats- und Universitätsbibliothek Göttingen, www.gutenbergdigital.de. Abb. 13: Passage aus der Vorrede des ›Evangelienbuchs‹ Otfrids von Weißenburg in der Handschrift P, Universitätsbibliothek Heidelberg, Cod. Pal. lat. 52, fol. 9^{v}. Abb. 14: Der ›Reichston‹ Walthers von der Vogelweide in der Manessischen Liederhandschrift (Codex Manesse), Universitätsbibliothek Heidelberg, Cod. Pal. germ. 848, fol. 125^{r}. Abb. 15: Höfisches Liebespaar. Miniatur zu den Liedern Konrads von Altstetten in der Manessischen Liederhandschrift (Codex Manesse), Universitätsbibliothek Heidelberg, Cod. Pal. germ. 848, fol. 249^{v}. Abb. 16: Holzschnitt von 1532 zu Hans Sachs: ›*Die hausmaid im pflug*‹; aus: Hans Sachsens Dramen. Hg. v. Paul Merker u. Reinhard Buchwald. Leipzig 1924, S. 170.

Register

Die fett gedruckten Seitenangaben verweisen auf Begriffsdefinitionen sowie grundlegende historische Sacherläuterungen.

Abgesang 177–179
Abvers 167 f., 172–174, 181 f.
Äquivalenz 193 f.
Äsop 61
Akzentuierende Verse **165**, 168, 174, 180, 183
Alberic von Bisinzo 63
Alterität 6 f., 10
Alternation **171**, 173–176, 178, 180, 183–185
Altfranzösisch 46, 63–65, 108 f., 221
Althochdeutsch 11, **14–16**, **20**, **22**, 35, 39, 41, 55, 58, 70, 107, 166
Altniederdeutsch **14–16**, **20**, **22**, 35, 91, 166
Altsächsisch s. Altniederdeutsch
Ambraser Heldenbuch 141 f., 148
›Amicus und Amelius‹ 221
Antikenroman **63**, 66, 82, 99, 109
Anvers 167 f., 172 f., 181 f.
Argument 195, 204, 206
Arigo, ›Dekameron‹ 68
Aristoteles 26, 75, 84, 202, 246 f.
Artes liberales 58
Artusroman 46, **65–67**, 77, 81, **112**, **115 f.**, 143, 263
Assonanzreim 171
Aufbruch des 12. Jahrhunderts 22
Aufgesang 177–179
Auftakt 173, 175, 178
Augustinus 33, 79, 243 f.
Autonomie 73 f.
Autorschaft 93–98
Avian 61
Bedeutung **1–9**, 12, **186–190**, 192–197, 202–204, 206–209, 213–215, 218–223, 226, 229–231, **232**, 235–237, **260**, 262–264, 266, 268, 272, 281
Begriffsbeziehungen 192–196
Benoît de Ste.-Maure 63
Beschwerte Hebung 173 f.
Bettelorden 26, 30, 139
Bewertungsfunktion der Erzählinstanz 210 f.
Bibelübersetzung 18, 54, 56
Blochziehen 276–278
Blockbuch 144
Boccaccio, Giovanni 27, 68
Boethius 58
Bonaventura 93, 99
Boner, Ulrich, ›Der Edelstein‹ 61, 147
Bote, Hermann 125
Bourdieu, Pierre 267
Brant, Sebastian, ›Das Narrenschiff‹ 96–98, 185
Bretonischer Roman 63 f.
Buchdruck 10, **32**, 34, 36, 38, 65, 67, 96, 98, 129, 140, **143–152**
Bußbücher 241 f., 245 f.

›Carmina Burana‹ 181
Cellerarius, Christoph 34
Celtis, Konrad 85, 149
Chrétien de Troyes 65 f., 81 f., 112, 116
Cicero 31, 145, 222 f.
Codex 31 f., 141
Curtius, Ernst Robert 38

Darstellungsfunktion der Erzählinstanz 210
›Der Heiligen Leben‹ 59 f.
Dichtungsbegriff 71–102
Diskurs 12, 186, **232–241**, 242–259, 265–268, 273 f., 281
Diskursanalyse 237–259
Domschulen 25, 44, 50

Edition 130, 147, **152–154**, 156, 158, 160
›Eggenziehen‹ 275 f., 278, 280 f.
Eike von Repgow, ›Sachsenspiegel‹ 51–54, 105
Eilhart von Oberg, ›Tristan‹ 64
Einblattdruck 144
Einkehrspiel **270**, 273, **275**, 278–281
Einzelhandschrift 132
Elisabeth von Nassau-Saarbrücken, ›Huge Scheppel‹ 67
Elision 178
Endreim, Endreimvers 91 f., **165**, **168**, 170 f., 174
Enjambement 176
Epilog, Epimythion 124, **229**, 231, 275
Epochen 9–11, 33–36
Erasmus von Rotterdam 56
Erzählbezogene Funktion der Erzählinstanz 211, 229
Erzählerische Vermittlung **210**, 212, 226–231, 233
Erzählerkommentar 211, 226 f.
Erzählinstanz 210 f., 213 f., 226 f., 229
Erzählung 207–231
Etzel 41, 59, 113
›Eulenspiegel‹ 125 f.
Exemplarisches Erzählen 230
Explizit 131

Fabel (Tierfabel) **61**, 118, 145, 151
Faksimile 152 f.
Fastnacht, Fastnachtspiel 12, 269–281
Figurenkonstruktion 209
Figurenrede 213, 226, 228
Fiktionalität 75 f., 102, 210
Finale Handlungsmotivierung 222, 227 f.
Flugschrift 151
Foliierung 132
Folz, Hans 96 f.
›Fortunatus‹ 101 f., 124
Foucault, Michel 234, 236, 238 f., 267
Friedrich von Hausen 111
Frühneuhochdeutsch 11, 14, **17 f.**, 35 f., 125, 155 f.
Füllungsfreiheit **168**, **171**, 173–176, 180

Galen 246 f.
Galfrid von Vinsauf 80
Geistliches Spiel 269 f.
Gemeines Deutsch 18
Genette, Gérard 210, 233
Geoffrey von Monmouth 65
Gervinus, Georg Gottfried 104
Geschichte (erzähltheoretisch) **209–215**, **220–222**, 224, 226, 228, **230 f.**, 233
Geschichtsbegriff 5–7, 33, 41
Gewohnheitsrecht 52, 256–259
Gottfried von Straßburg, ›Tristan‹ **24**, 64, **77 f.**, 80–82, **115**, 140, 175
Große Heidelberger Liederhandschrift s. Manessische Liederhandschrift
Grundherrschaft 19
Gutenberg, Johannes 32, 140, **144 f.**

Habitus 267 f.
Hadlaub, Johannes 133–135, 137 f.
Hahn, Ulla 1–5, 8 f., 12, 255
Handlungswissen 265, 268, 276
Handschrift 129–143
Hartmann von Aue **45 f.**, 49, **111 f.**, 142 f., 175, **198**, 210 f.

›Armer Heinrich‹ 46, 198
›Erec‹ 66, **112 f.**, 142 f., **198**
›Iwein‹ **45 f.**, 49, 66, **112**, 142, 210 f.
Heiligenlegende 59, 99, 117, 221
Heinrich VI., Kaiser 135, 203
Heinrich von Morungen 111, 178
Heinrich von München 99
Heinrich von Veldeke, ›Eneasroman‹ 63, **109–111**, 197, 210
Heldenepik (schriftlich) **48**, **63 f.**, 66, 82, **98–100**, **108**, 117 f., 142, **172**
Heldenlied (mündlich) **41–43**, 48 f., 59, **87–93**, **106**, **113**, 163, **166 f.**, **172 f.**
›Heliand‹ 91, 93
Herbort von Fritzlar, ›Trojaroman‹ 63
Hiat 178
Hierarchisierung 194
Hieronymus 54
›Hildebrandslied‹ **41**, 91, **106**, 131, **166**, 168
Hildebrandstrophe 180–182
Historia 76, 89, 100, 102, 123
›Historia von D. Johann Fausten‹ 100 f., 127
Historische Diskursanalyse 237–259
Historische Interpretation 188 f., 196–204, 220–226
Höfische Liebe 65, **111**, 119, 142, 223, **250–256**, 258 f.
Höfischer Diskurs **240 f.**, 250–256, 258 f.
Höfischer Reimpaarvers 174, 176
Höfischer Roman 23, **45–49**, 78, **81**, **95**, **99 f.**, **112**, 118, 142, 154, **174**, 207, **210 f.**, 240
Hofkanzlei 44 f., 133
Hofkleriker 45, 82
Holzschnitt 28, 98, **144**, **148–151**, 277
Honorius Augustodunensis 60
Horaz **78**, 80, 84, 86, 102
Humanismus 10, **31–36**, 38, **50**, 56, 61, **72**, 75, 80, **85 f.**, **96**, 104, 128, 142, 144, **147**, 149, 152
Hymnendichtung 168, 170

Informationsregelung in Erzählungen 210, 213
Initiale 131
Inkunabel **144**, 148, 152
Interdiskurs 239 f.
Investiturstreit 25
Inzipit 131
Isidor von Sevilla 75 f.

Jacobus de Voragine 59 f.
Johannes von Salisbury 201 f.
Johannes von Tepl, ›Der Ackermann‹ 120–122, 147
›Jüngeres Hildebrandslied‹ 180

›Kaiserchronik‹ 89 f., 132
Kanon 79, 81, **103–105**
Kanonisches Recht s. Kirchenrecht
Karl der Große 14 f., 22, 33, 64, 87, 107 f., 117
Karolingische Bildungsreformen 2, 58, 80, 131
Kausalbeziehung 194, 208
Kausale Motivierung 227 f.
Kirche 10, 20, 25 f., 30 f., 42, 54, 103, 201, 273 f.
Kirchenlied 31, 183
Kirchenrecht 26, 52, 152, **241 f.**, 245, **257–259**
Kleine Heidelberger Liederhandschrift 158
Kleriker **20**, 22, 26, 30 f., 37, 40, 42, **44–46**, 50, 54, 58–60, 64 f., 82, **87–89**, 92, 108 f., 119, 131–133, 139 f., 145, 151, 181, 200, 205, 227, 241, 245, 274
Klingende Kadenz 171–173, 176
Kloster **20**, 22, 41, 45, 58 f., 80, 87, 133, 138–140, 144, 240
Klosterschulen 20, 45, 50, 58, 80

Knittelvers 185
›König Rother‹ 107
Körper 267 f., 272 f.
Kolophon 131 f.
Konjektur 155 f., 160
Konrad, ›Rolandslied‹ 64, **108**, 117
Konrad von Würzburg, ›Engelhard‹ 12, 71, **154–156**, 158, 207, **214–231**, 240, 252–255, 258
Konsens-Ehe 245 f.
Kontinuität **6 f.**, 10 f., 16, 22, 35, 268
Kürenberger 173 f.
Kultur **6–8**, 13 f., 18–32, 43, 186, 232, **260–264**, 265–281
Kulturelle Praktik 265–269
Kupferstich 144
Kursächsische Kanzleisprache 18

Laien **20–22**, 25–27, 31, 39 f., 42, 45 f., 54, 58–60, 80, 88, 109, 116, 197, 245, 270
Laienfrömmigkeit 26 f.
›Lalebuch‹ 128
Lamprecht, ›Alexanderroman‹ 63, 132
›Lancelot en prose‹ 67, 100
Langvers 166–172, 181 f.
Latein 11, **13–16**, **20**, 22, 25, 31–33, 38–46, **50–52**, 54–61, 63, 65, 69 f., 75–81, 85–87, 90–92, 96, 100, 104, 107, 109, 114, 120, 122, 126, 128, 131–133, 139 f., 144–152, 164, 168–171, 181, 184, 197, 200, 221 f., 225, 229 f., 248, 253, 261, 269
Lateinschulen 50 f., 86, 120
Lauber, Diebold 140 f.
›Legenda aurea‹ 59
Legende s. Heiligenlegende
Lehen 19, 23, 52, 54
Leithandschrift 158 f.
Liebe s. Höfische Liebe
Liebeskrankheit 218, 221, 246, 248, 250
Lied 1 f., 9, 31, 39 f., 47 f., 62, 83 f., **87–90**, 92 f., 95, 98, 111, 114, 122 f., 133, 135–138, 158–160, **162–168**, 173, **176–184**, 270
Literarische Schriftlichkeit 45, 51
Literaturbegriff 70–72
Literaturexplosion 138 f.
›Lucidarius‹ 60
Lustort 225 f., 252–254, 256
Luther, Martin 18, **30 f.**, **54–57**, 86, 105, 146, 151 f., 183 f.

Märendichtung 118 f., 142, 207
Mäzen 45
Manessische Liederhandschrift 71, **133**, **135–138**, 158, 189, 197, 254
Martianus Capella 58
Matthäus von Vendôme 225 f.
Maximilian I., Kaiser 142 f., 148
Medizin 223 f., **234–238**, **246–250**, 252, 254 f., 259
Meistergesang 83 f., 179, 183
Melanchthon, Philipp 86
Mentelin, Johann 56, 146, 148
Metrisches Schema 177
Ministeriale 45 f., 48, 95
Minnesang 16, 23, **46 f.**, **62 f.**, **98**, **110 f.**, 114, 122, 129, 133, 137, 160, **173**, **176**, **178 f.**, 197
Mittelhochdeutsch 1–3, 11, 14, **16–18**, 22 f., 35, 70, 155, 181, 253
Mittellateinische Poetiken 80 f.
Mittelniederdeutsch 14, 16 f., 35, 52
Morus, Thomas 128
Mündlichkeit 40–44, 86–92, 162 f.
Munt 256–258

Nationalliteratur 37, 39
Nebentonreim 171
Neuhochdeutsch 11, 13, 18, 36
Neulateinische Literatur 32

›Nibelungenlied‹ **47–49**, 93, 98, 108, **113**, 142, 153, 160, **172–174**, 181
Nibelungenstrophe, Nibelungenvers 172 f., 180–182
Niederdeutsch 11, 15–17, 125, 150
Notker der Deutsche 16, 58

Okzitanisch 62 f., 68, 174, 177
Opitz, Martin 185
Opposition 193–195, 216
Ordo artificialis / naturalis 212
Oswald von Wolkenstein 95, **122 f.**, 138
Otfrid von Weißenburg, ›Evangelienbuch‹ **21**, **39 f.**, 42, 57, 80, 89, 91 f., **107**, 131, 138, 168–171
Ovid 25, 80, 104, 109, 248 f.

Paginierung 132
Papier 130 f.
Papyrus 130
Patrizier **28**, 50, 68, 123, 134, 148 f., 270 f.
Paulus 242–244
Performanz 268–271, 280 f.
Pergament 130
Petrarca, Francesco 34
Platon 75
Pragmatische Schriftlichkeit 45, 51
Praxisanalyse 265–281
Predigt 60
Prolog, Promythion 45, 48 f., 107, 169, 181, **229–231**, 275
Prosa 25, **51 f.**, 54, 56 f., 60 f., 65, **67 f.**, 79, 85, 91 f., **99**, **102**, 122 f., 125, 128, 164
›Prosa-Lanzelot‹ 67
Prosaroman **67 f.**, **99 f.**, **102**, 123 f., 127, 164, 207, 240

Quantitierende Verse 165

Redesituation 191 f.
Reformation 10, 27, **30–32**, 34–36, 61, 86, 147, **150–152**
Reim 165
Reimbrechung 176
Reinmar der Alte 111, 177 f.
Reinmar von Zweter 16
Renaissance 10, 32, 34 f., 109, 258
Renaissance des 12. Jahrhunderts 80, 82
Report / story 208
Rhetorik 77 f., 79, 85, 204–206
Ried, Hans 142 f.
Ritual 26, **268 f.**, 271–276, 278–281
Roman s. Höfischer Roman, Prosaroman
›Roman d'Eneas‹ 109
Rosenplüt, Hans 269, 271
Rubrik 131
Rudolf von Fenis 111

Sachs, Hans **29**, 68, 84, **184 f.**, **277–280**
›Die hausmaid im pflug‹ 277
›Ein lobspruch der statt Nürnberg‹ 29, 184
Säftelehre 248 f.
Sammelhandschrift 132
Sangspruchdichtung **83**, 114, 122, 133, 137, **158**, 179, 190, 198, 204 f.
Scaliger, Julius Caesar 84
Schedel, Hartmann, ›Schedelsche Weltchronik‹ 28, 33 f., 148 f.
Scherer, Wilhelm 104
Schönheitsbeschreibung 224 f.
Scholastik 25, 133, 138 f.
Schreibwerkstätten 138
Schriftlichkeit 14, 37–69, 129–152, 163 f.
Sigle 158
Silbenzählende Verse 165, 183 f.
Skriptorium 131, 133, 138 f.
Stabreim, Stabreimvers 91, **165–170**, 173
Stadt **23**, **26–33**, 37, **50 f.**, 54, 60 f., 68, 83 f., 96, 100, 109, 119 f., 125, 135, 139 f., 145,

148 f., 151 f., 179 f., 268–271, 273–275, 277 f., 280 f.
Stadtschulen 50
Standpunkt 194
Steinhöwel, Heinrich, ›Esopus‹ 61
Stollenstrophe 176–180
Story / report 208
Strophe 165 f., 172–182
Subjektivität 72 f.

Textbeschreibung 188–196, 203, 214–220
Textkritischer Apparat 156, 159 f.
Textphänomenologie s. Textbeschreibung
Textvariabilität 98 f.
Thematische Wiederaufnahme 193 f.
Thematischer Aufbau 190 f.
Theoderich der Große 41 f.
Theologischer Diskurs 241–246
Thomas von England 64, 115
Thomasin von Zerclaere, ›Der Welsche Gast‹ 82 f., 93 f.
Thüring von Ringoltingen, ›Melusine‹ 68, 123
Tonsilbe 167
Transkription 153 f.
Trobador 62

Überlieferungsgeschichte 130
Ulrich von Liechtenstein, ›Frauendienst‹ 95
Ulrich von Zatzikhoven, ›Lanzelet‹ 66
Unfeste Texte 98 f.
Universität 26, 32, 50, **86**, 96, 104, 125, **139 f.**

Vagantenstrophe 179–182
Variante 159 f.
Vasallität 19–21, 64
Vaterunser 15 f., 18, 20, 26
Vergil 25, **63**, 79, 104, **109**, 145, 210, 212
Verkehrte Welt 271, 273 f., 280
Vers 42, 51, 70 f., 78 f., 85–88, 92, **162–185**
Vokalität 92
Volksliedstrophen 179 f.
Vollreim 171
Vorauer Sammelhandschrift 132
Vulgata 54, 56

Wace 65, 81
›Waltharius‹ 59
Walther von der Vogelweide 1–4, 8 f., 12, 111, **114**, 135 f., 138, **157–160**, 179, **188–206**, 250 f.
Waise 177
Weingartner Liederhandschrift 158
Weltalter 33 f.
Weltchronik 28, **33**, 89, **99**, 148–150
Weltreiche 33 f., 132
Wiegendruck s. Inkunabel
Wirnt von Grafenberg, ›Wigalois‹ 66
Wissensordnung s. Diskurs
Wittenwiler, Heinrich, ›Der Ring‹ 119 f.
Wolfram von Eschenbach 64, 66, **116 f.**, 140, **175**, 198, 210–212
›Parzival‹ 64, **116 f.**, 140 f., 148, **175**, 198, 210–212
›Willehalm‹ 117
Wolgemut, Michael 149

Zäsur 176
Zeitordnung in Erzählungen 210–212
Zumthor, Paul 92